U0678022

鸣沙

017

大风起兮

地方视野和政治变迁中的"五四"（1911—1927）

瞿骏 著

社会科学文献出版社
SOCIAL SCIENCES ACADEMIC PRESS (CHINA)

本书受中国历史研究院"兰台青年学者计划"项目（2022LTQN606）资助，特此致谢。

自　序

　　这本书所言的"五四"或者五四运动是"大五四"的范畴，指大致从1911年开始，至1927年前后，持续近二十年的那些相关联的政治、思想、文化运动。其关键词"地方视野"和"政治变迁"（更精确的说法可称之为"长程革命"）和围绕它们的研究思考在绪论里有详细展开。不过从"史料形成"来说，绪论更多呈现我在2019年前的想法（当然做了补充并使其更清晰），本书成形的过程和近五年的一些思考需要在这篇自序里略作交代。

　　我的博士学位论文研究辛亥革命，讨论辛亥革命与上海城市公共空间的互动，大致属于政治社会史的范畴，2007年完成答辩稿。2009年出版了我的第一本书《辛亥前后上海城市公共空间研究》（不久会有修订本上市）。2017年，我出版了《天下为学说裂：清末民初的思想革命与文化运动》和《花落春仍在：20世纪前期中国的困境与新路》。两本书都大致属于思想文化史的范畴，其中一些章节是第一本书的拓展和顺着第一本书的思考，另一些章节则对五四已有一定的涉及和关注。

　　就本书而言，它的写作由四个机缘促成。

　　第一个机缘是2009年正逢五四运动90周年。蒙罗志田老师不弃，给我这个初出茅庐的后生以机会，参加在北京大学召开的纪念盛会。当时我的研究颇"自限"，定位为清末民初那段历史。五四属于没有积累，不敢进入的领域。而且手边还有清末民国教科书、现代国家观念普及和江南读书人的社会流动等题目要做（形成的书稿至今还在文件夹中）。可以说，没有罗老师的关爱和督促，我是断然不敢"跨"出这一步。犹记得当时留校不到两年，工作同时要参加国家留学基金委的外语培训，准备赴英国牛津大学访问。参会文章是在上课、培训之余一点点挤出来的。打字打到眼睛酸涩时，常会望一望复旦凉城老家窗外的树影，虽然劳累但心情愉快，产出的作品就是《"没有晚清，何来五四"之再思——以"转型时代"（1895—1925）学生生活史为例》。这篇文章是我进入"五四"研究的开始，所以若以"十年磨一剑"比喻，剑的质量如何由读者评判，磨剑确实已超过十年。

第二个机缘是2015年王家范先生在"新文化运动百年纪念"讨论会上的发言。先生无论是对华东师范大学历史学系的发展，还是对我个人的成长都有特别重要的意义。2015年的发言是先生给予我众多深刻启发中的一个。在这个发言中先生虽以"门外谈"自谦，但基本奠定了日后我从事这一题目的大方向。那就是：

> 新文化运动，是个全国性的题目，是牵动中国社会走向的大局性题目，谈的都是大思想、大人物、大趋势。作为读者，我常想到，像这样一个全国性的运动，这样一种惊天动地的新思潮，除对大城市外，对于中国大多数基层民众、广大乡村和市镇的人群，究竟产生过多大的影响？似乎这类题目还比较少见。

对此先生提示要注意那些地方读书人，比起生产"新思想"的少数"精英"，他们是新文化运动中的"大众"，常常被研究者遗落在"底层"。因此要"细分地区、时段以及各类不同性格的人群，做些具体细致分析"。

第三个机缘是 2014 年、2019 年两次到台湾访学、参会。2014 年，王汎森老师予我机会到"中央研究院"历史语言研究所访问。当时老师正承担"院务"，极繁忙，但多次拨冗，让我有幸能充分聆教。老师议论的范围极其广泛，大到明清变局、转型时代，小到学界掌故、学人评点。其中我记忆犹深的是老师不经意的一句话："我每天临睡前的消遣，是读十几页邓之诚日记的影印件。"以字迹难辨的邓氏日记为"消遣"，老师的学如海深可略窥之。2019 年，老师又邀请我参加纪念五四运动 100 周年学术研讨会。会上的所见所闻对我的"五四"研究又有不小的推动。两次在台期间，陈熙远、王鸿泰、巫仁恕等老师对我亦多有指点、帮助，张罗琐事、操办讲座、邀请餐叙不一而足，实感之念之。正是依托这样的访学环境。本书的不少材料就得自郭廷以图书馆、傅斯年图书馆等处的丰富收藏。本书第一章更是伴随着南港淅淅沥沥的热带雨声完成的。

第四个机缘是自 2016 年起，蒙王奇生老师、高波兄、袁一丹女史等抬爱，多次到北京参加由他们发起、主持的工作坊、讨论会。会上常有以往我不熟悉的研究中国革命史、中共党史、国民党史的优秀学者，也多有社会学、政治学、近现代文学的相关优秀学者，这样的参与对我研究的提升大有帮助。本书第二、三、五章的初稿就是在这些场合得到了最初的批评和指正。

由此，本书是我博士学位论文研究进一步"顺流而下"的产物，也是由若干机缘所推动的产物。若定位于当下，则本书在"地方视野"和"长程革命"下关注的大问题是 20 世纪的中国革命。近年来革命史研究一方面是"热"的，但另一方面也是"冷"的。"热"的一面多有文章、综述可以发见，不必赘述。"冷"的一面则可以稍谈谈个人观感。比如2021 年是辛亥革命 110 周年，据熟悉的杂志编辑说组稿已相当不容易。

2023 年是"二次革命"110 周年, 全国更是几无相关的学术讨论会。这种"冷"与"热"的对比背后, 其缘故仍是在: 20 世纪中国革命被研究者切割得太细碎, 不把它看作一个连续性过程(即"长程革命"), 而是过于按照政治力量的分野来条条块块地做研究, 稍忽视革命的动力、氛围、环境、心态由各种政治力量共同催生, 可以在整体史的观照里做更多推进。

若具体到五四, 情况就更为特殊。特殊表现在五四运动是不是 20 世纪中国革命的一部分仍然"需要讨论"。数十年来史学变迁的结果是多以"启蒙""文艺复兴"等主题词讨论五四运动, 而淡忘了为何五四运动是 20 世纪中国革命的转捩点。一些"五四"研究是没有"父母"的, 其所讨论的人物似乎只参与了五四运动, 既没有参与过辛亥革命, 也没有参与过"二次革命"; 也是没有"子女"的, 其淡忘了正因为五四运动是 20 世纪中国革命环环相扣的一部分, 所以才有之后历次革命的酝酿和展开, 反而认为之后的历次革命背离了五四运动的宗旨和目标, 令其戛然而止; 是没有"柴米油盐", 只有"风花雪月"的, 其认为改变中国的贫弱状态不需要激烈的行动, 不需要奋起救亡, 只需要优雅地发议论、写文章、出思想就可以了。

正是由于本书关注的问题是 20 世纪中国革命, 而革命的主体大多是那个时代寻找自己出路和时代出路的青年。因此在写作过程中, 我特别在乎的是能思考当时青年的思考, 体会当时青年的处境。随着自己年齿增长, 这样的思考和理解虽然变得越来越难, 但有两个理由让我要做此努力。

一个理由是学界目前好讲"普通人"的历史、"失语者"的历史, 这当然大致不错, 也涌现了不少优秀作品。但这样的潮流和风气也带来一个问题——谁又不普通呢? 有的人即使日后成为著名人物, 如史学家钱穆，他也有"微时"，也有"默默无闻"之时。同时有的人年轻时虽然风光无限，煊赫顺遂于一时，但到中年却经受挫折，在人生后半程饱尝坎坷，这又何尝不是一种"普通"？因此，怎么讲一个人的"微时"与"默默无闻"之时，又怎么讲一个人从意气风发到失意颓唐，一个人和一群人的青年时代都是合适的切入点。

另一个理由是目前中国近现代史的研究，特别是我熟悉的思想文化史研究，一些作品仅仅在做，并全力以赴地去做胡适的代言人、吴宓的同情兄、徐志摩的八卦爱好者。如此"做法"当然能够提供一些谈资，谱写一些心曲，满足一些想象，但离那个时代的基本人群和基本特征就有一些"隔"，以致字里行间常常对青年是"板起面孔"来的，是很有些"说教"味道的。

不错，历史研究确实重要的是"理解"，需要和历史人物"处同一境界"。但这样的理解不能只去理解那些精英，"处同一境界"的目的不是幻想"长大后我就成了你"。不那么"高看"自己，把胡适等人当作"普通人"来研究，尽量戒除文字中的"说教"味道（虽然未必可免），是我对自己的戒律。

在这样的戒律下，本书一共分为八章。

第一章讨论五四运动在江浙地方社会的拓展。以往讨论五四运动或新文化运动，对其如何经由各种渠道"下行"到各个地方，"下行"过程中新文化的主要受众为谁，在"下行"的过程中新文化如何改变了地方社会尤其是地方社会中读书人的生活，都关注不多，这一章即在此向度上展示"地方视野"对于五四研究的意义所在。

第二章讨论五四运动"下行"至地方社会时，受其影响甚大的一个读书人群类——"地方老新党"的生命史。这些"地方老新党"与五四的互动可以形容为"人生中途突遇碰撞"，即让他们生命史剧烈变动的起点在晚清，五四到来他们继续面临剧烈变动，五四之后，剧烈变动仍在持续，一直延展到国民革命，延展到抗日战争，延展到解放战争。因此这批人一生中最大的感受之一可能就是"进退失据"，想跟上时代潮流却又难以跟上，想抓住上升之阶却又基本落空，因此无论是谈地方视野，还是谈长程革命，这群人的经历和心境都是复杂且丰富的例证，能够帮助我们理解何为"地方"的反应，何为身处"变迁"之中。

第三章和第四章则是讨论五四运动"下行"至地方社会时，受其影响甚大的另一个读书人群类——边缘知识青年。由于个案太多，且前贤已有群像性的讨论。本书集中于一个典型人物——钱穆。钱穆对于自己的五四经历和相关生命历程有丰富的"日后回忆"和充分的"自我塑造"，集中体现在他的回忆录《师友杂忆》里。本书做的工作是将《师友杂忆》中提供的那些细节重新放置到历史过程中去，复原"细节"的形成，重建历史的语境，以将一个日后的著名史学家，但当时尚是地方上的"小镇青年"的"五四运动史"与"革命接触史"重新呈现出来。

第五章和第六章讨论吴宓、与吴宓相联系的"学衡"诸人和他们的学生辈。关于学衡派的研究（此概念如何形成我在登刊于《读书》的一篇文章中已有说明）目前最明显的问题有两个。一个问题是史料"拿来就用"，且不分轻重、"揉做一团"地使用。一些研究不去分析史料的"形成过程"，也不去分析不同史料的"差异"，为何会有这样的"差异"，利用未整理出版的资料就更无从谈起。另一个问题是关于"学衡"诸人和他们学生辈的研究变成了"自恋的舞台"、"悲情的出口"和"连续性系谱的幻影"，忽视了这些人物和他们的学生辈都共同生活在一个"大革命"时代里，且中国各方面正在发生结构性的变化。有鉴于此，本书较多利用未经整理出版的重要新史料如吴宓的《新文化运动之反应》，以厘清吴宓等对于五四、对于新文化的个人的、"有限性"的观察，以及其观察时所凭借的诸种思想资源。进而讨论"学衡"诸人和他们学生辈的互动与离合，以期为五四的后期延展增加更为可靠，更合乎历史情境的一块拼图。

第七章和第八章讨论的是五四如何与国民革命"相衔接"。本书以《中国青年》杂志为个案，分析了塑造五四革命的"新文化时代"如何递进到塑造国民革命的"主义时代"；以江绍原这个通常被认为是"民俗学家"的人物为个案，揭示了一个五四青年在国民革命中的境遇浮沉、政治参与与思想延续。在此基础上，试图略窥"长程革命"究竟带来了什么，五四在"长程革命"中对一群人和一个人又意味着什么。

和以往著作一样，本书写作依赖诸多师友长期的、全方位的扶掖、奖进。许纪霖师对五四运动和20世纪中国知识分子有常年深入的研究和心得，近年多篇相关宏作给予我极大启发和提示。马自毅师退休后常游历海外，调养身心，她用"身教"告诉了我学术研究只是生活的一部分，不能以其代替积极健康的整体生活。

许、马二师外，多年来众多师友对我的指点、帮助和提携难以胜数，常使我感念于心。这里要特别提及的：一是北京大学历史学系的盛差偲兄。近年来自己的院系行政工作日重，只能利用零敲碎打的时间来做研究，较多依靠电子版材料。无奈这一两年遭遇困难，以往获取资料极方便的地方如"国学数典"论坛一朝星散，再无恢复之日，因此只能四处求助。在求助对象中打扰最多的就是盛兄。他则不厌其烦，每有索求必有回应，充分纾解了我的读书之困和获取资料之忧。最近研究若有寸进，盛兄厥功至伟。

　　二是武小力、李宗庚、潘璐、邵雨婕、韩千可、黄卓贤等同学。他们付出自己宝贵的时间和精力，承担了不少史料的核对工作和注释的修订工作，并在此过程中对书稿做了不少纠谬，提出了不少修改意见，向你们道一声感谢。

　　三是 MY WAY 小组、"铁锅乱炖"小组和"西山森林 N 园"小组。在新冠疫情的三年里，这些小组里凝结流淌的友情温暖且动人。

　　最后，必须要写的一段话是：一本书署名的作者虽然只有一人，但背后凝聚着作者家人全方位的支持和牺牲。因此所谓自己的"努力"实无足挂齿，这本就是你从事这项工作的"分内之事"。但家人的关爱和理解却非理所当然，不是天然就该享有的"福报"，当牢牢记之、惜之，并更多思考和实践自己对家人应做的"分内之事"，进而查漏补缺。

　　是为序。

目　录

绪　论　在地方的五四与长程革命中的五四 / 001

一　新文化如何"到手" / 005

二　探索地方读书人的"主体性" / 018

三　怎样从地方反观"中心" / 027

四　长程革命的意义 / 037

第一章　新文化"下行"

——五四在江浙地方的拓展 / 045

第一节　"下行"的受众 / 048

第二节　新文化"下行"的诸渠道 / 054

第三节　"下行"与地方读书人的关联 / 067

第二章　进退失据

——五四大风中的地方老新党 / 085

第一节　五四大风何以蔓延 / 091

第二节　老新党对新文化的适应 / 104

第三节　老新党对于新文化的排拒 / 109

第四节　老新党的观念之滞与生活压力 / 119

第三章　觅路的小镇青年

　　——钱穆与地方的五四 / **133**

　　第一节　新思想如何"坌至涌来" / 138

　　第二节　"逐月看《新青年》"之后 / 146

　　第三节　"重温旧书"的内与外 / 154

第四章　钱穆为何不革命

　　——"长程革命"中主义的地方传播 / **171**

　　第一节　《宥言》无关河上肇 / 174

　　第二节　钱穆与主义的地方传播 / 182

　　第三节　主义传播的"南北差异"

　　　　　　与"南方特征" / 189

　　第四节　谁能走向革命 / 196

　　第五节　钱穆疏离革命的思想理路 / 204

第五章　吴宓怎样理解"新文化"

　　——释读《新文化运动之反应》 / **219**

　　第一节　《反应》如何引发"反应" / 222

　　第二节　从《反应》看吴宓对新文化运动的了解

　　　　　　与理解 / 230

　　第三节　吴宓和《反应》的时代"尴尬" / 239

第六章　"学衡"老师辈、学生辈与五四的延展 / 251

　　第一节　从"两军对垒"到"多方互动" / 254

第二节　"信息落差"中的老师辈与学生辈 / 259

第三节　革命年代里的学生辈与老师辈 / 265

第七章　助产"主义时代"

　　——以《中国青年》为例 / **273**

第一节　《中国青年》的定位问题 / 277

第二节　《中国青年》的"推广周知" / 290

第三节　《中国青年》的"读者阅读" / 310

第八章　一个五四青年的国民革命

　　——以江绍原为例 / **329**

第一节　瘟疫传言的政治化 / 332

第二节　国民革命与五四精英 / 342

参考文献 / 352

在地方的五四与长程革命中的五四

在五四研究中，《"五四"运动在上海》《五四运动在江苏》《五四运动在江西》《五四运动在山东》等资料集是不能绕过的。但从以上书名也可以看出这些资料集编纂的一个惯常思路是"五四在地方"。这种思路提示了以往五四研究的一个基本出发点，即无论是作为思想文化运动的五四还是作为反日爱国运动的五四，都是一个从北京中心特别是从一校（北京大学）、一刊（《新青年》）延展出去，然后扩散到各个地方的运动。[1] 由此在各地方开展的五四运动经常就被视为北京中心的延伸版、影响版和缩微版。[2]

这样的研究出发点当然可以厘清部分历史，讨论一些问题，但也造成相当多的不见之处和讨论暗面，特别表现在：以往研究者在讨论

---

[1] 以下表述典型地反映了此种思路："这回我国的学潮，自从北京学生'五四'运动，陡起波澜，不久就从北洋卷到南洋，又从长江流域转到浙江流域。"佚名：《浙江学潮的一瞥》，《星期评论》1919 年第 1 号，1919 年 6 月 8 日，第 2 版。除了潮之源头的表述，关于北京尤其是北京大学还多有"灯塔普照"这一意象。参见黄日葵《在中国近代思想史中演进的北大——她的过去、现在和将来》，《北京大学廿五周年纪念刊》，1923 年 12 月 17 日，第 44 页。

[2] 北京"中心"内部也具有值得进一步探究的复杂性和分歧性，如北大与北高师之间的微妙关系、国立八校之间的关系和国立八校与其他学校的关系等。此点由北京大学姜涛教授提示。如杨鸿烈认为北大与其"知识因缘最深"，而北高师"学问空气最为薄弱"，因此身在其间"精神痛苦真形容不出来"。北高师的学问空气其实并不稀薄，杨氏的话提示了二校的不同。《杨鸿烈致胡适》（1921 年 10 月 10 日），耿云志主编《胡适遗稿及秘藏书信》第 38 册，黄山书社，1994，第 193 页。

五四尤其是五四带来的新文化、新思想时，或更重视留存于书籍、报刊里的"抽象方面"的文字、观念，稍稍忽视的是围绕在书籍、报刊前后左右的"具体方面"和一段又一段随时潮辗转起伏的"实际人生"。而五四的历史除了"抽象方面"的文字、观念，不乏林林总总的"具体方面"，① 更影响大量人物的"实际人生"。②

关乎"具体方面"和"实际人生"的史事"毁弃更易，追究无从"，却夹杂着时代洪流底下千万人的欣喜、无奈和悲伤。③ 正因如此，研究者或不仅要关注"五四在地方"，也要对"地方上的五四"做更多关注（这里的"地方"除了空间的意义，更多是一种具有方法论性质的进入方式），进而在 20 世纪中国革命进程中定位、考量五四。在"绪论"里，我会讨论几个与本书主题密切相关的、学

① 关于"具体方面"的研究，吴宓 1950 年代的一段日记可说明其重要性："宓藏有《学衡》二部，（甲）装订成册者，共十三册，1—79 期全。（乙）零册，此为宓历年披阅翻检者，校改、加注，增记，并附粘有关系之图画新闻手迹等。此部昔亦整全，今缺第一期，又遭虫啮，大毁、微伤者四册。宓原拟以（甲）部捐赠学校，而自存（乙）部，待补。昨惑于万及开桂之言，赶将（乙）部中之材料，重抄或移粘入（甲）部各期，费力不少，盖欲自留（甲）部而捐赠（乙）部也。追其功方半，今日下午决又改从原计，复以各种材料归入（乙）部，（甲）部亦择要校注。"吴学昭整理注释《吴宓日记续编》第 2 册，生活·读书·新知三联书店，2006，第 484 页，1956 年 8 月 10 日条。此研究取向的落实，可参见袁一丹《"书房一角"：周作人阅读史初探》，《现代中文学刊》2018 年第 6 期，第 69—76 页；陈子善《关于胡适早年日记手稿》，《文汇报》2015 年 8 月 7 日，文汇学人版；韩进《胡适〈藏晖室札记〉誊清稿本述略》，《文献》2018 年第 6 期，第 137—150 页。

② 关于"实际人生"的研究，大概要特别注意五四时代中人与今人在各方面的极大差异。如当时大学虽然已经出现，"学术社会"也在形成中，但读书人大概不如日后学人那样看重名衔、论文、著作。他们不少时候仍在以"清议"的方式来品鉴人物，以"月旦评"的态度来判断学问。此点由四川大学周月峰教授提示。

③ 钱穆：《八十忆双亲·师友杂忆》，生活·读书·新知三联书店，2005，第 135 页。钱穆谈的是史事不存后相对悲观的一面，在罗志田看来，"某事有无史料保存，只影响我们的历史知识，却无关于历史本身。一件事的史料消亡，或不被记忆、认知，既不意味着史无其事，也不能说该事件'对于我们当前的生活与思想就无影响'"。罗志田：《中国的近代：大国的历史转身》，商务印书馆，2019，第 199 页。

界目前研究稍薄弱的问题，以初步展示在地方视野和长程革命中做五四研究的可能性。

一　新文化如何"到手"

新文化的传播和接受是五四研究的重要问题。但目前学界对传播和接受的一个重要机制，即新文化究竟如何让地方上的读书人获得（到手）仍然不太清楚。① 若能从新文化"到手"的角度多加审视，则"地方上的五四"能看得更清楚一些。下面先举几个五四时期关于新文化"到手"的案例，第一个案例关于江苏苏州甪直小镇的五四。

甪直小镇虽不起眼，但五四时期那里设立了《新潮》杂志的"代卖处"。据此有学者称："'五四运动'的影响极其深远，已从城市扩大到偏僻的水乡古镇。"② 这话大致是不错的，但值得进一步分析。考察《新潮》各个代卖处的实际位置会发现，在大城市、省城、县城、镇这几个层次中属于"镇"的只有甪直这一处，苏州地区《新潮》的其他代卖处如振新书社、国民图书馆、文怡书局都在苏州城内。③ 因此在甪直一地能设立《新潮》杂志"代卖处"，并不是因为《新潮》杂志真的已经能

---

① 地方读书人新文化的"到手"值得关注，中心地域读书人新文化的"到手"亦值得关注，可能并不像我们想象的那么容易。溥仪见胡适时即说："有许多新书找不着。"《胡适日记全集》第3册，曹伯言整理，台北：联经出版事业股份有限公司，2004，第601页，1922年5月30日条。进而言之，究竟何为"中心"，何为"地方"可能需要在具体个案中仔细辨析，此点由北京大学王风教授提示。

② 商金林：《叶圣陶在甪直的教育改革——纪念叶圣陶到甪直执教100周年》，《教育史研究》2017年第2辑，第96页。

③ 《新潮》杂志社：《新潮的代卖处如下》（《新潮》第2卷第2号，1919年12月），《新潮》第2卷1—5期合订影印本，上海书店，1986，刊末广告页。

通过由振新书社等为中介点，沟通京、沪、苏的市场销售网络，传递至用直。[①] 北京大学学生主办的《新潮》能让小镇读书人"到手"和一个具体人物密切相关，他就是叶圣陶。

叶圣陶与顾颉刚是从幼年就开始交谊的挚友，叶系通过顾颉刚的介绍向《新潮》投稿，并在 1919 年加入新潮社，这在顾颉刚给他的信中看得比较清楚：

> 前天京校同学徐君彦之来信：说《新潮》杂志社已经正式成立了。寄来《日刊》一份，内有该社的详章，嘱寄与叶（绍钧）、王（伯祥）二先生，甚是要约你们做社员，我想千里之外，有个同声相应的机关，也很是乐事。惟依章须投稿三次；请你们再投二次，由孟真同我作介绍，正式函约入社。[②]

从 1917 年 3 月开始，叶圣陶任教于用直镇上的吴县第五高等小学，

---

① 到 1936 年胡绳仍指出："内地的购买力比较薄弱，又因为上海刊物的发行网无法布置得非常广大，所以许多新兴刊物便很难走到那些小城市和穷乡僻壤中间去。"胡绳：《我们要求健全的地方性的刊物和报纸副刊》（1936 年 2 月 12 日），《胡绳全书》第 7 卷，人民出版社，2003，第 343 页。上海、北京等大城市的刊物如此，那"地方性的刊物"自身如何呢？周策纵指出，当时学生大多"自己掏腰包拿出钱来办这些刊物"。既然办刊都"自己掏腰包"，哪里还能顾上发行和营销。何况经常有地方人士欲购机自印，却因招股困难而取消之事。且这种状况是持续性的，1919 年前后如此，到 1920 年代中期仍然如此。1924 年底，山东青州团组织原拟出一本名为《先声》的刊物，却因为印刷局的问题，阴历年前不能印出；印刷费又太贵——每张 2200 字，若要印 200 份即不能少于 8 吊 500 文，若要将所征收的稿子全印，就需百吊左右，最终无法付印。周策纵：《"五四"五十年》（1969 年 4 月 19 日），《周策纵文集》（上），香港商务印书馆，2010，第 399 页；《张剑秋致顾颉刚》（1919 年 11 月 4 日），《顾颉刚书信集》卷 1，中华书局，2011，第 131 页；《王元昌关于团青州特别支部刊物印刷及放假后通信处变更事致钟英信》（1924 年 12 月 9 日），常连霆主编，中共山东省委党史研究室、山东省中共党史学会编《山东党史资料文库》第 2 卷，山东人民出版社，2015，第 184 页。

② 《顾颉刚致叶圣陶》（1918 年 12 月 11 日），《顾颉刚书信集》卷 1，第 45 页。

正是通过在角直的叶氏、时常返回苏州的顾颉刚与在北京的新潮社同人的联系，《新潮》杂志才有在小镇传播、让当地读书人"到手"的可能性。[①] 但和商务印书馆、中华书局、《申报》等在各地已成熟的市场销售网络相比，[②] 这种由私人关系维持的"点对点"传播方式不具有持久性，因为资本不够充足，不能"在各地自立分号"。[③] 一旦叶圣陶离开角直，则《新潮》可能在那里就再无踪迹了。[④]

　　第二个案例关于钱穆与梁启超。1925 年 12 月，梁启超的著作《要籍解题及其读法》被纳入"《清华周刊》丛书"系列出版，同月商务印书馆出版的"国学小丛书"也收入了钱穆的《论语要略》一书。[⑤] 细读两书会发现钱穆书有不少对着梁书讲的地方，也有不少顺

① 　与叶圣陶相似的例子是，1925 年江西省立第二师范的学生中看《醒狮周报》的甚多，该报在该校每期共计发行百份左右，原因是该校有一位教育教员是《醒狮周报》编辑的朋友，"颇鼓吹"。《团南昌地委宣传部报告——关于在赣南宣传"沪案"和扩大 N、P 组织情况》（1925 年 6 月），中央档案馆、江西省档案馆编《江西革命历史文件汇集（1923 年—1926 年）》，1986，第 166 页。

② 　李霁野说："那时（安徽）阜阳是一个很闭塞的县城，只有一个商务印书馆代售店，只卖商务的教科书和文具，新文化的书报一样也没有。"李霁野：《"五四"风雷在阜阳第三师范学校》，《李霁野文集》第 2 卷，百花文艺出版社，2004，第 455 页。也有人说湖南常德"只有中华与商务两书局有些新书与杂志，其余各书局，尽皆淫词艳曲，伤风败俗，为害青年之书"。《S. C. H 致杨贤江》（1923 年 11 月 20 日），《杨贤江全集》第 4 卷，河南教育出版社，1995，第 485 页。到 1925 年，张家口的情形是："此地书局更属可怜，更大之商务、中华两书局书籍比较稍趋现代潮流者，此地不多见。"《大奎关于宣传部工作报告及今后工作意见》（1925 年），中央档案馆、河北省档案馆编《河北革命历史文件汇集（甲）第 1 册（1922 年 3 月—1926 年 7 月）》，1997，第 424 页。

③ 　《顾颉刚致沈兼士》（1924 年 1 月 14 日），《顾颉刚书信集》卷 1，第 519 页。

④ 　这里只是解释某地《新潮》的传播机制，并不是说《新潮》整体销量稀少。据罗家伦回忆，《新潮》初版是 1000 份，再版为 3000 份，三版又印了 3000 份。亚东书局的合订本又是 3000 份。罗家伦：《北京大学与五四运动》（1931 年 8 月 26 日），政协全国委员会文史资料委员会编《五四运动亲历记》，中国文史出版社，1999，第 60 页。顾颉刚的材料里也说《新潮》第 1 卷第 4 号"印了三千份"。《顾颉刚致徐子俊》（1919 年 6 月 5 日），《顾颉刚书信集》卷 1，第 266 页。

⑤ 　梁启超：《要籍解题及其读法》，清华周刊丛书社，1925；钱穆：《论语要略》，商务印书馆，1925。

着梁书讲的地方，还有不少参考梁书的地方。[①] 但两书又几乎同时出版，这是何故呢？缘故在梁书正式出版前早已有以"群书概要"为题目的讲义本和讲义材料的经年传播，[②] 连边远省份如云南也通过省教育会的刊物有所流传。[③] 因此从新文化"到手"的角度，对一个读者来说，出版本、讲义本和讲义材料基本是在同等位置上的，研究者若不去仔细追索那些讲义本、讲义材料，而仅以出版本为研究对象，不少问题就难以解释清楚。

第三个案例和著名学者金克木有关。金克木生于 1912 年，1919 年不过 7 岁，1925 年才 13 岁，但他却自认是一个"五四青年"。这种认同的形成和 1927 年金克木的一段下乡经历有关。据金克木说，1927 年，北伐军打到长江流域，家里把他送到乡下亲戚家暂住，躲避兵灾。在那里，金氏遇见一个从县城教会中学回来的学生，金克木唤他"警钟"。正是在"警钟"家里，他读到《新青年》第 1—5 卷的合订本，是"警钟"从学校图书馆借来的。据金克木说：

> 我（当时）已经读过各种各样的书不少，可是串不起来。这五卷书正好是一步一步从提出问题到讨论问题，展示出新文化运动的初期过程。看完了，陆续和警钟辩论完了，我变了，出城时和回城

---

① 参见曹震《钱穆对梁启超〈群书概要〉的抄袭与发明》，《书屋》2006 年第 12 期，第 51—56 页。当然曹氏所谓"抄袭"说大概不能成立。梁启超在《群书概要》自序中曾言，"这部书里头所讲有许多是前人讲过的，并非全属自己创见"，但未一一注明，"总而言之，这部书不是著述，不讲堂上临时演说"。梁启超：《要籍解题及其读法》，"自序"第 4 页。因此要说钱穆"抄袭"，可能先要厘清梁启超"借鉴"了哪些东西。

② 梁启超在自序中说"这部讲义是两年前在清华学校讲的"，又说清华同学被"各处纷纷函索传抄，不胜其扰"。梁启超：《要籍解题及其读法》，"自序"第 1、2 页。

③ 《梁任公群书概要讲义之一部》，《昆明教育月刊》第 6 卷第 9、10 号，1924 年，第 1—15 页。

时成为两个人。①

　　综合这三个例子不难看出地方读书人对新文化的"到手"并非如以往想象的那么"顺理成章"。它来自个人的独特机缘，比如顾颉刚与叶圣陶的特殊关系；经常有多样的途径如讲义材料、讲义本、出版本的同时传播，或讲义材料、讲义本的提前传播；更有超乎想象的时间落差、地域落差和信息完整度的落差。金克木的经历说明《新青年》前五卷合订本1919年12月就已经出版，但要到1927年，一些读书人才有完整"到手"前五卷《新青年》的可能性，能把这一个"提出问题到讨论问题"的过程看得相对通透。②之前数年，不少地方读书人，甚至大都市里的读书人只能零敲碎打、断断续续地阅读《新青年》和其他日后人们耳熟能详的报刊。山东诸城县的一个读书人就说，1919年前后当地能读到的《新青年》是"从北京带来的少数几本"。③1919年1月，《国民公报》记者则对傅斯年谈及："本年的《新青年》，坊间已残缺不全。"④

　　而且随着时间推移，报刊从零散阅读到能完整看到只是一种情况。更多时候是随着时间推移，报刊从能完整看到到零散阅读，从零散阅读再到完全"消失"。⑤这种情况在顾颉刚的认识里可以得到印证。

---

①　金克木：《游学生涯》，东方出版中心，2008，第88—90页。类似的例子是聂绀弩的回忆：1924年他在仰光一家报社当编辑，"书架上没有几本书，里面有一种是又大又厚的《新青年》合订本，群益书局出版的。没有事的时候，我就翻翻它们"。绀弩：《读"在酒楼上"的时候》，桂林《文艺杂志》新第1卷第2期，1945年6月25日，第74页。此条材料由北京大学李国华教授提示。

②　广告，《新青年》第7卷第1号，1919年12月1日。

③　陶钝：《"五四"在山东农村》（1979年3月12日），《五四运动亲历记》，第222页。

④　知非：《答傅斯年先生》，《国民公报》1919年1月7日，第5版。

⑤　这里仅仅描述了"消失"的现象，消失的原因也同样值得探讨。如吴宓曾私人收藏《大公报·文学副刊》一套，但到1950年代"完全为鼠啮毁，不复能读矣"。《吴宓日记续编》第2册，第411页，1956年3月29日条。

1922 年 3 月，顾颉刚在由北京去苏州的火车上看完了《五十年来的中国文学》稿本，随即写信告诉胡适稿子里应该补进 "（辛亥）革命时的文学"。不过顾氏觉得增补困难很大，因为辛亥革命时《民呼报》和《民吁报》登载此类悲壮慷慨的诗歌最多，"可惜现在没法找了"。而继《民呼报》和《民吁报》之后登载较多的是《民立报》，但也很难找到，只能寄希望于顾氏好友叶圣陶 "在当时曾经抄写过四五册"。[①]

如果说《民呼报》等报是隔了 10 年左右才 "消失"，那么五四时期著名刊物《星期评论》和无锡地方报刊《无锡评论》与《锡声》就 "消失" 得更快。《星期评论》在其出版期间大受欢迎，销量在江浙各地经常排在《新青年》之前。因此，1920 年 6 月停刊后很多人希望它能够再版，却未能实现。1922 年，邵力子特别强调松江景贤女校有一全份的《星期评论》。这样的强调大概正因为《星期评论》未能再版，存世不多。而松江景贤女校能有珍贵的 "一全份"，这和学校主持者侯绍裘、朱季恂等为国民党重要人物，很早就注意搜集保存国民党史料有关。[②]即便如此，1928 年国民党执政后，仍有人在报上发广告征集全套《星期评论》。[③]

相比《星期评论》，《无锡评论》和《锡声》则是地方性报刊，由无锡当地的进步社团 "锡社" 所办，但仅过了不到一年时间，该社已在征求《无锡评论》第 1、2 期和附刊于老《锡报》的《锡声》第 1—

---

① 《顾颉刚致胡适》（1922 年 3 月 23 日），《顾颉刚书信集》卷 1，第 380—381 页。从这条材料可以联想现在学界对这几种报纸感到熟悉多有赖于台湾国民党党史委员会的影印本，这让我们反而较难体会顾颉刚、胡适等人的史料环境。

② 《对于星期评论的希望》，《民国日报·觉悟》1920 年 9 月 3 日，第 4 张第 4 版；《关于重印星期评论的答复》，《民国日报·觉悟》1920 年 9 月 20 日，第 4 张第 4 版；《希望星期评论再版》，《民国日报·觉悟》1921 年 8 月 11 日，第 4 张第 4 版；《松江景贤女学底精神》（邵力子致张宗英），《民国日报·妇女评论》1922 年 8 月 23 日，第 4 版。

③ 《征求星期评论》，《申报》1928 年 10 月 13 日，第 21 版。

24 期。①

　　以上都提示了后见之明经常也代表后见之盲。② 从阅读方式说，研究者在宽敞的阅览室里一期接一期翻阅《新青年》影印本，与金克木的阅读方式较为接近，与真正在五四前后那几年读《新青年》之人的方式已相差不少。③ 若是科技更进步一些，学者利用电脑、平板和智能手机搜索数据库中的《新青年》，则离金克木的方式也既"隔"亦"远"了。这种历史感的"隔"和"远"表现在以下方面。

　　从"知道"与"不知道"的状态说，人们经常以为在五四时代鲁迅的《阿 Q 正传》很多人都读过，阿 Q 代表何种人物很多人都知道。其实不少地方读书人并未读过《阿 Q 正传》，读过也不能立即知道阿 Q 代表何种人物。诸如此类的问题需详加询问、仔细回复和细密解释。④ 还有一些书现在是常见史料，当时则非常难觅。如反映袁世凯称帝过程的《君宪纪实》一书在今日唾手可得，但在刚出版时"市上无有卖者"。其

---

① 　《无锡评论》编辑部:《征求（广告）》,《无锡评论》第 18 期, 1925 年, 第 5 页。

② 　"后见之盲"问题由北京大学王奇生教授提示。

③ 　即使是鲁迅这样的人物, 他 1926 年到厦门后的状况也是"各种寄给我的期刊很杂乱, 忽有忽无"。这使得他转寄给在广州的许广平的期刊"不见得期期有"。《鲁迅致许广平》（1926 年 10 月 10 日）, 鲁迅、景宋:《两地书·原信: 鲁迅与许广平往来书信集》, 中国青年出版社, 2005, 第 136 页。

④ 　茅盾曾这样回应《小说月报》读者的询问:"鲁迅先生做的小说, 听说将由新潮社出版, 想来《阿 Q 正传》也收在里头的。"《茅盾致吕兆棠》（1922 年 11 月 10 日）,《茅盾全集》第 37 卷, 黄山书社, 2014, 第 101 页。亦有来自云南的读书人问《学生杂志》编辑:"在《学生》十卷十二号上社评里,《到青年中间去》内有一个引证说: '青年人多半变成《阿 Q 正传》上的阿 Q 了。' 这个 '阿 Q' 不晓得是个甚么人?《阿 Q 正传》又是谁作的?" 也有广州的读书人问《学生杂志》编辑:"阿 Q 究竟是怎样一个人?"《答蒙自联合中学王寿怡君》（1924 年 4 月 5 日）、《答广州市薛赤魂君》（1924 年 10 月 5 日）,《杨贤江全集》第 4 卷, 第 656、743 页。随着《学生杂志》等报刊的推广,《阿 Q 正传》的销路渐广, 到 1927 年, 据欧阳山回忆, 当时广州虽然没有铅印的《阿 Q 正传》, 更没有《呐喊》单行本, 只有油印横排本, 但行销量能有三四千本。欧阳山:《光明的探索》,《人民文学》1979 年第 2 期, 第 84 页。

"续刻"更是因正值各省反对称帝，"故（印）刷无多，旋因纷纷独立，遂未分派"。①

从时代氛围的认知说，我们经常以为数据库会带来无穷便利，而常忘了人在获得便利的同时也会越来越依赖于检索系统，加上研究题目的范围又因"学术规范"的要求越缩越小，少有放眼完整读书之时，以致"过渡一代"经常对已消失在图书大库和"读秀"网海中的书报刊缺乏敏感，更年轻一辈或完全没有感觉。

因此重寻五四读书人即时的阅读方式、"不知道"的状态和浸染于时代氛围中的认知感受大概是日后研究的突破口。具体在以下几个方面。

第一，重视地方读书人新文化到手的"条件"。这些"条件"除前文已述的个人机缘、获得途径和各种时间落差、地域落差与信息完整度的落差外，还包括个人经济能力、地方交通状况、地方商业布局、当地的学风偏好、党派力量强弱，以及个人的生活习惯、阅读速度、沟通方式等。② 其中尤其要意识到，重视"条件"经常不是去看他们到手新文

---

① 《杨锺致赵凤昌》（丙辰八月廿八日），国家图书馆善本部编《赵凤昌藏札》第1册，国家图书馆出版社，2009，第227、230页。

② 从个人经济能力说，有学生为了买一本《科学与人生观》当掉身上棉衣。《应若滨致杨贤江》（1924年12月3日），《杨贤江全集》第4卷，第594页。从地方交通状况说，1925年3月共青团涪陵支部向团中央抱怨："每回接得所指示之各种纪念活动如'二·七''三·八'，信到而期已过，是四川路远，邮政延迟关系。以后如有某种纪念活动的指示，请早发函为要。"《团涪陵支部给团中央的报告（第六号）——关于通讯问题》（1925年3月22日），中央档案馆、四川省档案馆编《四川革命历史文件汇集（群团文件）（1922年—1925年）》，1986，第226页。同年共产党员刘重民参加完江苏青浦追悼孙中山之集会，想赶到苏州黎里参加追悼孙中山的会，但到了苏州，去黎里镇的轮船"竟开了"，就未能赶上。《刘重民致柳亚子》（1925年5月2日），张明观：《柳亚子史料札记三集》，上海人民出版社，2017，第158页。从党派力量强弱看，1923年11月重庆地方团向团中央报告："此地无政府党异常之多，印刷物亦不少，吾主义之印刷物又少，且如社会主义讨论之有力印刷物一本都无，祈速将此书设法寄来。"《童鲁给刘仁静、林育南的信——关于重庆工人罢工》（1923年11月14日），《四川革命历史文件汇集（群团文件）（1922年—1925年）》，第136页。

化有何"便利"，而是发现他们到手新文化有何"限制"。这些"限制"主要有：

（1）价格偏高。五四时期书商销书，上海定价一元的，长沙要四五元，而外国书尤贵。①在成都，书籍价格也不低，照定价加一成出售仍然折本，报纸则要加价三成出售。为何如此？舒新城就当地情形分析说，一是要补贴汇水、邮费，货价一元的书报至少多费三角；二是销售不畅，消耗大量拆息；三是因路途遥远，书报既容易浸水破污，导致损耗，又需人力挑运，运费极昂。②

（2）投稿不易。目前研究多有爱谈地方读书人谋生与向报刊投稿之关系者，舒新城的回忆则提示："投稿到上海可以换光洋，所以看作最便利，事实上未免看得太简单。"③

（3）口音难懂。胡适记述1922年第八届全国教育会联合会会议开会，教育部特派员向与会代表代读总长汤尔和的致辞，但因文字稿事先未曾印刷，文章又是用文言做的，致辞者则是江苏口音，遂导致代表们"都听不懂"。这种情况和1910年代没有官方语言的奥地利议会开会时的情况极为相似。④试想如果连全国性会议的致辞都会出这样的状况，遑论地方上那些基于更多不同口音、缺少合适扩音设备、包纳对在地读书人来说极度"深奥"名词的致辞、报告和演讲。⑤

---

① 舒新城著，文明国编《舒新城自述》，安徽文艺出版社，2013，第119页。

② 舒新城：《交通与教育》，《舒新城教育丛稿》第1集，中华书局，1925，第281页。

③ 舒新城著，文明国编《舒新城自述》，第121页。

④ 《胡适日记全集》第3册，第869—870页，1922年10月17日条；高林：《皇帝圆舞曲：从启蒙到日落的欧洲》，东方出版社，2019，第134页。

⑤ 如1924年6月3日周作人在山东省立第一师范学校演讲，李长之跑去听，觉得"话实在难懂，我知识又不够"。李长之：《社会与时代》，《李长之文集》第8卷，河北教育出版社，2006，第390页。

（4）流传范围狭窄。据江苏省立第一师范学生华有文回忆：在报纸方面，《民国日报》因为"直接痛快的指责北洋政府，报纸行销区域仅限上海租界以内，北洋政府不准邮局运寄或销到外埠"。华氏只能想尽办法，让《民国日报》报馆从日本邮便局每天送到家里。在刊物方面，有些"禁刊"书店买不到，华氏不得不一面与陈独秀联系，由他寄来《共产党》《工商之友》《劳动界》，一面与上海北四川路世界语学会的苏爱南联系，请他寄来《自由》《极乐地》《克鲁泡特金的思想》等无政府主义书报。①

（5）经费有限。1924年，舒新城到国立成都高等师范就职，看到学校图书馆的状况，心情极其不佳。因为他来川任教个人备书不多，本想多依靠图书馆藏书，却发现图书馆里所有之书竟还比不上其自家所备。"近五年内的中西出版物太少！"只有若干份省外杂志与最少数的报纸，但寄到的时间在出版后一个月乃至二三个月，而且能首尾衔接的极少。本省的报刊"关于全国及世界的各种新闻则又无不从京沪报纸中转载而来"。因此舒新城觉得"在此地欲求在新闻纸了解天下大事，其难最少也与上青天的蜀道相等"！

国立成都高师的图书馆这样资源贫乏，究其原因最重要的是经费有限。成都高师名义上有经常费十几万，但照例是按七折拨下，每个月便只有七八千元。而这七八千元每年又领不到三四个月，于是名义上十余万元的经费，实际上只有三万元左右。成都高师四五百学生的膳费、用品费，百余教职员、工人的生活费，以及其他一切的开支都依靠于此，以致讲义纸的费用常无，断炊也屡见不鲜，哪里还能去购买"饥不可以

---

① 《华有文关于苏州五四运动的回忆（节选）》，苏州市地方志编纂委员会办公室、苏州市档案局编印《苏州史志资料选辑》第1辑，1984，第24页。

为食，寒不可以为衣的书报"。①

　　除以上具体问题外，对五四历史的整体掌握，地方读书人也一样会遭遇无处了解的困境。1923年，有人写信给《学生杂志》编辑说："我以前每到书坊，要买一种关于'五·四运动'的详细情形的书，却都没得买到；现在恰巧有一篇朱文叔先生做的《五·四运动史》，我真侥幸极了！但不知道这书的发售处是什么地方和什么书局，以及定价若干？请先生把这书详细地介绍出来，我真感激得很呢！"

　　其实朱文叔的《五·四运动史》是一篇文章，而不是一本著作，这个地方读书人的提问大部分属于"无的放矢"，但这正说明地方读书人必须穿透重重迷雾，才能获得零星的信息，这信息很多时候还不够准确，而穿透迷雾本身就已困难重重。② 因此，钱穆和吕思勉等史学名家在人之"限制"方面的一些提示至今极具启发性。钱穆在《刘向歆父子年谱》中就基于刘歆作伪之限度提问道：

　　　　（刘）向未死之前，歆已遍伪诸经，向何弗知？不可通一也。向死未二年，歆领校五经未数月，即能遍伪诸经，不可通二也。……且歆遍伪诸经，将一手伪之乎？将借群手伪之乎？一手伪之，古者竹简繁重，杀青非易，不能不假手于人也。群手伪之，又何忠于伪者之多，绝不一泄其诈耶？③

---

① 舒新城：《蜀游心影》，开明书店，1929，第141—142页。

② 《庄士杰致杨贤江》（1923年3月14日）、《致庄士杰》（1923年4月5日），《杨贤江全集》第4卷，第360页。

③ 钱穆：《两汉经学今古文平议》，商务印书馆，2001，第2页。傅斯年的不同看法是：在刘歆之前，汉代经学"已经屡屡闹着出新样"。刘歆有思想，有材料（与刘向同校秘藏），有地位（自据秘藏），遂能"集合当时的零碎小反动，成一大反动"。傅斯年：《史料论略》，欧阳哲生编《傅斯年文集》第2卷，中华书局，2017，第50、51页。

　　吕思勉则解释为何顾炎武《日知录》中会有"看似好札记，而实系他人之作"的情况：

　　　　此盖编辑者仅得其所遗之一大堆遗稿，中杂有钞录之材料文字，读书之摘记，编辑者不能悉辨，举而录之，遂成误收矣。历来编辑诗文集者，皆难免此弊。[1]

　　第二，虽然地方读书人"到手"新文化有许多限制，但研究者不必简单地将"到手"过程仅看作获取的过程，也应看作努力"再创造"的过程。研究者观察五四时期地方读书人时，当努力破除当时巨型知识分子着眼于"提高"，而看低地方读书人之"努力"的成见，平心静气地观察他们对于新文化的模仿、攀附、重组和改写。

　　顾颉刚就观察到在苏州有师范教员曾君，他把报纸剪开，分类粘贴成册，已累积数百册；又把杂志分类编目，数量也极可观。[2]这是地方读书人清末就已养成的读报、读杂志后"再创造"的习惯。在湖南，毛泽东受此影响就曾想从译本及时贤所做的报章杂志文章中"刺取精华"，"使他们各构成一个明了的概念"，并"编成一本书"。[3]在山东，年幼的李长之把叶圣陶发表在《儿童世界》上的童话"分别撕裂下来，另订为一册"，再用其中一篇《玫瑰和金鱼》作为自编新本的题目。这种私

---

[1]　《吕思勉先生古文观止评讲录》，转引自黄永年《学苑与书林》，上海书店出版社，2006，第35页。

[2]　《顾颉刚致胡适》（1921年7月26日），《顾颉刚书信集》卷1，第367页。

[3]　《毛泽东致周世钊》（1920年3月14日），中国革命博物馆、湖南省博物馆编《新民学会资料》，人民出版社，1980，第64页。

人自编的"叶绍钧童话选本"要早于 1923 年叶氏正式在商务印书馆出版的童话集《稻草人》,[①]它或许正代表了一种不再定于《稻草人》一尊的五四儿童新文化的"再创造"。[②]

进而言之,这种"再创造"的意义在:它不仅令"五四"具有高低错落的多个声部,或许正同宋代文人对唐代的"回望"一样,[③]亦能催生和重构对于"近代中国""明清时代",乃至"中国传统"的新理解。[④]比如在疑古疑经风气的推动下,胡适购读了清代云南读书人方玉润撰写的《诗经原始》。进而他向从云南到北京读书的杨鸿烈了解此人著述状况,才知道方氏著述不少,但大多散失,残缺不全。而杨鸿烈也被胡适的"发现"所驱动,遍访在京云南乡贤,研读方氏著作,写了一篇《一件关于表彰本省文化可以报告于我们读者的话》在报上发表。在杨氏眼中,方玉润其实碌碌一生,只遗下几本残书,未承想这样的人竟能引起"大人物"胡适的注意。杨氏期盼胡适为方玉润"重新估价","那么不惟方先生和他的后人感激先生,就是我们云南全省的人,也是感激先

---

①　李长之:《社会与时代》,《李长之文集》第 8 卷,第 388 页。

②　1924 年有一个四川的地方读书人就记述:"午后到商务(印书)馆看书见儿童文学,因研究儿童到底有无文学观念,因考之文字、文学之起源,似乎而儿童无文学,验之事实,则儿童又有文学,真一问题也,拟尽力研究之。"这说明所谓"儿童文学"当时是一个较开放的论域。荣县政协文史学习委员会、荣县档案馆编印《荣县文史资料选辑》第 15 辑《曾莱烈士日记选》,1999,第 80—81 页,1924 年 5 月 24 日条。

③　参见夏丽丽采访《田安谈选本文化与唐宋文学研究》,《澎湃新闻·上海书评》2019 年 2 月 17 日,原载网址:https://www.thepaper.cn/newsDetail_forward_2995152。

④　杨国强注意到"戊戌后二十年间先后出现于中国的民权观念、科学观念、白话报刊,以及随时论中'世界公理''世运进步'一类滔滔陈说而来的'欧化'之想,便都因置于'德先生'和'赛先生'以后来的声光回照从前之下,被读出了其中所含的启蒙运动前史的本义"。杨国强:《论新文化运动中的个人主义》(上),《探索与争鸣》2016 年第 8 期,第 13 页。对此王德威亦有论述,参见王德威《没有五四,何来晚清?》,《南方文坛》2019 年第 1 期,第 72—73 页。

生的"！①

　　杨鸿烈所期盼的云南"全省人"的感激或正意味着在五四促生的"回望"之下，云南的"清代学术"图景正在被大幅度改写，同时也预示着这种"改写"不会一帆风顺，而是一轮又一轮激烈书写竞争的开始，要再现这一个个"重新召唤"叠加"众声喧哗"的过程，就需要探索地方读书人的"主体性"。

二　探索地方读书人的"主体性"

　　当研究者用"北京中心"和"启蒙扩展"的眼光看五四的时候，地方读书人的"主体性"不容易凸显。若借用一个耳熟能详之词——"开眼看世界"的话，《新青年》和北大师生在以往一些研究里扮演的是近乎上帝的角色。他们启蒙地方读书人，使得地方读书人开眼看世界、了解新潮、获得新知，甚至在他们的引领下变成了"新人"。"引领—启蒙"的解释模式其实在一定程度上模糊了地方读书人的样貌，忽略了他们的"能动"之处，导致不少问题需要进一步讨论。

　　首先，在五四时期，无数地方读书人早已开眼看世界，只不过对于不同地方的地方读书人来说，不同地方除了意味着同一时间刻度下不同的空间，也同样意味着同一时间刻度下并不相同的"时间"。在1919年前后，他们有的仍停留在清末民初的"世界"，以广东、福建、

---

① 《胡适日记全集》第3册，第910—912页，1922年10月31日条；《胡适日记全集》第4册，第187页，1923年8月17日条。

江浙地区为多；① 有的仍在同光乃至道咸的"世界"，以中国广袤的内陆世界为多；② 大多边疆地区更是"不知有汉，无论魏晋"。1921 年，胡适就把中国分作四条线即四个空间与"时间"都不相同的"世界"：第一线为南方与西南三省，第二线为长江流域，第三线为东三省与北五省，第四线为边疆——蒙古到西藏。在胡适看来，"这四线代表四种文化程度，又可代表四种历史的区分。第一线与第四线的文化程度相去至少有一千年"。③

　　进一步说，当时很多读书人其所"身处"与其内心之认同也不一致。不管处于何种"时间"，在进步新青年的认同中基本少有清末民初、同光时代和道咸时代的区分。他们看中国基本只是一个傅斯年所言的"二千年前之初民宗法社会"。④

　　而对不少地方上一般读书人来说，尽管北京等处的爱国运动轰轰烈烈，但仍不过是一场持续数天乃至数月的"热闹"和"风波"。他们有的心中漠然，有的则会好奇打探，并经常以此为谈资和消遣。"热闹"和"风波"过后，他们的思想与行事则基本还是延续从前的规矩和

① 　一个例子是 1921 年 6 月胡适听完中华书局借"国语""国音"东风所出的"国音留声片"，发现都是当年王璞定下的那种"国音化"京音，觉得真是"三不相（像）"。《胡适日记全集》第 3 册，第 106 页，1921 年 6 月 9 日条。

② 　一个例子是 1924 年四川安岳的高小学生仍在问洋人的脚是不是直的。舒新城：《蜀游心影》，第 112 页。

③ 　《胡适日记全集》第 3 册，第 40 页，1921 年 5 月 15 日条。与胡适的话相呼应，1920 年戴季陶说："湖州的社会，从近代文明史的意义上看来和上海要差一百年。上海这个地方已经快到工业革命的完成期了，湖州还不过才进工业革命初期的时代。上海好像是十九世纪中叶的欧洲，湖州还是十八世纪中叶的景象。"戴季陶：《到湖州后的感想》（1920 年 7 月 1 日），章开沅主编，唐文权、桑兵编《戴季陶集》，华中师范大学出版社，1990，第 1275 页。1924 年郭沫若则指出："我国国内除几个大都市沾受着近代文明的恩惠外，大多数的同胞都还过的是中世纪以上的生活。"郭沫若：《橄榄》，上海创造社，1927，第 129—130 页。

④ 　傅斯年：《新潮发刊旨趣书》（《新潮》第 1 卷第 1 号，1919 年 1 月 1 日），《新潮》第 1 卷第 1—5 号合订影印本，第 2 页。

准则。

1919 年 5 月，在苏州的顾颉刚曾就五四之事与几个读书人讨论，深感失望。其中一人的态度是"笑而不答，或者别有会心"。一人劈头就说："现在北京大学正在出锋头啊！"另一人则对此事"纯从势力和法律上着想"，认为"段派与交通系联合处分学生，学生必然无幸；如在法庭起诉，听说曹宅守门警察曾开数枪，有此一事，或未必学生全败"。①

到 1920 年，夏衍从浙江公立甲种工业学校毕业，当时他已深度参与在杭州的五四，且自认是个"小头目"，回家却发现正厅中央赫然贴着一张黄榜，上写："捷报：沈府少爷乃熙，民国九年庚申八月高中第一名毕业……"看到"黄榜"，有祝贺者煞有其事地对夏衍母亲说，中学毕业，等于考中秀才，"甲工"比一般中学高，因此令郎的"高中"可能相当于秀才和举人之间。②

以上都说明进步新青年和一般读书人的认知经常格格不入。面对"格格不入"，李大钊说："同时同地不容并存的人物、事实、思想、议论，走来走去，竟不能不走在一路来碰头，呈出两两配映，两两对立的奇观。"③从李大钊的话推论，以中国之大，每个地方已经不尽相同。而在每一个具体地方，人们的方方面面又是"同时同地"却"不容并存"。因此研究者在探索五四时期地方读书人的"主体性"时一刀切的

---

① 《顾颉刚致叶圣陶》（1919 年 5 月 9 日），《顾颉刚书信集》卷 1，第 62 页。

② 夏衍：《懒寻旧梦录》，生活·读书·新知三联书店，1985，第 51 页。这种情况在当时浙江等处似是常态。在新昌县，高小毕业就已被称为"中秀才"，要吹打报喜、张贴大红报帖。各族族规规定凡高小毕业孙男，可进大宗祠堂祭祖，到始祖坟坟祭祀，领胙肉时得双份，另可收到数量不菲的"花红洋"和"礼洋"。陈刚：《人民司法开拓者：梁柏台传》，中共党史出版社，2012，第 31—32 页。

③ 李大钊：《新的！旧的！》（《新青年》第 4 卷第 5 号，1918 年 5 月 15 日），《新青年》第 4 卷第 1—6 号合订影印本，人民出版社，1954，第 448 页。

认知或并不可取，亟须注重他们各自"前史"的丰富性。丰富的"前史"令地方读书人有的是作为清末的老新党与五四互动；①有的是作为民初新人物与五四相碰撞；有的是作为道咸、同光遗老，压根就未和五四发生关联；有的则作为道咸、同光遗少直接跳入五四洪流之中，不一而足。②

　　其次，有一部分地方读书人确实以"五四人物"的身份和认同进入五四，但仅从这一横剖面来说，其"主体性"问题也不简单，因为五四对地方读书人而言往往是多个的、羼杂的、暧昧的和分裂的。

　　从五四是多个的来说，当时读书人的认同中"西方"早已不是一个浑然一体的"泰西"。"公理"接近不存，"公例"已然破碎，"泰西"分裂为一个个具体国家——英、法、美、俄、德、日。在一个个具体国家中，各个群类的读书人又有各自信奉的思想流派。在各自信奉的思想流派中，每个读书人更有各自倚重的西人，如杜威、罗素、皮耳生、詹姆士、倭铿、柏格森、欧立克、杜里舒、克鲁泡特金、巴枯宁、考茨基、马克思、列宁、阿诺德、白璧德、孟禄、克伯屈、易卜生、托尔斯泰、莫泊桑等，据周予同形容，当时读书人介绍这些西人学说是毫无系统、东鳞西爪地"乱拉"。③而且早前的驰名西人如斯宾塞、赫胥黎、达尔文

---

① 正因是老新党，才会出现他们把唯心、唯物错记成维新、维旧的情况。袁玉冰：《江西的出版界》，《新江西》第1卷第3号，1923年1月15日，第46页。

② 这部分的讨论可参见许纪霖《五四新文化运动中"旧派中的新派"》，《华东师范大学学报》2019年第1期，第24—36页；徐佳贵《"五四"与"新文化"如何地方化——以民初温州地方知识人及刊物为视角》，《近代史研究》2018年第6期，第43—58页；徐佳贵《湖畔风云：经亨颐与浙江五四新文化运动》（上），《杭州师范大学学报》2019年第2期，第33—53页；《湖畔风云：经亨颐与浙江五四新文化运动》（下），《杭州师范大学学报》2019年第3期，第33—53页。

③ 周予同：《过去了的"五四"》，《中学生》第5号，1930年5月1日，第7页。

等又一直未失去其影响。①

因此无论是"东西之争""中西之别"还是"西与西战"，都不意味着两军对垒，也不是三足鼎立，而是一团乱麻般的多方"混战"。②地方读书人既被高层级读书人混战的陀螺牵引，却也是推动混战继续和扩大的重要动力。③

从五四是羼杂的来说，郭沫若说五四运动"事前并无什么计划"。④巴金说当时"只要是伸手抓得到的新的东西，我都一下子吞进肚里"。⑤李长之则言："五四这时代，是像狂风暴雨一般，其中飞沙走石，不知夹了多少奇花异草的种子，谁也料不到这些里头什么要萌发，以及萌发在

---

① 1925年就有山西读书人问："甄克思、斯宾塞尔谁是英人，谁是美国人？我早想购《社会通诠》、《群学肄言》，因著者的国不一样，很有疑惑。"又有江苏读书人问："达尔文《进化论》在何处出售？定价若干？""达尔文的《物种由来》在那［哪］家书局有译本？""赫胥黎与达尔文的学说，是怎样的？"《答山西清源张谦如君》（1925年5月5日）、《答江苏七中周之森君》（1925年8月5日）、《答浦东中学何允猷君》（1925年9月5日）、《答崇明蔡绳夫君》（1925年12月5日），《杨贤江全集》第4卷，第823、849、861、910页。

② 胡适就把柏格森、倭铿、欧立克等看作"反动的哲学家"，强调"那光焰万丈的科学，决不是这几个玄学鬼摇撼得动的"。胡适：《〈科学与人生观〉序》，季羡林主编《胡适全集》第2卷，安徽教育出版社，2003，第199页。邓中夏的看法与胡适相似，也称这几位西人为"玄学鬼"，邓中夏：《中国现代的思想界》，《中国青年》第1卷第6期，1923年11月24日，第3页。而在胡绳看来，"在中国的思想家去到欧、美的时候，西方的布尔乔亚的思想家也早已和他们的伟大的启蒙者们永远地诀别了，因为这时代的西方布尔乔亚已经不是历史上的向上的阶层，而是一步步向下，走向没落的命运中去了。胡适到美国去搬运来的皮耳生、詹姆士、杜威的实用主义哲学正是没落的布尔乔亚的思想的一支派"。胡绳：《胡适论——对于胡适的思想方法及其实际应用之一考察》（1937年），《胡绳全书》第1卷（上），人民出版社，1998，第14—15页。

③ 之所以能成为"动力"，是因为"在五四运动向上期的几年中，这各种主义运到中国来时，都已和爱国主义有意无意地混合了起来，而和它们原来的面目不甚相同了"，造成这"混合"与"不甚相同"的，不少就是地方读书人。胡绳：《"五四"运动论》（1937年4月30日），《新学识》第1卷第7期，1937年5月5日，第336页。

④ 转引自林甘泉、蔡震主编《郭沫若年谱长编（1892—1978年）》第1卷，中国社会科学出版社，2017，第394页。

⑤ 巴金：《我的幼年》，葛懋春、蒋俊、李兴芝编《无政府主义思想资料选》（下），北京大学出版社，1984，第1007页。

那儿的！"①

　　正因为不知"什么要萌发"和不知"萌发在那［哪］儿"，所以什么是新文化，何为新文化运动，这些概念和问题在五四近十年的历史进程中"含义颇为广泛，解释亦不一致"。②罗志田就特别提醒说："（五四运动）本不是一场谋定而后动的运动，故既有超出预想的成分，也有根本未曾想到的成分，后者远大于前者。"③在应对"超出预想"和"未曾想到"的过程中，五四巨擘如胡适、陈独秀、李大钊、蔡元培等对这些概念和问题很多时候是各自表述、模糊表述与前后矛盾的表述。其中陈独秀的《新文化运动是什么》大概就是一篇具有代表性的前后不一，又前后交叠的羼杂文本。④

　　若巨擘之间都有这样的分歧，地方读书人对"新文化"就有更多重的和多样的理解。《五四时期期刊介绍》就提到《新陇》杂志向甘肃人士介绍"新文化"，给地方读书人的印象是"仿佛迷离、眼花缭乱、不分东西"。⑤任鸿隽则说四川学界是"学生以闹风潮反对教员、校长为新文化，一般旧式的先生们，也就拿他们这种行为来代表新文化"。⑥杨荫杭则认为："新文化何物……一为白话，一为男女同学。"⑦以上的多重理解缘于交汇羼杂本是历史过程中的常态，

①　李长之：《社会与时代》，《李长之文集》第8卷，第382页。

②　舒新城著，文明国编《舒新城自述》，第135页；可参见周月峰《五四后"新文化运动"一词的流行与早期含义演变》，《近代史研究》2017年第1期，第28—47页。

③　罗志田：《中国的近代：大国的历史转身》，第187页。

④　陈独秀：《新文化运动是什么》（《新青年》第7卷第5号，1920年4月1日），《新青年》第7卷第5—6号合订影印本，第1—6页。

⑤　中共中央马克思、恩格斯、列宁、斯大林著作编译局研究室编《五四时期期刊介绍》第3集（上），生活·读书·新知三联书店，1959，第178页。

⑥　《胡适日记全集》第3册，第836页，1922年9月30日条。

⑦　老圃（杨荫杭）：《新文化两种》，《申报》1923年9月4日，第19版。

何况其中还经常包含作者文字之本义、引申义与读者阐释义的天然差别。

从五四是暧昧的来说,身无"落脚处",心无"安顿处"大概是五四时代读书人的普遍感受。他们的身心所及,经常是一片暧昧与混沌,其中尤以地方读书人所感知的"国家"为甚。

1929 年,胡适写过一篇名文——《新文化运动与国民党》,说"在徐世昌做总统,傅岳芬做教育总长的时代,他们居然敢下令废止文言的小学教科书,改用国语课本"。[1] 胡适的文章意在以北京政府的"尚且开通"来对比国民政府的"如此反动"。但"居然"一词实际反照出在国民政府统一之前,地方读书人感知的"国家"是更为多重的。它可以是教育部,可以是省议会,可以是地方军阀,可以是省教育厅,可以是省教育会,也可以是县政府、县教育会,甚至是本校校长、当地名流。[2]

林林总总的"国家"之代表让地方读书人莫衷一是,心中迷茫,因为其政策、言论、表现经常有不一致处乃至完全相反处,有时"上面方说自由研究,下面即定为邪说"。[3] 有时官厅虽然不把新文化直接视作"邪说",但对其置若罔闻或加以排斥。有潮安读书人就抱怨从县立师范学校毕业后,竟因不懂文言文闹出许多笑话——他做国民学校校长,做了一篇白话存案文章,被县长大大申斥。他还有一个兄弟,亦因不懂文言文,失掉了很好的机会。[4] 有时则是地方名流一片叫好,而政府机构

---

[1]　胡适:《新文化运动与国民党》,《新月》第 2 卷第 6、7 期合刊,1929 年 9 月 10 日,第 3—4 页。

[2]　彭湃即指出,"什么督军府、省长署、司令部,哪样不是压迫人民、鱼肉人民、掠夺人民的"。《五四时期期刊介绍》第 3 集(上),第 2 页。

[3]　《顾颉刚致叶圣陶》(1919 年 4 月 14 日),《顾颉刚书信集》卷 1,第 56 页。

[4]　《答潮安黄新民君》(1924 年 12 月 5 日),《杨贤江全集》第 4 卷,第 759 页。

却满纸批评。①

但另一方面正因谁代表"国家"是暧昧的，遂让地方读书人有不少腾挪施展、借力使力的空间，展现出五四时期各地读书人思想言论上处处批判"国家"，而实际运用中处处与"国家"为伍的奇景。

简单来说，这些空间一个是表现在"国家"有时能成为地方读书人传播新文化的秉持与护符。五四时期无论是中心地带的新旧之争还是地方上的新旧之争，新派经常不能依靠"愈来愈新"来压倒"旧"，"新"反而要与各种"国家"代表和"国家"象征相结合，方能与"旧"抗衡。1920 年《白话文做法》一书的作者即强调"从去年（1919——引者注）文化运动以后，白话文的成效大著，社会上大多数人都要留意去研究，教育当局也要采做学校的教材，这是文化运动的效果"。② 因此《白话文做法》出到"订正九版"时的广告特别强调是"教育部审定的"。③

因此在地方上，由那些看上去与"国家"相联系的人物来传播新文化经常会有不错的效果。在四川新繁，当县劝学所所长召开教学观摩会时出了白话文题目，原先反对白话的高等小学教师便沉默下来了，原来喜欢白话的学生则越发大胆做起白话文来。④ 在山东济南，省立第一师

---

① 一个例子是江希张的《四书白话解说》。此人"乡绅都迷为天巾圣人"，认为"欲治中国，欲治世界，舍此人出莫由"，其书则是"发明孔子底蕴，自古至今无有出其右者"。不过教育部却不这么看，批示云："江希张《四书白话解说》，绘图立义，纰缪之处不一而足。其**解释**孔经，率多摭拾佛、道两家之陈言，穿凿附会。如'学而'篇末所载全篇演说，至谓亲见孔子周游法界中，讲演大同学说。开宗明义，即属荒谬不经。他如魔王宫殿、道家三尸，混入养身之义，尤失孔经之旨。如义义矛盾之处，如既以告子为时人，又将篇名《告子》二字解为'告天下万世弟子'之言。绘图不合古制及谬误之处，如《冯妇搏虎图》，绘冯妇为一女子；《伯夷、叔齐隐于首阳山图》绘一人手执线装且似洋装之书；《孟子自梁之齐图》绘两人持肃静、回避牌为前导。凡此种种，只成笑柄。"《答河南汤阴第三高小校郑承荫君》（1924 年 8 月 5 日），《杨贤江全集》第 4 卷，第 684 页。

② 吕云彪、戴渭清、陆友白：《白话文做法》，新文化书社，1920，"序言"第 1 页。

③ 王世栋：《新文学评论》，新文化书社，1920，广告附页。

④ 艾芜：《我的幼年时代》，《艾芜全集》第 11 卷，四川文艺出版社，2014，第 104 页。

范附小校长王世栋（祝晨）贴出白话文布告时，学生们一片大哗！为何"大哗"呢？据当时在附小就读的学生回忆：一面是他们非常震动，因为这布告竟不说"明日"，而说"明天"，"旁边还有像麻将牌里的么饼似的一串东西"；另一面是他们第一次被惊醒了，白话文原来也可以有登大雅之堂的资格！①

济南著名的新人物王世栋以白话文布告"惊醒"学生，进一步他就要减少他们内心种种阻碍新文化的"震动"。而要减少人心中阻碍新文化的"震动"，王世栋的办法是让学生们认识到新文化除了"新"，而且"合法"，它和一条条的国家"部令"有关。所以他编的《文化新介绍》（后改名为《新文学评论》出版）除了和其他白话文选本一样，选入大量《新青年》《新潮》等报刊的名文外，其特点是将《教育部通令采用新式标点符号文》《请颁行新式标点符号的议案》《正式公布注音字母以便各省区传习推行》《公布注音字母次序》《通令国民学校改国文为语体文》《咨各省采用练习言语办法文》等"部令""通告"也收录了进来。②

另一个是表现在地方性"学客"的生成。1919年后，地方读书人特别是学校教员、学生与政治人物有着越来越深的纠葛，即所谓"政潮、学潮相互为表里"。政治人物利用教员、学生，教员、学生也利用各类政治人物，遂导致有无数依附于各种"国家"代表的地方性"学客"产生。易家钺即指出这些"学客"的表现是"在卢永祥底下倡联省自治，在孙文部下倡社会主义，甚至一边当校长一边又当督办，一边当谘议一

① 李长之：《社会与时代》，《李长之文集》第8卷，第372—373页。山东地方五四运动的拓展，可参见季剑青《地方精英、学生与新文化的再生产——以"五四"前后的山东为例》，《现代中国文化与文学》2009年第2期，第33—56页。

② 王世栋：《新文学评论》，目录页。

边又当教员"。①

　　从五四是分裂的来说，五四在历史分期中其实并不是一个"定点"，而是一个在一连串重大历史事件中既特殊又普遍的"高速公路出口"（详见绪论第四部分）。在这个"出口"处，纷繁的即时思想牵动的是林林总总的"未来理想"。不同的未来理想使得有人怀念着前一个"出口"，有人惦记着下一个"出口"，有人在五四"出口"游移不定，有人则或满心欢喜或愤愤然地离开这一条高速公路。

　　分裂状态既证明了从清末开始，虽然"合群"一词一直被读书人热衷提倡并积极实践着，但中国读书人实际上却因此而愈来愈趋向分裂的吊诡事实，又提示在"愈来愈趋向分裂"的事实之下，读书人会期盼结合成为更大之"群"的愿望和盼望。②此正如林同济所言："对家庭自由，必须向国家与民族皈依。越是不为小家庭的一分子，我们灵魂深处越要渴求做大社会的一员。而我们于是乃发现了一条微妙的真理：有所皈依的慰藉，竟乃是追求自由的前提，无皈依不足谈自由！"③

三　怎样从地方反观"中心"

　　王汎森曾在《中国近代思想文化史研究的若干思考》这篇名文中强调："对于重要思想家的著作进行缜密的阅读，仍然是思考思想史的未来

---

① 易家钺：《中国的丘九问题：论学生的政治活动社会活动和读书运动》，《民铎》第4卷第4号，1923年6月1日，第10页。

② 读书人从"群"到"大群"的曲折演进得自华东师范大学杨国强教授的提示。

③ 林同济：《从五四到今天：中国思想动向的转变》（重庆《大公报》1941年5月4日），杨琥编《历史记忆与历史解释：民国时期名人谈五四（1919—1949）》，福建教育出版社，2011，第387页。

发展时最优先、最严肃的工作。"① 这个"强调"提示研究者勾画在地方上的五四并不意味着对五四简单地"去中心化"，而是要细密地从不同角度和不同位置重新去审视何为五四之"中心"。对此，如果研究者能转换研究的主题词，透过地方读书人的眼睛去讨论这些巨型读书人的文章，而不是用"自由主义""启蒙先声"等后设逻辑去串联分析，也应会有和从前不一样的结论。

上面是一个简单概括，在这一节我会就两个问题做一些更具体的阐发。第一个问题是如何从地方上的"联结型人物"出发审视"中心"？第二个问题是身处"中心"的巨型知识分子有可能被地方读书人影响、调动吗？先来看第一个问题。

在众多与五四相呼应互动的地方读书人中，那些沟通北京、上海与省城，省城与县城，县城与广大基层社会的"联结型人物"的确值得特别注意。② 相比那些巨型知识分子和地方上的普通读书人，这些人物上下联通的眼睛能帮助研究者从既定"中心"开始层层扫描，进而发现不少以往稍被忽视的问题的新切入点。比如 1920 年 3 月有化名"钓叟"之人对芜湖地区的"新文化"书报做了一个销量统计。从他的眼光看去就与既有印象不太相同。芜湖一地每月销量最多的是《新生活》（80 份），③第二是《解放与改造》（60 份），第三是《少年中国》（50 份）与《新中国》（50 份），其后才是《新青年》（30 份）和《新潮》（28 份）。④ 这既

① 王汎森：《中国近代思想文化史研究的若干思考》，许纪霖、宋宏编《现代中国思想的核心观念》，上海人民出版社，2011，第 731 页。
② 王汎森：《思想是生活的一种方式：中国近代思想史的再思考》，北京大学出版社，2018，第 290—292 页。
③ 《新生活》销路甚广的原因在宣传对象定位于"平民"，形式通俗，价钱也很便宜。《五四时期期刊介绍》第 1 集（上），第 305 页。
④ 《芜湖的新文化运动》（1920 年 3 月 9 日），《少年世界》第 1 卷第 9 期，1920 年 9 月 1 日，第 62 页。

说明《新青年》在地方上的销量不能小觑，又说明有些"新"刊物或还未得到充分关注。

另一个例子在江西，中共早期党员袁玉冰曾在《新江西》第 1 卷第 3 号中写过一篇名为《江西的出版界》的文章。如果没有这篇文章，研究者大概很难知道，在 1920 年代初江西地区有那么多地方性的杂志、周刊、日报。若能以此文为向导按图索骥，文中所提报刊部分又有幸保存下来的话，则江西五四的版图将得到相当程度的改写。

更需要注意，从袁氏这篇文章出发，研究者不仅能看到五四时期江西报刊的名称、期数和内容，以此文为渠道，能更加理解在"中心"看地方的视野里这些地方性报刊是如何被分类、定性，然后又如何被一一摆放在被"中心"所规划和认定的位置上的。[1] 比如袁玉冰谈江西教育厅发行的《教育行政月刊》，说它"专载毕业学生名单以及各种表格、文件、命令"。由此他觉得这份杂志就是罗家伦说的"官家档案汇刻"，不能叫作"杂志"。[2]

明明是"月刊"为何却不能（其实在袁氏看来是不配）叫作"杂志"？这种反差说明"联结型人物"深受"中心人物"之文化态度和新旧认同的影响，袁玉冰一定熟读罗家伦发表在《新潮》的名文——《今日中国之杂志界》。不过这种"影响"若要真正地显现，则又和这些"联结型人物"把思潮的搅动转换为真正的行动密切相关。

"联结型人物"带来的是中心城市的思想资源和思维方式，但他们进入的地方世界却不是"一刀切"的，反而有盘根错节的"既存状态"

---

① 《五四时期期刊介绍》就特别指出："(此文) 几乎把当时江西出版的一切报刊都做了较详尽的评介，这一工作对当时识别力较差的青年来说，起了及时的诱导作用。"《五四时期期刊介绍》第 3 集（上），第 36 页。

② 袁玉冰：《江西的出版界》，《新江西》第 1 卷第 3 号，1923 年 1 月 15 日，第 38 页。

和千差万别的发展状况。

从前一面来说,"联结型人物"的那些趋新言论和文化宣传不能仅仅被看作思想的传播,也经常是一种以思想来做"行动"的方式,这种凭借来自"中心"强势言论的"行动"要破坏打散的是地方上盘根错节的"既存状态",这从1923年南昌地方团组织的工作计划中能看得特别明白,工作计划在"文化运动"项下就说:

> 江西的文化幼稚,固然不错,所有的原因,并非江西青年不肯容纳新文化,实因江西军阀压迫太甚,没有受文化之机会。江西自"民二"以来即陷在北洋军阀政策之下,所有教育当局,也不过是军阀袋里的官僚,他们和新文化取在绝端反对的地位。因此江西各校教职员除了一般前清的"举人"、"秀才"以外,便是那十年前的留东学生和十年前所谓高等学堂的毕业生。我们要做文化运动,非将这班东西拒〔驱〕逐了不可。因此本地方团以后的工作便是——唤醒各校学生,拒〔驱〕逐这班混蛋教员。①

从后一面来说,正因为各地方有各自千差万别的发展状况,所以不同"联结型人物"所映照出的"中心"至少就具有"多元"和"部分"这两大特征。

"多元"特征指的是对地方读书人特别是江浙的地方读书人而言,五四是北京、上海双中心。北京有学界,上海则有出版界、舆论界和另一种学界。顾颉刚即说:"《时事新报》实在是现在南方最有力的一种报

---

① 《南昌地方团工作计划》(1923年),政协江西省委员会文史资料研究委员会编印《江西文史资料选辑·五四运动在江西》,1989,第252页。

纸……北方的日报似乎没有这力量。"① 这里需要特别指出：双中心经常不意味着仅有京沪"两个"中心，而是代表着京沪间的复杂互动；京沪与其他城市比如南京、杭州的联动，② 以及各城市与周边县、镇、乡递嬗与共振的"多层级"中心。③

"部分"特征则指《共产党宣言》《新青年》《新潮》这些来自北京、上海的书籍、报刊对地方读书人而言很多时候不是以"一套""一本"为认知单位的，而是前文所指出的是"一期""一篇"，乃至是一篇文章的一段文字、一期杂志的篇目摘要、一场演讲有差池的引用、一本书里的点滴转述和一次朋友聚谈中的只言片语。

吴玉章就指出："我那时渴望能够看到一本马克思或列宁的著作，但是我东奔西跑，忙于应付事变，完整的马列主义的书又不易得到。所以只好从一些报刊杂志上零星地看一点关于马克思主义的介绍。"艾芜则说"那时候并不注意刊物是哪年哪月出的"，只要是"新"的拿来就读。④ 杨贤江主持的《学生杂志》也被各地读者强烈要求把"时论要目"栏目改回为原来的"时论摘要"栏目。在外埠读者看来，上海的读者容易得到参考书，外埠读者却不容易。如报纸之类，出了一次就不会再版；而如杂志书籍，要参考一个问题就得将其全部买来，如是"很不经济"！⑤ 中共第一次全国代表大会即将召开时，张国焘在从北京到上海

---

① 《顾颉刚致狄君武》（1919 年 8 月 10 日），《顾颉刚书信集》卷 1，第 226 页。

② 1920 年 11 月，《时事新报》上来自北京、上海、南京等处读书人关于国音、国语的争论就是典型的个案。

③ 大、小城市与县、镇、乡递嬗与共振的问题由复旦大学周健教授提示。

④ 吴玉章：《回忆五四前后我的思想转变》、艾芜：《五四的浪花》，中国科学院历史研究所第三所编《五四运动回忆录》，中华书局，1959，第 14、201 页。

⑤ 《黄光英致朱天民》（1923 年 1 月 8 日）、《叶卓兴致〈学生杂志〉记者》（1923 年 2 月 11 日）、《关钰麟致〈学生杂志〉记者》（1923 年 2 月 16 日），《杨贤江全集》第 4 卷，第 352—355 页。

的途中特地在济南停留，因为山东代表王尽美、邓恩铭是刚毕业的中学生，他们视张国焘为"先进者"，希望能向他请教。[1]在大明湖的游船上，这群年轻人谈了一天，王尽美等向张国焘提了许多问题，不厌其详地要他讲解。他们则"一面静听，一面记录要点，并商谈如何执行的方法"。到上海以后，他们更是"贪婪地阅读有关书刊，有时且向到会的代表们请教"。[2]

因此，地方读书人视野里所谓"中心"不是囫囵一个的，而是一部分一部分的，是由"一期杂志""一篇文章""一段文字""一场演讲""一本书""一次聚谈"错综交融地构成的。

来到第二个问题——身处"中心"的巨型知识分子有可能被地方读书人影响、调动吗？当然有这样的可能性。研究者以往比较关注的是巨型知识分子如何影响、调动、改变地方读书人的思想与生活，用上海《时报》主持人狄楚青（葆贤）评价胡适的话来说："从此敝报仗先生法力，将由九渊而登九天矣！"[3]这当然是相当凸显和易见的历史面向。在大时代的变迁中，巨型知识分子与地方读书人经常是梁启超所指出的"互缘"关系，一起因时俱变，与时俱变。[4]

这一点或许古已有之，郭沫若就指出："一部国风要算是我国最古的一部民谣集了。古时原有采诗的官，由民间采集些歌谣来献给政府，

---

① 此处张国焘回忆有误。王尽美当时已是快毕业的大学生（王氏 1918 年入山东省立师范预科班，1919 年进入本科班）。此点由中央民族大学周海建博士指正。

② 张国焘：《我的回忆》第 1 册，现代史料编刊社，1980，第 135 页。

③ 《胡适日记全集》第 3 册，第 138 页，1921 年 6 月 26 日条。

④ 可参见〔美〕王德威《现当代文学新论：义理·伦理·地理》，生活·读书·新知三联书店，2014，第 108 页。

政府借以知道民间的状态。"① 到五四时代，读书人对层累之古史和白话
文学的问题有大规模关注，这些关注虽然是由胡适、顾颉刚等巨型知
识分子触发，但同时"礼失而求诸野"，巨型知识分子也需要向地方读
书人寻求帮助。他们会一起在探求古史和追寻白话的大风之下联动而
变化。

　　顾颉刚研究孟姜女故事就颇得益于"各地同志投赠的材料甚多"。②
而要建构以"白话文学"为主流的文学史，就更加要依靠各种地方性脉
络的重新串联和地方性材料的重新发现。顾颉刚就特别遗憾苏州"女说
书"的时调缺乏有心人为他们记出，终于无名，同时也感到在地方上搜
集曲本的困难，因为收藏曲本的地方读书人把少见之本看作秘本，不肯
轻易借出或卖出，"没有流通的观念，只有秘密的观念"。③ 而任教东吴
大学的陈天一则会特别提醒胡适到苏州后要搜罗江湜的《伏敔堂集》，
因为此人曾遭遇太平天国战争的动荡，其诗"造语遣词颇近昌黎，多写
实，可为作白话诗取镜"。④

　　因此巨型知识分子同样有被地方读书人影响、调动，甚至改变的可
能。1928 年胡适谈五四影响时就说：

　　　　为此运动，学生界的出版物，突然增加。各处学生皆有组织，
　　各个组织皆有一种出版物，申述他们的意见。单说民国八年一年之

---

① 何中孚：《民谣集》，泰东图书局，1929，"序"第 2 页。王汎森曾对"在地知识的向上扩散"
　　做过阐述，参见氏著《思想是生活的一种方式：中国近代思想史的再思考》。
② 《顾颉刚致胡适》（1926 年 5 月 16 日），《顾颉刚书信集》卷 1，第 430 页。
③ 《顾颉刚致胡适》（1922 年 1 月 6 日、1923 年 6 月 13 日），《顾颉刚书信集》卷 1，第 372、
　　399 页。
④ 钱穆：《八十忆双亲·师友杂忆》，第 140 页。

内，我个人所收到的学生式的豆腐干报，约有四百余份之多。①

这四百余份"豆腐干报"，以往论者多据此强调五四引发的报刊数量激增，扩大了运动的影响力。但除了《湘江评论》等少数"豆腐干报"因特定原因而史事相对清楚，其他"三百余份"少有人能将它们一一复原。这当然是一项有难度的工作，但若致力于此，应能进一步发现地方上的这些出版物如何塑造了胡适等巨型知识分子对五四的整体性感觉和关键性判断。② 至少胡适在一篇英文文章中道出了他当时的感觉和判断:

> 突然间，大量出版物在地方出现，它们是地方上教育运动的一个重要组成部分。各个小地方社群向来都依靠中心城市提供文化资源。(但五四运动发生后)地方出版物有史以来第一次能在地方社会形成公共舆论和提供有用的智慧。③

与此相关，在胡适的日记和其来往书信集里也留下了一些类似的信。在这些信里，吴虞谈论四川运动推进的情形，毛泽东、舒新城描绘湖南

---

① 胡适:《五四运动——胡适之在光华大学之演词》，《民国日报·觉悟》1928 年 5 月 10 日，"最录"栏。

② 这一数字大概最早来自罗家伦，其云:"五四以来中国的新出版品，虽是骤然增加四百余种，但是最大多数是没有成熟的。"罗家伦:《一年来我们学生运动底成功失败和将来应取的方针》(《新潮》第 2 卷第 4 号，1920 年 5 月)，《新潮》第 2 卷第 1—5 期合订影印本，第 859 页。另外还有五百余种的说法。参见廷谦《"五四"的我感》，《晨报》1921 年 5 月 4日，第 3 版。

③ Hu Shih, "Intellectual China in 1919", 胡适著，周质平编《胡适英文文存》第 2 册《中国哲学与思想史》，外语教学与研究出版社，2012，第 8 页。此文蒙王汎森教授提示。

学生运动如何展开，李霁野等则陈述安徽学生运动进行的状况。[①] 这些胡适周边的人物建构起了一套关于五四的地方情势，若能把这套情形和当时也实际处于四川、湖南、安徽的另一些读书人留下的记录如易家钺谈湖南、安徽等地学生运动的文字相对照，[②] 研究者就能更多地发现和区分地方读书人为了影响、调动巨型知识分子而呈现出的特定"事实"；不同巨型知识分子各自接收的不同"事实"，以及因为不在特定影响、调动和接收之笼罩范围内，而未被呈现乃至不能呈现的一些"事实"。[③]

　　这种地方对于"中心"的影响在1920年代中国共产党、国民党、青年党的"组织化"推进过程中变得更为明显。因为它们都大致经历了从各个分散的、彼此很少联系的地方团体向"群众性的集中的政党"过渡的过程。[④] 以中共的党、团组织为例，各地方的定期报告是其推进革

[①]　《吴虞致胡适》（1920年3月21日）、《舒新城致胡适》（1921年11月4日）、《李霁野、韦丛芜致胡适》（1922年5月），中国社会科学院近代史研究所中华民国史组编《胡适来往书信选》（上），中华书局，1979，第87—88、134—135、149—150页；《胡适日记全集》第2册，第599页，1920年1月15日条。

[②]　易家钺：《中国的丘九问题：论学生的政治活动社会活动和读书运动》，《民铎》第4卷第4号，1923年6月1日，第2—6页；《社会主义与湖南青年》，《长沙大公报增刊·青年教育》第8期，1922年11月15日，第1—4版。《社会主义与湖南青年》一文由湖南师范大学周游博士提供。

[③]　1922年谈到联省自治时，陈独秀就直接对胡适说："我曾得着湖南一些报告，颇不似兄函所言。"《胡适日记全集》第3册，第823页，1922年9月25日条。《五四时期期刊介绍》则认为易家钺所写的《中国的丘九问题》是对湖南、安徽学生运动的大肆污蔑，这种为军阀张目之论调，引起了学生很大不满，《湖南学生联合会周刊》曾展开讨论，对易家钺的反动论调痛加驳斥。《五四时期期刊介绍》第3集（上），第330。有人则告诉杨贤江，如果想知道西安学界情形，要去看陕西旅外同学办的《进化》（社址在北京亮厂七号）、《共进》（社址在北京吉安所六号）、《贡献》（社址在天津南开中学）、《秦铎》（社址在上海）和北京《晨报》所载的偎武君的《西安通信》。很明显这里无一份是在陕西当地办的杂志。《高崇福致杨贤江》（1923年9月11日），《杨贤江全集》第4卷，第474页。

[④]　中共中央党史研究室第一研究部译《联共（布）、共产国际与中国国民革命运动（1920—1925）》，北京图书馆出版社，1997，第360页。直到1927年，我党的定位"（仍）还不是一个有完善组织的党，而是各个共产主义者的小组，地方组织的情况比中央好一些"。〔苏〕A. B. 巴库林：《中国大革命武汉时期见闻录：1925—1927年中国大革命札记》，郑厚安、刘功勋、刘佐汉译，中国社会科学出版社，1985，第159页。

命，落实各项举措的关键性机制，1922年中国社会主义青年团中央执行委员会就规定各地方团需要设通信兼调查员一人，由他来报告地方情形。① 这种报告制度引发的不仅是地方影响"中心"或"中心"调动地方，更有地方与地方之间的"互视"。

1924年1月，在浙江的唐公宪给刘仁静写信说目前"各地的消息，实不太清楚，虽有报，也很少各地的信息"。其中最需要解决的问题是："为什么只有各〔地〕的报告中央，没有中央报告各地？"中央应该将各地的报告做成总结，随时通告各地，才能使得各处消息灵通。② 同年，河北地方团则要求团中央能刊印发布《各地通信》。在他们看来，此种刊物有下列三种好处：

（一）一地方知道多地方的活动范围是什么；

（二）一地方知道多地方活动方法及策略；

（三）一地方知道多地方活动所得教训。

地方团会提出这样的要求是因为当地方上的工作开展时，在地的参与者常问："上海活动情形如何，广州活动情形如何……"但是主持工作者只能根据团刊上所载的一点点内容说说。在参与者看来，团刊所载的内容太少、太简略，多不太满意。③

从以上例子可以看出，"中心"的运作需要来自地方的报告，地方

---

① 《中央执行委员会通告第五号（六月七日）》，《先驱》第12号，1922年10月15日，第4版。

② 《唐公宪致刘仁静》（1924年1月7日），中央档案馆、浙江省档案馆编《浙江革命历史文件汇集（群团文件）（1922年—1926年）》，1985，第31页。

③ 《澈之关于创办〈各地通信〉的建议》（1924年），《河北革命历史文件汇集（甲）第1册（1922年3月—1926年7月）》，第214页。

间的隔膜也需要来自"中心"的厘清与化解，这样的关系大概可以成为理解"地方如何反观中心"的一把钥匙。

四　长程革命的意义

如果说在地方视野里考察五四提供了更多细腻研究的可能，在长程革命里考察五四则更多提供了让专题研究趋于整体和延续的可能。就研究的整体性而言，陈旭麓先生曾言：

> 辛亥革命后的山重水复是五四运动兴起的背景，五四运动促进马克思主义的传播和中国共产党的诞生，而后有国共合作，而后有五卅运动，而后有国民革命的北伐战争，它的伟大意义将这样历史地表达出来。[①]

先生的话背后有其多年治史，尤其是治中国近现代史的深刻感悟，即 20 世纪中国革命是一场整体性的"大革命"。其整体性简单地说，突出表现在三个方面。一个是革命对精神和行动的无所不包。有革命者即言：中国革命是广义的革命，凡是任何行动，只要具备"意识、伟目的、急激进化、动、变"这五大要素，都可以适用。如应用于家庭的改革，可以称作家庭革命；应用于文学上，可以称作文学革命；还可以有婚姻革命、教育革命、衣服革命、房屋革命，"我们随时随事都可以有革

---

① 陈旭麓：《关于中国近代史线索的思考》，《历史研究》1988 年第 3 期，第 71 页。这段话的原型或来自毛泽东，参见毛泽东《一二九运动的伟大意义》(1939 年 12 月 9 日)，《毛泽东文集》第 2 卷，人民出版社，1993，第 250—258 页。

命的精神，都可以有革命的行动的"。①

一个是对革命必将功成的长期预判和强烈信心，所谓"革命有远大的目的，所以凡是革命的行动，一时总不为'见近而不见远'的群众所了解；他的成就，常在数十年甚至数百年以后"。②

最后一个则是时人心中常有的将连场革命"贯穿为一体"的意识。1935年，傅斯年即说"别人的一朝之功，不足以摇动我们四十年革命的自信心"。③1940年代，吕思勉则在其所著《中国通史》里写道："中华民国的建立，虽已30年，然至今仍在革命的途中。"④而在金克木那里，他觉得自己始终背负着戊戌、辛亥、五四、北伐、九一八等五次革命失败的"精神压抑"。⑤

就研究的延续性而言，陈旭麓先生所提到的历次关于革命的重大事件都不宜孤立地去看，只有延续地、联系地去看，一些东西才能讲得更清楚明白。比如今日研究者常讨论清末革命派与保皇党的论争，文章不胜枚举。将这样的讨论置于当下，两方的全部文本，研究者都可以较容易地看到，但在历史进程中，看到全部文本却是不容易的。这一方面如前文所言有客观条件的限制，但另一方面则和革命演进中具体人的心境变化和态度变化相关，若无"长程革命"的眼光，很可能就会忽略一些信息。

1930年，钱玄同在厂甸书摊买到《南海先生最近政见书》，特别提到这是章太炎驳康有为之政论的"对手方全文"，他读过的《新民丛报》

① 沈仲九：《革命和教育》，《教育杂志》第17卷第2号，1925年2月20日，第3—4页。

② 沈仲九：《革命和教育》，《教育杂志》第17卷第2号，1925年2月20日，第3页。

③ 傅斯年：《历史语言研究所十九年度三月份工作报告》，欧阳哲生主编《傅斯年全集》第6卷，湖南教育出版社，2003，第136页。

④ 吕思勉：《吕著中国通史》，华东师范大学出版社，2005，第491页。

⑤ 转引自黄德海《读书·读人·读物：金克木编年录》，作家出版社，2022，第76页。

所载的康有为之政论则为节本。之所以时隔多年，钱玄同才能读康有为之政论的"全文"，一个原因当然在客观条件的限制，"此等书，壬寅、癸卯、甲辰间，在湖州无法得"，亦是他自己的心境、态度使然，"乙巳至上海，丙午东渡以后，醉心革命，视之过于粪土，亦不要得它，故从未有（读）过"。[1]

从上可以看出，在"短程"的辛亥革命里，所谓革命派与保皇党的争论可能并不是最能引起关注的问题，一些热血的年轻革命者无暇顾及或无意顾及。而经过了五四运动、国民革命，在"长程革命"的进程里，革命者因心境的变化（比如此时钱玄同已能较平和地思考当年之事）、态度的变化（此时钱氏或对康有为有了更多做学术性讨论的兴趣，而少了当年党派的成见），方会基于更全面的文本，重新思考和研究那几年革命派与保皇党的争论。

又如，1929 年金克木在安徽凤台县齐王庙小学教国文。他的同事里颇有"受过一九二六到一九二七年的洗礼"者，其中有的来自上海大学，有的来自中山大学，亦有的来自武昌政治干部学校。这几位同事当然会和金克木讲国民大革命，讲于右任、侯绍裘、沈雁冰、萧楚女、恽代英的事迹，但他们也会带着金氏看辛亥人物柳亚子编的《曼殊全集》，讲"这位多情的辛亥革命和尚"的故事。尤其是那位来自上海大学的同事，还将苏曼殊的诗写成条幅贴在墙上，一首又一首，特别是那首"契阔死生君莫问，行云流水一孤僧。无端狂笑无端哭，纵有欢肠已似冰"。[2] 就这样，在安徽地方的一所小学里，辛亥革命与国民革命通过苏曼殊作品联结了起来。国民革命与此后的革命亦将通过各个革命学校出

---

[1]　杨天石主编《钱玄同日记（整理本）》（中），北京大学出版社，2014，第 751 页，1930 年 2 月 13 日条。

[2]　转引自黄德海《读书·读人·读物：金克木编年录》，第 34—35 页。

身，大革命失败后散落各地方的学生与新一辈的、更年轻的读书人联结起来。

从上不难发现一些辛亥革命的题目需要在"长程革命"中才会浮出水面，而五四运动、国民革命的诸多问题也需要与辛亥革命打通后才能做更深入全面的挖掘。

因此在长程革命里考察五四有两个特别的要素需要研究者予以持续关注。第一个要素是革命的"剧本"。美国学者华志健(Jeffrey Wasserstrom)已指出了五四学生运动中的"剧本"问题。[①]若伸展言之，无剧本而行动的人，大概是极为少数，一般需天赋异禀。绝大多数行动者无论自觉或不自觉，均需要有其行动的剧本。对有些五四的参与者来说，剧本在清末、辛亥、"五七"、"五九"等时间点上已经写就。对另一些人来说，五四运动前的那几年正是在创作剧本和彩排剧本。在日后年复一年干革命的过程里，不同但交叠的剧本对他们发生了什么样的影响，不同的剧本各自带来了什么，都值得细细探究。

细究具体可以落实在两个方面。一个方面关乎"完整人生"。[②]从辛亥革命到国民大革命，从国民大革命到中华人民共和国成立，从共和

---

① 〔美〕华志健（Jeffrey Wasserstrom）:《正确的抗议策略是从哪里来的?——上海学生运动传统之演变》，赵小建译，《上海研究论丛》第4辑，上海社会科学院出版社，1989，第14—32页；Joseph Esherick and Jeffrey Wasserstrom, "Acting Out Democracy: Political Theater in Modern China," *Journal of Asian Studies* No.4 (1990): 835—865。

② "完整人生"的观照被安德鲁·阿伯特称为"个体的历史性"。他引用保罗·拉扎斯菲尔德的研究说，"人们在同一场选举中投票，但不是在同样的议题上"，"对1948年（美国）选举产生作用的趋势不仅建立在新政和良政时代，而且可以追溯到父母和祖父母的忠诚、过去时代的宗教和种族分歧，以及死气沉沉的地区和社区冲突。因此，在一种非常真实的意义上，任何特定的选票都是各种选举、各种政治和社会事件的组合。人们在某个特定的11月投票选总统，但他们的选择不仅仅基于前几个月甚至四年发生的事情；在1948年，一些人实际上是就1940年的国际主义问题投票，另一些人实际上是就1932年的大萧条问题投票，还有一些人实际上是就1860年的奴隶制问题上投票"。氏著《过程社会学》，周忆粟译，北京师范大学出版社，2022，第13页。

国成立至今，革命如王奇生所言是"高山滚石"般连续而递进。[1]因此对每个具体人物来说，他们面对的情况是：在其人生里有五四，但又不只有五四。他们中的很多人既是五四的参与者，又同时是辛亥党人，反袁义士，中共早期党员，国民党右派、左派、改组派，中国青年党成员，无政府主义者，等等。

在长程革命中，以上名号是历史给他们贴上的标签，却有真实的影响。一个清末少年或一个五四青年是如何一步步被贴上一个乃至多个标签的；标签让他们的人生如何嬗变；后来者又怎样能通过嬗变中的事、理、情，去触摸到标签下的历史温度——这些都是可做且应该去做的题目。

一个兼有辛亥与五四人生的人物，与只有五四人生的人物可能就大不相同。面对1927年"清党"的血污，国民党诸位元老之无惧害命，实和他们清末在亭子间造过炸弹、在火车站开过枪、在欧洲多次目睹无政府主义者的暗杀有关。与之对比，辛亥前后胡适不过是在《竞业旬报》上呼喊纸上的革命，在石库门里与"志士"们喝过几次花酒，然后就踏上了赴新大陆留学之路，回国后直入北大做了教授。因此其思想虽包含革命性，诗作里也经常有"炸弹！炸弹！""干！干！干！"等警句，[2]但依然算不得"听过枪声的士兵"，遂对青年的血污与几位国民党元老有不同的观感和态度。

另一个方面则关乎"资源的显现"。在既有研究中，五四的多张面孔常被理解为记忆史建构与不同诠释争夺的问题。这样的理解有时不免会有一些"蹈空"。其实，目前仅就五四本身而言，留有大量史实重建

---

① 王奇生：《高山滚石——20世纪中国革命的连续与递进》，王奇生主编《新史学》第7卷，中华书局，2013，"导言"第23页。

② 胡适：《四烈士冢上的无字碑歌》，季羡林主编《胡适全集》第10卷，第138页。

的空间，特别是各地方五四运动的具体进程。陈以爱对上海五四运动史的研究已充分证明了这一点。①

且这种"史实重建"除了"时空实际"的重建外（包括但不限于人物活动的系日，政府、学校、社团中的实际运作、人事纠葛，彼此间的错综关系），更涉及"虚实交融"的部分，如军阀、学阀、学生领袖等对于每一个城市如上海、杭州、武汉、广州的态度和认同。他们认为上海属于"谁"？杭州是怎样的城市？武汉应该由谁来"控制"？广州究竟是什么样？以上都不是无关紧要，而是至关重要的问题。

"虚"与"实"以各种错综形态围绕在五四参与者的周围，成为他们人生的"切实组成部分"，并以"切实组成部分"为基座不断衍化出长程革命过程里的"生命性资源"。所谓生命性资源，其层次处于已经有深入研究但仍嫌不足的"文本思想资源"和普通大众日用而不自知的"一般性知识资源"之间，三者之间的交融、冲突、化合、变异有大空间可以探寻。②

第二个要素是革命的舞台。革命的舞台在相当程度上为每一次革命规定了形制、确立了规矩，却较容易被忽略。正如人们常看到演员连续数十个跟头的精彩，而多未能想到若舞台的长度不够，这样的精彩就不具备呈现的基本条件。

重视革命的舞台，先要看到舞台对长程革命具有的普遍性意义，即舞台提供了新旧"竞逐"的场域。将五四放入长程革命中，考察它的一个基点就在新旧竞逐。在舞台形制、规矩的限制下，所谓新旧竞逐

---

① 参见陈以爱《动员的力量：上海学潮的起源》，台北："民国历史文化学社"有限公司，2021。

② 三种资源的层次区分得益于与陕西师范大学于海兵博士的讨论。

不是傅斯年等所设想的那样，是简单地把瓶子里的浊水倒空并接续清水的过程。所谓的旧人物、保守者、"反革命"长时间站在舞台之上，地位牢固，祚命绵长。新人物从清末开始就屡屡尝试驱旧逐故、改换新天，数十年间上演了一幕幕喜剧、悲剧和闹剧。在演出里，经常有蚍蜉撼树、溃不成军的憾事；有历经努力，终获功成的喜悦；亦有沆瀣一气与摇身一变的戏码。竞逐的过程和竞逐的成败都和各处革命舞台的状态密切相关。但旧人物、保守者、"反革命"在既有著述中经常只有一些劣迹，甚至只有一个名字，或许重现革命舞台才能让他们在历史中真正浮现。

接着则要看到革命舞台在普遍性中的丰富性。革命舞台不只是巴尔扎克小说里的故事地点。研究者需要"描画"它，但描画它的态度不应该是"仿佛一位厨师，不耐烦菜根，一刀切下，省去以后的麻烦"。[①]人物和舞台究竟如何配合？环境和情感怎样互相映衬？这些都要多费思量。家族情形、资本状况、对孔子的崇拜，及距离皇帝的远近各地不一，职位、官衔、能力、知识和修养各人不同。要让革命舞台的丰富性凸显，就需要研究者用整个的身躯、全部的心灵和完整的意识去感受并书写长程的革命。

＊　　＊　　＊

综上，五四是一场像大风一般的运动。在这场运动中，正如俄国诗人亚·勃洛克所言，"某些人察觉到风，仿佛坐等风到；一些人吸入这股风，吸饱之后生活与行动；另一些人投入风中，被其裹挟，被风操控着

---

① 李健吾:《福楼拜评传》，李维永编《李健吾文集·文论卷》(4)，北岳文艺出版社，2016，第75页。

生活与行动”。① 因此，研究者需要把眼光投射到中国各个地方上，投射到现代中国的长程革命中，进而分析“大风”如何“成形”，展现大风的“飞扬笼罩”，解释大风带来的润物无声却又滴水穿石的巨大影响。本书愿意做此尝试。

---

① 转引自〔俄〕M.M. 戈鲁布科夫著，陈思红译《路开始的地方——1920 年代文学中的革命观（亚·勃洛克、米·布尔加科夫、弗·马雅可夫斯基)》，《中国俄语教学》第 37 卷第 4 期，2018 年 10 月，第 87 页。

第一章

新文化"下行"

——五四在江浙地方的拓展

如何考察全国性大事件与地方的联结？或许研究者可以参考法国大革命时外省人对巴黎的感受——"好像什么都知道，但其实很多都不清楚"。①清末浙江海宁的一个读书人记"庚申之变"，其表现的内容正与法国外省人相似。他说：

　　　　时闻红毛贼陷天津，僧王竭力捍御，贼不能逞，遂通贿于某王，果朝廷召回僧王，贼于是自山海关陷圆明园，今上离宫在焉，宝藏名迹，尽被毁掳。（今上蒙尘沈阳）后仍差僧王征剿，累打胜仗，俱克复。然贼势尤甚，议和，许前所要挟条款，贼始息。（条款：通商、设官等项）②

　　这段引文从后建的史实链条来看，几近全错。但如果把既有史实链条打散，我们会发现它很值得回味。仅就一个个史料信息点来看，其所述的僧格林沁御敌、圆明园被陷、咸丰驾崩、议和订约等大致不差。那

---

① 此点蒙王汎森教授提示，特此致谢。关于法国大革命时期的外省民众，可参见 Maurice Agulhon, *The Republic in the Village: The People of the Var from the French Revolution to the Second Republic*, trans. by Janet Lloyd（Cambridge: Cambridge University Press, 1982）。

② 管庭芬撰，虞坤林整理《澄溪日记》（外三种），中华书局，2013，第118页，咸丰十年八月廿七日条。

么这些信息是如何一步步传递到远在千里之外的浙江海宁的？是谁把点滴信息串联起来并加以褒贬与再创造的？史实链条的错误是传递中的走形，还是故意为之？在这段历史叙述背后，这个读书人乃至其周边的一群读书人想达到何种目的？这就回到了著名思想史家昆廷·斯金纳经常问的问题：有人说出这段话时，他在做什么，他所打算的又是什么？[①] 以上都是研究者应该认真面对的。同样的问题在五四研究中也值得重视。

　　五四的一部分问题目前连基本史事都有待进一步厘清。其中地方上的五四的史事厘清即相当薄弱。因此本章考察五四尤其是其带来的新文化如何"下行"到地方，希望能围绕以下问题做一个简单讨论。

　　第一，新文化从中心城市下行至各个地方的过程中，其受众为谁？新文化通过哪些渠道和方式让他们知晓？第二，新文化如何与地方读书人的生活世界互动？第三，在知晓和互动之外，地方读书人与新文化之间究竟是何关系？他们又怎样利用其所理解的"新文化"来做事。

　　对于上述问题不少学者已做出颇值得参考的研究。本章希望在前贤的基础上，通过一些以往利用较少的地方读书人资料，来揭示上述问题中值得持续注意的一些面向。

第一节　"下行"的受众

　　五四与地方联结不是一个自然而然和一帆风顺的过程。联结能否成功首先取决于当地的世风开放程度和交通便利程度。1920 年，吕思勉

---

① 〔英〕昆丁·斯金纳著，萧高彦编《政治价值的系谱》，台北：联经出版事业股份有限公司，2014，第 29—30 页。

就说在沈阳"所见之报纸甚少","欲读上海之《时事新报》而不可得",只能读到一些杂志。① 瞿秋白则发现哈尔滨的书铺里除《七侠五义》《水浒》外,竟没有别的书,即使在商务印书馆分号里也只有几本教科书。当地外埠报纸也少,往往只能单订,而无零售,大街上买不到一份上海报或北京报,新杂志就更少。② 1924 年舒新城也说:湖南溆浦一地尚能看到上海报纸和长沙报纸,但长沙报纸寄到要十五日以上,上海报纸则需二十日甚至一个月,当报纸到时,"一切记载均成过去,阅者不感兴味"。③

因此在上述地方,读书人与五四相连接大概会遭遇不少瓶颈。浙江定海的金性尧(1916—2007)就回忆 1925 年前后他"根本不知道世上有什么'新文化'。'五四运动'则连影子都没有见过"。④

在世风相对开放与交通比较便利的前提下,什么样的地方读书人在接受和传播新文化,即新文化"下行"时的受众是谁,值得特别关注。大致来说,五四新文化最符合民初那些介于上层读书人和不识字者之间但又盼望上升到精英层次的边缘知识分子或青年的需要。⑤ 自清末到

---

① 吕思勉:《对于群众运动的感想》,《吕思勉全集·论学丛稿》(上),上海古籍出版社,2016,第 176 页。

② 瞿秋白:《哈尔滨四日之闻见》(1920 年 10 月 22 日),《瞿秋白文集·政治理论编》第 1 卷,人民出版社,2013,第 88 页。这种状况还要考虑到南北差异,据李济回忆,大致在 1915年,"上海报总在发行日期一礼拜后方能到北京"。郭廷以则说:"(1919 年)上海报纸从徐州经陇海路到开封要一个星期才到,然而比北京报纸要快,比本地报纸消息还多,在言论方面也最激进。"北京、开封情况如此,遑论哈尔滨等地。李光谟、李宁编《李济学术随笔》,上海人民出版社,2008,第 11 页;张朋园、陈三井、陈存恭、林泉访问,陈三井、陈存恭纪录《郭廷以先生访问纪录》,台北:"中央研究院"近代史研究所,1987,第 83 页。

③ 《舒新城教育丛稿》第 1 集,第 279 页。

④ 金性尧著,金文男编《星屋杂忆》,上海辞书出版社,2008,第 189 页。

⑤ 罗志田:《近代中国社会权势的转移:知识分子的边缘化与边缘知识分子的兴起》,氏著《权势转移:近代中国的思想与社会》(修订版),北京师范大学出版社,2014,第 140 页。

1920 年代，地方上生产边缘知识青年的土壤出现重大变化。庄俞就发现："民国成立，国事尚在争执之秋，独小学教育骤见发达。有一校学生数倍于旧额者，一地学校十数倍于原数者。南北各省，大都如是。"①

庄俞之说可配合江浙地区的个案来印证。据统计，1918 年 5 月江苏省县立学校已"多至六千三百余所"，②具体到江苏昆山一地，1912 年城、镇、乡学堂（都为小学）总计 45 所。而到 1925 年，当地城、镇、乡学堂增加至 115 所（其中中学 1 所）。③以上都可证明庄俞之言虽可能有所夸张，但各地学堂的增量确实不容小觑。

地方上新学校的大幅度增加推动知识青年特别是初小、高小、师范生的数量在江浙的膨胀。1922 年 7 月到 1923 年 6 月据中华教育改进社调查，全国各省学生总数排序，江苏位列第四。④不过学生数量"膨胀"却未必是地方的福音。因为学校的出路与科举大有不同。科举不得上进还有塾师、儒医等"岔路走得"。⑤若能得一举人，在家也有机会"鱼肉乡里"。但进了学校，毕业后若未觅得继续"升学之地"，就成了"坐耗居诸，销磨志气"的"游手"。⑥尤其是地方读书人，昂贵的学费、来去学校的路费和各种杂费让他们至多读到中学或初级师范，之后就难再继续升学。沈定一就指出："在从前科举时代，'穷读书'也还有万一的希望——如今无产阶级底儿童连不出学费的学校都断了念，还希望甚么

---

① 庄俞:《小学教育现状论》,《教育杂志》第 5 卷第 3 期, 1913 年 6 月 10 日, 第 33 页。

② 云窝:《江苏教育进行之商榷》,《时事新报·学灯》1918 年 5 月 9 日, 第 3 张第 1 版。

③ 参见瞿骏《入城又回乡——清末民初江南读书人社会流动的再考察》,《华东师范大学学报》2014 年第 5 期, 第 30—32 页。

④ 《答浙江十中师范部谢炳辉君》(1924 年 1 月 5 日),《杨贤江全集》第 4 卷, 第 646 页。

⑤ 周作人著, 止庵校订《知堂回想录》(上), 河北教育出版社, 2002, 第 62 页。

⑥ 杨昌济:《论湖南创设省立大学之必要》(约 1917—1918 年),《杨昌济集》(1), 湖南教育出版社, 2008, 第 230 页。

高等、专门、大学，出洋留学呢！"[1]乡镇里的贫寒子弟更是读完了初小或高小后就不能再继续学业。钱穆就注意到"乡里初小毕业生，除士绅子弟多远出升学外，余多镇上小商人家子弟，毕业即留家，在商店中服务……极少再升学者"。[2]1924年，邹韬奋则发现江苏一省"小学毕业生中竟有四分之三不能升学！"[3]

由此不难想见这群地方读书人念过些书、开眼看了世界，但又囿于地方的失落心态。即使努力"远出升学"的"士绅子弟"亦有不少因为城市居大不易而返回家乡，不过活跃的大城市与闭塞的家乡之间的对比与落差很多时候让他们备感挫折、失望甚至愤怒。[4]

因此，当新文化为这些囿于家乡或"入城又回乡"的青年带来个人解放的理想和社会上升的可能性时，这一群体就成为五四话语在地方上最大的受众，进而又成为五四新文化的积极传播者。

以上是五四联结地方时其受众的群体特色，若具体到读书人个体，则无论其是否为边缘知识青年，其知晓五四新文化的速度和程度与他在城还是居乡、人际网络构成和本人的心态都有密切关系。以具有标志性意义的1919年五四学潮为例。5月5日晚，在上海的白坚武（1886—1937）大概是有好友李大钊的直接消息渠道，[5]已经听闻"北京学界全

---

① 玄庐：《衙前农村小学校宣言》（1921年9月26日），《新青年》第9卷第4期，1921年，"附录"第4页。

② 钱穆：《八十忆双亲·师友杂忆》，第115页。

③ 邹恩润：《小学中的职业教育问题》，《中华教育界》第14卷第2期，1924年8月，第1页。

④ 叶文心就以浙江省会杭州为个案，以浙北与浙南的对比为分析路径，对浙江的五四运动做了剖析。叶文心：《保守与激进——试论五四运动在杭州》，汪熙、〔美〕魏斐德主编《中国现代化问题——一个多方位的历史探索》，复旦大学出版社，1994，第213页。

⑤ 1919年4月李大钊专门写信给李辛白，请他将原本寄到南京的《每周评论》改寄上海一品香饭店8号，因为这是白坚武作为直隶代表出席南北议和会议的住处。《李大钊致李辛白》（1919年4月），李继华、冯铁金、周芳编注《李大钊轶文辑注与研究》，线装书局，2013，第84页。

体以国权丧失，联合游行街市作示威运动，焚卖国党曹汝霖宅，殴章宗祥几毙"。[1]在杭州浙江一师上学的陈范予（1900—1941）则在 5 月 6 日看《时报》时知道五四学潮发生，相隔只有两天。陈范予看到的《时报》报道颇详细，不过也因追求信息及时而不乏错误、传闻和谣言：

> 四日下午二时，北京大学生等五千人往各国使馆求归还青岛并诛卖国贼陆（宗舆）、曹（汝霖）、章（宗祥）等。警察督过之，及有烧火伤人之行为，陆宗祥〔舆〕有毙之闻，曹及入六国馆内，学生被捕甚众。徐（世昌）氏云：不可伤及学生，段（祺瑞）则严法厉行，傅（增湘）乃力与争无效。蔡元培愿以一身抵罪云。[2]

相较白坚武和陈范予，其他数位不在都市和省城的读书人知道五四学潮的速度就慢一些，方式亦有差异。常熟桂村的晚清进士徐兆玮（1867—1940）5 月 7 日接在京老友孙雄（字师郑，1866—1935）的来信，云："京师大学校及法政诸校学生因青岛事，有示威举动，焚曹汝霖屋，殴章宗祥几毙，惟陆宗舆得免。"[3]到 5 月 13 日温州瑞安的廪贡生张棡（1860—1942）才知道这件事。但他知晓的方式不是电报、电话，也不是报纸、杂志，信件往来，而是听朋友说起，大致为：

---

① 中国社会科学院近代史研究所编，杜春和、耿来金整理《白坚武日记》第 1 册，江苏古籍出版社，1992，第 194 页，1919 年 5 月 5 日条。

② 〔日〕坂井洋史整理《陈范予日记》，学林出版社，1997，第 85 页，1919 年 5 月 6 日条。另一位一师学生梁柏台的消息是章宗祥已经被击毙，不过几日他就另得消息，"击之几毙"。中共浙江新昌县委党史办公室编《梁柏台》，当代中国出版社，1994，第 60 页。

③ 李向东、包岐峰、苏醒等标点《徐兆玮日记》第 3 册，黄山书社，2013，第 1982 页，1919 年 5 月 7 日条。

近日内北京大学大闹风潮，盖即为章宗祥、曹汝霖、陆宗舆三人卖国贼，私与日本缔卖中国要约，被中国留学生所泄露，章氏不得安于日本，急急归国。甫到京，大学诸生竟全体数千人齐赴曹汝霖家大闹，以章正在汝霖宅作秘密之议故也。曹氏知事不得了，纵火自焚其屋四十馀间，学生愈聚愈多，章宗祥被击重伤，曹亦击伤头面。①

这五位读书人中离五四学潮最远、各类消息渠道最少的应是张枬，因此他知道的学潮情形实在与五六十年前太平天国时期的那位海宁读书人对"庚申之变"的了解程度基本无差，也是信息大体了解，但细节不少失真。五人中只有他提到曹汝霖"纵火自焚其屋"。这一信息大概是张氏基于各种小道消息和社会传言的"添油加醋"，②判定章、曹、陆等为"卖国贼"，可看出当时北洋外交或有一定的"成功"之处，但外交的实际运作是一回事，而民众（其范围远远大于学生）如何认知北洋外交的成败则是另一回事。

分析五四联结至地方的受众后，地方读书人通过哪些渠道来接触、获得和理解五四新文化也需要更细致的考察。简单来说，重要渠道有五条：阅报刊、听演说、演剧、学校授课和读新书。这些渠道都曾被以往研究揭示，但落实到地方层面，仍留有相当多的可继续讨论之处。

---

① 温州市图书馆编，张钧孙点校《张枬日记》第 5 册，中华书局，2019，第 2187 页，1919 年 5 月 13 日条。

② 关于曹宅起火原因当时有四说：一是群众觅曹氏不得，故毁其宅以泄愤；二是曹氏眷属纵火，"冀（望）惊散众人以免曹氏于难者"；三是群众毁曹家（家）具，误损电灯，流电起火；四是曹宅仆人乘乱窃物，放火灭迹。蔡晓舟、杨景工编《五四》，中国科学院历史研究所第三所编《近代史资料》第 2 期，科学出版社，1955，第 52 页。

第二节　新文化"下行"的诸渠道

报刊是江浙地区读书人（无论是身处中心还是地方）接触五四新文化的重要渠道，对于五四时期的报刊，前人已有大量精细出色的研究。不过当报刊流布至地方，其作为五四新文化的媒介呈现出怎样的特质仍可做进一步分析。

大致来说，当时不少新文化报刊之间的"互联"相当紧密，形成中心和中心、中心和地方间互做广告、互帮宣传的舆论网络，因此沈定一认为从前是互相倾轧的，现在是互相扶助的，"看各种出版品的互相传播便是一个最明显的证据"。[①]据我有限目力所及，《新潮》（北京）、《少年中国》（北京）、《北京高师教育丛刊》（北京）、《新青年》（北京）、《时事新报》（上海）、《解放与改造》（上海）、《黑潮》（上海）、《新教育》（上海）、《教育潮》（杭州）、《心声》（河南）、《江西教育行政月报》、《湖南教育月刊》等新文化报刊均会在广告页或内文中出现彼此的出版消息和内容信息。

各种地方性报刊之间联结、代派、寄赠的网络也时有显现，如《浙江新潮》代派处有 30 多个，其联系人不乏湖南长沙马王街修业学校毛泽东君和南京高等师范学校杨贤江君。[②]浙江省教育会主办的《教育潮》杂志则会代售《体育周报》《湘江评论》《民风周刊》《星期日》《湖南教育月刊》。[③]同时也会收到非常多的各地寄赠的报刊。[④]

---

① 沈定一：《来年今日》，《民国日报·觉悟》1919 年 10 月 10 日，第 2 张第 8 版。

② 《俞秀松传》编委会编《俞秀松传》，浙江人民出版社，2012，第 46 页。

③ 《教育潮》第 1 卷第 3 期，1919 年 8 月，封底页；《教育潮》第 1 卷第 4 期，1919 年 9 月，封底页；《教育潮》第 1 卷第 5 期，1919 年 11 月，封底页。

④ 《各处寄赠书报一览》，《教育潮》第 1 卷第 1 期，1919 年 7 月，第 107 页；《各处寄赠书报一览》，《教育潮》第 1 卷第 2 期，1919 年 6 月，第 104 页。

　　此外，尽管存在新文化报刊之间互联与代派的网络，但从它们的发行渠道看，若无大出版机构支持，其深入地方社会的能力恐怕有限。像《建设》杂志尽管与亚东图书馆关系紧密，但 1919 年 7 月前后它在江浙地区的代派处只有两个，一个是由杭州浙江一师的施存统来代派，另一个是由绍兴教育馆来代派。[1]《少年中国》在江浙地区的代派处也不多，只有杭州《教育潮》杂志社、嘉兴乌镇西市徐第健文图书馆等处。虽然报刊的阅读量不完全由其代派处的数量来决定，但这些新文化报刊的代派人员和地点呈现出雷同的特质却是值得注意的。[2]

　　反之，若报刊由上海大出版机构联手出版、发行，则其深入地方社会的能力可能会有相当程度的增强。如"商务"与"中华"这两大书局在江浙地区（其他地区或也有相似性）的影响力可以说是"深入到地方的每一个毛孔"，因此它们旗下的杂志和由它们来代派的杂志更容易到达地方读书人手中。在新文化向地方传播的过程中，它们的影响恐怕不小于《新青年》等刊物。

　　以商务印书馆旗下的《东方杂志》为例，从 1917 年起它就常遭到新文化主流人物的攻击，以致"颇不为社会所重"。[3]但《东方杂志》有两个优势却是那些新兴报刊无法撼动的：一个是"资本雄厚，报酬丰润，为他处所不及，学人士夫多乐往就"。[4]另一个是"新发刊杂志不下百余种，而今逐渐停版矣。人有讥《东方杂志》陈腐者，然求之国内，

①　《少年中国》第 1 卷第 1 期，1919 年 7 月 15 日，广告页。到 1920 年 2 月，《建设》在江浙地区的代派处，杭州浙江一师由施存统变为陈祖虞，增加了有正书局，但绍兴教育馆就未见踪影了。《少年中国》第 1 卷第 8 期，1920 年 2 月 15 日，广告页。

②　《少年中国》第 1 卷第 3 期，1919 年 9 月 15 日，广告页；《少年中国》第 1 卷第 4 期，1919 年 10 月 15 日，广告页。

③　金毓黻：《静晤室日记》第 1 册，《金毓黻文集》编辑整理组校点，辽沈书社，1993，第 217 页，1921 年 1 月 19 日条。

④　金毓黻：《静晤室日记》第 1 册，第 217 页，1921 年 1 月 19 日条。

运命之长则无与之相等者"。[①]

因此地方读书人在读《新青年》的同时也读《东方杂志》，并对《东方杂志》在五四运动推进中发生的变化特别敏感。在沈阳的金毓黻即说："第十七卷《东方杂志》极进步，杨端六君尤为是志之健将。闻今年之《小说月报》稿件完全由文学研究会担任，会员多为国内有名文学家，是亦有彻底之改革矣。学术以有比较而进步，商务印书馆比年鉴于新闻界之日新月异，为争存竞进计，不得不力求改良。"[②]

在温州，1923 年府城书业格局发生大变化，原来在当地占主要地位的日新、维新、新新三大书坊合并为中华书局分局和商务印书馆分馆后，前文提到的张㭎就能更方便地买到《东方杂志》和由中华书局发行的《学衡》杂志。[③] 这种便利让他能比较两种刊物，进而和金毓黻一样看出《东方杂志》向新文化主流的大幅度靠拢。他说："读《学衡》杂志《新文学之痼疾篇》，指驳《东方文库》中所引诸谬说，极其痛快。按《东方文库》即商务印书馆《东方杂志》之汇编。盖五六年前之《杂志》编辑尚有价值，至近来以白话为宗旨，所辑者皆浪漫恶派，予久不欲观之，宜其为《学衡》所纠也。"[④]

再以杭州的《教育潮》为例，其代售处有杭州（浙江）第一师范学校书报贩卖部、杭州问经堂书坊、湖州有正书局、衢州第八中学贩卖部、北京少年中国月刊社、北京益智书报社、南京高等师范学校王克仁、济南齐鲁通信社、河南省立第一师范学校学生自治会贩卖科、太原商业学校互助贩书社、广东高等师范学校学生贸易部、汕头共和书局、

---

① 　金毓黻：《静晤室日记》第 1 册，第 214 页，1921 年 1 月 15 日条。

② 　金毓黻：《静晤室日记》第 1 册，第 217 页，1921 年 1 月 19 日条。

③ 　《张㭎日记》第 6 册，第 2697 页，1923 年 8 月 17 日条。

④ 　《张㭎日记》第 7 册，第 3120 页，1926 年 11 月 27 日条。

南昌小学教员研究所、长沙体育周报社、长沙群益图书公司、长沙第一高等小学校、长沙育英学校、常德胡聚兴衣庄唐纯青、衡州派报处、绍兴教育馆、成都南门邮局间壁陈岳庵派报处、成都华洋各报总代派处、成都华阳书馆流通处、达县雷以义书报代售处、武昌中华大学梁绍文、南宁威建栈福堂大药房。

这些代售处自然都很重要，如浙江一师学生要获取《教育潮》，施存统主导的浙江第一师范学校的书报贩卖部是最直接的购买处。[1]但对该刊的推广和销量拓展而言，最重要的代售处应是以下三个：杭州商务印书馆、杭州中华书局和上海亚东图书馆。[2]

"下行"的第二种重要渠道是听演说。20世纪初的中国已成为一个"有声的中国"。五四时期，一方面，杜威、胡适、蒋梦麟等新文化的著名人物常到苏州、杭州等地发表演讲。如1921年7月胡适到江苏第二师范（苏州）演讲，题目为《小学教员的修养》。这次演讲的内容，胡适临场的表现和诸多江浙地方读书人对胡适演讲的期待与反应等都被叶圣陶以小说形式留驻得异常完整，值得稍多录于此：

> 大学者许博士假期旅行，经过本地，将有一个公开的演讲，这个震荡了莫先生的心。许博士是哲学的名家，他的关于哲学的著作重印过几十版。他的通俗的论文常见于有名的报纸杂志，人家看见署着他的名字，便不自主地留心细读。一般人的谈话或论文里，往往有"许博士怎么说""许博士的意思怎样"那些话，可见他是维

---

① 《陈范予日记》，第146页，1919年11月3日条。

② 《教育潮》第1卷第3期，1919年8月，底2页；《教育潮》第1卷第4期，1919年9月，底2页；《教育潮》第1卷第5期，1919年11月，底2页；《教育潮》第1卷第6期，1920年1月，底2页。

系人心的一条索子。像他这样的人更引起人家钦敬的爱慕的相思: 他是怎样一个人, 长的还是短的, 清瘦的还是肥硕的, 多须的还是没有胡子的……都是刻刻萦绕的问题。现在他来了, 满怀的相思将有所着落, 一切的问题将得到解答, 怎不惊喜欲狂而使心异常地震荡呢。

一所广大的会堂满坐着听众, 不知是多少, 莫先生和徐先生就杂在听众之中。全堂的空气非常严静, 大家是好奇且虚心的样子, 准备受领那先觉者的提撕。莫先生看着黑版(板)上大书的字——但止有"许博士"三字入他的视官——在那里出神。他觉得这三字非常伟大, 每一笔画都含有神异的力。他又想, "隔不到一会工夫, 被这三个字称代的本体就与我有一见之缘, 这是先前没有梦想过的, 他究竟是怎样一个人? 他又将发怎样一番言论呢?"快要如愿的期待心使他有一种似乎颤抖的感觉。

一阵鼓掌声里, 许博士高高站于讲台向听众致礼。这一刻全堂的目光齐注于他的一身。他是瘦削而微现苍白的面孔, 目镜里显出近视的眼睛, 顶部的发已稀疏, 上唇有浓黑的须。他的身材不高不矮, 穿着夏布长衫是普通的式样。

"他为着学问, 为着群众, 致这么瘦弱, 顶部的微秃更表示他的多思。这就可以钦敬了。他的目光何等地沉定! 这应是哲学家独具的目光。"莫先生这么想, 他的心境已入于被催眠状态了。

…………

许博士的演讲对于莫先生有一种吸引的伟力, 使他无思虑, 无回忆, 如听动人的音乐, 竟体陶醉, 唯有合着抑扬徐疾的节奏而为呼吸。许博士下台了, 听众纷散, 莫先生跟着徐先生回校, 他还是全心浸润在小学教师的趣味里。他觉得这是新鲜而有实在的意思;……他的精神异常兴奋,似乎全身的细胞都在跳动,渴望做一点事,这"做"字里包含着他无限的希望和趣味。①

另一方面,自1915年起,特别是1919年后地方上反日爱国的抗议行动此起彼伏,江浙各处的市镇、乡村学校受到上海等大城市罢学、罢市、罢工的影响,也纷纷组织各种演讲团赴村镇演讲。这类演讲团多由学校教师、学生充当讲者,听演讲者少则数十众,多能至三四百众。叶圣陶就回忆说:"'五四'运动发生的时候,我在苏州甪直镇任吴县第五高等小学教员。甪直是水乡,在苏州东南,距离三十六里,只有水路可通,遇到逆风,船要划一天。上海的报纸,要第二天晚上才能看到。教师们从报纸上看到了北京和各地集会游行和罢课罢市的情形,当然很激奋,大家说应该唤起民众,于是在学校门前开了一个会。这样的事在甪直还是第一次,镇上的人来的不少。后来下了一场雨,大家就散了。"②

当天叶圣陶演讲的题目是《独立和互助》、叶氏好友王伯祥演讲的题目则是《社会的国家和官僚的国家有什么分别》。在顾颉刚看来,"甪直镇中亏得你们几位唤起(自)觉心和爱国的作业","我那天到旧皇宫听演说,都是些浮末枝叶——上海罢市怎样,北京学生受苦怎样——对于所以有此次风潮之故反而搁置一旁,这样的收效只有鼓动一时的感情,仍是虚伪而非真实。你们选择的题目……都是在根本上说话,所得

---

① 叶圣陶:《脆弱的心》,叶至善、叶至美、叶至诚编《叶圣陶集》第1卷,江苏教育出版社,1987,第231—232页。胡适演讲的内容登载在《时报》上,与叶圣陶的小说做比对的话,小说的"实录性"很强。《胡适之在二师之演讲》,《时报》1921年7月27日,第3张第3版。

② 吴泰昌:《忆"五四",访叶老》(《文艺报》1979年第5期),刘增人、冯光廉编《叶圣陶研究资料》,北京十月文艺出版社,1988,第157页。

效果定自不同"。①

　　无疑顾颉刚这样的五四青年既关注演讲本身,也关注演讲的效果。而演讲的效果除了与题目、内容有关,还和讲话的技术大有关系。张国焘关于讲话技术的回忆大概有一定普遍性。据张氏回忆:五四时,尽管他们演讲时听讲人数不少,鼓掌、发问也此起彼伏,但在一个听讲的老牧师看来在技术上仍有相当问题——"讲词不够通俗,没有从人民切身问题说起,也没有将人民受痛苦的根源和爱国运动联在一起"。因此,演讲者虽花了很大气力,但老百姓却还不能完全领悟。②

　　"下行"的第三种重要渠道是演剧,顾仲彝回忆,1919 年他是浙江嘉兴秀州中学三年级学生,五四运动爆发后,他们组织爱国剧团,排演《朝鲜亡国恨》《云南起义》《中国魂》《打倒卖国贼》等剧目。这些剧目仿照当时流行的海上"文明戏"形式——不编台词,只把剧情分幕编成纲要,按照纲要在台上临时编出台词。这样"到了台上可以比较灵活,如果观众情绪非常热烈,我们的台词也就可以更激动热情"。

　　剧团成立后收到了嘉兴教育会和嘉兴附近四乡城镇教育会广泛的邀请,于是顾氏与同学雇一条大船,装上布景、道具和服装通过嘉兴周边发达的水路去新塍、王店、乌镇、新市、桐乡、平湖、嘉善等地表演,最远到过沪杭铁路沿线的长安。他们的演出很受欢迎,有一次演《朝鲜亡国恨》,台上台下哭成一片,继而台下高呼口号,全场响应。③

　　"下行"的第四种重要渠道是课堂授课,可惜当时的课堂授课实录

---

① 《顾颉刚致叶圣陶》(1919 年 5 月 9 日、6 月 14 日),《顾颉刚书信集》卷 1,第 62、63 页。

② 张国焘:《我的回忆》第 1 册,第 56 页。

③ 顾仲彝:《一个教会中学的学生爱国活动》,《五四运动回忆录》,第 207—210 页。

所存不多，幸好浙江一师学生汪寿华的日记里详细记录过陈望道如何在一师课堂上讲授新文化。如1919年9月16日，他在课堂上向学生指出："文字的本质，完全是发表己的意思，使人家了解。既然文字的本质如此，所以不能不从容易方面做去。为甚么？因文字容易，个个人自然能够晓得我的意思。他如用典古的文字，必定要有我的程度，或高于我的程度，才能了解。其余普通一般人士，决定不能够了解我的意思。"由此陈望道认为改革文字方法有三种：一是改为白话文，二是用标点符号，三是横行书写。

　　第二天（9月17日），陈望道拿出几篇白话文让学生研究，堂上当即有同学起立发问，说："文言是数千年传下来的'国粹'，白话文也是假的。"陈望道回应："什么为'国粹'，什么为'假'。若要讲'国粹'，则……这种代数学，这种化学、物理学，难道统是'国粹'么？所以'粹'字则可以说，'国'字是不可泯说的。至于'假'的解说，原来要有二种比较的条件，中间用一点物事去评定他，才可晓是真是假的。若是没有东西拿来比较，臆说这是'假'的，这是很不信的。"①

　　陈望道在课堂上对新文化的讲授宣扬深刻影响着一部分听讲的学生。一师学生梁柏台从1919年9月开始，写信就改为横行书写。信的抬头写"兄"，不再写"学兄台鉴"；"夫子大人函丈敬禀者"则改为"先生"和"母校诸先生"。在给父母的信中他也一改"父母亲膝下敬禀者"这样的旧日写法，而改写成"我亲爱的父母亲"，并强调说："这种写信的样子，是现在潮流的趋势，不可以为怪。"②

　　最后一种重要渠道是读新书，在新文化"下行"的视野里，研究者要

---

① 《汪寿华日记·求知录》，《近代史研究》1983年第1期，第50—52页。

② 陈刚：《人民司法开拓者：梁柏台传》，第71页。

讨论地方读书人究竟在读什么样的"新书"，从特定的新书里他们接受和理解的是怎样的"新文化"。1930 年胡适在为《胡适文选》做的序言中说：

> 　　我在这十年之中，出版了三集《胡适文存》，约计有一百四五十万字。我希望少年学生能读我的书，故用报纸印刷，要使定价不贵。但现在三集的书价已在七元以上，贫寒的中学生已无力全买了。字数近百五十万，也不是中学生能全读的了。所以我现在从这三集里选出了二十二篇论文，印作一册，预备给国内的少年朋友们作一种课外读物。[①]

胡适的话提示《文存》虽然是集当时新文化领军人物——胡适言论思想之大成的书，但无论是其文字量（百五十万字）还是定价（七元以上）均可能不是地方读书人所容易承受的。[②] 而且中学生在胡适眼中已属不能全读《文存》之列，遑论地方上那些高小或初小毕业的青年。他们一定有"其他读物"来接触新文化。[③]

---

① 胡适：《介绍我自己的思想——〈胡适文选〉自序》，季羡林主编《胡适全集》第 4 卷，第 657 页。

② 陈望道在介绍李大钊的《语体文法》一书时就特别指出，"李先生又不像普通人以此自豪，把定价抬得很高，他只取神圣的劳动费和印刷费共三角，真可算是最近青年爱读的一本良书"。望道：《中华书局出版的"语体文法"》，《民国日报·觉悟》1920 年 9 月 22 日，第 4 张第 3 版。1922 年之江大学学生给郑振铎写信，觉得一本书有"少年中国学会会员"等字样是很引动他的，但书价一元二角他觉得太贵，因此他说："现在出的新书，可以说都是几位报馆先生们和各大学教授能够买得起吧。我们穷学生只有看，不出钱的，若是本校图书馆没有，或是朋友也借不来，我们会永远立于绝望中。"《张厌如致郑振铎》，《时事新报·文学旬刊》第 41 期，1922 年 6 月 21 日，第 4 版。

③ 从《胡适文存》中选出 22 篇的《胡适文选》本身就是"其他读物"的典范，朱自清、叶圣陶在为高中生所做的《略读指导举隅》中就专门选择《胡适文选》做详细分析。朱自清：《〈胡适文选〉指导大概》，朱乔森编《朱自清全集》第 2 卷，江苏教育出版社，1988，第 272—310 页。

在"其他读物"中有新人物自己创作的小册子和小丛书。茅盾在给周作人的信中就说:"赶快我们把文学小丛书编几种出来,(让)青年有简明的系统的书可读,当不至再信梅(光迪)君等的'诡辩'了。我觉得自己出货,赶先宣传,倒很要紧。"① 谢六逸则认为出版物"宜先从小册子(Pamphlet)入手……容字二三万,其价值不得过二角,且必须为系统的……若经过了小丛书的传播或浸润,然后使他们阅高深的书,才不致于无所措手。我们的第一个目的是要他们懂得,是要他们喜欢看"。②

亦有出版机构跟随时风,匆忙"合成"出版物。对此,周作人就指出:"中国出版界的习惯,专会趁时风,每遇一种新题目的发现,大家还在着手研究的时候,上海滩上却产出了许多书本,东一本大观,西一本全书,名目未始不好看,其实多是杜撰杂凑的东西。"③

那么这些出版机构主要有哪些呢?像新文化书社、亚东书局、大东书局、泰东图书局、中华书局、商务印书馆均是善于"趁时风"的出版机构,正是它们大量出版胡适、陈独秀、钱玄同、刘半农、鲁迅、周作人、康白情等"新文化"大家作品的选本、编本、辑本和节本。

在大量选本、编本、辑本和节本出版的同时,北京政府也推动着新文化的"下行"。1920年1月12日教育部通令全国国民学校一、二年级国文教材改语体文,两年内小学全部教科书改为语体文,同年又令至1922年中学文言教科书一律废止。④ 这些通令的意义按照胡适的说法是

---

① 《茅盾致周作人》(1922年2月9日),《茅盾全集》第37卷,第52页。

② 六逸:《文化与出版物》,《时事新报·学灯》1922年3月17日,第1版。

③ 周作人:《读〈各省童谣集〉》,钟叔河编订《周作人散文全集》(3),广西师范大学出版社,2009,第144页。

④ 转引自陈文新主编《中国文学编年史(现代卷)》,湖南人民出版社,2006,第97页。

"把中国教育的革新至少提早了二十年"。①

正是有北京政府强令推广语体文、国语、国音等"新文化"的契机,同时语体文、国语、国音等到底是什么其实漫无标准,②前述机构亦出版诸如《白话文范》《近世文选》《国语文选》《国语文类选》《白话文做法》《白话文轨范》等适应政府"部令"需要之书。这些出版物很多由江浙地方上的读书人撰写、选编。

如《近世文选》《国语文选》的辑选者是吴兴沈镕(伯经)(1886—1949),清末他就在家乡南浔编白话报,也是南社成员。《白话文轨范》和《国语问题讨论集》的编选者朱麟公是常熟人。③《国语文类选》的选辑者是桐乡朱毓魁(字文叔,1895—1966),他是浙江第一师范学校毕业生。④《白话文做法》更是一本由江浙地方读书人联合"炮制"的典型出版品。1920 年 3 月,由上海太平洋学社发行、亚东图书馆代派的《白话文做法》出版,定价六角。据它的广告说:

> 两三年来,新文化运动的怒潮,振荡得一天高似一天;白话文是新文化运动的开路先锋……不可不去研究白话文。诸君!你们喜做白话文么?做白话文的时候觉得有不合语法,不合论理的地方么?你们要解决这种种困难,这本书就可以帮助你们。凡事有破坏须有建设;现在文学革命,破坏的成绩已不少,建设的成绩,却还一些没有。这本书是要预备建设新文学的,大家不可不看。内容如

---

① 胡适:《〈国语讲习所同学录〉序》,季羡林主编《胡适全集》第 1 卷,第 224 页。

② 胡适就直接应对"无标准"问题说:"嫁了自然会养儿子,有了国语,自然会有国语标准。"见胡适《〈国语讲习所同学录〉序》,季羡林主编《胡适全集》第 1 卷,第 226 页。

③ 朱麟公等:《白话文轨范》,大东书局,1920;朱麟公编《国语问题讨论集》,中国书局,1921。

④ 其经历可参见朱文叔《我的自学的经过》,《中学生》第 11 期,1931 年 1 月,第 15—26 页。

白话文的意义，白话文的变迁，白话文的条件，白话文的种类，白话文和国音字母，白话文和语言学，白话文和标准语，白话文和文言文，白话文用词，白话的用语，白话文的句法，白话文的构造，白话文的修辞，白话文的句读记号，附白话诗的做法，释理却很明白的。①

后来此书又和《白话信大全》《白话短篇写实小说》并称为"新文化书社出版的三大教科书"，② 到 1933 年已出至第 20 版，可见相当畅销。③ 若按《新青年》同人的标准，它的作者吕云彪（嘉定）、戴渭清（常熟）和陆友白（嘉定）既非大学教授，又非社会名流，均是名不见经传的人物。但他们不仅合写畅销的《白话文做法》，吕氏与戴氏还一起编写过另一套两册的《新文学研究法》。④ 这些地方读书人既是新文化主流报刊的阅读者，同时又充任新文化畅销书的作者，将复杂的上层"新文化"浅近直白地推向更低层级的地方知识青年。⑤

---

① 《上海太平洋学社广告》，《北京高师教育丛刊》第 2 集，1920 年 3 月，广告页。

② 张九如：《白话短篇写实小说》，新文化书社，1926，广告页。张九如为江苏武进人，《白话信大全》的作者严慎予为浙江海宁人。

③ 1933 年此书的广告词仍是："内含白话文意义、条件、变迁、种类、用辞、用法、句法、构造、修辞、句读、符号以及白话诗做法、白话文与言语学、国音字母、文言文标准语之解释，说得透彻明了，一阅便知。"吕云彪、戴渭清、陆友白编著《白话文做法》，新文化书社，1933，广告页。

④ 戴渭清、吕云彪：《新文学研究法》，大东书局，1920。

⑤ 像朱文叔就参加了 1919 年末由茅盾在地方上发起的桐乡青年社，办《新乡人》《新桐乡》等刊物，举办过桐乡县小学教师暑期演讲会，并赴各村镇小学演讲。沈楚：《茅盾发起组织桐乡青年社》，《茅盾研究：第七届年会论文集》，新华出版社，2003，第 552 页。朱怀天则在无锡乡间小学里进行语体文教学实验。据其学生回忆："先生课余或授课时命全级学生分译所授国文为语体文经，先生之斧正而油印焉，为他日温故之参考，亦练习语体文之良法。"《朱怀天先生事略》，钱穆编《松江朱怀天先生遗稿》，无锡县立第四高等小学校校友会印行，1921，第 1 页。

如果说上述的选本、节本、改编本、浅易本等尚只是把新文化的主体打散、难度降低，以令地方读书人更易接受的话，[①]那么还有一些出版品则真是打着"新文化"旗号的速成品乃至滥造品。像刘贞晦、茅盾合著，上海新文化书社出版的《中国文学变迁史》就是一例。

在《中国文学变迁史》里，刘贞晦的头衔是"北京大学教授"，其实他没在北京大学教过一天书。[②]更奇特的是，《中国文学变迁史》里还有大量谈论外国文学的部分，这部分据说是茅盾所作。但茅盾却说这并非他原创，而是他翻译西书时选摘的一些"札记"，就是这样一部拼凑而成的"新文化书"居然也堂而皇之地出版了。[③]

还有一些作品和京沪两地新文化主流的关系极浅，甚至压根没有关系，但地方读书人却从自己理解的"新文化"概念出发，将这些作品囫囵吞枣地认作"新文化"。

1924 年据徐迟回忆，在浙江南浔精勤学塾，国文教员王剑鸣仍在用林纾翻译的《块肉余生述》作教材。但徐迟已认为学校"大胆地采用了新学制和新教材"，"实在是很了不起的一件事"。[④]几乎同时，金性尧指出："我们对于新文艺和古文艺的界限是这样的：凡是加新式标点，对白用括号，行数分开来写的就全是新文艺。"按照这个标准，他在当地书店里找到几本世界书局出版的红皮丛书，著者有徐卓呆、张慧剑、陈霭麓等鸳鸯

① 关于边缘知识青年读这些名为"做法""读法"之书的效果，朱自清曾说："真好的还是少，因为这些新书——尤其是论作法的——往往泛而不切；假如那些旧的是饾饤琐屑，束缚性灵，这些新的又未免太无边际，大而化之了——这当然也难收实效。再说论到读法的也太少；作法的偏畸的发展，容易使年轻人误解，以为只要晓得些作法就成，用不着多读别的书，这实在不是正路。"朱自清：《〈文心〉序》，朱乔森编《朱自清全集》第 1 卷，江苏教育出版社，1996，第 283 页。
② 刘贞晦、茅盾：《中国文学变迁史》，新文化书社，1921，第 1 页。
③ 1922 年茅盾在给周作人的信中坦言《中国文学变迁史》的"炮制"过程。《茅盾致周作人》（1922 年 9 月 20 日），《茅盾全集》第 37 卷，第 94—95 页。
④ 徐迟：《我的文学生涯》，百花文艺出版社，2006，第 33 页。

蝴蝶派人士。金氏马上买了一套，以为"这就是新文艺著作了，和郭沫若、张资平等都是一样的性质"。[1] 可见在引领新文化运动诸巨子眼中的那些新文化的派别和层次在地方读书人那里大概是不加区分的。

此类现象提示了一个有趣的悖论。一方面，新文化巨子们经常对何谓新文化做严格区分，提出更严格的标准。1919 年李大钊就特别指出："我的意思以为刚是用白话作的文章，算不得新文学；刚是介绍点新学说，新事实，叙述点新人物，罗列点新名词，也算不得新文学"；又说："现在的新文学作品中，合于我们这种要求的，固然也有，但是终占少数。一般最流行的文学中，实含有很多缺点。概括讲来，就是浅薄，没有真爱真美的质素。不过撷拾了几点新知新物，用白话文写出来，作者的心理中，还含着科举的、商贾的旧毒新毒，不知不觉的造出一种广告的文学。试把现在流行的新文学的大部分解剖来看，字里行间，映出许多恶劣心理的斑点，来托在新思潮、新文艺的里边。"[2] 另一方面，若能用白话作文，对新学说、新事实、新人物、新名词已有所涉及，巨型知识分子仍嫌其不足的话，地方读书人该如何适从呢？这就要继续讨论"下行"的新文化是如何与地方读书人的生活相关联的。

第三节　"下行"与地方读书人的关联

新文化的"下行"与地方读书人生活世界的关联概要来说体现在三

---

①　金性尧著，金文男编《星屋杂忆》，第 191 页。

②　守常：《什么是新文学》（1919 年 12 月 8 日），北京大学等主编《文学运动史料选》第 1 册，上海教育出版社，1979，第 165 页。

个方面：一个是新文化试图冲击和重塑地方读书人的思想观念；另一个是新文化渐渐成为地方读书人"合群辨类"的重要依据和变量；最后一个是新文化开始直接影响地方读书人的社会流动。

从思想观念的冲击和重塑来看，新文化被推向地方后，边缘知识青年们如饥似渴地阅读和践行从中心区域传播而来的种种新思想和新观念。柳无忌（柳亚子之子）对此做过一个形象比喻，说："在一九一八年左右，新潮流已自北京、上海，滚滚而来，流入了（苏州）黎里镇的市河内。"[1] 几乎同时，在江南古镇里教书的钱穆说他"逐月看《新青年》杂志"，新思想、新潮流"垒至涌来"。[2] 这种地方读书人"逐月看《新青年》"的情形在钱穆挚友朱怀天（约 1897—1920）的日记里我们可以看到更具体的描述：

> 读《新青年》，其提挈社会之正旨，言之成理，而辞无不达。
>
> 读大学生郭钦光君《修养余墨》，所言何其合我耶。
>
> 读胡适之《哲学史大纲》，既佩其学，又重其言之吻合而无间也。曩读某书自恨学问浅，读书少，今又感之矣。[3]

以上大致可以说明新文化对于地方读书人的启蒙作用，但需要注意所谓启蒙不是一个单向的纯粹的过程，而是一个曲折繁复的双向乃至多向的互动过程。对地方读书人而言，由于种种信息在新文化"下行"过程的走形和消散，他们理解的"新文化"经常是结构不清楚的，条序不

---

① 柳无忌：《古稀人话青少年》，《柳无忌散文选——古稀话旧》，中国友谊出版公司，1984，第 79 页。

② 钱穆：《八十忆双亲·师友杂忆》，第 93 页。

③ 钱穆编《松江朱怀天先生遗稿》，"日记"第 22、28、32 页，1919 年 1 月、6 月、9 月条。

分明的。正如瞿秋白所说:"我那时的思想是很紊乱的:十六七岁时开始读了些老庄之类的子书,随后是宋儒语录,随后是佛经《大乘起信论》——直到胡适之的《哲学史大纲》,梁濑溟〔漱溟〕的印度哲学,还有当时出版的一些科学理论,文艺评论。"①

瞿秋白所言大概是当时地方读书人的普遍状态,前述钱穆好友朱怀天的思想结构就和瞿秋白很有些相似。约1920年初,他为了向学生传递他所认知的新文化独立编写国文课本。从课本目录看他当时的思想很混杂多元:②课本主体部分多选"兼爱、平等、清心、悟道、克己之文,以及墨、老、庄、列诸子之书","至若东坡、渊明之文,先生亦未尝不择一二也",③课本"附篇"名为《新文采》,分为两部分:第一部分朱氏着意于五四新文化的标志之一 ——新式标点,"将西洋最通行的符号,另外斟酌中国的需要,变通一二种,并加入一二种,共得十二种。并附一段英文为例"。第二部分是"白话文",选择"真知识"(摘抄胡适《中国哲学史大纲》)、"行为论"(抄《中国哲学史大纲》)、"各人的各自革命"(抄《时事新报》)等内容。④

朱怀天的思想结构无疑混杂多元。这与周边人物对他的影响有关,受老师吴在影响,朱氏爱读诸子之书,对释家也下过功夫。有这些知识

---

① 瞿秋白:《多余的话》,江西教育出版社,2009,第14页。

② 朱怀天编《无锡县立第四高等小学三年级国文课本》,目录抄本。

③ 《朱怀天先生事略》,钱穆编《松江朱怀天先生遗稿》,第3页。

④ "各人的各自革命"出自张东荪、潘公展、高元等人的说法(东荪:《各自改造》,《时事新报》1919年9月26日,第1张第1版;高元:《个人的各自革命》,《时事新报》1919年10月30日,第1张第1版)。这几篇文章的核心观点是必有无数各界、各地的小革命,方能有一个真正的大革命。小革命有三个等阶,第一是个人精神生活的各自革命;第二是各小群的各自革命;第三是各大群的各自革命。此由中国人民大学高波教授提示并惠赐材料,特此致谢。

储备，他在读胡适的文章时就一面对胡适哲学史的体例、写法和视野相当赞赏，但具体到他熟读过的《庄子》，朱氏也会相当不满于胡适对庄子的具体看法：

> 胡适之论哲学，谓庄子学说可使社会和学术不进步，这是什么话？庄子所说虽是消极，把那世上的善恶、是非、得失、祸福、生死、喜怒、贫富看得一切达观，是可因乎天理，顺其自然，超出于形迹之外，实在他没有一处不下转语的……胡适便说他这人生哲学至少便可养成那二种流弊，一种阿谀依违，苟且媚世，自谓随顺。一种不关痛痒，不问民生疾苦，乐天安命，听其自然的废物。这是不曾留心庄子下面"达之"一句话的缘故。[1]

同时，朱怀天又因为经常与好友钱穆论学的关系，他的思想中又掺杂一些理学的因子。他编写的小学课本有来自《朱晦翁语录》《王阳明语录》《德育鉴》等理学书的内容。[2]正因注意到朱怀天身上存在的"理学因子"，钱穆评价友人是"论学时虽有偏激，然其本源皆发自内心深处。惟当以一字形容曰'爱'，爱国家，爱民族。虽言佛法，然绝无离亲逃俗之隐遁意。他日学问所至，必归中正可知"。[3]

因此，当新文化"下行"时，其对地方读书人思想观念的影响实如巨涛拍石。到月圆星稀时候经常是潮涨岸没，临海无涯，不过巨涛击打每一块礁石时所溅起的朵朵浪花却是形态万状，变化多端。这种形态万状和变化多端源自地方读书人思想观念的改变和他过往经历、固有学养

---

① 钱穆编《松江朱怀天先生遗稿》，"日记"第33页，1919年9月条。

② 朱怀天编《无锡县立第四高等小学三年级国文课本》，目录抄本。

③ 钱穆：《八十忆双亲·师友杂忆》，第96页。

和当时的生活状态。

就新文化如何改变读书人之间的"合群辨类"而言，清末地方社会已出现各种因新学传播而聚合的读书人社群。到五四时期各种各样地方性学会就更多，地方上宣扬新文化的报刊和学堂中各类大小学生组织也层出不穷。在此基础上，读书人与大众或读书人彼此之间，所谓"我们"与"他们"的区别也愈加明显。

1920年周维垣指出："现在从事教育者有新旧两派，新者主自动，取民治主义，旧者重服从，采严格主义，旧者视新者如过激派，新者视旧者如腐物，二者同处一堂，势如'冰炭同炉'，各不相容。同学中因头脑新颖见绝于人者，不知凡几。"[①]郭廷以则说，当时凡以"新青年"自居的一定要买几本新书和新杂志，"以表示学问的渊博，而借以结交新朋友"。[②]艾芜则觉得自己那种拥护新文化、爱好新文艺的心情，"真可说是达到了狂热的地步"，以至于"谁是该亲近的人，谁是该疏远的人，都重新划分出了界限。先前划界限，完全凭感情，他对我好，我就对他好。等到读了新刊物后，却用的是思想了，而这思想却是全从新刊物上得来的"。[③]钱穆回忆录里更是有他和朱怀天结交的生动故事。一日钱穆对朱氏说："出校门有两路，一左向，过小桥，即市区，可吃馄饨饮绍兴酒，佐以花生塘里鱼，课毕，同事皆往"；"一右向，越围墙田野村庄散步塍间，仰天俯地，畅怀悦目，余一人率右行"。接着问朱"愿仍左行，抑改右行"。朱立刻回答说"愿改右行"。二人相视而笑，遂为友。[④]

---

① 周维垣：《服务上各种报告》，《北京高师教育丛刊》第4集，1920年12月，第4页。

② 张朋园、陈三井、陈存恭、林泉访问，陈三井、陈存恭纪录《郭廷以先生访问纪录》，第106页。

③ 艾芜：《五四的浪花》，《五四运动回忆录》，第205页。

④ 钱穆：《八十忆双亲·师友杂忆》，第94页。

　　这些例子均说明新青年因接受新文化而产生共鸣，进而获得了彼此的认同感，但钱穆故事里同事皆往左，他和朱怀天唯独向右的格局亦说明新青年之间的认同感和其他读书人乃至大众的某种格格不入，此实为新文化在地方社会散布的一大困局。

　　而且钱、朱二人主义虽然不合（钱氏大致接近儒家，朱怀天接近无政府），却能成为时常争论而不生龃龉的挚友。与其相似的还有"白屋诗人"吴芳吉（1896—1932）。他描述其友人和"主义"之关系以及他对不同"主义"的认识是：

> 　　雨僧则主国家主义，子俊诸友则主极端的社会主义，子一则主实得主义，只要可以进身，虽卑以下人而不顾。鹤琴、醒华辈，则主得过且过、放荡不羁之主义，如善波等则主致人于我之主义，爱众则主厌世主义。虽各各不同，然各有见地，不可是非。一一而研求之，开人神智不少矣。而正当之主张，何者适于今日，何者通于将来，何者可施于一身，何者可施及于人，吾可以默识之也。[①]

　　能这样平和畅达地看待"主义"分歧之人在五四运动初起时还不少，但随着五四运动的深入，不少读书人因新文化带来的主义而聚合，随即又因为主义之争而分裂。1921 年，谢觉哉记载新民学会开会，"关于主义争辩甚厉"。因此他希望"同一学会，则以奉同一主义为宜"。[②]不过这种期望到 1920 年代初基本已不能实现，当时不要说截然不同的

---

① 吴芳吉日记，吴芳吉著，傅宏星编校《吴芳吉全集》（下），华东师范大学出版社，2014，第 1034 页，1915 年 6 月 14 日条。

② 《谢觉哉日记》上卷，人民出版社，1984，第 26—27 页，1921 年 1 月 3 日条。

主义，即使是相近的主义互不认同的也非常多。[1]

最后新文化影响地方读书人生活最剧烈之处恐怕在其对于读书人社会流动的帮助或限制。明清时代读书人的社会流动以功名之高低为基础，以家族之护荫为凭借，以科举同年和其座师、房师的社会网络为依托，并借此向上攀升。这种社会流动方式与民初流动方式的最大区别在中心散处，立足地方。即使身处穷乡僻壤之地，若能凭借自身努力获得较高级的功名，回乡或作一立足公益之士绅；或作一学界领袖，主持书院，教授生徒，再进一步与在京之同年好友同声气求，则大致能获得较高的社会位阶。但到民初，随着科举制的废除，这样的流动方式已渐渐发生变化。

一方面读书人仍要依靠传统的血缘、学缘、地缘关系来获得上升的机会和通道。[2]1917年，舒新城指出学生毕业后"各奔前程"之方式有六种："席父兄之余荫""恃亲故之引援""赖母校之发展或收容""家境富裕再谋深造""凭着偶然之特殊技能"，以及"捧着教育司和学校的介绍书，向各处沿门托钵"。相较前几种依赖人情的方式，最后一种方式往往结果最坏。[3]1922年张宗祥（1882—1965）主持浙江教育，亦回忆当时浙江省考选清华学生，请托之人"函电纷纭，积之数寸"。[4]这些都可看出固有的关系网络对于读书人上升的助力。

---

[1] 吴芳吉曾向吴宓抱怨："湖南学校近日有最可悲痛之现象，无论教员学生，皆分属为两派信徒。所谓两派者，一为马克斯派，一为安娜其派。每一校中，必有此两派之峙立。而其相视，虽同窗共砚，竟为仇雠。所谓师道友情，乃全为此二派主义所汩没无踪矣。"《吴芳吉致吴宓》（1922年9月28日），吴芳吉著，傅宏星编校《吴芳吉全集》（中），第625页。

[2] 许纪霖：《重建社会重心——现代中国的知识分子社会》，许纪霖《大时代中的知识人》（增订本），中华书局，2012，第69页。

[3] 舒新城著，文明国编《舒新城自述》，第107、108页。

[4] 张宗祥：《冷僧自编年谱》，浙江省文史研究馆编《张宗祥文集》第3册，上海古籍出版社，2013，第472页。

另一方面，新的求学方式和新的报刊则为地方读书人提供了另一些形式的通路，而这些"新"通路的形成都和五四新文化大有关系。

以新的求学方式而论，不同的学校出身在 1920 年代成为读书人结成网络、挤压他群的重要依据。1921 年安徽即有所谓"高等系""南高系""北大系""两江系""湖北高师系"等教师中的派系。[1]顾颉刚则对其父亲说："现在通例，好结朋党。北大师生数千，声气颇广，虽未标明党会，而实际趋势确有如此。故男欲得一职事，不必在上海，即远至粤、蜀，亦未尝不可请校中介绍。如舍此他谋，则他人之藩篱甚固，非我所能插足；即使勉强谋得一事，而根基不牢，亦终是旋得旋失耳。"[2]

相较大学生和高等师范生，留学生的头衔当时更成为"金字招牌"。1919 年胡先骕（1894—1968）就指出："自陈独秀、胡适之创中国文学革命之说，而盲从者风靡一时"，为"彼等外国毕业博士等头衔所震"。因此胡先骕在与胡适的辩论文章中特别说明自己"亦曾留学外国，寝馈于英国文学，略知世界文学之源流"，非如此说似没有资格与胡适讨论文学革命。[3]1922 年，吴宓在报纸发文时，其介绍也强调吴氏是"美国哈佛大学硕士，现为国立东南大学西洋文学教授"，"精通西洋文学，得其神髓"。[4]这样的介绍在当时是很能压未留学之读书人一头的，郭沫若就曾悻悻地说："跑到美国去鬼混了两三年，一回国来便是甚么'博士'、'硕士'，巍然泰然地便做起了甚么机关的委员，甚么大学的教授，

---

[1]　曹伯言整理《胡适日记全编》（3），安徽教育出版社，2001，第 419 页，1921 年 8 月 6 日条。

[2]　《顾颉刚禀父》（1922 年 12 月 2 日），《顾颉刚书信集》卷 4，第 20 页。

[3]　胡先骕：《中国文学改良论》，转引自胡宗刚撰《胡先骕先生年谱长编》，江西教育出版社，2008，第 69、70 页。

[4]　吴宓：《新文化运动之反应》，《中华新报》1922 年 10 月 10 日，国庆增刊，第 4 张第 2 版。

甚么印书馆的编辑。"①

　　种种出身论引发的是未能入高校、未能出国的边缘知识青年的怨气和不满。施存统即说:"杭州出版的钱江评论,他底文章,一向是不署名的,这也可以表示他们一种精神,哪知他最近出版的第十二期,讨论男女同学问题,竟抬出许多头衔(教育硕士、北京高师教授法学士)来吓人,这真出于意料之外!从前有几本杂志,常常拿一些博士、硕士、学士、教授,来卖钱,这已是可笑之极;不料堂皇宣言不署名的钱江评论,也竟来步后尘,真是可叹!钱江评论社的朋友!言论自有言论本身的价值,何必用这种臭头衔来吓人呢?"②因此各种学校的毕业生来到地方的时候,外来新学生与本地新学生的竞争、本地不同学校的新学生的竞争、新学生与"科举老派"之间的竞争便出现了。

　　在江苏,顾颉刚有一"男同学汪君","毕业后借教厅长之力,得苏州师范教席。乃以非师范一系之故,每星期只四小时,月薪只十六元;犹复排之不遗余力",因此当有人劝顾氏在本地谋事,顾氏"每笑谢之,以明知站不住也"。③在浙江则有杭州"第一师范派"和绍兴"第五师范派"的激烈角逐。④

　　新学生之间的竞争已然激烈,新学生与"科举老派"之争也没有停歇。1920年已有人说:各地现有一班"好名慕利的革新家",遇着

① 郭沫若:《反正前后》,《郭沫若全集·文学编》第11卷,人民文学出版社,1992,第186页。

② 存统:《头衔吓人》,《民国日报·觉悟》1920年6月4日,第4张第4版。

③ 《顾颉刚禀父》(1922年12月2日),《顾颉刚书信集》卷4,第20页。

④ 徐懋庸就回忆他在他任职的小学里总共有七个教师,其中六个是浙江第一师范毕业的,"他们的派性很强,在一起总是谈杭州,谈第一师范的事"。《徐懋庸选集》第3卷,四川人民出版社,1983,第240、245页。

这次潮流的好机会，怎能不利用。于是借着革新的名义，倾轧旧党，一方面逞一己的私欲，一方面可以讨好新党。[①]1922年蔡元培在给李石曾的信中特别强调要让城、镇、乡的教育会不再为"旧派塾师所蟠踞"。[②]

以新报刊提供社会上升的机会而论，1919年顾颉刚在给妻子的信中就认为老友叶圣陶虽然现在仅是苏州甪直小镇上的一个高小教师，但他在《新潮》上发文章较多，"谋事是很有希望的"。[③]果然，不几年叶圣陶在不少人眼中已是"鼎鼎大名"。[④]顾颉刚自己也依靠报刊弘扬声名，1922年他就发现自己在《新潮》上有一篇文字，"未做完，且未署真名，而大家已颇注意，到处拉拢"。[⑤]此时在无锡后宅镇第一小学教书的钱穆也经常给著名的《时事新报》副刊《学灯》投稿。当钱氏文章被登在大一号字的首幅时，同事们无不"大加揄扬"，并催促他继续投稿。第二篇又如此，同事们"倍加兴奋"，促其撰第三文。当《学灯》登载消息让钱穆告知通信地址。同事的兴奋情绪达于顶点，对钱穆说："兄自此获知于当代哲人，通讯久，当有前途可期。"钱穆的一位同事更直接说如果自己的名字能以"大标题刊报端，作第一条新闻，则我愿足矣！"[⑥]

上面的故事告诉我们，在地方读书人的经历和认知里，文章若能够

① 丁晓先:《新时代的危机》,《时事新报·学灯》1920年1月4日,第4张第1版。

② 《蔡元培致李石曾》(1922年2月22日),中国蔡元培研究会编《蔡元培全集》第11卷,浙江教育出版社,1998,第61页。

③ 《顾颉刚致殷履安》(1919年9月28日),《顾颉刚书信集》卷4,第99页。

④ 郭沫若:《学生时代》,人民文学出版社,1979,第90页;巴人:《旅广手记》,人民文学出版社,1981,第18页。

⑤ 《顾颉刚日记》第1卷,台北:联经出版事业股份有限公司,2007,第274页,1922年9月17日条。

⑥ 钱穆:《八十忆双亲·师友杂忆》,第116页。

登上具有全国影响力的报刊，便能吸引全国性精英的注意。而熟悉新文化，能熟练运用新词汇、新语法大概是那个时代地方读书人的文章能登上全国性报刊的一个前提，[①]刘半农就是这样的地方读书人。他肄业于常州府中学堂，原本混迹于上海的鸳鸯蝴蝶派圈子，后来因陈独秀的缘故进入《新青年》作者群，顺利地登上全国舞台，但因为上升太快、学历不足，而常遭人不服与诟病。为此朱怀天曾为其打抱不平说：

> 吾视半侬诸说，亦未必逊于人，而论者辄下半侬，以为半侬不过中学毕业生，未尝留学他国，遂不问其今日进益之如何。即谓半侬不若他人矣，抑知士别三日，刮目相看，苟以资格论人，宜世之不务实学而欲躐等，以越进阶为苟获声名之资也。[②]

这段为刘半农的辩护其实是师范毕业后未能进一步深造的朱怀天的自道，同时也应该是千千万万地方读书人的心声吧。

*　　*　　*

五四之影响"一如天上大风吹掠各处，深入各个孔窍"。[③]其深入程度不仅体现在北京、上海等大城市，在各地的县城、市镇里，趋新氛

---

① 比如 1920 年在湖南长沙的舒新城就凭借"一年来在上海投稿较多，且与《时事新报》的主编张东荪先生常有通讯"，获得了去上海的机会。舒新城著，文明国编《舒新城自述》，第 140 页。与此相对应，若反对新文化则可能遭到一些报刊的封杀。在吴宓看来，《学衡》杂志发起的一个原因是胡先骕撰成《评尝试集》，历投南北各日报及各文学杂志，无一愿为刊登，或无一敢为刊登。转引自胡宗刚编《胡先骕先生年谱长编》，第 81 页。胡怀琛亦有文章被《学灯》拒绝。参见胡寄尘《一封曾被拒绝发表的信》，《最小》第 1 卷第 8 期，1923 年，第 2—3 张。

② 钱穆编《松江朱怀天先生遗稿》，"日记"第 22 页，1919 年 1 月条。

③ 王汎森：《执拗的低音：一些历史思考方式的反思》，生活・读书・新知三联书店，2019，第 202 页。

围也已渐渐形成，并且深刻改变着在地人群源远流长的各种惯习。1917年江苏松江的钱江春冲破传统礼防，冒社会之大不韪，解决自己的婚姻问题，然后被乡人攻击得体无完肤，亲友故旧都把他视作洪水猛兽，连日后的中共早期领袖侯绍裘也骂他是"名教罪人"。[1] 而到1919年前后，钱穆发现无锡荡口镇上社会风气已是"群趋西化"，离婚再娶，乃人生正轨，被认为"开通前进"；有妻纳妾则是顽固守旧，封建遗毒作祟，乃伤情违理之事。钱穆好友须沛若纳妾后就"颇受外界之讥讽"。[2] 至1923年，温州平阳的刘绍宽也说："中国现时礼教尽失，士大夫言'礼教'二字，即为人所嗤。丧婚一切随用俗礼，全失礼意，诸异教起而掊之。如填主、迎主、候土、选日等事，皆可谓无理之尤，于是诸异教自用其仪式，而中礼遂不可问矣，呜呼！"1930年，他追叙往事时亦感慨："是年（1926年——引者注）前后皆课徒，颇欲为后进造就几人，而竟无专心向学者。习俗移人，实由新说之烈于洪猛！"[3]

正因"新说之烈于洪猛"，所以五四的强烈风势还表现在地方上即使是对新文化反感的读书人也不能不受其影响，并对它做出一定呼应。[4]这批读书人虽然在态度和行动上相当排拒五四新文化，但值得注意的是，这并不妨碍他们利用五四新文化来争夺地方权势。

像张枬，民初数年在温州浙江省立第十师范任国文教席。1918年7月，新校长浙江台州籍的王镇雄拒绝续聘张氏，他失业了。此后一年，张枬到处请托，希望能找到一个噉饭之所，甚至考虑过大把年纪背井离乡、赴上

---

① 钱江春等：《李钧材传》，《弥洒社创作集》（1），商务印书馆，1924，第369页。

② 钱穆：《八十忆双亲·师友杂忆》，第102页。

③ 庚午（1930）冬追叙1926年事，刘绍宽：《厚庄日记》，未刊打印稿，温州图书馆藏，1923年5月16日条。

④ 关于此可参见本书第二章。

海求职。由此不难想见他对于王镇雄这一外地人把持本地学务，导致自己失业的一腔怨毒。因此从张枬的日记我们可以发现：自从他丢了饭碗后，除寻觅工作，最着力的事就是积极与各处的"反王"人物信札往还、联络沟通，以期倒之而后快，因为在张枬看来只有更换校长，他才有可能重新复职。①

到 1919 年 5 月底，由五四带来的"倒王"机会终于出现。此时温州当地呼应北京、上海开始大规模排日，各校学生纷纷罢课。张枬遂试图利用此事来"倒王"。6 月初他以"温属全学界代表"的名义给省教育厅发公函要求罢免王氏，同时又写一封私信给温州教育界名流——木干斋，说：

> 今日教育有江河日下之势，观于抵日风潮，全国学界已一律停课，则莘莘学子殆无求学思想，更遑论校长之腐败不腐败耶！然单就吾温而论，以素来整饬之师校，一旦被贪婪小人无端破坏，决非学界幸福，则吾辈之责实无可以稍诿。尤望阁下在省与同志极力进

---

① 如他给旧同事闻逖生写信就说："惟闻先生在杭省弹劾王某，私函寄友，竟被王某截取开拆，内容披露，致遭王某反噬，又运动党派设酒私和，未知此事果确实否。总之此种小人蟠踞第十师校，实吾温学界之大不幸，若非亟为驱逐，定见大起风潮，蹈中校之覆辙。还祈先生力为主持，省会再开，严加弹劾，想继先生而起者必有人。庶学界之蟊贼去，温州之士风端，即鄙人局外旁观，亦觉扬眉而吐气也。"在收到闻氏的回信后，张枬又继续回信道："昨接复函，欣悉乎两人两地，具有同心，且言赴省后联合进行，并嘱弟搜查证据。弟跧伏乡间，久已不闻校事，然夫己氏劣迹多端，人人切齿。故去冬校中曾有秘函一封递到，将夫己氏罪状和盘托出。弟得据后即偕同志私发一函寄北京洪部视学，幸洪君即据函转告杭教育厅长，嘱其更换根究，事机渐熟，忽不幸阁下私函被拆，遭其反噬，以致事败垂成，可惜之至。但夫己氏运动私和、喧传人口，且擅拆私函，违悖公法，两种即是溺职贪婪之铁证，本正已有同志数人赴省继续控告矣。如得先生坚为后盾，不患此伧之不推倒。况现在温州上等学界主持者均是客籍，殊觉吾辈太无能力，如能将此席夺回，仍归我瓯人为政，亦教育界之一线生机也。鄙人虽老，不禁拭目俟之。外附秘件，千万注意，幸勿漏泄春光，是为至要……再者，弟现有同志木君号干斋者，寓杭垣教育会中，先生抵省后如有要话，可叩木君面谈，以便时常通讯为幸。"《张枬日记》第 5 册，第 2160—2161、2162—2163 页，1919 年 3 月 7 日、11 日条。

行，至嘱！至嘱！①

　　张枫等虽然耗费心机地将全国性风潮与地方上的人事争夺结合起来，但王镇雄亦是有老辣手段之人，而且他在浙江省内奥援甚多，扳倒他谈何容易。此事一直拖到1919年底，虽然在张枫等人的不断运动下，各处对王氏指控连连，风波不断，但王氏仍占据十师校长之位而不倒。不过五四引发的学潮不是一波，而是持续不断、波波相续。对张枫来说借学潮让王镇雄去职仍大有希望。

　　1919年12月15日，有十师学生来拜访张枫，问他在温州本地人中是否"有与台州王（按，王镇雄）反者"，以便其联络。19日又有十师学生来寻张枫，求其主稿《讨王镇雄宣告》，张枫自然求之不得，午后用两个小时完成"千七八字"的文章，命学生誊去，转示木干斋"斟酌"。当晚八点，该学生又来，说木干斋看后"犹嫌条件太少，不足以动人耳目"，请张枫继续修改，就这样写到晚上十点方才完成。第二天一早，张枫又将通告文字"斟酌数行"，才将定稿交给学生。七日后，张枫听人谈起第十师范大起风潮，学生齐不上课。他马上寻《大公报》来看，发现自己所撰的"宣言书"已经刊发，"中间略有变易"。同时王镇雄的"劝诫学生文"被痛加驳斥。张枫立即感到，经"此一番摧折，台州蛮（按，王镇雄）决不能再安其位矣……阅竟为之一快"！

　　不久浙江省果然发出公令说："第十师校校长王某、学监蔡某于风潮后不能到校认识指导，实属有乖职守，宜分别免职查办。一面着教育厅长另遴校长任事。"王氏遂卸任，新校长就职，张枫终获机会重新回校任教。②

---

① 《张枫日记》第5册，第2196页，1919年6月8日条。

② 《张枫日记》第5册，第2255、2256、2258—2259页，1919年12月15、19、20、27日条；《张枫日记》第5册，第2269、2294页，1920年1月30日、4月19日条。

正因为很多地方读书人其实是利用"新文化"来做事，所以若将他们在清末的表现、在五四中的反应和日后的行为相联系，我们又可以看到所谓新文化（当然不仅是五四时期的，亦包括清末民初的）在这些人身上大多时候实不曾入脑，更无法入心，很多时候不过是收拾不起来的"一地碎散的文辞"罢了。[1]

像朱怀天的老师吴在，他的著作曾经激烈到要"辟孟""崇庄""不经""不史"。[2]但到 1940 年代，他应中国孔圣学会邀请作"圣学讲座"，讲题已是《圣学精微》。[3]吴在如此，其同事贾丰臻（1880—?）也是如此。贾氏在清末曾激烈地要求中小学废止读经，并在中央教育会会议上与林传甲发生争论。[4]至民初为迎合上峰，又提出国文一科要能多读多作"新闻、杂志、广告、发票、收据、契纸、借据、书信、邮片、公文、告示等"，同时还要多作"短篇之记事文"，以避免学生仅能作策论、撰诗词，却拙于"家常信札、便条、婚丧喜庆往来颂辞"，可见他一直是个很能趋新的人物。[5]但在 1937 年出版的《中国理学史》中他却说：

---

[1]　杨国强：《论清末知识人的反满意识》，氏著《晚清的士人与世相》，生活·读书·新知三联书店，2008，第 344 页。

[2]　具体请参见本书第三章。

[3]　《简讯·第六期圣学讲座》，《申报》1943 年 6 月 28 日，第 4 版。

[4]　《中央教育会第十四次大会纪》，《申报》1911 年 8 月 16 日，第 1 张第 6 版。

[5]　贾丰臻：《今后小学教科之商榷》（1917 年），中国第二历史档案馆编《北洋政府档案》第 93 册，中国档案出版社，2010，第 500 页。这种要求比起 1918 年胡适所说的"通信、做诗、译书、做笔记、做报馆文章、编学堂讲义、替死人作墓志、替活人上条陈"等俱要用白话来做范围更广。胡适：《建设的文学革命论》，张若英编《中国新文学运动史资料》，光明书局，1934，第 87 页。但贾氏的文章《欧战后学生之觉悟》与《教育宜保存国粹说》却遭到了罗家伦的痛批，足见五四运动时但求竖起批评之标靶，而不理其实际的时风。罗家伦：《今日中国之杂志界》（《新潮》第 1 卷第 4 号，1919 年 4 月），《新潮》第 1 卷第 1—5 期合订影印本，第 626 页。

> 我敢大胆地说：中国以前只有理学，没有什么叫做哲学。……
> 宗教派、神秘学派、经验派、形而上学派、观念论派、实在论派、
> 直觉论派、功利论派、进化论派、无论怎样说法，天道和人道终
> 究说成两橛，不能合拢一起，怎能和中国理学相提并论呢？我又
> 敢大胆地说中国以前只有理学，没有什么叫做科学。……总而言
> 之，中国人和西洋各国人不同，中国人看见乌反哺，羊跪乳，而
> 想到怎样事亲；看见鸿雁行列，而想到怎样敬兄；看见鸳鸯交颈，
> 而想到夫妇爱情怎样；看到迅雷烈风，而想到怎样敬天之怒；看
> 到地震山崩，而想到怎样修省斋戒；他的"格物致知"，是属于理
> 学的。[1]

贾氏的这些话虽然没有大见识，但几乎句句都是在针对五四的一些基本命题在发言，如"中国究竟有没有哲学""科学的人生观应该是什么"等，且对所谓"中国哲学"或"科学的人生观"云云甚不以为然。上述读书人的表现或能解释为读书人趋向新文化后又再度向传统的"回归"，但究其实质亦不过是一波又一波潮流（如新生活运动、复古读经运动、抗日战争等）袭来后，地方读书人的一次又一次"趋时"之举。

读书人的"趋时"说明现代中国经历了从帝制向共和的重大转变，又受到五四的"洗礼"，进入了一个固有"纲纪荡然"而不得不将一切"问题化"的时代。[2] 在这样的时代里，读书人因为政治、社会、人生的

---

[1] 贾丰臻：《中国理学史》（民国沪上初版书·复制版），上海古籍出版社，2014，"代序"第1—5页。

[2] 关于此可参见王汎森《烦闷的本质是什么——"主义"与中国近代私人领域的政治化》，《思想史》创刊号，台北：联经出版事业股份有限公司，2013。

不断"问题化"而能经常开启新的应对时代问题之门，但同时他们"借新文明之名以大遂其私欲"，[1]或利用时代潮流的名义来"自遂其趋避之私"的现象亦愈演愈烈，[2]进而造成清末以降一代又一代士风、学风的表面转移和内在相似，[3]这种现象实在让人感慨系之。

---

[1]　迅行（鲁迅）：《文化偏至论》，《河南》第 7 期，1908 年 8 月。

[2]　（明）张其淦撰，祁正注《元八百遗民诗咏》，周骏富辑《明代传记丛刊》第 71 种，台北：明文书局，1991，第 11 页。

[3]　钱穆指出，"辛亥革命、新文化运动、抗战流亡各时期，学术风气一贯而下，并无甚大之相异"。钱穆：《谈当前学风之弊》，《学龠》，《钱宾四先生全集》第 24 册，台北：联经出版事业股份有限公司，1998，第 219 页。茅盾也说："三十年前的志士，要求西欧政制法律和声光化电的知识，但此所谓'新学'后来变成升官发财的敲门砖了；十五六年前的志士谈'新文化'——易卜生主义、实验哲学、罗素……但'新文化'也成为攀取利禄的垫脚凳；甚至马克思主义，普罗文学，也会被聪明的冒险家用作投机的资本。"茅盾：《智识饥荒》（1937 年 6 月 10 日），韦韬、陈小曼编《茅盾杂文集》，生活·读书·新知三联书店，1996，第 494 页。

第二章

进退失据

——五四大风中的地方老新党

近年来的五四研究大致有两股潮流值得注意：一股是"重审政争史"的潮流，在此潮流下，这一时期的政潮、学潮、民潮和思潮是"如何运动起来的"成为中心问题。既有成果充分证明，在这场运动背后存在诸多政治、经济与文化上的控制和操弄力量，这些力量间的缠斗、博弈与争夺虽然表面隐晦，但其幕后却异常激烈，远远超过以往史学界的认知。

另一股潮流是将"思想史与生活史"联结考察。它关心的是五四大风带来的新思想究竟是如何进入地方社会的，又如何改变当地读书人乃至一般人的观念和认同，进而新思想怎样与他们的生活世界互动等重要问题。

这两股潮流均提示五四研究进一步深入的可能性，体现在以下方面。

五四自有来源于各种政治、文化力量所诠释的独特意义，但这些"意义"大多并非从五四的历史过程中自然生长出来的，而是各家为论证自身的合道性而层层叠加上去的。虽然研究者不能简单地将这些"意义"命名为历史神话，毕竟它们或多或少揭示并解释了五四的历史过程，但对照上文提及的既有成果，其至少有两大局限。

一个是过于强调和关注五四的"独特"，而忽略了五四既在晚清的各种延长线上，又是日后国民革命乃至共产革命无法绕过的"既存状态"，因此必须要在 30 年乃至 60 年的历史过程中考察五四，当然这种长程考察并不意味着简单地前后连接和彼此附会。

另一个是由五四的"独特"衍生出的对五四新人物与新思想的"独尊"和"放大"。"独尊"和"放大"使得五四的思想系谱与人物脸谱往往显得简单而干瘪。尽管 10 余年来有许多出色的研究使其丰富、立体了许多，但仍嫌不足。这特别表现在清末民初那些半新半旧、似新实旧、不新不旧的人物和其思想仍较少得到关注，正如夏济安所说："光与暗一类的对比恐怕永远也道不全那个时代的真意，因为光暗之间还有无数深浅的灰。好比暮色里藏匿着鬼影、私语、异象与幻影，稍不注意，它们便消逝在等待黎明的焦躁中。"①

因此，如何处理这批人物和其思想与五四的关联互动就成了一个以往讨论较少，但又饶有趣味的论题。其中一类就是被称为"老新党"的那批读书人。这里先对"老新党"这个概念做一简单梳理。

"老新党"的提法源自"新党"，"新党"一词又与"康党"密切相关。1895 年后，清廷变法，康有为的弟子与康的支持者被反对人士归类于"康党"。康有为等则将"康党"一词视为反对派强加于他们的"恶谥"。戊戌政变后，康有为一系自归其类为"新党"，转而在其主办的报刊中试图借助舆论，强摁一切与之意见不合者入"旧党"之列，以期占领"以新凌旧"的制高点。1903 年前后，广东、浙江等地"革命党"大起。他们除联合会党在王朝边陲频频发动"起义"外，纷纷往东京、入上海、赴南洋做"志士"乃至"烈士"，为争夺话语权与实际利益，屡

---

① 　夏济安：《黑暗的闸门：中国左翼文学运动研究》，香港中文大学出版社，2016，第 141 页。

与康有为一系大起冲突。"革命党"为显示其更"新"，遂亦自命为"新党"，而径自改称康有为一系为"保皇党"或"老新党"。此为清末的大致情形。[①]

进入民国后，新文化大潮涌动，胡适、钱玄同诸公一边在文章中压抑清末新学，以凸显自家做的是前无古人之工作，一边又屡屡称曾朴、王照等人为"老新党"，以展示他们的趋新既前无古人，但也渊源有自。因此常惹起这类被强行归入"老新党"之读书人的愤愤之感，常期盼有一群"新新党"出现来反制胡适等人。[②]至1920年代末，"新新青年"果然将胡适、鲁迅等也归入"老新党"，甚至是"三代以上的人"，[③]足见"老新党"为一变动不定之称呼，颇能映射近代中国新旧随时更易之形势。但撇开名称，究其实际，则自清末开始一直到1930年代，"老新党"确为一股对国家和地方都有大影响的重要势力。

以全国影响力论，张謇、张元济、黄炎培等即是对国运、国势都有能力上下其手的清末"老新党"。在这些有全国影响力的老新党

---

① 关于此可参见贾小叶《"新党"抑或"逆党"——论戊戌时期"康党"指涉的流变》，《近代史研究》2015年第3期，第23—48页。

② 曾朴说自己的《孽海花》"赚得了胡（适）先生一个老新党的封号"，"大概那时胡先生正在高唱新文化的当儿，很兴奋得自命为新党，还没有想到后来有新新党出来，自己也做了老新党，受国故派的欢迎他回去呢！"曾朴：《孽海花代序——修改后要说的几句话》（1928年1月6日），《孽海花》，真善美书店，1928。

③ 1928年常乃惪说：鲁迅是"一个足踏在新旧过渡线上的老新党"，"一方面有新的时代的破坏的、批评的、追求理想的精神，一方面又不能断然舍去那旧科举时代所遗传下的名士风，尤其是绍兴乡土派的尖酸刻薄的刀笔风味"。他这尊偶像，"阻碍了前进的路线，摧折了新时代发生的动机，将中国民族永远留在迟疑、徘徊、消极、破坏的路上。燕生：《越过了阿Q的时代以后》，《长夜》第3期，1928年5月1日，第9、10页。1932年，比梁启超小近20岁的刘半农则听陈衡哲说他们都被学生认作"三代以上的人"。刘半农：《初期白话诗稿序目》，刘半农著，文明国编《刘半农自述》，安徽文艺出版社，2014，第88页。

之外，地方上更活跃着很多名不见经传的老新党。他们基本都"食科举制度之赐"，[①] 但功名实不甚高，一般限于秀才、举人，偶有进士。这些人基本未能有黄炎培一样的运势——从地方一隅攀上省界精英的门槛，继而获得全国精英的地位，但在地方上他们颇有号召力。这批人有相似经历，都在清末的时势推动下走上趋新之途，一般很爱读《清议报》《新民丛报》《国风报》，热烈崇拜过梁启超等清末名士，在地方上亦借新政显过身手，如办学堂、参与立宪、筹备地方自治等，同时又有一定的旧学根底。谢觉哉就曾议论湖南宁乡的"老新党"道：

> 前清季年、民国元二年之间，宁乡算是个进化的县份，不料根底不固，随化推移，自命为新学界的人，有的迷信武力，想化宁乡为咸同时的湘乡；有的醉心利禄，失足去做反革命的走狗；有的堕于玄想，整天去静坐学神仙；有的埋头故纸堆中，想著一二篇桐城派文章，做身后的专集。这些人前后的行动悬殊，孰是孰非，我也懒得批评他；不过本是些新人物，忽然不新了……[②]

"本是些新人物，忽然不新了"，谢觉哉的话颇值得玩味。它提示我们：在五四那个大时代中，一部分曾经拥护清末新文化的人成了五四新文化的对立面，由此形成的新旧之争"已不是明末清初的邪正之争，也不是甲午战争前的夷夏之辨，甚至也不完全是戊戌维新前后的中学与西

---

① 杨昌济：《余归国后对于教育之所感》，《杨昌济集》（1），第52页。
② 《谢觉哉日记》上卷，第69页，1921年11月21日条。

学，维新与翼教、护圣之争"，其特点为何需要仔细辨正。[①] 其中尤需注意的是，除了当时那个"最主要和最高"的思想层次需要厘清，地方读书人的思想层次也一样需要厘清。五四大风如何在地方四处蔓延？在蔓延过程中，地方上与五四大风竞争或竞合的力量有哪些？如何具体展现？这些问题以往都缺少研究。本章即以"老新党"尤其是地方上的"老新党"为切入点，以他们与五四大风间的交缠互动为中心对上述问题做一个初步讨论。

第一节　五四大风何以蔓延

对于五四大风蔓延的原因，从历史因果来分析，其风势起于清末以降人心、思潮和社会条件的巨大变化；[②] 大风中心位于学生、学校云集的北京和报馆、出版机构林立的上海；其鼓荡来自胡适、陈独秀、蔡元培、李大钊等具有全国影响力的巨型知识精英。但一场大风若要有持续的扩张态势和膨胀能力，则不能缺少来自四方的众声呼应。众声呼应的主体首先是那些介于上层读书人和不识字者之间但又盼望上升到精英层次的边缘知识青年，对此前贤有相当多的论述，在此不赘。[③]

不过边缘知识青年的兴起虽然非常重要，但同样值得注意的是民国

---

① 陈旭麓：《近代中国社会的新陈代谢》，上海人民出版社，1992，第385页。

② 王汎森：《思潮与社会条件——新文化运动中的两个例子》，氏著《中国近代思想与学术的系谱》，台北：联经出版事业股份有限公司，2003，第241—274页。

③ 罗志田：《近代中国社会权势的转移：知识分子的边缘化与边缘知识分子的兴起》，氏著《权势转移：近代中国的思想与社会》（修订版），第109—153页。

肇建后，可能与新文化主流势力相竞争的几种集团性力量的持续衰落，且这些力量之衰落未必起始于同五四新文化的竞争，而是有着从民国建元开始自身的发展逻辑。[①]

　　这几种集团性力量，按照梁启超的分类大致为旧官僚、旧革命党与旧立宪派。李大钊将之区分为"军权系统"、"政治系统中的温和系统"和"政治系统中的激进系统"。在李氏看来，"洪宪皇帝之威灵"败亡后，"军权系统"骤失其中心而呈崩离之象，不能"复反于壮盛"。[②]据此，可能与五四新文化主流势力相竞争的有以孙中山、汪精卫、戴季陶、胡汉民、章太炎、章士钊等为代表的旧革命党即民党势力，以梁启超、康有为等为代表的旧立宪党势力和以林纾等为代表的清末文学名士之势力。

　　以民党势力论，1913年"二次革命"后，江苏等地因兵祸遭难者已在"独骂讨袁军"。[③]吴芳吉更据此认为："彼革命元勋，及一般伟人，皆民贼也。"[④]征诸其他读书人的材料，"革命元勋……皆民贼"的看法在他们的言论中比比皆是。瞿秋白日后就说："二次革命失败之后，几乎一般社会都认革命是作乱，民党是乱党。"[⑤]吕芳上也指出："二次革命后……革命党人与'暴民'两个名词的含义，几乎

①　按照瞿秋白的说法，当时社会思想史正处于"蜂腰时期"。瞿秋白：《赤都心史》，《瞿秋白文集·文学编》第1卷，人民文学出版社，1985，第246页。

②　李大钊：《中心势力创造论》（1917年4月23日），杨琥编《中国近代思想家文库·李大钊卷》，中国人民大学出版社，2014，第170页。

③　叶圣陶日记1913年8月8日条，转引自商金林《叶圣陶全传》第1卷，人民教育出版社，2014，第204页。

④　吴芳吉日记，吴芳吉著，傅宏星编校《吴芳吉全集》（下），第993页，1913年8月11日条。

⑤　双林（瞿秋白）：《五四纪念与民族革命运动》，《向导》第113期，1925年5月3日。

等同。"①

　　到了五四时期，民党虽然有办报、设刊、交好新文化同人的努力，但除个别人物外，当时读书人（其中多为新青年）似未改变对民党的整体观感。②1919 年，浙江一师学生陈范予因孙中山与电"北洋军人魁桀，盗国之钧"的徐树铮，而且电文中"多有拍马"之辞，就感慨道："噫！中山！你也算革命的人物，是卓卓的人物，你岂还要求势力，和卖国贼交口。这真不值得至极了！无他！这是头脑烘烘的缘故！"③1920 年 1 月，吴芳吉读汪精卫发表在《建设》上的文章，说："回忆十年以前，在《民报》所读他的文章，与今日再读他的文章，其所生感想，判若天渊。"又说："民党中书生似觉胡汉民较为健拔，汪精卫与章行严则毫不长进，且有退化之势。"④4—5 月间则有人告诉张东荪，说孙中山与段祺瑞携手"已成公然之秘密"，又与"安福（系）生关系"，可谓既不讲革命又抛弃其护法，"自己对于自己之名誉宣布死刑，他人尚何言哉"。⑤1921 年，郭沫若游览西湖的革命烈士祠后揶揄道："参拜了一些

---

① 　吕芳上：《革命之再起：中国国民党改组前对新思潮的回应（1914—1924）》，台北："中央研究院"近代史研究所专刊，1989，第 38 页。在五四前对民党的批评中，李大钊具有持续性和代表性。可参见刘桂生《辛亥革命时期李大钊政论试析》，《清华大学学报》1986年第 1 期，第 32—39 页；朱成甲《李大钊早期思想与近代中国》，河北人民出版社，1989。

② 　金毓黻即说："前《民权报》记者戴天仇，以善做论文，精辟隽爽，风靡一时。后《民权报》被封，闻戴氏东渡，随孙中山游，四年以来，未读此君大作矣。近《建设》及《星期评论》两报署名戴季陶者（名传贤），高谨言谓即天仇，不知确否？然其著作，亦足风靡一世，较《民权》时。有过之无不及焉。"金毓黻：《静晤室日记》第 1 册，第 169—170 页，1920 年 12 月 5 日条。这段话一方面说明了戴季陶等借办报创刊在五四时期的声名再起，但另一方面也印证了民党之声光在五四前数年中断，其历史的重塑需要机缘和时间。

③ 　《陈范予日记》，第 154 页，1919 年 11 月 28 日条。

④ 　吴芳吉日记，吴芳吉著，傅宏星编校《吴芳吉全集》（下），第 1250 页，1920 年 1 月 6 日条。

⑤ 　《张东荪致张君劢》，《解放与改造》第 2 卷第 14 期，1920 年 7 月 15 日，第 12 页。

英雄英雌的坟墓，没有感受着多大兴趣便折回旅馆去。"①1922 年，吴芳吉将议论矛头指向章太炎，说其"惟小学可称，何有于文"。②邵力子则发现国民大多把"眼前的局面认为南北军阀对峙问题"，把孙中山视为"军阀"之一。③陈独秀更直接说，国民党"在广东以外之各省人民视之，仍是一争权夺利之政党，共产党倘加入该党，则在社会上信仰全失（尤其是青年社会），永无发展之机会"。④这些都可看出辛亥革命后 10 余年间，民党在一般人心中是何位置。

以清末文学名士论，1915 年身处温州瑞安的张棡就说：林纾之文笔"太冗长可厌"，"近竟称雄于小说界"，"然皆文过其质，可以惊心悦目者，则寥寥也。"因此张氏认为林氏在清末译书尚可，但"后来所译之小说皆无佳处"，"而近来震其名者，林书出即崇拜之，绝不察其内容如何，宜乎小说之价格日低也"。⑤这种说法较之胡适所说"琴南早年译笔还谨慎，不像现在的潦草"早了大约五年。⑥在无锡一隅的钱基博除了认为林纾"不晓时变，姝姝守一先生之言"外，亦不满林纾与徐树铮走得太近，说："徐树铮军人干政，时论不予；而纾称为儒将，或者以莽大夫扬雄《剧秦美新》比之，惜哉！"⑦从张棡、钱基博等对林纾的评价

---

① 郭沫若：《学生时代》，第 81 页。

② 《吴芳吉致邓绍勤》（1922 年），吴芳吉著，傅宏星编校《吴芳吉全集》（中），第 627 页。

③ 邵力子：《读蔡孑民、胡适之诸先生的政治主张》（1922 年 5 月 18、19 日），傅学文编《邵力子文集》，中华书局，1985，第 688 页。

④ 《陈独秀致吴廷康的信——反对共产党及青年团加入国民党》（1922 年 4 月 6 日），中央档案馆编《中共中央文件选集（1921—1925）》第 1 册，中共中央党校出版社，1989，第 31 页。

⑤ 《张棡日记》第 4 册，第 1623、1628 页，1915 年 9 月 14、27 日条。

⑥ 《中学国文的教授——胡适之先生在本校附属中学国文研究部的演讲辞》，《北京高师教育丛刊》第 2 集，1920 年 3 月，第 4 页。

⑦ 钱基博著，傅宏星主编，郭璋校订《现代中国文学史》，华中师范大学出版社，2011，第 173、176 页。

可以看出连地方老新党都对林纾的行事与文字相当不满，何况边缘知识青年乎？[①]

而且林纾虽然经常发表攻击新文化的文章，但是若从地方读书人的阅读看，这些文章的接受度不算高。无论对《新青年》认同或反对，"新青年"三个字至少频频出现在地方读书人的笔端。相比之下，发表林纾文章的报刊和林氏著作（如《公言报》《新申报》《畏庐文钞》等）在地方读书人的记录里几近全无痕迹。而仅 1919 年《每周评论》第 17 号上转载的反林氏文章就有 14 人 16 篇之多，据此，有论者称"对林纾的批评几乎形成全国性的言论围剿"。[②]

"全国性的言论围剿"之说略嫌夸张，但至少说明在五四大风兴起的同时乃至更早，曾红极一时的林纾既不能凭借报刊之力继续扩大其声光，又与原本甚相得的出版机构（如商务印书馆）之关系日渐低落。同时自民国 2 年林氏被迫从北大辞职后，他在吸引边缘知识青年最重要的空间——大学里失去了位置，以至于其反新文化时，所能依仗之人物不过是一随时可被北大退学的学生张厚载。更要命的是作为一晚清举人，

---

① 叶圣陶就说："林译小说，吾不多见，然已皆令人欲睡者……林近作有《韩柳文研究法》，真是笑话。文集之行者多既如蛆，若一一为作研究法，真君所谓世界上只能容简籍矣。"《叶圣陶致顾颉刚》（1914 年 11 月 12 日），转引自商金林撰著《叶圣陶年谱长编》第 1 卷，人民教育出版社，2004，第 179 页。当然亦有反例，施蛰存回忆："在中学三四年级读书时（按：1921 年前后），看了许多林琴南译的外国小说，和上海出版的各种鸳鸯蝴蝶派文艺刊物……当时新文学运动虽已掀起，但还没影响到内地小县城的中学生，我写的小说，杂文只有向鸳鸯蝴蝶派刊物投稿。"不过若是回到历史现场，实际情形是当时由茅盾主导革新的《小说月报》引发了施蛰存的兴趣，之后施蛰存常向《小说月报》《民国日报·觉悟》投稿，但绝大部分被退稿，于是他觉得此路不通，另谋彼路，投稿鸳鸯蝴蝶派的杂志。转引自沈建中编撰《施蛰存先生编年事录》（上），上海古籍出版社，2013，第 35 页。

② 转引自张旭、车树昇编著《林纾年谱长编》（1852—1924），福建教育出版社，2014，第 328—329 页；参见《对于新旧思潮的舆论》，《每周评论》第 17 号"特别附录"，1919 年 4 月 13 日，第 1—4 版。

其因功名的限制，在代表对手方的资格上就输人一筹。[①] 因此表面上看林氏乃反新文化的一大主力，但实则影响极其有限。钱基博曾指出："胡适之学既盛，信纾者寡矣。"[②] 其实不必"胡适之学既盛"，"信纾者"已经寡也。类似情形同样表现在梁启超、康有为等旧立宪一派的形象与口碑上。

1929 年，朱希祖曾为梁启超生平做一总结。在朱氏看来：一方面，梁启超"创《新民丛报》，余个人及全国志士皆受其振发，颇多影响，此不可不推为有功之人"。但另一方面"其在民国时代，一入政界，时而党帝制，解散议会；时而党革命，推翻帝制。其后，又排斥革命，依附北洋军阀。此则其最不满人意者"。[③]

朱氏所谈的梁氏有功之处和他进入民国后的"不满人意"之处清晰地反映在张枬等地方老新党对梁氏的印象变迁里。在清末，梁启超是张枬等"趋新人物"的崇拜对象。张枬看《新民丛报》，会说"是报均系梁任公主笔，议论精警，识见透到，洵中国近来报界中巨擘，细阅为之爱不释手"。[④] 读《现今世界大势论》和《灭国新法论》，张枬则认为两书是"痛切之谈"，可以让"石人下泪"；[⑤] 读《新中国未来记》觉得此书

---

① 罗志田：《林纾的认同危机与民初的新旧之争》，氏著《道出于二：过渡时代的新旧之争》，北京师范大学出版社，2014。罗氏更特别指出"各类新派实际上长期有着'以资格论人'的旧习气"。罗志田：《见之于行事：中国近代史研究的可能走向》，氏著《近代中国史学十论》，复旦大学出版社，2003，第 242 页。此乃一大洞见，柳亚子就说："胡适自命新人，其谓南社不及郑、陈，则犹是资格论人之积习。"转引自杨天石、王学庄编《南社史长编》，中国人民大学出版社，1995，第 446 页。谢觉哉将家乡反对新文化，提倡读经的那批读书人称为"乡里圣人"，说他们"不出户庭，最近之学术潮流，当然鲜所接触"。《谢觉哉日记》上卷，第 103 页，1922 年 10 月 8 日条。吴稚晖则说章士钊"尽是村学究语"。吴稚晖：《章士钊—陈独秀—梁启超》，张若英编《中国新文学运动史资料》，第 262 页。

② 钱基博著，傅宏星主编，郭璋校订《现代中国文学史》，第 176 页。

③ 《朱希祖日记》上册，中华书局，2012，第 133 页，1929 年 2 月 17 日条。

④ 《张枬日记》第 2 册，第 759 页，光绪二十八年三月初七日条。

⑤ 《张枬日记》第 2 册，第 811 页，光绪二十八年七月廿三日条。

"尤有无穷新理，不得与寻常小说一例观也"；阅《德育鉴》，则以为其"字字皆切理餍心，发人猛省，洵保粹之兴奋剂也"。[1] 而看到《大陆报》上攻击梁启超和《新民丛报》的文字，张枬会不屑地认为这些言论"语皆皮毛，不足损梁氏之价值也"。[2]

但进入民国后，梁启超的影响力发生了不少变化。这种变化首先体现在梁氏的政治形象上。

读书人在民国干政治和在清末干政治有大区别，表现在：清末读书人干政治有其作为"士"的路径与准则，至少不会轻易动自己做皇帝的念头。而共和时代讲民权，于是"人人皆有总统之望"，这意味着人人都有踏民意之阶梯通向高位，甚至爬到顶峰的可能性。[3] 梁启超既不能免俗，恐怕亦不乏此雄心。[4] 因此梁氏"干政治"说是"想化官僚"，但"结果终是官僚化"，这直接影响了梁氏的政治形象。[5] 1915年底，张枬读《申报》上登载的梁启超辞职消息后就说：

[1]　《张枬日记》第2册，第820、849页，光绪二十九年正月十九日、光绪三十二年二月十三日条。

[2]　《张枬日记》第2册，第887页，光绪三十二年六月三十日条。《大陆报》第6、7、8等期上曾有多篇文章与《新民丛报》论战。

[3]　王季烈：《罗恭敏公家传》，钟碧容、孙彩霞编《民国人物碑传集》，四川人民出版社，1997，第558页。因为"人人皆有总统之望"的乱象，有人就提出民国宪法宜规定总统资格，继任总统由现任者选举三人，交国会审查通过，非有绝对不合格之事实，不得否认。至于三人中孰为总统，孰为副总统，当在国会请总统亲临，用掣签法定之，不得掺一毫私意于其间。而爱身份者要以争夺总统为耻。王清穆：《救国罪言》（1923年），周惠斌、郭焰整理《农隐庐文钞》，上海社会科学院出版社，2015，第4、5页；亦转见《徐兆玮日记》第4册，第2508页，1923年8月10日条。吕思勉亦有相似看法，而且表达于1915年，或可见江南读书人的一些共性。吕思勉：《国体问题学理上之研究》，《吕思勉全集·论学丛稿》（上），第90页。

[4]　1911年11月他已说："本初（袁世凯）观望不进，今欲取巧，今欲取而代之，诚甚易，资政院皆吾党，一投票足矣。"到1913年亦有"福基来电，乃言吾弃党人。须知吾非总统，岂能为所欲为"等语。转引自丁文江、赵丰田编《梁启超年谱长编》，上海人民出版社，1983，第556、680页。

[5]　吴稚晖：《章士钊—陈独秀—梁启超》，张若英编《中国新文学运动史资料》，第257页。

　　　　见参政梁任公有辞职之表，骈四俪六，颇见高尚。然共和立国本非任公平素宗旨，而幡然出山，受袁氏之爵禄，已未免贬其丰节。此次为国体变更，违其言论，因之托病辞职，虽较杨皙子、刘师培等识高一筹，然视其师康南海之超然远引，则抱愧多多矣。①

　　张枬的话说明，在亲历从清末鼎革到袁氏称帝这一过程的读书人眼里，不同世代之人大概看法迥异。新青年中不少人执着于帝制到共和的"国体"进化而对梁氏表"反对帝制"的态度拍手称快，却未必细察梁启超"只问政体，不问国体"之宏文究竟说了些什么。② 年纪更大一些的老新党则沿用士大夫要有"值得敬仰和效法的人格"为标准来考量梁氏的行动，③ 于是梁启超关于"国体问题"的暧昧表达不但在老新党处难得肯定，反而会被视作他进入民国干政治后，时而"党帝制"，又时而"党革命"的诡谲表现。康有为即说："生戊戌以来，以保皇自矢；迄事势稍变，生遂卖畴昔所主以迎潮流。癸丑，生赞袁氏，违叛民意。迄袁氏积怨已深，又卖袁氏，贪

---

① 《张枬日记》第 4 册，第 1666 页，1915 年 12 月 10 日条。

② 舒新城说："及梁任公先生异哉所谓国体问题发表，不独他的论据正是一般青年所欲说而不能说的；且能引经据典地说出，无异替青年们伸一口气。最可贵者，是他本是倡言君主立宪的，今亦深切反对改变国体，是共和之成为天经地义，更得一层保证。所以他这文章传播到湖南的报纸上，我们阅报室内的阅报者陡增数倍，且有情愿不吃晚餐（因岳麓山交通不便，长沙城当日的报纸，要等上午派遣出去的信差于下午五、六时带回）而专读该文的，我于读后并为抄存，那时一般青年对于所谓帝制的心理是可以概见的。"舒新城对于"青年"反对帝制的认同和对梁启超"善变"的肯定，恰和老新党形成对比。舒新城著，文明国编《舒新城自述》，第 90 页。

③ 余英时：《陈寅恪与儒学实践》，氏著《现代危机与思想人物》，生活·读书·新知三联书店，2005，第 421 页。

天之功为己力。"① 如果说康有为是因师生之嫌隙而做过分之辞的话，那么章士钊是先认同梁氏为"富有主义之政家大党"，无"贬节丧义之嫌"，然后特别指出：

> ……世之抵排梁先生者，仍嗷嗷不已。而其说倾巧善陷，一若足以动庸众之听者，何也？呜呼，如是者有本有原，则梁先生入民国来，一言一动，俱不免为政局所束缚，立论每自相出入，持态每觚觚不宁，实有以致之然也。夫当共和立国之日，身为辅导共和之人，而乃不恤指陈共和之非，其言又为一时所矜重，岂有不为人假借遂其大欲之理，殆既见之，则又废然。此四年间，观其忽忽而入京，忽忽而办报，忽忽而入阁，忽忽而解职，忽忽而倡言不作政谈，忽忽而著论痛陈国体，恍若躬领大兵，不能策战，敌东击则东应，西击则西应，苍黄奔命，卒乃大疲。盖已全然陷入四面楚歌之中，不能自动，而与其夙昔固有之主张，相去盖万里矣。呜呼，补苴之术，岂可久长，有谋而需，乃为事贼，梁先生自处有所未当，八九归诸社会之罪恶，即过亦为君子之过，谁肯以小人之心度之，惟以其人于中国之治乱兴衰，所关甚切，如是之举棋不定，冥冥中堕坏国家之事，不知几许……②

因此在第一次复辟里，一方面"开历史倒车"的"称帝"给新青年们带来大失望，另一方面梁启超因其多变和善变而给民初仍旧存在的

---

① 康有为：《与梁启超书》（1917 年 9 月），康有为撰，姜义华、张荣华编校《康有为全集》第 10 集，中国人民大学出版社，2007，第 428 页。

② 章士钊：《评梁任公之国体论》（1915 年 10 月 1 日），《章士钊全集》第 3 卷，文汇出版社，2000，第 621 页。

"士林"带来不少口诛笔伐之资。此时反倒是康有为以其一以贯之的反袁表现而颇得"士林"甚至新青年的赞许。[1] 常熟的进士徐兆玮就认为康有为"较梁任公辈葬身政客生涯中终高出一筹"。[2] 毛泽东好友张昆弟则在日记中说："康氏素排议共和，今又出面讥帝制，真所谓时中之圣，斯人若出，民国亦之幸矣。"[3]

到两年后的二次复辟，康有为和梁启超都因介入甚深而在政治上大大失分。从此师徒二人不要说在新青年处，即使在老新党那里亦基本失去了清末一旦发言辄能搅动天下人心的地位。张枫就说：

> 复辟之事已声销影灭，张勋辫子军溃散，康有为逃遁，张勋亦遁……噫！视国事如儿戏，置一君如弈棋，而其病皆由希荣求宠而来，吾不为张勋惜，吾窃为数十年好谈经济，自命圣人之康南海惜也。段祺瑞讨逆文，洋洋数千言，闻是梁任公笔墨，以最相契之师

---

[1] 1915 年，湖南第一师范印发康有为、梁启超、汤寿潜的"书文"合刊，毛泽东曾邀请萧子升在封面签署"汤康梁三先生之时局痛言"字样。可看出当时"新青年"对康有为的赞许。而从"士林"来说，他们关注的重点不是共和、帝制之争，而是在此政治大变动的关口，读书人是否能够不苟且，有气节。理想境界当然是"信道之笃，守道之严"，即便要求放低，至少也需言行一致。若一日三变，顺势劝进则很可能为士林非议。《时报》上就有《说气骨》篇讽刺缪荃孙云："江苏某耆宿以翰院之资，为东南少微，一题一跋必存先朝之正朔。虽任清史纂修，而书局自随，时与遗老通声气，盖犹在仕隐之间。乃不意国体投票之日，垂辫以往。齐巡按提议劝进电文属稿之人方推某公，某公之字甫脱出口，而此东南少微已自袖中出一折，端楷敬书劝进之文。全场呼叹，以为此无异陶谷之于宋太祖也，谁谓古今人不相及哉？"对此徐兆玮发评论说："所谓某公，盖江阴缪筱珊也。白首老翁，有何希冀而腆颜为此？我真不解。"参见《致萧子升信》（1915 年冬），中共中央文献研究室、中共湖南省委《毛泽东早期文稿》编辑组编《毛泽东早期文稿（1912.6—1920.11）》，湖南人民出版社，1990，第 33 页；《徐兆玮日记》第 3 册，第 1597 页，1915 年 11 月 19 日条。

[2] 《徐兆玮日记》第 3 册，第 1957 页，1919 年 3 月 3 日条。

[3] 张昆弟日记，1916 年 4 月 28 日条，转引自刘万能编著《张昆弟年谱（1894—1932）》，湖南人民出版社，2015，第 31 页。

弟，忽反颜而为仇敌，亦儒林中之怪现状也。①

这段评点一方面说明康有为参与复辟事之甚不得人心，亦甚不合时宜，②但另一方面也印证对以公开檄文"谢本师"、以通电讽刺康氏的梁启超，地方读书人也并无太多好感。他们与用"后跻马厂元勋列"诗句讽刺梁氏的陈寅恪遥相呼应。在陈氏看来，通电"诋及南海，实可不必，余心不谓然"。③这种"心不谓然"的缘由当然很复杂，但有一点与第一次复辟类似，"不谓然"于梁氏实际干政治后的不断"反复"。

因为行动的反复叵测和诡谲的时势，进入共和后，梁启超和康有为的"干政治"实都不太成功。康、梁在政治上的"不成功"又直接影响了他们在文化运动上的影响力。

1918年张枬读康有为的《共和平议》，说此书虽然"多诋共和之谬，民国之乱，颇觉悚惕人心"，但联系康有为的实际政治表现，则"自复辟变后，颇不满于人意"，由此"言虽切，恐不能如《清议报》《不忍杂志》之可以鼓动人也"。④同样，梁氏主办的报刊"魔力"也在减退。

---

① 《张枬日记》第4册，第1943页，1917年7月17日条。

② 康有为介入"复辟"事的详情仍有相当大的史实讨论空间，余绍宋即听人说："康圣此番甚不得意，盖事前大帅绝不与商量，突然发表，又仅得一弼德院副院长也。"余绍宋日记1917年7月1日条，龙游县地方志编纂委员会办公室整理《余绍宋日记》第1册，中华书局，2012，第23页。另可参见谢亮《历史记忆的建构及其被误读——康有为"虚君共和"思想与"丁巳复辟"辩》，《宁夏大学学报》2006年第4期，第60—64页。

③ 陈寅恪：《王观堂先生挽词并序》，刘梦溪主编《中国现代学术经典——陈寅恪卷》，河北教育出版社，2002，第849页。

④ 《张枬日记》第5册，第2096页，1918年8月8日条。类似情况也表现在金毓黻对冯玉祥的评价里。金氏以为："愚谓冯氏电文措词甚美，陈义尤高，所论民国十三年来肇乱原因及曹氏举措之不慊于人心，皆极深挚"，但他随即笔锋一转说："特冯氏拥曹于前，又逐曹于后，事上为不忠，交友为不义，当代论者，皆不直其所为。故其持论虽正，而冯氏则非可以论此之人，此不可不辨也。"金毓黻：《静晤室日记》第2册，第1257页，1924年11月30日条。

1902 年周作人在南京江南水师学堂读《新民丛报》是"看至半夜,不忍就枕"。[①] 到 1915 年,杨贤江在浙江第一师范虽然仍读《新民丛报》,但已是"阅三页而寝"或"寝前阅数页",[②] 基本已不见周氏十几年前的心潮澎湃。同年,张棢看《大中华杂志》直接发议论说:

> 是报亦梁任公主任撰述,议论宗旨与《庸言报》相仿佛。惟内载蓝公武所撰《辟近日复古之谬》一论,直谓礼节孔教皆为今日不急之务,议论乖谬,形同狂吠,中国有此等谬论,令人读而发指,而梁氏公然选之登报,吾不知其是何肺肝也。[③]

作为僻处温州乡间的读书人,张棢有此疑问十分正常,因为他不了解蓝公武与梁启超关系十分密切,被称为梁氏"门下三少年"之一。不过即使张棢清楚二人交情,同样是趋新文字,出现在清末梁氏主持的报刊里被张棢等如饥似渴地阅读,而到民初则被质问"是何肺肝",足见其吸引力的降低。

当然相较康有为,"老新党"们从清末开始一路受梁氏文字之哺,"受其振发,颇多影响",[④] 因此对梁氏的文字总有一股抹不去的情意结在,这或也是 1920 年后梁氏的部分作品受人瞩目、销路畅旺、为地方读书人所阅读的原因所在。但这些作品要么是《中国历史研究法》《清代学术概论》等谈国史、论学术的书,要么是所谓"最低限度的国学

① 鲁迅博物馆藏《周作人日记》上册,大象出版社,1996,第 344 页,壬寅七月初三日条。
② 《杨贤江全集》第 4 卷,"日记"第 69、70 页,1915 年 6 月 1、2 日条。
③ 《张棢日记》第 4 册,第 1533 页,1915 年 3 月 22 日条。
④ 《朱希祖日记》(上册),第 133 页,1929 年 2 月 17 日条。

书目讨论"。① 按照郑振铎的说法是"谨慎的细针密缝的专门学者的著作"。② 而梁所著述的那些试图吸引新青年的政论与时论则似有一定影响，却无法拓展出清末时的巨大声势。这表面上缘于梁启超此时"抛弃了他所自创的风格，而去采用了不适宜他应用的国语文"。③ 但深层原因则如舒新城所言："梁先生等握着南北的两大言论机关——北京《晨报》及上海《时事新报》！鼓舞着一般青年，同时也想把握着一些青年，以期造成一种新的势力。不过他们对于新文化之努力，不完全是由于内心苦闷所发出的呼号，而有点'因缘时会'，所以在言论上是附和的，在行为上则不大敢为先驱。这不是他们有意如此，是被他们的'士大夫'集团先天条件规定得不得不如此。"④

　　舒新城作为梁氏集团的大将，对于自家圈子"士大夫"特质的把握相当准确。正是因为梁氏自己与梁氏左右均难脱这种特质，同时他们的实际行动又经常背离这种特质，所以梁启超和他的朋友们想让新文化运动"另起炉灶"或别建正统，却难以做到。⑤

　　总之，无论是民党势力，还是以林纾等为代表的清末名士势力，或是以康梁为代表的立宪党势力，他们自民国建立后都给时人造成了和现

---

① 即使是颇热闹的"国学书目讨论"，1935 年钱穆指出："不幸这十几年来，梁氏那一篇《书目及其读法》，也并不为时人所注意。"钱穆：《近百年来诸儒论读书》，氏著《学龠》，九州出版社，2010，第 136 页。

② 文明国编《郑振铎自述》，安徽文艺出版社，2013，第 295 页。

③ 文明国编《郑振铎自述》，第 296 页。

④ 舒新城著，文明国编《舒新城自述》，第 198 页。舒新城的话可以张国焘的回忆来呼应，在张氏看来梁启超那种依附实力派、企图做加富尔的幻想，到此时大致已经幻灭了。现在回头从事学术研究，成效也许较大；可是当时国事如麻，恐怕缓不济急。张国焘：《我的回忆》第 1 册，第 70 页。

⑤ 关于此可参见袁一丹《"另起"的"新文化运动"》，《中国现代文学研究丛刊》2009 年第 3 期，第 75—89 页；高波《追寻新共和——张东荪早期思想与活动研究（1886—1932）》，生活·读书·新知三联书店，2018。

实政治难以撇清关系的污浊形象。诚如李大钊所说："温和、激进二派所以日即销沈者，一以系统中之分子，泰半皆为专门政治的营业者，恒不惜以国家殉其私欲与野心，此种行为，渐以暴白于社会，遂来［致］国民之厌弃；一以其为专门政治的经营者，故其所为，毫不与国民之生活有何等之关系，因而无国民之后援。"①

李大钊的话充分说明五四新文化崛起的背景正是由于民国建立后政治问题持续地难以解决，遂转向全盘文化问题的解决，同时也点明五四是以文化运动的方式来澄清政治、改造社会的特殊面向。

第二节　老新党对新文化的适应

在初步了解五四大风强势崛起的背景后，地方读书人如何应对新文化骎骎乎来袭的局面就成了一个值得重新考察的问题。边缘知识青年基本上是在努力地接受、传播乃至利用新文化；相较他们，老新党们的情况更加复杂，他们与新文化互动时会出现不少诡谲而多歧的历史面向。

首先，五四大风无远弗届，无论读书人本身的意愿如何，都要或有意，或无奈地对新文化做出适应乃至呼应。《小时报》上就说叶德辉"晚岁之眼光线最注射新文化，凡海上著译之籍无不搜觅入目，每于搦管时亦复羼入新名词一二，其溶化力不在任公下"。②

连当年激烈对抗康梁新党、"杀人翼教"的叶德辉都如此，曾是清末新人物，如今是"老新党"的读书人就更不可能与新文化完全绝缘。

---

① 李大钊：《中心势力创造论》（1917 年 4 月 23 日），杨琥编《中国近代思想家文库·李大钊卷》，第 171 页。

② 《徐兆玮日记》第 4 册，第 2915 页，1927 年 5 月 26 日条。

以张枫为个案，他身为国文教员，又在新学校教书，因此当新文化的各种因子如潮水般涌向地方上的学校时，他就不得不调整自己的教学和阅读以适应这股潮流。

从教学来看，1915 年 12 月，张枫即感到"学校之课国文，与家塾则微有不同"，因为"学校科学多而功课杂，若重普通不重专门，使第步趋桐城，讲求义法，讽诵骚选，宗尚练词。教者既无此时间，听者亦不免厌倦"，"似不若侧重实用一边，取其词达理举，可以得行文之常识"。[①]

这段对桐城家法的品评一方面源自张枫的文章趣味，[②] 但另一方面则明显是由学校制度倒逼而来，其应对思路已不免和新文化主潮反对"桐城文章"、倡导语言文字"实用"之趋向暗合。1916 年张枫更是应学生要求创作"教育新剧"，剧本"用白话之体"，内容为"科举时代教育腐败，一老秀才聚徒讲学，适丁科举之废，新学朋兴，而老生不服调查，大起冲突，卒由提学使行文斥退，择开通士绅数人，改良兴办学堂而后了结"。此剧后来虽然因"校长不大赞成，外界亦啧有繁言"而作罢，但张枫此时仍在趋新之途可见一斑。[③]

---

① 《张枫日记》第 4 册，第 1678—1679 页，1915 年 12 月 30 日条。

② 张枫对所谓"桐城家法"似多有反感。1921 年 4 月 14 日他谈方苞与钱牧斋时说："方氏之雄厚高浑，洵是归文之乳，非钱氏可以比拟，其鄙薄之固宜，而后来步趋桐城者，根本浅薄，一味以吞吐钩剔见长，而文则奄奄无生气，此又钱氏所窃笑于九原者也。"《张枫日记》第 5 册，第 2425 页，1920 年 4 月 14 日条。到 1924 年 3 月 9 日他又说："钱氏于寿序文字颇极用意，非只泛泛以谀词应人者，亦足见明季于寿序一端，郑重言之也。自桐城派以寿序非唐宋八家所有，遂诋为不典。即有所撰，亦不敢多入集中。要之文章一道，视时势所趋，不可执一而论。即如哀挽之联，明人且不多见，直至道、咸以后始盛，而近日则成一种流行品，无论何种人死，均开会追悼，挽联盈屋，丧毕即刊行示人。此亦世风之变态，彼自命能文者，又焉能援桐城之例，概拒而不作耶！"《张枫日记》第 6 册，第 2761 页，1924 年 3 月 9 日条。

③ 《张枫日记》第 4 册，第 1828 页，1916 年 10 月 21 日条。按，张枫编写新戏，有"老新党"非常排斥"新戏"。余绍宋即痛陈此事之不宜，认为："学生求学，及时奋勉犹虑不遑，乃以最可宝之光阴作无聊之游戏，贻误学业，败坏学风，莫此为甚，纵云戏剧为文艺之列，亦不得令各科学生悉通其术。嗟乎，谁生厉阶，至今为梗，可深慨也。"《余绍宋日记》第 1 册，第 231 页，1922 年 3 月 11 日条。

到 1920 年五四大风渐渐席卷地方，张枫开始将一些古文翻为白话文来教授，他会特别挑出元代逸出儒、释、道"三教之外"的邓牧《君道》一文译成白话，以此来"促学生古今的比较观念"，[1]这种挑选传统中的"异端"入教材的做法与钱穆好友——"新青年"朱怀天在无锡地方上的尝试几近一模一样。[2]

为了教学之需要，张枫还研习过"注音国语新体字"，亦和同侪研究过"国语注音事"，还读过商务印书馆出版、范祥善编写的《国音浅说》。不过当时浙江省派到温州地区的国语演讲员似各说各话，常令地方上的一线教员产生混乱。张枫日记中就说："叶君木青来校课国语。据其言论，声母上十二字，应以入声呼之，方合鼻音。与前月周蓬在瑞所教之音为平声，又似两歧。"[3]1923 年张枫更进一步选择了几篇常识语体文作为中学生课本，不过他选择的"常识文"仍不脱"老新党"痕迹，文章出自《国风报》。[4]

从阅读来看，张枫虽不经常但会找一些新文化巨子最轰动和最著名的作品来读，而且对他们的观点不乏认同。像 1920 年他从 9 月中旬起开始读胡适的《中国哲学史大纲》，一直读到 10 月中旬，大致可见他对于此书的兴趣。尽管他评点《大纲》是"信口诽谤，悍然反古，亦足见近日之思潮惑人深也"，但另一方面他也觉得《大纲》"取周秦、老、孔、杨、墨各学派，均以西洋哲学系统方法，条分件系，颇觉新颖"。[5]

---

[1]　《张枫日记》第 5 册，第 2307 页，1920 年 5 月 19 日条。

[2]　参见本书第一章。

[3]　《张枫日记》第 5 册，第 2323、2324、2336、2347 页，1920 年 7 月 3 日、8 日、8 月 17 日、9 月 16 日条。不过这种"混乱"情形比起江苏省的"国音""京音"之争似还平和些。参见黎锦熙《国语运动史纲》，商务印书馆，1934，第 153 页。

[4]　《张枫日记》第 6 册，第 2700、2706 页，1923 年 8 月 25 日、9 月 14 日条。

[5]　《张枫日记》第 5 册，第 2349 页，1920 年 9 月 19 日条。

这种看法实已看到胡适此书最吸引新青年之处。同年他称赞何仲英发表在《教育杂志》上谈国文教育的文章"义精而透。非深悉国文甘苦者，决不能道一只字，此君洵今之名手也"。[1]而何仲英的这些文章其实是对胡适名文《中国国文的教授》的观点呼应和内容拓展。[2]1923 年他从《太平洋杂志》上读到吴稚晖的名文《新制宇宙观与人生观》，说吴氏"思想议论颇恢诡奇辟可诵"。[3]

　　从张枫和友人的聊天中也能发现他对新文化并不陌生。夏承焘曾告诉张枫："西国罗素先生新来中华演说，其主张则劝中国宜以保粹为主义，新文化潮流总觉太急躁也。"听到这个消息，张枫的反应是"此说与杜威博士不同"，足见他对流行西哲学说的关注。[4]

　　更值得注意的是张枫对周边新文化人物的态度因人而异。1920 年他读朱隐青翻译、刊登在温州新文化代表刊物《新学报》上的《德谟克拉西主义》时说"词甚精切"，这自然和朱氏当时为其任教的温州十中校长有关。[5]但亦和朱氏治校有"理学气"有

---

[1]　《张枫日记》第 5 册，第 2321 页，1920 年 6 月 25 日条。

[2]　按，张枫日记误"何仲英"为"何其英"，同时所谓"国文述见"非指一篇文章，而是何氏 1920 年在《教育杂志》上发表的一组文章。

[3]　《张枫日记》第 6 册，第 2737 页，1923 年 12 月 18 日条。吴文原题为《一个新信仰的宇宙观及人生观》，连载于《太平洋杂志》第 4 卷第 3、5 期。此文被陈源（西滢）选入《新文化运动以来十部著作》。

[4]　《张枫日记》第 5 册，第 2362 页，1920 年 10 月 21 日条。按，在 1920 年能看杜威著作实不容易，大概还会有些压力。高语罕曾描述当时安徽情形说："他们（教职员及教育界中最有声望的人）反对杜威先生，说他是过激党。去年芜湖省立第二农业学校闹风潮的时候，教育厅派了一个姓汪的，教厅的第一科科长来调和，学生对他说了几句：'解放'、'改造'，他便说：'你们都是受了杜威过激学说的影响。'又听说前天安徽某当局对教育界的某领袖说：'现在杜威来了，我们要欢迎他一下才好。'他说：'我们欢迎他作甚？他是过激党！'"高语罕：《编辑先生》，《安徽》第 2 期，1920 年，第 3 页。

[5]　《张枫日记》第 5 册，第 2321 页，1920 年 6 月 25 日条。朱氏原题为《德谟克拉西之三大要素》，见《新学报》第 2 期，1920 年，第 16—20 页。

关。[1]1922 年，省视学来校演说，谈到中学生须具有"世界的眼光""练习组织的能力""科学的智识""强健的体魄"和"充分的自动力"时，张枫也未表示反感，反而觉得"其词有系统，意含恳切，视学如此公洵有不负责任者也"。[2] 这一点最明显反映在他对于周予同和朱自清的不同态度上。

　　周、朱二人均为典型的新青年。不过张枫对周予同的评价是："此等少年略拾胡适之、陈独秀唾余，便自矜贯通教科，而语气总不免蹈轻薄之病，且崇奉胡、陈二人学说如金科玉律。噫！学风之坏，出此卮言，亦吾国文教之一厄也。"[3] 而对于同样上课"颇注重白话"的朱自清，张枫在 1923 年写给朱氏的赠诗中却形容为"语翻科臼宋儒录"，还表示要"名山著述吾衰矣，鹿洞从君学步趋"。对另一位同事课上用新标点本《项羽本纪》，张枫亦赞其"文搜《马史》精标帜"。[4] 尽管这可能仅仅是场面上的客套话，[5] 又或者是张枫大致能接受朱自清对传统诗学的理解，[6] 却不太能认同周予同反对"读经"的

---

[1]　张枫曾听说朱氏"约束诸生外似严，而内极亲爱。凡诸生有不守规则者，暂行记过，旋引至训话室中令观条规。盖室内遍贴悔过、良心、天理及自觉改良诸字，命犯者自指认某字，即不予记过，以观后效"。《张枫日记》第 5 册，第 2288 页，1920 年 4 月 4 日条。

[2]　《张枫日记》第 6 册，第 2619—2620 页，1922 年 12 月 13 日条。

[3]　《张枫日记》第 6 册，第 2540 页，1922 年 3 月 14 日条。

[4]　《张枫日记》第 6 册，第 2666 页，1923 年 5 月 17 日条。

[5]　朱自清 1924 年的日记中似只字未提他与张枫有何来往，却多次提到他与周予同的交际。如"午后约予同赴东山书院，谈甚久。托以两事：一、接济家款，二、照应家事。他均应了"。"早送予同，已上船，寻不着。因船已开，匆匆而下。怅惘已极，觉得为人作事，总是如此迟钝，怎好。"朱自清日记，朱乔森编《朱自清全集》第 9 卷，江苏教育出版社，1997，第 7、8 页，1924 年 8 月 18、19 日条。

[6]　曹聚仁就意味深长地说："朱师的'新诗'写作，时期并不很久；当他的门徒，追随着写新诗的时候，他自己已经跳出那一圈子了。"曹聚仁：《我与我的世界》，北岳文艺出版社，2001，第 150 页。

激烈态度。①

以上均可说明在五四大风的笼罩之下"老新党"对新文化的适应，这种适应会时时在他们的日常生活中有不经意的显现。如张枬见到他的旧门生，会认为"二人皆肄业北京大学，不日可以毕业，真吾门后起之秀也"；②听到友人"语纯北音"，会立刻想到"尤为今日新设国语课本相宜"；③看到学生翻译的白话文也会觉得"极畅达可喜"。④在他的日记中也会不时跳出几个时新名词，如担心其子毕业后成为"高等游民"，⑤指责他人"无意识"之类。⑥

不过，行文至此必须强调，老新党们虽有延续清末趋新之路、努力适应五四大风的那一面，但就其整体表现而言，他们对于新文化的认同颇有限，更突出的另一面是他们对于新文化的排拒。这种排拒或表现为积极的反抗，或体现在消极的排斥，不一而足。

第三节　老新党对于新文化的排拒

从老新党对新文化的积极反抗这一面来说，他们经常会借日记、诗作等对与新文化有关的人与事进行直接的抱怨乃至谩骂。

① 关于此可参见周予同《中等以下的学校为什么不应该设读经科》，《新学报》第1期，1920年1月，第18—26页；《僵尸的出崇——异哉所谓学校读经问题》（1926年9月），周予同著，朱维铮编校《经学和经学史》，上海人民出版社，2012，第44—53页。
② 《张枬日记》第4册，第1806页，1916年9月5日条。
③ 《张枬日记》第6册，第2700—2701页，1923年8月25日条。
④ 《张枬日记》第5册，第2351页，1920年9月23日条。
⑤ 《张枬日记》第6册，第2872—2873页，1925年2月5日条。
⑥ 《张枬日记》第7册，第3155页，1927年3月6日条。

　　像张枬从 1920 年起就在日记中说《新青年》是扰乱文学界的怪物；[1]胡适、陈独秀等是"妄人"；[2]蔡元培的字"陋劣之至"！质疑他如何能跻身翰林之列？进而点评云："此君素负虚名，且久为北京大学校长，而书法乃如此丑陋。可见其平日胸无学问，徒仗空名，所以主张白话，推翻中文，迎合新青年心理，而终蹈欺世小人之辙也。"[3]

　　1922 年 10 月，张枬写的诗中里又有"革新文体太矜奇"和"万般世态尽趋新"等句。[4]1923 年 5 月，张枬的另一首诗里则说："时衰大道裂，学坏歧途趋。卮言日簧鼓，文字委沟渠。……老夫性迂拙，久与世龃龉。经史稍涉猎，甘作蠹书鱼。"[5]6 月，他为毕业生撰"五古诗计四十八韵"，并称这些诗乃有感"于近日语体文极意诋斥，不顾骇俗，亦犹骨鲠于喉，不得不吐之也"。[6]1925 年 12 月，张枬读了温州乐清读书人陈电飞编写的《潜龙读书表》一书后，又写成了《读乐成陈氏〈潜

---

[1]　《张枬日记》第 5 册，第 2299 页，1920 年 5 月 1 日条。

[2]　《张枬日记》第 5 册，第 2445 页，1921 年 5 月 29 日条。

[3]　《张枬日记》第 5 册，第 2299 页，1920 年 5 月 1 日条。关于蔡元培字的优劣，可参见毛子水《对于蔡先生的一些回忆》，傅国涌主编，钱阳薇编《毛子水文存》，华龄出版社，2011，第 126 页。按，张枬对蔡元培可谓"念念不忘"。1927 年当张枬知道浙江省通令孔庙、关岳庙大祀一律废绝，且将文庙改为孙中山纪念祠，武昌妇女解放会成立，以致有夫之妇大半背夫卷逃，全省秩序大乱，他又想到了蔡元培等，说："此种禽兽行为，而主持者悍然为之，彼武人不足责，如蔡元培、马叙伦等平日所读者何书？所奉者何教？其家亦有夫妻子女，乃竟丧心病狂，倒行逆施至此，真千古未有之大罪人也。"到 1940 年，张枬读报知道蔡元培死讯。仍发议论道："蔡本浙江绍兴人，号鹤卿，字子民，报上谓其是前清翰林，予观蔡字迹陋劣，决非翰林之选，其少年作文貌古新颖之体，以此矜奇要誉，得中进士，旋出洋留学日本，即主张逐满革命，与孙中山结为死友，民国后出为北京大学校长，知文字远不逮林琴南、傅崇礼、王式通等，乃迎合学生好尚，主张白话，破坏国粹，其人品实远不如章太炎、宋渔父辈，今死而政府极力揄扬之，均一阿好之言，非笃论也。"《张枬日记》第 7 册，第 3162 页，1927 年 3 月 27 日条；《张枬日记》第 9 册，第 4440—4441 页，1940 年 3 月 6 日条。

[4]　《张枬日记》第 6 册，第 2605 页，1922 年 10 月 16 日条。

[5]　《张枬日记》第 6 册，第 2668 页，1923 年 5 月 21 日条。

[6]　《张枬日记》第 6 册，第 2673 页，1923 年 6 月 3 日条。

龙读书表〉书后》的长诗来痛訾新文化，云：

> 近来校林立，学子何莘莘。观其所讲贯，功课非不勤。
>
> 问其有得否，读如不读云。毕业争出洋，勇可掣鲸鳞。
>
> 数年潜归使，稗贩东西文。卤莽事编译，新奇傲典坟。
>
> 分布诸生习，国为圭臬遵。顿教吾国粹，弃掷等埃尘。
>
> 经史束高阁，《论》《孟》当刍薪。书亦不必读，读此便多闻。
>
> 况复崇怪诞，反古语断断。俚俗成著作，谣谚师村民。
>
> 青年饮狂药，敬礼比河汾。校校读此书，声势哄如狷。
>
> 恨不遇秦皇，尽付烈炬焚。永无谬种传，庶可慰苍旻。①

徐兆玮则在日记中直接说："自《新青年》提倡新体诗，潮流所及，波动一时，其实破坏文体，不值一粲也。"②接着徐氏会大量引用他所读报纸上对"新体诗"的各种冷嘲热讽来佐证自己的观点。③在刘绍宽的诗作里亦有"泯棼世局已如斯，被发伊川早识之。异说乾嘉开巨子，末流洪猛甚今时"之类的句子。④

---

① 《张枫日记》第6册，第2995页，1925年12月20日条。

② 《徐兆玮日记》第3册，第1966页，1919年3月29日条。

③ 徐兆玮记录《小时报》上的评论云："我国诗词细腻熨贴，为世界美术之一。若谓其无益于事，即不作之亦可，故前此读书人亦有不善诗词者。乃近有所谓新体诗者，谓其为白话耶，则亦居然押韵，谓其为诗耶，则鄙陋不成为诗。舍己之长，强欲从他人之后，此诚我之期期以为不可者。或曰子恶新体诗，殆因不能作此而然乎？曰，月亮饽饽照见他家，他家兔子吃我豆子，此我小时所唱也，岂非绝妙之新体诗乎？乌乎！以此言诗，我宁灭却此诗字也"。又说："近人谓新体诗有寄托，故提倡新体诗不置，不知我国诗词专以寄托遥深为上乘，其兴味之隽永何尝减于新体诗耶？又，枵腹者不喜用典，遂恨及旧时之诗，不知东坡作诗用典亦有限，有时句则平淡而意则幽远，此稍解文学者皆知也，而谓不若新体诗耶？"《徐兆玮日记》第3册，第1966、1967页，1919年3月29、30日条。

④ 刘绍宽：《六十书怀》，王理孚撰，张禹、陈盛奖编注《王理孚集》，上海社会科学院出版社，2006，第40页。

　　除日记、诗作之外，老新党们也经常利用各种地方上的重要时机如纪念日、学生刊物创办、新文化人物到当地演讲等，发表自己的言论或著述来显示自己和新文化主潮对立的态度。

　　1920 年，江苏省立第三师范学生创办学生刊物，邀钱基博写发刊词。钱氏就在文章中对新文化的两个关键词——"自觉"和"解放"做了一番特别的解读，说："自五四运动已还，新思潮弥漫，'自觉'、'解放'之声，洋洋焉盈耳。曰：'此欧化之所以日进无疆者也。'……孔子何尝不言'自觉'？何尝不言'解放'？'克己复礼'之谓'自觉'；'仁以己任'之谓'解放'……信道不笃者不能'自觉'，执德不宏者不能'解放'。"①

　　同年，钱基博在听了杜威的演讲后又写长文抒发感慨，说：

　　　　今日听美国博士之言而称道"平民教育"、"实验主义"者，异日听德国博士、日本博士之言何不可以主张"军国民教育"、"黩武主义"也耶！何也？以其自我无意志，只随人脚跟为转移也。乌呼！自我无意志，只随人脚跟为转移。而国人今日遂不忠于所学，以学术思想为投机：今日"国粹"，明日"新文化"。其实不过揣迎时好，弋猎声誉，作一种投机事业而已。非真有所主张，有所研究云尔也。卒之随波逐流，而思想陷于破产，转徙流离怅乎如丧家之狗，莫适所届。②

　　1921 年 9 月孔圣诞日，张枫在学校举行典礼时上台演说，直接批评

---

① 钱基博:《〈宏毅日志汇刊〉颂言 (发刊辞一)》，钱基博著，傅宏星主编，龚琼芳校订《序跋合编》，华中师范大学出版社，2014，第 309—310 页。

② 钱基博:《我听杜威博士演讲之讨论》，钱基博著，傅宏星主编，傅宏星校订《精忠柏石室教育文选》，华中师范大学出版社，2014，第 37 页。

之前发言的同事不懂孔学，言辞悖谬，乱发议论。进而发挥道：

> 今日圣诞抱崇拜严肃主义，决不可离题发论，且孔教今已定为国教，其根本盛大决无可以推翻地步。况中国诸帝王崇拜孔子不待言矣，即如胡元、满清，以外人入主中国，亦于孔子无一毫非议。可惜今日国教不明，从夏变夷，以至凌替不振，更何可拾外人唾馀扬波而陷害国粹耶！[1]

1922 年 9 月，在女子学堂开学式上，他又告诫台下学生："万勿自恃文明，蹈近来出洋女子放荡之恶习，则自然身修家齐，而治国平天下一以贯之矣。若一味言爱国，而不先修其身，先宜其家，于父兄、夫妇之间道犹有缺，尚无论乎爱国耶。"[2]

1922 年 10 月，钱基博在江苏省立第三师范的建校纪念日上说：

> 民国六七年间，新文化者蜂起；其说，重创作而薄因袭，人生当向前进，不当向后瞻顾。信如是说，则世间种种纪念，均属多此一举；人类之历史，亦将毫无意义！虽然，人生果可一意创作，而不事因袭；迈往前进，而不许向后瞻顾耶？曰：否！否！不然！新知识者，从旧知识中融化而来。新人生者，从旧人生中脱胎而出。于旧知识之经验中，汰除不适宜者，选择其适宜者，斯为新人生。人生不能一日离经验，即不能一日离旧文化。[3]

---

[1]　《张枬日记》第 5 册，第 2481 页，1921 年 9 月 28 日条。

[2]　《张枬日记》第 6 册，第 2592 页，1922 年 9 月 5 日条。

[3]　钱基博：《纪念之意义——在江苏省立第三师范学校十一周纪念会演讲》，钱基博著，傅宏星主编，傅宏星校订《精忠柏石室教育文选》，第 50 页。

就消极排斥这一面看，前文已述张枫还读过《新青年》《中国哲学史大纲》等"新潮书刊"，在有些老新党的记述中这类"新潮书刊"就要少得多，而有些则根本没有任何"新潮书刊"的影子，他们有自己阅读的选择。

他们选择的第一类阅读资源是各种古书、旧籍、野史笔记。在老新党看来，自己身处一个"举世赴新学，古籍等刍狗。千载四部书，掉头不上口"的时代，①因此他们需要重新阅读古书旧籍，并在阅读过程中用抄录、评点等形式曲折地表达自己与新人物相左的意见。

像徐兆玮读《清瘰生漫录》会特别注意到"中国前代女子已有自由权"，然后追问"谁谓中国古时妇女专以闭塞为事哉"？②读焦循的《易余籥录》，徐氏则趁机借其论断提出八股文中的"出挑文章"实不逊色于新人物看重的汉赋、唐诗，乃是"一代传文自有真"。③张枫读蒋瑞藻编的《新选古文辞类纂》，虽不免嫌其选文"近滥"，但仍以为"当此国粹沦落之秋，则此书亦朝阳一凤也"。④甚至他读金圣叹点评的《水浒》，也不忘批评一下新文化，说："金批实能条分缕晰，爽人心目。近日妄人胡适、陈独秀自诩别裁，用新标点法刊行《水浒》，而删去金批，究其批评寥寥，亦无甚奥妙处，不值识者一噱也。"⑤

---

① 《徐兆玮日记》第4册，第2587页，1924年6月16日条。

② 《徐兆玮日记》第4册，第2628页，1924年11月9日条。

③ 《徐兆玮日记》第4册，第2137页，1920年9月6日条。同样读焦循之书，新文化人物如周作人读出的是完全不一样的脉络，足见传统的整体性打散后，其不同元素的多元附着性。参见林分份《知识者"爱智之道"的背后——一九三〇、四〇年代周作人对儒家的论述》，《文学评论》2013年第2期，第129—137页。

④ 《张枫日记》第6册，第2617页，1922年12月1日条。

⑤ 《张枫日记》第5册，第2445页，1921年5月29日条。

　　第二类阅读资源是他们认知中能为其提供"反新文化"资源的那些"新"文章和"新"书刊。

　　1920 年，张枫读到刘冠三（别号贞晦）发表在《时事新报》上的《新旧文商量》一文就说："语语中肯。又就《易》《书》《诗》各古义发明新理警告新青年，亦大有见地，此君真可爱才也。"[①]1922 年张氏读梁启超的《清代学术概论》，亦能联系到新文化，说："是书于学术沿革，颇能言之了了，而议论亦和平可喜，不似新派之主张白话者，一味尊己而詈人也。"[②]1923 年 6 月，张枫读到发表在《东方杂志》上的《民国士风学术之坏论》，觉得"甚痛快有味"。[③]

　　特别值得一提的是，1922 年 2 月有朋友赠送张枫《学衡》杂志第 1 期。他读完后马上认为："中间评驳新文化及胡适之《尝试集》，皆持之有故，言之成理，可谓一壶千金矣。"[④]此后《学衡》进入了他定期阅读杂志的名单，基本期期不辍。不仅如此，之后与《学衡》立场类似的《文哲学报》《甲寅周刊》《国风》等亦被张枫不断增补进其常购报刊之列。[⑤]1934 年，张枫见到柳诒徵时仍强调："《学衡》《国风》各杂志中议论，均切理餍心之作。"[⑥]

　　和张枫相似，刘绍宽也与《学衡》上的文章颇为投缘，当他读到

───────────────

① 《张枫日记》第 5 册，第 2313 页，1920 年 6 月 3 日条。

② 《张枫日记》第 6 册，第 2542 页，1922 年 3 月 18 日条。

③ 《张枫日记》第 6 册，第 2678 页，1923 年 6 月 18 日条。

④ 《张枫日记》第 6 册，第 2533 页，1922 年 2 月 24 日条。

⑤ 像 1923 年 10 月 17 日，张枫晚赴府前书坊看新书，"见有《文哲学报》一册，系第二期，内容颇与《学衡》相似，其末幅'随便谈谈'一门中，驳白话及新标点与注音字母，词甚直捷痛快！亟携回录之，作好趋新者对症之药"。《张枫日记》第 6 册，第 2717 页，1923 年 10 月 17 日条。1926 年 4 月 4 日张枫看《甲寅周刊》，则觉得"其通讯部内有数则驳新文化白话，语语中肯，应另录之"。《张枫日记》第 6 册，第 3032 页，1926 年 4 月 4 日条。

⑥ 《张枫日记》第 8 册，第 3879 页，1934 年 6 月 16 日条。

《学衡》中评点进化论的内容时就感到"皆予数年前所欲言而不敢出者。盖欧战之后，欧洲学说变迁，始敢昌言而排挤之。自达尔文等说出，酝酿数百年，而成欧战，创巨痛深，始觉其谬。而我孔孟之说幸未澌灭，或可因此而流入欧洲，普遍世界，此亦天不丧斯文之一征也"。[①]温州平阳的王理孚则说他虽然与章士钊素不相识，却极爱读章氏文字，《甲寅周刊》停办后"惘惘如有所失"。[②]到 1930 年代，徐兆玮仍在抄录《青鹤》杂志上骂胡适的文章，并认为"虽诋欺不无太过，而评哲学史之谬则中肯"。[③]

　　在自己阅读的同时，老新党们会在自家朋友圈中传阅、寄赠反新文化的书籍，进而借用序跋、题诗、议论等他们拿手的方式形成一种对抗五四大风的意见传递和心声共鸣。

　　1917 年，掌温州第十师范的姜琦写了《中国国民道德概论》一书，刘绍宽为其作序道："自共和之说兴，秦汉以来尊君抑民之制，论者皆咎之儒术，而府狱于孔子，欲尽废其说以为快……至谓孔道为个人或家族道德，而非国民道德，书亦微辩其说……今世之奔走于国家社会者，吾见之矣。高掌远跖，而羞言个人之道德，于其归也，颠陟倾覆，乱国亡家相随属，是知圣贤之言，有必不可变易者。诚无庸骛新奇骇异之说，自丧所守以随之，而终归于祸乱也。且所谓新奇骇异者，第猎其枝叶，剥其肤泽，辄嚣然以炫于庸众，而于其根柢命髓之所在，则未尝致察焉，是于新者无所得，而旧者尽所弃，不至率天下而陷于狂邪愚瞀不止也。"[④]这些话都明显是针对《新青年》中陈独秀的《孔子之道与现代生

①　刘绍宽：《厚庄日记》，1925 年 5 月 1 日条。

②　王理孚撰，张禹、陈盛奖编注《王理孚集》，第 53 页。

③　《徐兆玮日记》第 5 册，第 3606 页，1933 年 3 月 22 日条。

④　姜琦编《中国国民道德概论》，丙辰学社发行，1917，"序"第 1、3 页。

活》等文章在发言。

1920 年 1 月，徐兆玮的好友、一贯提倡复古读经的孙雄（师郑）完成了一本与新文化大唱反调的著作——《读经救国论》。他立即写信给徐氏说此书"均为二十年中对病发药之言。盖今日种种诡异之学说，变乱之祸征，求之于群经中，皆有驳正之论，挽救之方，信乎至诚之道，可以前知也……庶几稍挽浇漓之俗乎？学生、教员为政潮所利用，可笑可悯，于邻国何所损？"徐兆玮回信则说，《读经救国论》"对病发药，实为起死良方。惜愤愤者多，未足与言耳"。到 2 月，孙氏寄来《读经救国论》的样本，请徐氏为书写序、题诗。徐兆玮读后感慨："得读《读经救国论》样本，语重心长，有关于世道人心匪浅也。"8 月底孙氏又寄来两册《读经救国论》样本，徐氏收到后马上转寄同侪好友陆枝珊和王葆初，并抄录《读经救国论》中的诗作，赞其"用古如己出"。在给陆氏信中，徐氏认为《读经救国论》"针砭近人，颇足发聋振聩，但与新思潮殊凿枘耳"，在给王氏信中则担心此书"恐与新潮流不相容也"。不久陆枝珊回信徐兆玮说，《读经救国论》"援古论今，深具补偏救弊之心。惟此新学潮流，堤防冲溃，所谓狂澜既倒，非只手所能挽也"。得此呼应，徐兆玮自然如遇知音，没几日，徐氏又特别将《读经救国论》的正式印本转赠陆氏，谓之"古调独弹，不堪为新人物见也"。①

同年钱基博给《无锡县立图书馆乡贤部书目》写序言云："呜呼！今日之新文化，日长炎炎，固所以策吾人之日进文明而为特殊化之社会力矣。然而先圣昔贤之所阐明者，在时贤或土苴视之，其在当日，何必不为特殊之新文化也。自巴氏'特殊化植基于普遍化'之说论之，则旧

___

① 《徐兆玮日记》第 3 册，第 2061、2063、2076、2080、2102、2133、2134、2138、2139、2144、2145 页，1920 年 1 月 13、17 日，2 月 26 日，3 月 7 日，5 月 17 日，8 月 24、25 日，9 月 10、11、28、30 日条。

知必非与新知枘凿，而汲古不深者，新知亦无自浚发。时贤如蔡元培、胡适之伦皆卓卓负时望，慨然引新文化为己任，何莫非学古有获者也。盖新文化云者，非唾弃国故之谓，而刷新国故之谓。"①

而前文已述及的陈电飞《潜龙读书表》一书，其序言的作者就包括张宗祥、刘绍宽、符璋、吕渭英等一干温州乃至浙江省内的大小老新党。张宗祥在序言中特别指出"窃叹国粹沦亡，雅道丧时，人汨于功利之浅说，失魂落魄，举国若狂，士之生斯世，能坚己独行，不为流俗所移者希矣"。②

在阅读的选择和交流之外，老新党中不少人占据着中小学教席，因此他们在平日教学时亦常会对新文化做抨击和抵制。

如张枬经常会给师范学生出"忠孝节义由良知不由学术论""女子学问以修身齐家为要说""士立志尤贵立品说""清明祭扫为人生根本之观念说""男儿爱国宜先爱本国文字说""君子思不出其位说"等显然或隐然与新文化作对的题目。③刘绍宽出的高小作文题目则基本都是"我之求学目的""记蜂蝶""拿破仑论""春山观云记""平阳第一高等小学校舍记""论平阳文化不及苏杭一带之故与所以补救之法""中学生旅行来校寄宿记""自述历年在校所得之成绩"等被新青年称为"变相八股"之题。④

同时，他们在对学生作业的批点中也会流露出否定新文化的态度。

---

① 钱基博：《〈无锡县立图书馆乡贤部书目〉序》（1920 年 6 月），钱基博著，傅宏星主编，龚琼芳校订《序跋合编》，第 167 页。

② 陈电飞：《潜龙读书表》，温州美本印刷公司代印，1924，"张宗祥序"天 2 页。

③ 《张枬日记》第 5 册，第 2502、2510 页，1921 年 11 月 24 日、12 月 17 日条；《张枬日记》第 6 册，第 2539、2546、2616 页，1922 年 3 月 10 日、3 月 31 日、11 月 28 日条；《张枬日记》第 6 册，第 2738 页，1923 年 12 月 21 日条。

④ 刘绍宽：《厚庄日记》，1921 年 3 月 5、12、19、26 日，4 月 16、23、30 日，6 月 28 日条。

1920 年前后，钱基博就通过为一篇名为《儒家智识阶级的"同盟罢业"》的学生作业做点评来表达自己对于"学潮"的看法：

> 现在中国的学生罢学，受损失的，是学生自己的学业。教师罢教，受损失的，是受教学生的课业。在学生一方面说，自己罢学，是"自暴自欺"；在教师一方面说，既然不能制止学生罢学，自己反要罢教，是"怠废职务"，是"误人子弟"。照这样说，究竟还是减损恶政府和恶社会作恶的势力呢？还是堕损我们自己在社会上作善的能力和信用呢？……而今我们中国的智识界，既然不能教人不作恶，自己又不肯向善，拼命的闹罢学罢教，当作一件惊天动地大事业做，你道可叹不可叹呢？①

初步梳理了地方老新党们对于新文化的适应和排拒后，或接着要问何以他们对新文化会表现出如此态度？这个问题需要从他们的观念世界和生活世界两个层面来进行考察。

第四节　老新党的观念之滞与生活压力

从老新党的观念世界出发，他们的思想大致由两个层次交错结构而成，一个层次是以孔孟儒学为主体的传统层次，另一个层次是他们曾醉心以求的清末新学。

就第一个层次而言，老新党自幼束发读书，四书五经、八股诗赋是

---

① 钱基博：《题庞生文后》，钱基博著，傅宏星主编，龚琼芳校订《序跋合编》，第 371 页。

他们从小就读得滚瓜烂熟的东西, 其中不少人也都有或大或小的功名。因此他们时常会表现出对幼时旧学的一些眷恋, 像1924年张枫读旧日用过功的八股文集——《江汉炳灵集》, 就"犹觉青灯有味似儿时"。[①]他们也时常会依靠儒学伦理来评论世风, [②]提出救世的药方, [③]更会用之以垂训家人, 维系亲情。[④]

不过他们的眷恋、感慨、药方和垂训读来虽然痛心疾首、触人至深, 但在1920年代却大多变成为老新党的自言自语, 并不足以对强势的五四大风构成真正的回应与挑战。费侠莉(Charlotte Furth)曾指出: "五四时期的保守主义者当中, 没有一位是全然生活在古老的中国里, 他们也不准备以那些传统提供的武器来护卫过去的传统。"[⑤]其实不是他们不准备拿起传统的武器, 而是传统的武器基本已毁在他们自己手中,

---

① 《张枫日记》第6册, 第2857页, 1924年12月28日条。值得注意的是, 在"老旧党"叶德辉看来, 《江汉炳灵集》正是甲午后"獭祭书名篇目, 捃扯土书僻文, 于所谓代圣贤立言之旨, 渺不相涉。士习诡遇, 缪种流传"的一个根源。湖南图书馆编《湖南近现代藏书家题跋选》第1册, 岳麓书社, 2011, 第753页。

② 1921年张枫感慨于"近日报上屡载逆伦之案", 说: "道德沦丧, 纲纪崩坏。此正孔圣所谓君不君, 臣不臣, 父不父, 子不子之世界也。世风如此, 中国安得不亡乎?"《张枫日记》第5册, 第2421页, 1921年4月5日条。

③ 王清穆说: "欲平学潮, 当自明人伦始, 欲明人伦, 当自补读经书始。"见《徐兆玮日记》第4册, 第2508页, 1923年8月10日条。

④ 在写给女婿的信中张枫就质问道: "愚检尔寄信五六封, 于妻子念念不忘, 足见旅人思家之切, 而于家中双亲诸弟辈, 竟无只字道及, 奇甚骇甚。夫亲虽系商人, 不懂文墨, 但当年抚尔长大, 延师培植, 又为尔婚娶宜家, 种种耗费, 补报不易。尔今稍知文墨, 竟为区区私财, 视亲如仇, 已乖为子之道。此次离家千余里, 平安家信寄归, 理应先父母而后妻子, 乃细阅尔信, 妻儿则念念不忘, 而老父几等于无有, 稍具天良者, 果如是乎? 夫天下无不是的父母。孔子曰: '父母在, 不远游, 游必有方。'远游且不可, 况远游而不思亲乎? 孟子曰: '父子不责善, 责善则离, 贼恩之大者。'今尔亲业失败, 不过经商之小不善耳。为其子者, 宁可以此责之乎? 愚与尔不过翁婿, 原不能望尔挂念, 然尔既不能念亲, 又安能偶念愚夫妇, 纵念之, 亦浮文耳。"《张枫日记》第6册, 第2845—2846页, 1924年11月28日条。

⑤ 参见史华慈著, 林毓生校订, 周阳山节译《五四的回顾: 五四运动五十周年讨论集导言》, 周阳山主编《五四与中国》, 台北: 时报文化出版事业有限公司, 1979, 第272页。

实在拿不起来了。孔孟之道的"传统"在清末已被老新党自己用"新学"拆卸得支离破碎，成为缕缕游魂，正如钱玄同所言："孟（子）老爹的话，二十年前的梁任公已经将它驳倒。"[1]

那么第二个层次——清末新学又如何呢？清末新学对老新党的影响不可谓不大。在1920年代，老新党的思想中会时时显现出清末新学的影响，并在有意无意中试图以此来平衡五四新文化。[2]像钱基博给小学写教学意见书时会追忆自己读严复书的感受，说："博弱冠以前，反复读《资治通鉴》七遍而无所悟；至二十岁，读《社会通诠》；然后向之二十四史不知从何说起；至是乃如珠得串，如土委地，心凝形释而得其会通；至今思之，醰醰有余味也！"由此，钱基博特别强调在小学教学中"王船山《读通鉴论》，或可看而不读；而严复《社会通诠》则不可不熟读"，因为"严氏之书，乃籀绎历史之程序及其公例者也"。[3]

张枬编写国文讲义时会习惯性地去找《国粹学报》，认为《学报》中刘师培写的《教育学史》《文学史》《名学史》诸篇，"皆博大精深，可以作教科资料"。[4]也会向友人商借林传甲的《文学史》，配合自家收藏的《新民丛报》来写国文讲义。[5]

---

[1]　《钱玄同日记（整理本）》（上），第490页，1922年12月29日条。

[2]　像张枬听说北京有"大同教妖人唐焕章妄造妖言，谓本年中秋日天下定遭大劫，劝人速备干粮入教躲避"时，他就认为此事"荒谬绝伦，不值一笑"。看到"城中无识者颇信之，为之代印传单，四处张贴"后，张枬则批评说："天降咎殃，决非凡人所能预防。试观日本何等文明，科学何等发达，而阳历九月一号东京、横滨大地震，风狂火烈水溢，人民被劫者达数十万，究未闻有人先事而知之，先时而避之。"这可以看出在崇尚科学、反对迷信这一层面上，老新党在清末新学影响下与乡里大众的观念有相当距离。《张枬日记》第6册，第2709—2710页，1923年9月25日条。

[3]　钱基博：《某社存古小学教学意见书》，傅宏星编《国学文选类纂》，华中师范大学出版社，2013，第11—12页。

[4]　《张枬日记》第5册，第2334页，1920年8月10日条。

[5]　《张枬日记》第6册，第2603页，1922年10月8日条。

在教子课读时，张枬既不采用传统的经书典籍，又不选择与五四新文化相关的读物，而是特地拣出梁启超《饮冰室文集》内的文章来诵读。在张枬看来，"近来在校诸生大半诵习西文，摸索科学，以陋劣鄙琐之教科书为南针，以粗解之无之讲师为圭臬。虽此种十余年前（新民）丛报中最流利之文，亦未能诵之增意味，何怪其读古文古书如嚼蜡耶！此可为世道深忧者矣"。[1]

以上都可看出清末新学确是老新党用之顺手的观念武器。但他们运用此种武器的尴尬在于：五四新文化和清末新学之间真有那么大的距离吗？其实胡适等代表的新轨和梁启超当年的旧轨有非常多的相似之处。金毓黻就说胡适、梁启超"皆新学巨子"也。[2] 胡适也说："我们的成绩完全是从……《新民丛报》等有系统、有兴味的文章得来的。"[3] 所以老新党这种重拾"清末新学"的努力或许只不过是他们对其光辉岁月的缅怀和对五四新文化之敌意的放大而已。他们就像一列火车，在原来的轨道上跑得太久，并不容易转辙。他们崇拜的梁启超等又经常是"今日之我与昨日之我战"，变化得太快，遂导致老新党们在观念上常处于无所适从之中。

就实际生活世界而言，民清鼎革后有些老新党虽不断在日记、文章中自怨自艾，感叹世风日下、岁不我与，但实际上他们在地方的各级议会、教育会、学校，各种局所，宗族产业，慈善机构中都大有势力。丁晓先就指出共和以后，各地有所谓"新绅士"，"各地方的助理员、教育界领袖、商会总董，大半受绅士的支配"。[4] 因此他们很多是地方上的

---

[1]　《张枬日记》第5册，第2519页，1922年1月16日条。

[2]　金毓黻：《静晤室日记》第2册，第843页，1923年7月11日条。

[3]　《中学国文的教授——胡适之先生在本校附属中学国文研究部的演讲辞》，《北京高师教育丛刊》第2集，1920年3月，第5页。

[4]　丁晓先：《新时代的危机》，《时事新报·学灯》1920年1月4日，第4张第1版。

有力者。[1]而五四大风除了带来观念思潮的冲击外，更重要的是和清末时情形一样，又一次引发了地方实际权势结构的转移。如果说新文化运动前数年老新党们和新青年是在观念世界竞争的话，到 1920 年代，他们在实际生活中亦开始处于竞争之中。在竞争过程中，老新党凭借其既有势力尚不处于下风，在内陆僻地乃至通都大邑都还占有相当的优势。1923 年有湖南常德第二师范的学生描述当地情形说：

> 我校在湘西要算最高学府了。湘西二十九县的学生在此校肄业的很多（其实不止二十九县学生）。……但指导者不良——国文教员皆是举人进士——学生常年读的是《原道》……一类的文章，因为教员嫉恶白话文，所以学生也受了同化，左袒教员说白话文不好的人实在多的了不得！下面几句话，是一个同学对我说了数次的："……白话文吗，我家里做工的都晓得那样做；白话诗吗，简直不及那些耕田老唱的山歌。唉！"
>
> 记得民国九年学校初次恢复，来的教员都是受过新文化洗礼的。有一个教员被学生气极了，说一句"我到这里来开荒"的话。后来荒未开着半点，教员却被学生赶跑了……[2]

1926 年徐州的状况是：

---

[1] 徐懋庸发现，1919 年前后，浙江上虞下管镇上最大的两家地主之一，其父亲是下管最后一个进士，本人则是末科秀才，且在杭州当官，虽只不过是一个法院的推事，但在下管人眼中，算是有气派的。而在十来家中等地主中也大部分是清廷官僚的后裔。不过徐氏亦指出：有功名之人此时在下管的境遇其实大多不太好。如唯一活着的一个举人，穷得很，一分地也没有，房子很小，自己在外面教私塾，三个儿子，一个当小学教员，一个在外当店员，一个当警察，两个女儿嫁不出去，因为高不成低不就。剩下的十多个秀才有五个当小学教员（其中只有两个家里有点土地），其他则在家赋闲，过着颓唐无聊的日子。这批人大概也有一些是老新党。《徐懋庸选集》第 3 卷，第 210—211、214—215 页。

[2] 《S. C. H. 致杨贤江》（1923 年 11 月 20 日），《杨贤江全集》第 4 卷，第 485 页。

> 学生中反对语体文者尚不在少数，尤以第七师范强半学生终日
> 摇头以珠算、圈点经书最为特色。……掌教育者，多为满清遗老或
> 五四以前的新人物。每月举行月课，同科举时代月课的用意和形式
> 毫无二致。①

不过老新党之实际势力虽然不像其文字中描述得那样低落，但从长程趋势看，1905 年科举废除后考上大学，赴日本、欧美留学，进入全国性报刊、社团已然成为读书人掌握权势的新原点。而地方上的老新党恰恰在这方面处于劣势。他们由此而倍感压力。这种压力在 1920 年代初突出地表现在以下几个方面。

第一，由全国性报刊塑造的舆论引发老新党群体形象崩塌。1920年代，全国性的报刊如《小说月报》《学生杂志》《民国日报》《时事新报》等不少都掌握在新青年手中。其主办者经常通过通信、问答等方式与全国乃至海外之读者产生联系，在这些通信、问答栏目中老新党基本是以"刁绅劣衿"的面貌呈现在社会舆论之中。② 比如《学生杂志》就

---

① 《徐州独支报告——徐州状况、党的状况及其组织工作》（1926 年 9 月），中央档案馆、上海市档案馆编《上海革命历史文件汇集·南京、无锡、苏州、丹阳、徐州（1925—1927）》，1988，第 288—289 页。

② 这里需注意老新党也给新杂志写信，但在新杂志中却难见到他们的踪影，其往往只存在于新杂志主持者留下的其他史料中，如茅盾说："从前看《小说月报》者大抵是老秀才，新旧幕友，及自附于'风雅'之商人，思想是什么东西，他们不会想到的；他们看《（小）说（月）报》，一则可以消闲，二则可以学点滥调。新近有个定《小说月报》而大失所望（今年起）的'老先生'，来信痛骂今年的报，说从前第十卷第九号时真堪为中学教科书，如今实是废纸，原来这九、十两卷便是滥调文字最多的两卷也。更有一位老先生巴巴的从云南寄一封信来痛骂，他说当今国家存亡之秋，哪有心情看小说消遣，印小说已是不经济的事，何况印这些看不懂的小说，叫人看一页要费半天工夫，真是更不经济。这位先生以'大义'来责我们，我实在惶恐，怪他不得，中国本来的小说委实配受他老先生那样的痛骂的。这些信我都一一保存，想细细回答，发表出来，学学从前《新青年》的样，只不骂，而专辩，但现在那样唱'独脚戏'，无论如何没有工夫干复信的事。"《茅盾致周作人》（1921 年 9 月 21 日），《茅盾全集》第 37 卷，第 38 页。

有各地趋新青年的来信，有的说："（家乡）交通梗塞，风气不开，民间一遇着讲演和指导他的话，不但漫不加意，还要反回来骂几句……尤其是一般自命为先进派前清戴顶子的举子秀才先生反对……"有的说："我是个中等学校刚才毕业的学生，现已入了社会的深处，想投身教育，教育却被那些老学阀狼狈为奸的占领了。"有的说："我乡因交通不便，新颖智识难以输入，所以到现在还是一班老学究和一般为虎作伥的堕落青年横行直走，武断一切。他们压迫劳动界的手段，比前清的圣旨还要利害得多。"又有说："我乡有个如狼似虎的老学究，他到社会上专以淆乱是非，掠取人家的钱财为业。"[①]

这些话看似是由通信、问答的形式表现出来，但无论通信还是问答，其均由趋新青年来掌控，不容老新党置喙和发声。他们要合力塑造的正是在地老新党的不堪形象。此种认知一旦形成一种全国性的普遍认知，并在地方性报刊中接续传递的话，其对老新党的压力可想而知。[②]

第二，清末留学大潮兴起后读书人中已流传"西洋一品、东洋二品、中国三品"的说法。[③]1924年吕思勉则直言："今举国所重，莫如留学生，尤莫如西洋留学生。"[④]到1926年，何炳棣的父亲何寿全更深有感

---

① 《薛仙—致杨贤江》、《答云南张任贤君》（1924年4月5日）、《答郭秀荪君》（1926年2月5日）、《答湖南平江中学陈君》（1926年8月5日），《杨贤江全集》第4卷，第612、650、928、976页。

② 关于此，秦邦宪（博古）在《无锡评论》上的一篇文章可为显证，其中写道："我们应当觉悟的是：锡社是一个青年的结合、做民众的指导者的革新团体，我们不该和已失掉血气和天良的绅士、时代的落伍者接近和结合，不惟不可去接近和结合，并须出死力去反抗他。锡社是什么样的团体？绅士是怎样的东西？岂容我们奋发有为的青年，和那些行将就木的恶绅接近！"秦邦宪：《我们应当觉悟的》，《无锡评论》第13期，1925年3月27日。

③ 舒新城著，文明国编《舒新城自述》，第82页。

④ 吕思勉：《考试论》，《吕思勉全集·论学丛稿》（上），第429页。吕思勉的经历亦近似老新党。

触地说："这种年头，如不能出洋留学，就一辈子受气！"[1]以上说法和言论表明当年老新党能在地方上崭露头角，法宝大概有三，一是新政大势，二是秉持新学，三是留日速成。而到1920年代，大势不予，新学已成旧学，留日速成不及正规留日，更不能抗衡欧美一派。若一个老新党没有留日速成的资历，境遇就更加尴尬。这在张枫身上表现得非常明显。

1921年，张枫所在学校新到一名国文教员。据张说此人年仅十八九岁，"新自东洋大学毕业回。别科学不得知，其对于国文必功夫浅薄，毫无经验可知，而居然冒昧来十中任教，亦太视四甲学生之无常识矣"。另一位老新党说得更为激动，认为："此种乳臭子若能任教国文，则予等于国文直无须加以研究，虽足趾夹笔亦可以改削国文。"[2]但这些均只是他们私下发的牢骚，并不能改变学校中新青年渐趋上位的现实。

这一现实让张枫哀叹："仆自恨少年株守旧学，不解趋新，无东西洋留学之资格，为当道所契重，无北大、南大毕业之招牌，为同辈所倾襟，又无英、算各科之新智识，为诸校生所景仰，而徒年年橐笔，白首依人，虚拥皋比，空谈文字，钟点甫毕，改课叠来，每值星期，总无闲暇，以有限之精神，困无形之钟点，寻常之薪水，不能肥家，徒耗精力，垂老之光阴，负匕矢人，两无所得。此中苦况，惟老于国文者知之，亦惟老于国文者能言之。"[3]转过年去，他看到校长选任教师时更悲哀地发现"凡老年教授者，均不延聘，而新请者皆是新少年"。[4]1924年8月，张枫学校人事变动，但新校长选人的目标却并不改变，要手持

---

① 何寿全是个廪生，科举废除时紧跟潮流去日本学法政，之后在宁波法院里担任检察官，又在金华办过小学，是个典型的"老新党"。何炳棣：《读史阅世六十年》，广西师范大学出版社，2009，第6、9页。

② 《张枫日记》第5册，第2482页，1921年9月29日条。

③ 《张枫日记》第6册，第2709页，1923年9月23日条。

④ 《张枫日记》第6册，第2754页，1924年2月13日条。

新文凭、能教新文化方能在此获得一席之地。[①]

而且从 1920 年代初开始，新文化已不再局限于同人的几本杂志和几套新的理论，其开始与政府权力密切挂钩。白话文、标点符号、国音等都在教育部部令的名义下加以推广。这种态势足令老新党感到面对五四大风的无能为力。张枬就发现"校内新到国文同事两人……均卅左右，年纪很轻，其所课白话居多"；"近来教育趋势，注重语体，旧课国文，几如附赘，学生既不暇听之，教者亦无从灌输之，于是弟等老学究旅进旅退于其间，钟点既稀，辛俸自减，入不足以肥家，出不足以糊口，真古人所谓鸡肋，食无味，弃可惜者也"。[②]

第三，"老新党"不似新青年，尚有条件成为独存于社会的个体，他们有错综难割的家庭关系。面对五四大风，老新党自己还能在一定程度上抱残守缺，但其家人特别是子女一辈却未必能理解他们的固守和坚持，同时也不会遵从他们的想法亦步亦趋地行事。钱穆就指出："（中国）家庭的父兄长老早已失去他们指导子弟后生的权威。"[③]这一点张国焘之父和徐兆玮好友孙雄都是特别典型的个案。

张国焘之父原是浙江法政学校的学生，读法政的同时又中了"拔贡"，走的是典型的老新党之路。1916 年张国焘到北京读大学后，每星期都将他阅读过的报刊和新书邮寄父亲。新思潮在北京兴起后，张氏给父亲寄的书刊就多是《新青年》，还有无政府主义者主办的刊物。张氏还常写信向父亲鼓吹新思潮。张父对他的行动保持了约一年的沉默，信中绝不表示意见。后来张父终于开腔，在给张氏的信中长篇大论地反对新思潮，尤其讥讽白话文，并主张保存国粹，引起了父子间各执己见

① 《张枬日记》第 6 册，第 2806 页，1924 年 8 月 13 日条。
② 《张枬日记》第 6 册，第 2682、2710 页，1923 年 6 月 30 日、9 月 27 日条。
③ 钱穆：《悼孙以悌》，《史学论丛》第 1 期，1934 年，第 1—2 页。

的辩论。而且两人的冲突不仅限于思想方面,"还演化到具体的事实上来",比如张氏的婚姻。不过最后,张氏坚决解除了父母给他订下的婚约,张父也对此无可奈何,只能在"慈爱的颜色中表示不以为然的神情",但不再提起解除婚约和新思潮的问题。[①]

孙雄有一女儿名孙炳镛,孙氏向以旧法教之,"读四子书,《毛诗》、《左传》及正、续《古文观止》"。而且孙雄因为"深恶近日学校浮嚣之习",所以不让女儿入学堂,亦不令学洋文,"甘为弃材,冀以保存旧道德"。但让他没想到的是,其女儿"惑于报纸种种新学说,坚欲出外读书或工作"。孙雄"屡次禁止约束,置若罔闻"。到 1929 年 9 月,其女"留字数行,不别而行",这让孙雄感到"新学说、新潮流之误人乃如此哉?"[②]徐兆玮回信安慰孙氏,同时指出:"新潮之贻害,近见亲友家中类此者已有数人,礼教大防不足御狂流之湍急,此亦世运使然,非吾辈所能臆测也。"[③]这些都可见老新党在自己的家庭生活中就已在面对五四大风带来的巨大压力和对此种巨大压力的无能为力。

*　　*　　*

对于五四大风的理解若只从 1919 年前后的几年来看,大概能稍见明星读书人的制造风势、新青年的鼓荡风势以及不少人的顺风而行和被裹挟而行。而不太能见:第一,若把五四放在晚清的延长线上,那么使得五四风势强烈的动因除了那些目的论的解释外,还有哪些;第二,若将五四与国民革命相联系,那么这种联系该如何更好地解说。这些不太能见之处大概从老新党与新文化的互动上能找到一些可能的线索。

---

① 　张国焘:《我的回忆》第 1 册,第 41—42 页。

② 　《孙雄致徐兆玮》,《徐兆玮日记》第 5 册,第 3183—3184 页,1929 年 9 月 19 日条。

③ 　《徐兆玮日记》第 5 册,第 3191 页,1929 年 10 月 8 日条。

　　老新党面对新文化时经常产生的感慨是"潮流变迁，莫知所届"，[①]
但这种"莫知所届"的局面却不由五四开始，而是由清末启其端。政
治、法律、风俗、信仰等的"无遵循"从清末到五四一直在不断绵延，
是一个波波相及的变化过程。从这个意义上讲，五四风势的强烈很大程
度上源于清末新党的分途。

　　1920 年罗家伦曾说："十年前的'新党'，有几个不是《新民丛
报》造的；十年前的'革命党'，有几个不是《民报》造的？"[②]这句话
有不确之处，革命党除了由《民报》制造，亦由《新民丛报》制造，[③]
不过，罗氏的话提示五四青年大概相当明了清末新党的分途，于是他们
笔下才会有"新党"与"革命党"这两个群类。[④]与由"新党"转化而
来的老新党的无所适从相比，基本由"老革命党"转化而来的五四巨擘

① 《商务印书馆董事会议录》（三），周武主编《上海学》第 3 辑，上海人民出版社，2016，
　　第 388 页。

② 《罗家伦复熊子真》（《新潮》第 2 卷第 4 期，1920 年 5 月），《新潮》第 2 卷 1—5 期合订影
　　印本，第 836 页。

③ 此正如梁启超言："当光绪宣统之间，全国有智识有血性的人，可算没有一个不是革命党。"
　　梁启超：《辛亥革命之意义与十年双十节之乐观》，汤志钧、汤仁泽编《梁启超全集》第 15
　　集，中国人民大学出版社，2018，第 223 页。

④ "分途的清末新党"由中国人民大学高波教授提示，特此致谢。对清末新党的分途，五四
　　时人多有表述。陈独秀即指出，"戊戌以来社会上之所谓维新党，分化为立宪与革命二派"。
　　陈独秀：《二十七年以来国民运动中所得教训》，《新青年》（季刊）第 4 期，1924 年 12 月
　　20 日，第 17 页。郑振铎则认为，"老维新党所做的工作，至今还有待于我们的继续"；"老
　　革命党虽然推翻了满清政府，而民族解放的工作，却也还不曾告了结束"。文明国编《郑
　　振铎自述》，第 55—56 页。当然也有注意到"分途"中之"合流"的。李璜即说老新党
　　是"年纪在四五十上，论学问是会做几篇八股策论文章，论功名是清廷举人，进士，或至
　　少是秀才，论阅历曾经到日本去速成过来，或甚则欧美去考察或亡命过来，论事业曾经举
　　办新政或提倡革命"。李璜：《国家主义者的生活态度》，《醒狮周报》第 191 期，1928 年 10
　　月，第 14 页。常乃悳更敏锐指出，"继（民）元二新潮之后而起的反动复古运动，主其事
　　者并不是食古不化的遗老，而反是崭新的维新人物。劳乃宣、宋育仁辈的复辟并不曾惹起
　　多大影响，而制礼作乐的大业反都出在一般革命党、立宪党、东西洋留学生之手"。常乃
　　悳：《反动中的思想界》（1922），查晓英编《中国近代思想家文库·常乃悳卷》，中国人民
　　大学出版社，2015，第 11 页。

好像总是能在"无遵循"中找到他们的机会，立于潮头而不倒。这批人如蔡元培、陈独秀等常常一边展示着当年"干革命"的资本，有着"武断的态度"；[1]一边借国立北京大学和新式报刊掌握了更大权势，对青年极有影响力。但他们对于北京政府和南方政府的政治影响实在不宜高估。因此虽然其作为一种集团性力量因其他集团性力量的衰落而显得一枝独秀，却只能选择以"新"文化的方式来试图收拢久已不在轨道的政治、法律、风俗与信仰。由此说来，他们与老新党之缅怀中国传统的政治关系、社会关系和伦理关系实在是一个硬币的两面。前一种努力面对的是一个只能画出理想的愿景，实际上却是不可能短时完成和由他们来完成的任务；后一种努力面对的则是那些已然不在，难以弥合的碎镜与残花。两者看似对立，但其困惑一定会有渐渐趋同之处。这种困惑正如 1920 年鲁迅所言："旧状无以维持，殆无可疑；而其转变也，既非官吏所希望之现状，亦非新学家所鼓吹之新式；但有一塌胡涂而已。"[2]

在现状一塌糊涂的同时，新一代青年的力量正由不见而渐趋积蓄，由积蓄而近于勃发。他们原来是五四巨擘的追随者，又是著名老新党和地方老新党的腹诽者。到 1920 年代中期，他们年龄渐长、羽翼渐丰，却被多重力量压制而难得上升，心中充满了怨气、怒气和戾气。于是他们对于五四巨擘的追随就变为刻意区隔与寻机挑衅。他们对老新党则由嘲弄腹诽变为愈演愈烈的直接挑战，虽然他们的区隔、挑衅与挑战时常

---

[1]　胡适：《逼上梁山》，欧阳哲生编《胡适文集》（1），北京大学出版社，1998，第 163 页。周策纵就注意到"（胡适）在上海的六年，尤其在澄衷学堂和中国公学，同学和朋友中有不少的革命党、革新派和积极闹风潮的人，这些对他的态度都不能没有影响"。《周策纵文集》（上），第 294 页。

[2]　《鲁迅致宋崇义》（1920 年 5 月 4 日），《鲁迅全集》第 11 卷，人民文学出版社，2005，第 383 页。

碰壁。①

更重要的是，欧战结束后，旧的帝国主义势力在中国重又抬头，新的列宁主义势力亦强势进入，同时北洋集团又呈现出一盘散沙之状态，国人因此有"大失道"的印象。在此合力作用下，新青年清晰地意识到以文化方式重建秩序之不可能，遂纷纷走向"政治的解决"。因此，所谓五四新文化运动大致可分为两段，前一段可视为分途的清末新党之间跨越清朝与民国的持久互斗，后一段则可视为分途的清末新党与新青年之间犬牙交错的一团混战。②这一过程到1927年大革命大致暂告一段落，新的风开始吹起。

---

① 碰壁的原因除了老新党仍有较强势力外，需注意还有一批作为老新党"继承者"的青年存在。舒新城指出做"乡绅"是内地中学毕业生的重要出路。因为乡间家庭能遣子弟入中学者，大多家资比较充裕，父兄在地方上也大半是"有体面"的人。子弟毕业后，因无生计上的压迫，便"席先人之余荫"而为不生产之"团首"、"团总"、"区总"、"市乡公所职员"、县议员等。此种现象在湘西、湘南各县极普遍。《舒新城教育丛稿》第1集，第133页。

② 1999年，罗志田已提示"各类'新新派'与'老新派'之争，就常常甚于广义的新旧之争，盖其潜在的追随者大致相近，故竞争也更激烈"。罗志田：《新旧之间：近代中国的多个世界及"失语"群体》，氏著《近代中国史学述论》，北京师范大学出版社，2015，第212页。

第三章

觅路的小镇青年

——钱穆与地方的五四

展示地方视野里的五四离不开具体人物的个案考察，其中钱穆或是一个较为合适的讨论对象。他与五四的关系既有研究或多或少都会有所涉及，已形成了基本的史事轮廓和评说框架。[①] 在地方视野里仔细考索材料、转换提问的角度，或仍有相当多的可继续探研之处。

从材料来说，目前研究多以钱穆的回忆录《八十忆双亲·师友杂忆》和《钱宾四先生全集》里的相关文章作为主体材料。这两种材料当然是钱穆研究不可能绕过的，特别是《八十忆双亲·师友杂忆》，其内容丰富、史笔生动，读来十分引人入胜。但对"钱穆与五四"这一论题，两种材料均有需要小心使用之处。

《八十忆双亲·师友杂忆》的问题是，回忆录本身就不乏"后见之明""重新建构"等天然局限。加上钱穆动笔写作此书时距五四运动已

① 主要有陈勇《钱穆传（1895—1990）》，人民出版社，2001；汪学群《钱穆学术思想评传》，北京图书馆出版社，1998；郭齐勇、汪学群《钱穆评传》，百花洲文艺出版社，1995；李木妙《国史大师钱穆教授生平及其著述》，香港：新亚研究所，1994；〔美〕邓尔麟《钱穆与七房桥世界》，蓝桦译，社会科学文献出版社，1995；谢振贤《思想界的边缘人——早年钱穆治学的心路历程（1895—1939）》，硕士学位论文，新竹清华大学历史研究所，1999 年。

有60多年，在细节上难免有混淆、错漏之处。[①] 而且钱穆回忆录的特点是文字"太洁净"与"太含蓄"，给后学留下了不少值得继续探究的言外之意与言外之事。[②]

《钱宾四先生全集》（以下简称《全集》）的问题在于：第一，《全集》虽然收录了不少钱穆在五四时期撰写的文章，但因《全集》体量庞大，足有54册，遂导致钱穆五四时期的文章"湮没"在《全集》的各个角落。这些文章的原始状态其实是处于不同文献层次的，在编《全集》的过程中却"渐渐泯除了它们原来的样状"。[③]

第二，《全集》确实"甚全"，常会给人以无"遗珠之憾"的错觉，但若细心核阅当时的报刊如《时事新报》《教育杂志》等，会发现《全集》对钱穆早年文章仍有一定数量的失收，特别是他在1920年代初发表的一些与五四关系密切的文章。

第三，《全集》的失收还有一种特别状况即佚文的一部分被整合进了后出的钱穆作品之中。这一方面让我们不易了解史料如何"形成"，极易产生钱穆观点的"时代错置"；另一方面则使我们有可能忽略钱穆

---

①　钱穆自己说："古人以三十年为一世，以今思昔，皆已恍如隔世。而况忧患迭经，体况日衰，记忆锐退，一人名，一地名，平常自谓常在心中，但一临下笔，即渺不可寻。有时忽现脑际，未即写下，随又忘之，苦搜冥索，终不复来。"钱穆：《八十忆双亲·师友杂忆》，第43页。陆思麟：《钱穆早年治学考（1912—1930）》，杨国荣主编《思想与文化》第16辑，华东师范大学出版社，2015，第243—266页。另可参见傅宏星《对钱穆〈师友杂忆〉一则重要记述的补正——兼及朱怀天生平事迹考辨》，《湖南工程学院学报》2012年第4期，第46—51页。

②　余英时：《犹记风吹水上鳞——敬悼钱宾四师》，氏著《钱穆与现代中国学术》，广西师范大学出版社，2006，第14页。

③　王汎森：《汪悔翁与乙丙日记——兼论清季历史的潜流》，氏著《中国近代思想与学术的系谱》，第62页。

舍弃的那些部分恰恰和五四大风有更直接的联系。①

　　从问题意识看，既有研究不少旨在梳理、重构钱穆的生平经历，在预设上往往先有一个定见，即钱穆是著名史学家，对中国历史与文化怀有浓厚的"温情与敬意"；然后从这一定见出发考察他如何从小学教师中脱颖而出，成为大学教授。但是从 1919 年前后的钱穆眼中看去，作为一个江南地方上的读书人，且还是一个正在觅路的小镇青年，他如何能知晓未来的自己是何模样？此时的他与日后的他一方面有一以贯之的东西，但另一方面也有相当不同的想法。因此五四大风怎样刮过江南各地，钱穆和其周边人物所受到的种种冲击和他们的多歧回应为何或需得到更多关注。

　　关于此，《师友杂忆》中有一句话最能概括，即"时余已逐月看《新青年》杂志，新思想新潮流坌至涌来。而余已决心重温旧书，乃不为时代潮流挟卷而去，及今思之，亦余当年一大幸运也"。② 这句话在既有研究中常被当作一个"结论"来用，其实它并不是一个"结论"，而是开放了一系列值得继续讨论的问题，如新思想、新潮流究竟怎样"坌至"涌到江南地方社会？钱穆仅仅是一个《新青年》的读者吗？他在多大程度上，以何种方式介入五四？从"看《新青年》"到"决心重温旧书"的内在理路为何？外部大环境又对这种转折有什么影

---

① 　如 1923 年钱穆读《船山遗书》，获灵感知屈原居湘乃居汉水，非沅、湘之湘。但钱穆回顾其撰此灵感著述时，直接说"余草《诸子系年》，始自民国十二年秋"，然后重点提到 1931 年发表在《清华学报》的《楚辞地理考》和之后的《先秦诸子系年》，因此就会一定程度上略过 1923 年 1 月在《时事新报·学灯》上发表的《屈原考证》。钱穆：《先秦诸子系年》"自序"，《钱宾四先生全集》第 5 册，第 21 页；钱穆：《我如何研究中国古史地名》，《学龠》，第 189 页；钱穆：《八十忆双亲·师友杂忆》，第 124 页。

② 　钱穆：《八十忆双亲·师友杂忆》，第 93 页。

响？这些问题前贤已有不少精到发见，[①]但若能重读钱穆早年史料，并结合新出的钱穆早年史料，可以进一步丰富史实并做一些更为细致的解释。

第一节　新思想如何"坌至涌来"

钱穆从清末开始就是一个"江南古镇里的新派人物"，这一点从《师友杂忆》中能看得相当清楚，王汎森的研究也已明确指出了这一点。此处可以进一步讨论的是，作为地方上的"新人物"，"趋新"作为自我认同大概稍易，但真要进入"趋新"实践，他们需要付出比大城市里的新人物更多的努力，同时也需要有各种条件的配合才能跟得上层出不穷的新报刊、分歧多样的新思想和全国性精英名流的新论述。1922 年有人就感叹："我想这个破天荒的'五四运动'谁也都知道！真不料还有一种中学毕业生不知道这个'五四运动'！"[②]中学毕业生在 1920 年代已属于当时读书人中的较高层级，若他们中还有一部分人不知道五四，这说明五四与读书人的联结大概并不如日后想象的那样自然和顺畅，特别是那些囿于地方的读书人。他们要真正与五四相联结取决于三个条件：第

---

① 王汎森：《钱穆与民国学风》，氏著《近代中国的史家与史学》，复旦大学出版社，2010，第 141—184 页；刘巍：《中国学术之近代命运》，北京师范大学出版社，2013，第 228—340 页；陆思麟：《钱穆早年治学考（1912—1930）》，杨国荣主编《思想与文化》第 16 辑，第 243—266 页。

② 《不懂得"五四"的中学毕业生》，《民国日报·觉悟》1922 年 8 月 21 日，第 4 版。此事应出自当年北京大学预科考试，国文作文题目为《述五四以来青年所得的教训》。据胡适日记，其监考时有一奉天高师附中的学生问五四运动是个什么东西，是哪一年的事！胡适大为诧异，以为是一个例外。不料遇到其他监考人，他们对胡适说有十几个人不知道五四运动是什么。有一个学生说运动是不用医药的卫生方法。《胡适日记全集》第 3 册，第 682 页，1922 年 7 月 24 日条。

一，当地与外界的信息流通顺畅；第二，每一个具体人物的人际网络通达；第三，地域性的学风和士风趋新。在这几方面，钱穆恰恰都有自己和新文化的错综因缘。

从信息流通这一点说，上海在清末民初是全国最大的新文化生产与传播的中心，到五四时期也不亚于北京。钱穆所在的荡口、梅村、后宅等江南村镇、市镇，作为上海之"周边"，水网密布，河道林立，"为工业化前的社会提供了最便捷廉价的交通运输条件"，并且早已形成"公共交通系统"。这种"公共交通系统"据葛剑雄形容是"达官贵人、地主富商可以通过私家船舶进行'门对门'的来往，就是没落的士大夫和穷人，也完全可以通过'航船'来往于城乡之间"。①

因此，钱穆获得新报刊和接触新思想的条件相较于离上海较远的广大内陆地区的读书人要便利得多。1912 年，钱穆任教的无锡秦家水渠虽然四面被太湖环绕，仅架一桥通向外面世界，而且夜间悬桥，交通断绝，但钱穆仍能定期读到商务印书馆的重要刊物《东方杂志》，也能参加商务印书馆的征文比赛，足见当地以纵横水道为基础的信息传递网络之发达和畅通。②

同时这些村镇、市镇的中心——无锡城也不是个小地方，城内商铺林立，书局众多。1915 年《青年杂志》在无锡城已有两个代派处，一个是仓桥下坐西朝东门面的文华书局，一个是离繁华的观前街很近的寺巷内的乐群公司。从《新青年》的记载看，至少到 1919 年，无锡这两个代派处未曾变更。钱穆经常通过文华书局和乐群公司买书，大致可推测

---

①　吴滔：《清代江南市镇与农村关系的空间透视——以苏州地区为中心》，上海古籍出版社，2010，"序言"第 2 页。

②　钱穆：《八十忆双亲·师友杂忆》，第 80—81 页。

他读的《新青年》就来自这两个代派处。[①]

　　从个体的人际网络看，钱穆18岁走出"七房桥"后，在各乡校任教的过程中结识了不少帮助他获得新文化，并一同研求新文化的好友。其中有两个人非常重要，一个是秦仲立，另一个是朱怀天。[②]在秦仲立的推荐和鼓励下，钱穆在三兼学校任教时"遍读严（复）译各书"。[③]朱怀天则是钱穆在无锡第四高等小学任教时的同事和挚友。他的生平故事以往只见于《师友杂忆》，而较少有研究者去利用钱穆为朱怀天编辑的遗文集。通过这份重要材料，研究者可以了解到更多的类似钱穆、朱怀天这样的小镇青年与五四交错互动的场景。

　　在钱、朱共处的两年时间里，二人友谊极其深厚，据钱穆形容是"日常起居几若形影之不相离，而意兴议论之所到，亦多与余有交关出入焉"。[④]朱怀天则描述为："吾自获交宾四，二年于兹矣。其晨夕相共，以放论至广莫无垠之域，不自今日始矣。固尝抵掌高谈，辩对纵横于原野；亦尝临风击节，操守砥砺乎冰霜。盖凡宾四所日夕孜孜以修学敏行者，凤已窥见其十八。"[⑤]

　　因此，朱怀天读的新书新刊，钱穆也大多有所涉猎。从朱氏的日记、文章和所编教材看，他读过《新青年》、《东方杂志》、《时事新报》、

①　钱穆得到《墨子间诂》一书就是通过文华书局到上海去买，转引自李木妙《国史大师钱穆教授生平及其著述》，第15页。1922年乐群公司的广告说："本公司开办十多年了，经卖上海各大书局出版的新旧书籍。"文华书局的广告说说："专售木板石印经史子集，各级学校教科，各项参考用书、地图、辞书、杂志、小说。"《弘毅月刊》第1卷第3期，1922年8月。

②　钱穆说："余自一九一二年出任乡村教师，得交秦仲立，乃如余之严兄。又得友朱怀天，乃如余之弱弟，惟交此两人，获益甚深甚大。"钱穆：《八十忆双亲·师友杂忆》，第100页。

③　钱穆：《八十忆双亲·师友杂忆》，第81—82页。

④　钱穆编《松江朱怀天先生遗稿》，"序言"第1页。

⑤　朱怀天：《广宥言序》（1918年5月3日），钱穆编《松江朱怀天先生遗稿》，第1页。

《中国哲学史大纲》、《尝试集》，以及郭钦光的《修养余墨》等。① 这些报刊图书有的在钱穆本人的材料里出现过，有的则未见踪迹，通过朱怀天的遗文我们能更详细地了解钱穆在五四时期的阅读世界。

在阅读来自北京、上海的新文化书报的同时，钱穆和朱怀天都表现出对子学、理学和佛学的浓厚兴趣，这是因为清末以来尊西崇新的风潮不仅带来了欧美的思想和学说，同时也开启了中国传统中"异端学说"流行的大门。子学和佛学能够为五四时期的儒学批判提供来自传统的武器，② 而理学中的一些思想元素又是当时新青年淬炼道德、磨砺"修身"的重要凭借。③ 比照两人材料，我们大致可以看到，子学是两人结识前就已有的共同兴趣；佛学方面，钱穆受到朱怀天的较大影响；对理学，朱怀天一开始相当抵触，后来则渐被钱穆感染，有所转变。④

正因为两人都对子学、佛学深感兴趣，1918 年，钱、朱二人曾围绕出版于上海的《宥言》一书展开过激辩。钱穆在《师友杂忆》中说此事代表"时中国共产主义尚未大兴，而余两人则早已辩论及之

---

① 钱穆编《松江朱怀天先生遗稿》，"日记"第 22、28、32、33、36、49 页，1919 年 1 月、6 月、9 月条；1920 年 1 月 21 日、6 月 15 日条。按，朱怀天 1920 年前的日记只有年月，没有日。

② 早在 1898 年，张之洞等已强调诸子学和释学对于"圣教"的挑战，称其为"周秦诸子之谬论"与"释老二氏之妄谈"。张之洞、陈宝箴：《妥议科举新章折》，赵德馨主编《张之洞全集》第 3 册，武汉出版社，2008，第 491 页。

③ 参见余英时《五四运动与中国传统》，氏著《现代危机与思想人物》，第 66 页；王汎森：《中国近代思想中的传统因素——兼论思想的本质与思想的功能》，氏著《中国近代思想与学术的系谱》，第 138—145 页。

④ 1919 年朱怀天曾说："与宾四言，宾四几全注重功夫，而言不在学，且须自节起，则类乎朱晦庵头痛医头，脚痛医脚之弊了。"之后朱氏读了梁启超的《德育鉴》则自问："我尝轻宋明儒家，实则修身之德恃彼正多，昔之有私毁者，多惑于其所标名也，如曰义、利、仁我便厌之，实则大非矣。此读书所以务多，而又在平心静气以会之也。否则私心自用，成见牢不可破殆哉。"这些都能见钱穆在理学方面对朱怀天的影响。钱穆编《松江朱怀天先生遗稿》，"日记"第 33、34 页，1919 年 10 月条。

矣"。① 这话其实需要进一步辨析，牵涉的问题甚多，这里只指出一点：如果钱、朱二人真从1918年就开始讨论和马克思主义相联系的"共产主义"，这超出了二人当时仅是小镇青年的思想能力和思考范围。引发二人激辩的《宥言》一书并非像钱穆所说的畅衍自"日本信仰共产主义大师河上肇"的学说。从日后分疏看，钱、朱二人讨论的其实是一种无政府主义，而且这种"无政府主义"的底色不是克鲁泡特金、巴枯宁、蒲鲁东等人的西洋无政府主义，而是来源于墨子、老子、庄子诸家的中国式无政府主义。② 为何如此？这就要讨论钱穆与五四之间复杂因缘的第三个方面——江南的学风、士风与新文化的关系。

五四不是凭空而出的，对地方读书人而言，他们一定是处于当地学风和士风的"既存状态"中认知和接受新文化，概括言之，江南的"既存状态"有以下两个重要特点。

第一，前文已述，上海是清末民初新文化的生产与传播中心，这些新文化的因子有的在五四时期落到了次一级的、不显著的层次上，但另有一些却在清末民初受到一定程度的压抑，到五四时期反而重新受到了瞩目。特别是在地方上，这些因子会因为新的时势变得相当活跃。《宥言》一书的传播、阅读就是清末民初那些被压抑的新文化因子被重新发现，进而引发小镇青年关注的典型案例。

《宥言》一书的作者吴在（公之）是朱怀天在江苏第二师范（清末为上海龙门师范）求学时的老师。吴氏是清末上海教育界的新人物，曾短暂留日，但从其留日时间和河上肇转向共产主义的时间判断，他不可

---

① 钱穆：《八十忆双亲·师友杂忆》，第95页。

② 关于《宥言》和其作者的详细考订，可参见本书第四章。

能从河上肇那里获取有关"共产主义"的思想资源。①

因此，从《宥言》的内容和吴氏经历可推断，此书的思想资源大概有三个：最重要的是江亢虎与中国社会党宣扬的"社会主义学说"，民初这一学说传播最广泛的地域是上海和江南。这从 1912 年前后叶圣陶和顾颉刚来往的通信中能看得比较明白。②另外两个思想资源也在江南流传甚广，即谭嗣同的《仁学》和康有为的《大同书》。

以上三种思想资源都属于清末民初的新文化因子，但在五四之前，江亢虎宣传"主义"的书被清政府和北京政府严查猛禁；③谭嗣同《仁学》中对伦常礼教的批判未能"烧起真正的革命的烈火"；④康有为《大同书》里的激烈思想也要等到 1913 年在《不忍》杂志上发表后才渐渐广为人知。可是五四兴起后，这些思想因子被在上海的"老新党"吴在整合、杂糅，写进了他半通不通的小册子《宥言》之中，并引发钱穆和朱怀天等小镇青年的阅读与辩论。

与朱怀天辩论后，钱穆以儒学为基本立场，写过《辟宥言》一文，可惜文本已佚，但文旨的蛛丝马迹仍在。1943 年 5 月，钱穆的《道家思想与安那其主义》一文发表在《思想与时代》杂志上，文中说道：

儒家之吸收墨、道两家思想以自己弥补与自己扩充……举《礼

---

① 河上肇在其自传中认为，在 1928 年前，他还不是一个马克思主义者，而学界公认的河上肇引发中国读者"马克思主义自觉"的著作是 1922 年他写的《社会组织与社会革命》，无论如何也无法前推到 1918 年。可参见李斌《河上肇早期学说、苏俄道路与郭沫若的思想转变》，《文学评论》2017 年第 6 期。

② 叶圣陶：《与颉刚看》，《叶圣陶集》第 24 卷，江苏教育出版社，1994，第 8、9、14、18、19、22 页。

③ 汪佩伟编《中国近代思想家文库·江亢虎卷》，中国人民大学出版社，2015，第 58、141 页。

④ 李泽厚：《中国近代思想史论》，人民出版社，1979，第 239 页。

运》一篇论之。礼为墨、道两家共同反对的一大节目，他们都认为礼是人类虚伪文明之结晶；但儒家最看重礼，儒家的理想社会与理想人生都要用礼来支撑。《礼运》篇的价值，正在其尽可能地采纳墨、道两家批斥礼的短处，再用来重新建立礼的体系。或说礼运思想出于道家，或说礼运思想出于墨家，其实《礼运》依然是儒家精神，只不过吸收了墨、道两家的精华以自广。[1]

这种强调《礼运》之作是为了回应墨、道两家对"礼"的批斥，却依然源于儒家精神的看法可能正是钱穆从早年写《辟宥言》开始的持续思考。而文中拿儒家与"西方耶教及近代社会运动者"作比，特别指出"（儒家）精神似乎每易侧重在向上的，而忽略了向下"，则更能看出五四思潮对钱穆带来的持久影响。[2]

第二，江南在明清时代就是科举重镇，文风鼎盛，从而形成了一套"别有渊源"的东南学术和东南文化。[3] 这套学术和文化的分量在地方读书人的意识中有清晰的体现。1908 年，常熟士人徐兆玮说："江左为人文渊薮，而吾邑尤以科第相高。"[4]1917 年，常州武进县教育会在会刊发刊词中也认为本邑"素为东南人文渊薮"。[5] 到 1920 年无锡国专招生，录取名额仅 24 人，但报考者却达千人之多，这固然和无锡国专为毕业

---

[1]　钱穆：《道家思想与安那其主义》，《钱宾四先生全集》第 18 册，第 499 页。

[2]　钱穆：《道家思想与安那其主义》，《钱宾四先生全集》第 18 册，第 503 页。

[3]　刘桂秋编《无锡国专编年事辑》，中国大百科全书出版社，2011，第 10 页。另可参见陈平原《传统书院的现代转型——以无锡国专为中心》，《中国大学十讲》，复旦大学出版社，2002；何炳棣《明清进士与东南人文》、张耀翔《清代进士之地理的分布》，刘海峰编《二十世纪科举研究论文选编》，武汉大学出版社，2009。

[4]　徐兆玮：《王聘三先生家传》（戊申年），《虹隐楼诗文集》下，徐昂千点校，华东师范大学出版社，2015，第 831 页。

[5]　《发刊词》，《武进教育汇编》第 1 期，1917 年 3 月，第 1 页。

生提供的优渥出路有关，但亦可见东南学术和东南文化的持久影响力。[1]
所以当时会有人写信给唐文治说："足下乐育英才之心老而弥笃，南方文
学赖以维持不坠，此事自关世运，无俟下走之称述也。"[2]

但英才辈出、文风鼎盛也造成了这一地区科举竞争的空前激烈。在
明清时代，不少江南读书人因为科考之路异常崎岖不再走经生之途，转
而成为沉迷吟诗作画的文人和探索"奇技淫巧"的畸人。[3] 这表明，东
南之学术和文化经常会面对大量无缘进入其中之人的不满，即一套强大
权威的存在往往会催生出一批不满于这套权威之人。一旦政治、社会、
学术的空气发生大的转换，他们就会利用这种变化来挑战既存权威。像
朱怀天，他除了关注北京那些讲新文化的大人物外，还特别注意"南方
耆宿"唐文治的一举一动，[4] 经常想写文章驳斥唐的各种观点，所谓"读
《论语》既竟，颇不适。拟就所见及作《读书怪语》一书，已成其序，
更拟将唐文治每篇大义释要辨之，此亦为世道人心计也"。[5]

因此在民初，江南既不乏严守东南学术和文化之奥义的长老耆宿，
又多有备感传统之压力，希望挑战、突破、改造这种学术和文化的青年
猛将，于是，此时的江南就成为一个传统与现代互相交错、保守与开新
同行并存的地方。钱穆和五四之间的绞缠关系与此实颇有关联。

以上说的是钱穆如何能够接触新文化的那些因缘，那么，在通过各

---

① 刘桂秋编《无锡国专编年事辑》，第 11 页。

② 《徐兆玮日记》第 4 册，第 2554—2555 页，1924 年 2 月 2 日条。

③ 参见王鸿泰《迷路的诗——明代士人的习诗情缘与人生选择》，《中央研究院近代史研究所
集刊》第 50 期，2005 年 12 月，第 1—54 页。

④ 如他会问在上海求学的学生：唐文治从上海工业专门学校辞职后，学校里有没有"攀辕卧
辙的怪物"。又问"唐老先生辞职不成，我倒在报上看见了关于这事的许多肉麻电报。你
们同学多数的真意思究竟怎样？你观察得出么？"《寄祖康》（1920 年 4 月 23 日、5 月 25
日），钱穆编《松江朱怀天先生遗稿》，"翰札"第 6 页。

⑤ 钱穆编《松江朱怀天先生遗稿》，"日记"第 6 页，1918 年 5 月条。

种渠道接触了新文化之后, 钱穆又是以怎样的方式介入五四, 介入程度如何呢?

第二节 "逐月看《新青年》"之后

从各种材料看, 钱穆并不仅仅满足于做一个《新青年》的读者。大约 1921 年, 他编写过白话历史教科书, 遗憾的是仅编写了五课后就未再继续; 1922—1923 年, 在福建厦门的钱穆写过不少白话诗, 目前留存大约十首。[①]在《师友杂忆》里, 钱穆则生动描绘过他在乡间小学试验语体文教学和向《时事新报·学灯》投稿的情形。[②]

但至今尚未引起重视的是钱穆在五四时期还有相当数量的佚文和"准佚文"。这些文章大致可分为两部分: 一部分是钱穆发表在《时事新报·学灯》副刊上的文章(以下简称《学灯》), 另一部分是他在《教育杂志》和其他各种报刊上发表的讨论中小学教育的文章。通过它们, 我们可以发现在"逐月看《新青年》"之后的几年, 钱穆对于五四时期的诸多热点讨论反应十分迅速, 而且有相当程度的文字介入。

钱穆在《学灯》上发表的文章有 20 篇, 时间集中在 1921—1923 年。1921 年, 发表有《意志自由与责任》(1 月 16 日, 第 4 张第 1 版, "评坛")、《因果》(1 月 20 日, 第 4 张第 1 版, "评坛")、《爱与欲》(1 月 21 日, 第 4 张第 1 版, "评坛")、《力命》(2 月 3 日, 第 4 张第 1 版, "评坛")、《新旧》(2 月 13 日, 第 4 张第 1 版, "评坛")、《爱与工作》(3 月

---

① 这些文字均收入《钱宾四先生全集》第 53 册《素书楼余渖》中。

② 这些试验的教材和部分文章也收录在了《钱宾四先生全集》第 53 册《素书楼余渖》中。

21 日，第 4 张第 1 版，"青年俱乐部"）、《柏格森沙中插指之喻》（3 月 25 日，第 4 张第 1 版，"论坛"）、《皈依》（4 月 8 日，第 4 张第 2 版，"青年俱乐部"）、《性理》（4 月 11 日，第 4 张第 2 版，"青年俱乐部"）、《表现与志向》（4 月 20 日，第 4 张第 1 版，"青年俱乐部"）、《读张译"创化论"的我见》（4 月 21 日，第 4 张第 1 版；4 月 22 日，第 4 张第 1 版；4 月 23 日，第 4 张 1、2 版，"论坛"）、《改革中国图书分类刍议》（11 月 27 日，第 4 张第 2 版；11 月 28 日，第 4 张第 2 版，"杂载"）等 12 篇文章。

1922 年，发表有《读罗素哲学问题论逻辑》（10 月 7 日，第 1、2 版，"哲学"）。

1923 年，发表有《屈原考证》（1 月 8 日，第 3、4 版；1 月 9 日，第 4、5 版；1 月 10 日，第 4 版，"文艺"）、《渔父》（2 月 2 日，第 3 版，"文艺"）、《鲧的异闻》（2 月 3 日，第 4 版，"文艺"）、《王船山学说》（2 月 9 日，第 2、3 版；2 月 10 日，第 2、3 版，"哲学"）、《斯多噶派与中庸》（2 月 22 日，第 1、2 版，"哲学"）、《伊壁鸠鲁与庄子》（3 月 4 日，第 1、2 版；3 月 5 日，第 1、2 版，"哲学"）、《旁观者言》（7 月 9 日，第 1、2 版，"哲学"）等 7 篇文章。

《学灯》当时是一个影响力极大的传播新文化的副刊，钱穆在《学灯》发表数量如此之多的文章本身就是一个他与五四积极互动的有力证明。在《学灯》的文章里，钱穆"乡镇教师"形象相对淡化，来自地方的"新知识青年"的形象比较突出。从文章标题和内容看，钱穆作为一个来自地方的"新知识青年"熟悉时人翻译的柏格森作品，[1]读过罗素的许多著作，[2]能熟练运用杜威的"工具主义"和柏格森的"创化论"来诠

---

①　钱穆：《伯格森沙中插指之喻》，《时事新报·学灯》1921 年 3 月 25 日，第 4 张第 1 版；钱穆：《读张译"创化论"的我见》，《时事新报·学灯》1921 年 4 月 21—23 日，第 4 张第 1 版。

②　钱穆：《读罗素哲学问题论逻辑》，《时事新报·学灯》1922 年 10 月 7 日，第 1—2 版。

释王夫之思想①，能做中西思想的宏观比较。②他还能言辞明确地与胡适讨论屈原有无其人，③并直接撰文进入了日后著名的科玄论战。④

这些文字水准不俗，足以引发《学灯》编辑群和庞大读者群中那些有"慧眼识才"能力之人的关注。通过在《学灯》的经常"亮相"，钱穆的文章被《清华周刊》介绍，并在沪上小有名气，被认为"文体独异"。⑤

以《教育杂志》等报刊上发表的文章论，钱穆在这些地方是以一个对教育变革有持续思考的中小学乡镇教师的形象进入舆论圈的讨论的。早在1913年，钱穆就在《教育杂志》上发表了《中学校教科用书之商榷》一文。⑥不过当时钱氏文章只是属于"来稿"，其后数年他也未在《教育杂志》上发过一篇文章。

到1919年末，钱穆开始了他在《教育杂志》上发表文章的高潮。第11卷第12号上发表《废止学校记分考试议》，第12卷第4号上发表《研究白话文之两方面》，第12卷第6号上发表《中等学校国文教授之讨论》。⑦在其他刊物上，钱穆亦发表了不少相关文章，如1923年在《师

---

① 钱穆：《王船山学说》，《时事新报·学灯》1923年2月9、10日，第2、3版。

② 钱穆：《斯多噶派与中庸》，《时事新报·学灯》1923年2月22日，第1、2版；钱穆：《伊壁鸠鲁与庄子》，《时事新报·学灯》1923年3月4、5日，第1、2版。

③ 钱穆：《屈原考证》，《时事新报·学灯》1923年1月8—10日，第3、4、4、5版。

④ 穆：《旁观者言》，《时事新报·学灯》1923年7月9日，第1、2版。

⑤ 棠：《中文定期刊物中的论文·哲学》，《清华周刊·书报介绍副刊》第2期，1923年，第11页。按，整本杂志无具体日期，同期登载胡适《一个最低限度的国学书目》。钱穆：《八十忆双亲·师友杂忆》，第117页。

⑥ 钱穆：《中学校教科用书之商榷》，《教育杂志》第5卷第7号，1913年10月10日。

⑦ 钱穆：《废止学校记分考试议》，《教育杂志》第11卷第12号，1919年12月20日；钱穆：《研究白话文之两方面》，《教育杂志》第12卷第4号，1920年4月20日；钱穆：《中等学校国文教授之讨论》，《教育杂志》第12卷第6号，1920年6月20日。

范教育》上发表《中等学校的国文教授》；①1924年在《申报·教育与人生》周刊上发表《指导中等学生课外读书问题之讨论》；②1925年在《新教育》上发表《编纂中等学校国文科公用教本之意见》等。③

以上文章均和五四的理念与目标关系密切，比如学校是否要废止考试就是当时各方激烈争论的问题，④白话文就更是运动的重中之重。而在众多讨论中钱穆表达意见最多，最能见其当时心态和位置的大概更多地落在"国文该如何教"这一问题上。

1920年3月13日，胡适在北京高师附属中学演讲"中学国文教授法"，讲演由周蘧即周予同记录，发表在《北京高师教育丛刊》第2集（1920年3月）。此稿后经胡适修改增删发表在《新青年》第8卷第1号（1920年9月），这就是著名的《中学国文的教授》一文。⑤

此文刊发后引发了诸多著名或不著名人士的评论、回应、商榷和拓展，⑥也有地方上的教师按照胡适意见亦步亦趋去做的。⑦钱穆就说："年来对于中等学校之国文教学，既为一般所重视，而关于此问题之讨论，

---

① 钱穆：《中等学校的国文教授》，《师范教育》第3期（厦门集美学校师范部小学部编），1923年2月。

② 钱穆：《指导中等学生课外读书问题之讨论》，《申报·教育与人生》（周刊）第43期，1924年8月11日。

③ 钱穆：《编纂中等学校国文科公用教本之意见》，《新教育》第10卷第3期，1925年4月。

④ 朱谦之即说："最初是我感着不快的，就是学校的考试制度，所以我那时发起一种废考运动。"转引自葛懋春、蒋俊、李兴芝编《无政府主义思想资料选》下册，北京大学出版社，1984，第998页。

⑤ 参见瞿骏《新文化的"到手"与"入心"》，《文汇报·文汇学人》2016年8月12日。

⑥ 仅《教育杂志》上就发表过何仲英的《白话文教授问题》（第12卷第2号，1920年2月20日）、《对于现在中学国文教授的批评及建议》（第12卷第5、6号，1920年5月20日、6月20日）、《国语文底教材与小说》（第12卷第11号，1920年11月20日），周予同的《对于普通中学国文课程与教材的建议》（第14卷第1号，1922年1月20日）和洪北平的《中等学校与白话文》（第12卷第2号，1920年2月20日）等相关此话题的文章。

⑦ 《胡适日记全集》第3册，第232页，1921年7月30日条。

其杂见于各杂志报章者，亦不为不多。"①

　　在众多讨论文章中，钱穆的一系列作品值得特别注意。像他发表在《教育杂志》上的《中等学校国文教授之讨论》一文，写作日期系于"（民国）九年四月廿八日"。② 这一日期表明钱穆与其他回应胡适文章的人不尽相同，他应是看了《北京高师教育丛刊》上胡适演讲的直接记录稿后就开始做回应文章，而其他作者则基本都是看了《新青年》上的修订版文章后才开始回应。这一点足证钱穆对于胡适言论和文章的持续性关注。

　　若把这批钱穆以中小学乡镇教师身份介入五四的文章通读一过，我们会发现在某些文字里，钱穆对当时各方"国文该如何教"的观点，特别是胡适的观点会有所"立异"。如胡适说到中学古文教材的选择时，提出"第一年级读近人的文章，如梁任公、康有为、章太炎、章行严、严几道的散文"。③ 钱穆就说："最近期文所当充分选择，而不幸可纳选择之范围者亦不多。……严（复）译诸书故走僻涩，一不宜，章太炎文亦有之。……梁任公文多空套，太冗长，三不宜。报章杂志此病多有之。最近新文体中嘲笑谩骂，意主争论，以应教授文学之选择，四不宜。因时因人立论之文，事过境迁，以入选材，恐滋误会，五不宜。浅显平常之作可以浏览，以入教材，六不宜。"④

　　但从这些文章整体的倾向和脉络看，钱穆此时又在不少地方与胡适

---

① 钱穆：《编纂中等学校国文科公用教本之意见》，《新教育》第 10 卷第 3 期，1925 年 4 月，第 419 页。

② 钱穆：《中等学校国文教授之讨论》，《教育杂志》第 12 卷第 6 号，1920 年 6 月 20 日，第 12 页。

③ 《中学国文的教授——胡适之先生在本校附属中学国文研究部的演讲辞》，《北京高师教育丛刊》第 2 集，1920 年 3 月，第 4 页。

④ 钱穆：《中等学校国文教授之讨论》，《教育杂志》第 12 卷第 6 号，1920 年 6 月 20 日，第 6 页。

有着近似的观念和看法，其"趋新"乃至"趋胡"的程度要超过既往认知。《全集》编者曾针对《中等学校国文教授之讨论》和《编纂中等学校国文科公用教本之意见》二文特别下按语说："当时先生对于中等学校国文教学之意见如此，越后似稍有转变。二文得于先生逝世之后，先生未再寓目。并请读者注意。"①

其实"稍有转变"是相当委婉的说法，钱穆在两篇文章里有不少典型的"新青年"意见。像钱穆谈到编纂中学国文"公用教本"时提出一定要"每篇文字均加新式标点符号，分段提行"。②类似的话，以后他大概就不太会说。这还只是新书写形式的问题，更重要的是他当时对于自己治学的入门书——"韩柳古文唐宋八家"打过几下"翻天印"。

在《中等学校国文教授之讨论》中，他批评韩愈、柳宗元的文章常有求"私人利禄地位之臭味"，又爱"虚张卫道之旗"，字句间皆有"富贵骄汰之气"。受韩、柳氏影响的那些古文亦有"空论史籍陈账"之病和"弄巧酬俗"之风。对《古文辞类纂》和其他古文选本，他的态度是"所选自韩柳以下，除我八类、两证、一本以外，犹有几何？则复拘于格律，限于体势，而时移势迁，所言与今多不合，则其无选择之价值可见。曾选较姚佳，然不免上述诸弊。至若古文翼、眉诠、观止诸选，卑不足论"。③

王汎森曾精到指出"钱穆第一期的治学以古文辞为主"，④这在钱穆

① 《钱宾四先生全集》第41册，第284页。

② 钱穆：《编纂中等学校国文科公用教本之意见》，《新教育》第10卷第3期，1925年4月，第424页。

③ 钱穆：《中等学校国文教授之讨论》，《教育杂志》第12卷第6号，1920年6月20日，第4、5页。无独有偶，几乎同时，后来的中共早期党员萧楚女在《昌黎先生文集》的封面上批"禄蠹"二字。转引自黎显衡《萧楚女》，广东人民出版社，1982，第22页。

④ 王汎森：《钱穆与民国学风》，氏著《近代中国的史家与史学》，第143页。

自己的回忆中可得到充分证明。^①到 1920 年，虽然钱穆已偏向于子学和理学，认识到"姚、曾古文义法，并非学术止境"。^②但对"古文"作如此明显的批评恐怕是其治学中的一个特殊阶段，而这一特殊阶段的形成和五四的影响大概很有些关系。在另一篇未收入《全集》的《中等学校的国文教授》（1923 年）里钱穆的"新青年"口吻还要更甚。

此文首先明确表达他当时对于"新旧"的态度，开篇即说：中等学校的国文教授"绝对应该取迎新底态度，而不应该'恋旧'"。所谓"新的态度"是："一、我绝对赞成新文学；二、新文学不是'发生'在最近的五六年，他有他二千年来文学史上的根据，而为一种自然的趋势；三、新文学不是'完成'在最近的五六年，他尚在我们继续的努力创造中，而为一种理想的计划；四、理想中的高级中学校的国文教材应该是一部完全新文学史中重要的史料；五、抱新文学者的态度的国文教授应该使学生有迎新的态度，而进层有创新的能力，这才是他的成功。"^③

接着钱穆更直接提出"必要打破'圣''经'的偶像"。他对于这一年南开学校和东南大学附属中学展开的"读经"表示极不赞成，说：如拿着"圣""经"两个观念来读古书，"我是绝对否认！"^④

这样的话和同时期胡适的观念非常近似。1921 年 8 月胡适在评论孙德谦（益庵）的《诸子通考》时就特别说：

> 他（按，孙德谦）说"其言则无悖于经教"，似仍未脱儒家的窠臼。他的书受此一个观念的恶影响真不少！如说："无诸子而圣

---

① 钱穆：《为诽韩案鸣不平》，《钱宾四先生全集》第 45 册，第 328—330 页。
② 钱穆：《宋明理学概述》，《钱宾四先生全集》第 9 册，"自序"第 8 页。
③ 钱穆：《中等学校的国文教授》，《师范教育》第 3 期，1923 年 2 月，第 14、29 页。
④ 钱穆：《中等学校的国文教授》，《师范教育》第 3 期，1923 年 2 月，第 17、18 页。

人之经尊，有诸子而圣人之道大"；"无诸子而圣人之经固尊，有诸
子而圣人之道益广"；此皆有所蔽之言。他先存了这个观念，故必
欲说老子合于"《易》之嗛嗛"，阴阳家通于《易》，墨家为礼官之
支与，申、韩得《春秋》之学，纵横、小说皆本《诗》教！此等附
会，大足为此书之累。①

　　正因这一阶段钱穆和胡适分享着相似的观念，所以在他看来在"五
经"系统里，读《左传》不如读《战国策》。"《左传》的文字是粉饰
底、《左传》的气脉是夸大底，那里有《国策》直爽平实？"读《礼记》
不如读《吕氏春秋》。"《礼记》是汉人手笔，他最显著的色采是'荀卿
派'，是'楚人文学'，是'文过其实'，是好'堆砌字句'，是好'连
曼无休歇'，是好'一气排下'，是比较的容易养成'笼统''放荡'底
气习，也和现在新潮流、新趋势不合，为什么把来教学生呢？难道'内
则''典礼'还可应用么？难道'王制''月令'是何信为真么？难道
'擅〔檀〕弓''丧大记''丧服小记'之类不可不研究么？难道'投
壶''乡饮酒'要把来恢复么？"读《尚书》不如读《史记》，"《尚书》
是真伪参半的……（真《尚书》）试问共有几篇可供中学生读呢？乔皇
典丽底《帝典》罢，诘屈聱牙底《盘庚》罢，试问学生把来，特别底读
了，有何益处呢？"②

　　在"四书"的系统里，钱穆认为《论语》稍好，"只可惜终带有浓
厚的贵族色采和'政治意味'，似觉不如耶稣圣经是平民底、社会底"。
《大学》《中庸》一类固然并非没有价值，"但是为什么要教学生拘拘然

---

① 《胡适日记全集》第3册，第274页，1921年8月12日条。
② 钱穆：《中等学校的国文教授》，《师范教育》第3期，1923年2月，第18、19页。

专修儒者一派底学说呢？"[1]

以上梳理大概都可证明钱穆日后说的他对于新文化"一字、一句、一言、一辞，亦曾悉心以求"并不夸张。[2]在这段时间里（大致可断至1924年前后），钱穆不仅是个"江南古镇的新派人物"，也是厦门、无锡城里的"新派人物"。但和《师友杂忆》里所表述的类似，在"悉心以求新文化"后他紧接了一句"反而寻之古籍"，这提示我们钱氏之"求新文化"究竟与"重温旧书"之间是何关系仍有重新解说的必要。

第三节 "重温旧书"的内与外

在《师友杂忆》的叙述里，钱穆的"逐月读《新青年》"与"重温旧书"好像是一个转折和决绝的过程。这与自1930年代起他凡立一说，总要树五四和新文化为标靶密切相关。[3]若返回历史现场，钱穆读《新青年》其实无碍于他去读"旧书"，他也未中断过读"旧书"。但五四对钱穆读何种旧书与用什么样的态度去读"旧书"却是不小影响。这些影响首先关乎钱穆早年治学的内在理路，其次则联系于钱穆早年治学的外部环境。

从钱穆早年治学的内在理路看，他读"旧书"的内容和方式有与五四接得上的部分，亦有与五四难以接榫的部分。从接得上的部分来说，五四除了引进"东西洋学理"外，亦着力于批判以往列于正统序列的那

---

① 钱穆：《中等学校的国文教授》，《师范教育》第 3 期，1923 年 2 月，第 18、19 页。

② 钱穆：《从中国历史来看中国民族性及中国文化》，《钱宾四先生全集》第 40 册，"自序二"第 8 页。

③ 诸多学者已注意到《国学概论》中钱穆论"新文化运动"的意见尚算持平。

些"旧书"，同时更全力以赴地"发现"以往不在正统序列里的、被压抑的那些"旧书"，以借此来改写和重塑中国传统，为其"开新"的大事业定下起点和寻找依据。钱穆的治学经历据余英时先生总结是"最初从文学入手，遂治集部。又'因文见道'，转入理学，再从理学反溯至经学、子学，然后顺理成章进入清代的考证学……最后归宿在史学"。[①]

从这段话出发，结合上文，我们可以看到：从 1910 年代末到 1920年代初，钱穆不满足于"文学"，进而批评"文学"；倾心于"子学"又依靠"理学"立身；[②]治群经而渐希望排斥"经生"门户之见的阶段。这让他在某些点上——如唐宋古文的地位评估、经学的史学化问题、新子学的建设乃至于反思"纲常名教"的态度等方面都能与新文化诸巨擘倡导的读"旧书"方式有一些契合。以至于在《国学概论》里，他基本赞同并吸收了钱玄同关于"六经"的看法，日后在《中国近三百年学术史》中他对谭嗣同的"冲决网罗"也多有肯定。[③]

从难以接榫的部分看，首先，钱穆一生并不拒绝与世界"新潮流""新精神"相结合的"变革"，但正如余英时所言，其治学最强调的是：在"变"之前，要对中国的文化传统有一个真切的了解，[④]这个基本态度的形成和钱穆的生命经历密切相关。而钱穆这个要真切了解中国文化传统的基本态度和新文化诸巨擘的理路是冲突的，且难以调和。

改造所谓中国传统的旧伦理、旧道德是五四的大目标。改造的途径大致来说一是重在宣扬追随欧美的"西化"，二是重于在新文化主潮流

---

① 余英时：《钱穆与新儒家》，氏著《钱穆与现代中国学术》，第 29 页。

② 关于这里的"理学"，据刘巍分析，钱穆是对"作为民间自由讲习的理学力持辩护尊奉之诚，而对作为朝廷正学的理学则不吝诋斥"。我大致认同，这种"理学观"正和前述的钱穆五四阅读历程相关。参见刘巍《中国学术之近代命运》，第 251—252 页。

③ 参见刘巍《中国学术之近代命运》，第 252、300 页。

④ 余英时：《钱穆与新儒家》，氏著《钱穆与现代中国学术》，第 34 页。

布全国的"统一化"。而钱穆立足江南地区的实际，无论对"西化"还是对"统一化"，他都有所反思和修正。

相比不少新青年借助"西化"眼光将中国传统看作"僵尸"，并将讲求传统看成"僵尸的出祟"，钱穆看到的"传统"却不是僵死的，而是一种富有生命力的，能够向现代转化的"传统"。[1] 为何如此？这缘于钱穆生命中受惠于传统的点点滴滴。

钱穆父亲过世后，家中留下孤儿寡母，生活艰困。在苦岁月里是家族义庄的钱米帮助钱穆一家渡过了难关。钱穆长兄也因为有无锡县城里"恤孤会"发给的奖学金，才得以继续求学。亲身的和切身的经历都会让钱穆对"传统"的认知和周予同等有所不同。[2]

对应于不少知识分子由"统一化"目标而盼望自上而下建设一个整齐划一的富强之国，在钱穆看来，地方的旺盛活力才是中国复兴的基础所在，清末民初江南的村镇、市镇实际上也依然保持着这份活力。钱穆在《师友杂忆》中就直接说无锡荡口"虽系远离县城四十里外一小镇"，但"居民之生活水准、知识程度亦不低"，"工商社会"未必胜过"农业社会"。[3]

其次，钱穆早年的治学基本属于"自学"，在此期间，钱穆虽不乏"私窥古人陈编，既无师友指点，亦不知所谓为学之门径与方法"的苦恼，[4] 但这个不受学校规程束缚、放眼自由读书的过程让他在困顿中无意接近了原先那些江南大儒的治学方式，因此其治学所强调和看重的至少

---

[1]　王汎森已指出传统对钱穆而言是活的（living past）。王汎森：《钱穆与民国学风》，氏著《近代中国的史家与史学》，第147页。

[2]　钱穆：《八十忆双亲·师友杂忆》，第28—31页。

[3]　钱穆：《八十忆双亲·师友杂忆》，第53、54页。

[4]　钱穆：《学龠》，"序目"第3页。

在三个方面与学校出身的五四主流人物不同。① 第一，钱穆从内心深处不愿意做"各自的专门家"，而是追求通博的"士大夫之学"；第二，钱穆对读书的要求是传统读书人看重并践行的"熟读成诵"，而非现代分科体制下的泛览无归；第三，钱穆不认为"读书只为是供给我著书的材料"，且与他的安身立命直接联系。② 由此钱穆治学的自我要求是"通晓前人大体"，"必先对此门类之知识有宽博成系统之认识，然后可以进而为窄而深之研讨"。③

基于以上两个原因，五四时期钱穆虽有相当"趋新"的言辞，但因为其治学一能打通经史子集，二又重先秦之基本，所以他的调整亦相当快。即使在前引钱穆"趋新"程度最高的文章中，他还是说要"连接新底萌芽到旧的根柢上去，教他开完满之花、结坚实之果"。④ 而在1924年的文章《指导中等学生课外读书问题之讨论》中，钱穆的调整能看得更加明白。

在这篇文章里钱穆先在开给中学生阅读的书目上就有所"反拨"：

　　各级国文，除精读选文外，每学年由校指定课外读书一种，为共同之研究。……前期第一年读《论语》，第二年《孟子》，第三年《史记》；后期第一年《左传》、第二年《诗经》、第三年诸子，规

---

① 关于江南大儒治学的一些方式，曾为钱穆老师的吕思勉有过记述，如"读书是要自己读出门径来的，你读过两三千卷书，自然自己觉得有把握，有门径。初读书时，你须记得《曾文正公家书》里的话：'读书如略地，但求其速，勿求其精。'"又如"苏常一带读书人家，本有一教子弟读书之法，系于其初能读书时，使其阅《四库全书书目提要》一过，使其知天下共有学问若干种？每种的源流派别如何？重要的书，共有几部？实不啻于读书之前，使其泛览一部学术史，于治学颇有裨益"。《吕思勉全集·论学丛稿》（下），第747、748页。
② 钱穆：《近百年来诸儒论读书》，《学龠》，第136—138页。
③ 钱穆：《学术与心术》，《学龠》，第147页。
④ 钱穆：《中等学校的国文教授》，《师范教育》第3期，1923年2月，第16页。

> 定老、墨、庄、荀、韩、吕、淮南、小戴礼、《论衡》九部，由学
> 生选其一部或两部。①

　　这个书目清晰说明相较四年前的《中等学校国文教授之讨论》和一年前的《中等学校的国文教授》，除了仍未选唐宋古文（不知是否在精读篇目里）和《尚书》外，钱穆原本激烈批评过的《左传》《礼记》，稍有保留意见的《论语》都进入了书单之中。更重要的是，钱穆在文中表达了为何要读这些"旧书"，特别是《论语》《孟子》等正统"旧书"。

　　他说："选择标准，须求其近于根本的，要读程、朱、陆、王尊孔的书籍，和现代胡（适）、陈（独秀）诸君非孔的言论，究竟先须读（论）语、孟（子）本书。选择标准须求其近于普遍的？近人以《附掌录》《魔侠传》、宋词、元典、王充《论衡》、崔述《考信录》等列为中学课外之读品，究竟较之（论）语、孟（子），孰为有更普遍之价值？"

　　又说："孔、墨、孟、荀本不必定争高下。惟即以书籍而论，（论）语、孟（子）自宜先读。墨（子）、荀（子）自应后及。（论）语、孟（子）之言，自可授之人人，墨（子）、荀（子），不得不期以专究。"②

　　这些话都说明此时钱穆在五四的纷歧言论中已找到了"整个文化大传统即道统"的基本立场。③所谓"重温旧书"正表示他从前虽然一直读"旧书"，但内心大概是处于相对混沌、不断调适的状态，到此时已开始变为相对胸有定见地读"旧书"。

---

① 钱穆：《指导中等学生课外读书问题之讨论》，申报馆编《教育与人生》（周刊）第43期，1924年8月11日，第550页。

② 钱穆：《指导中等学生课外读书问题之讨论》，申报馆编《教育与人生》（周刊）第43期，1924年8月11日，第551页。

③ 余英时：《钱穆与新儒家》，《钱穆与现代中国学术》，第47页。

不过钱穆虽在 1924 年前后找到了自己的基本立场，胸有定见地读"旧书"，但此后数年，他毕竟是以《先秦诸子系年》等几部呼应新文化主流的考据作品进入大学、闻名学界的，正所谓"（钱穆）所作《诸子系年》洋洋三十万言，实近年一大著作！"[1] 这种略显吊诡的情形大概需要从当时钱穆治学的外部环境来解释。

首先，研究者或应更深入理解、寻求"社会上升"对于地方读书人，尤其是钱穆这样的小镇青年的重要性，进而探求民初"读旧书"与读书人"社会上升"之间的紧密关联。

科举废除后，地方读书人的"社会上升"有了多种途径，可从政、可经商，亦可参军，但不少读书人仍希望能通过"读书"来求上进，不过此时困扰他们的一大问题是以前"求上进"是读四书和五经，现在应该读哪些书？大约在 1914 年，叶圣陶注意到江苏省视学侯葆三在《教育杂志》上发文提倡中小学教师研究《说文》，消息一出，"坊间小学书极为名贵，谓颇有来买者"。[2] 一篇省视学的文章就能有力地影响地方人士的读书选择，可见科举虽然不在，但由官方渠道发布的"读书信号"仍相当重要。国立大学大概较省视学更能代表"国家"，其号召读什么书、怎样读书，地方读书人基本会视之为圭臬，钱穆也并不例外。

1910 年代，钱穆心中常有未能进入大学读书之憾，因此颇注意北京大学的招生广告。其招生广告要求考生读章学诚《文史通义》，[3] 钱

---

① 《顾颉刚致胡适》（1931 年 3 月 18 日），《顾颉刚书信集》卷 1，第 473 页。

② 《叶圣陶致顾颉刚》（1914 年 11 月 14 日），转引自商金林撰著《叶圣陶年谱长编》第 1 卷，第 180 页。

③ 1919 年北京大学招考简章对本科国文的要求是："应试程度须略通中国学术及文章之流变，可参考《文史通义》、《国故论衡》及本校预科所用之课本。"《附录：北京大学招考简章》（《新潮》第 1 卷第 5 期，1919 年 5 月 1 日），《新潮》第 1 卷第 1—5 期合订影印本，第 953 页。

穆就"求其书读之,至形于梦寐间"。[1]同时,钱穆对墨学的兴趣也可能与北大的招考有一定关联。1915 年北大在上海招生的国文考题中就有"游侠出墨家说"。[2]《文史通义》《墨子》等自然属于"旧书"的范畴。

到 1920 年代,投考北京大学的地方读书人与钱穆五六年前面对的情形无太大区别。1921 年,北京大学本科招考的国文题目是"晚周诸子之学说,其影响于后世者若何? 试略论之"。[3]这大概是胡适出的题目。预科招考的国文题目则出于钱玄同等人之手:文言译白话的题目取材《世说新语》;白话译文言题目取材《儒林外史》;标点文章题则选了《稼轩词》序。[4]

从 1921 年北京大学的招生题目中,可以发现新文化之推展虽然已经数年,但入北京大学之考题的重点仍在"旧书"上(到 1922 年有一个较大的改变)。只不过这些"旧书"原来是难入"正统"序列的稗官野史和笔记小说,现在被胡适、钱玄同等抬升地位,放到和"高文典册"同等的位置,成为全国最高学府考题的来源。[5]地方读书人受此信号牵动,内心虽未必真认同此类"旧书"值得一读,但为了考上梦寐以求的北京大学,却不得不读。诸多个体均如此思量的话,读北大教授宣扬的"旧书"也会成为一种风气。[6]

---

[1]　钱穆:《八十忆双亲·师友杂忆》,第 87 页。

[2]　《叶圣陶致顾颉刚》(1915 年 7 月 12 日),转引自商金林撰著《叶圣陶年谱长编》第 1 卷,第 196 页。

[3]　《本校本年第二次招考新生本科各种试题》,《北京大学日刊》1921 年 9 月 24 日,第 4 版。

[4]　《钱玄同日记(整理本)》(上),第 377 页,1921 年 9 月 14 日条。具体题目可见《本校本年度第二次招考新生预科初试各种试题》,《北京大学日刊》1921 年 9 月 26 日,第 2 版。

[5]　胡适:《〈国学季刊〉发刊宣言》,欧阳哲生编《胡适文集》(3),北京大学出版社,1998,第 11 页。

[6]　据胡适说,1921 年北京大学两次招考,来投考者近 1400 人,而录取率只有近 1/20。《胡适日记全集》第 3 册,第 317 页,1921 年 9 月 20 日条。

而且北京大学虽仍在考旧书，但还算是新文化的堡垒。其他如北京法政大学、东南大学等高校，对"读旧书"的要求大概更甚。施蛰存回忆 1922 年考东南大学落榜的情形就说：

> 严呵！东南大学严呵！东南大学的语文考试是一篇作文，还有关于古典文学常识的一百个题目。这些考题是很难的，你要对古典文学很熟才行。当时东南大学、北京大学语文考试最凶！①

到 1924 年继续有人抱怨北京法政大学的入学考题仍用"四书五经义取士"。② 同年东南大学也依然在考让施蛰存等地方读书人觉得很难的"国学常识"，虽然题量从 100 题减到了 40 问，但每问中包含《史记》《汉书》《后汉书》《玉台新咏》《广韵》《说文解字》《毛诗》《周易》《尔雅》《方言》《释名》《博雅》《文选》《古文辞类纂》《经史百家杂钞》《汉魏六朝百三名家集》《楚辞》等书一部或一部以上。有人估算如要全部作答，非泛览或熟读这些"旧书"30 多部不可。做复习预备的话，则更要泛览或熟读这类"旧书"至少一二百部。③

---

① 转引自沈建中编撰《施蛰存先生编年事录》（上），上海古籍出版社，2013，第 42 页。1922 年，东南大学的招生情况是投考者 800 余人，录取者本科 2 人，预科正取 69 人，备取 31 人。正式录取者平均每 12 人取 1 人。《舒新城教育丛稿》第 1 集，第 308 页。

② 《四书五经义取士》，《晨报副刊》1924 年 8 月 17 日，第 4 版。

③ 汉胄：《"该死"的东南大学国文试题》，《民国日报·觉悟》1924 年 4 月 23 日，第 7 页。对东南大学的此种考试不满者甚多。此种不满固然由于应试者的程度不够，但也与出题人不顾学情、有意炫博，"似非全无所知，而实与全无所知等者"相关。吕思勉即言："东南大学考试新生，有国学常识，题中有一条，问何谓永明体。其余所问，亦多此类。此等人不是曾否略一考查今日中学之功课，谓其全然不知，似不应聱譬至此。然则自矜其博而已，自矜其博，便是陋也。"《吕思勉全集·论学丛稿》（上），第 446 页。

其次，研究者则需注意到处于新文化圈中心的那些人物对于五四各项事业的分野、轻重与层次是相对清楚的。但在地方读书人眼中这些区分却是混杂、错位和打乱的。"输入东西洋新知"是五四的重要目标，但"整理国故"运动在地方读书人看来一样是由胡适、梁启超等巨型知识分子所提倡的"领导性论述"，对他们具有强大吸引力和笼罩力。

1923年，一个广东的青年就写信给《学生杂志》说："在梅县的时候，读了胡适和梁启超两位先生介绍研究国学的书目，当时我就想读几本他们所介绍的书。"[1]1925年，常熟士人徐兆玮则发现，"近来中学以上各校多喜谭旧学"。[2]这种"喜谭旧学"的风气不能仅仅视为保守主义的回潮，它和"整理国故"的宣扬其实也很有些关系。1928年，朱自清回溯这场运动，更是明确"从前的国学还只是一部分人的专业，这一来却成为普遍的风气，青年们也纷纷加入，算是时髦的东西了"。[3]

由此，地方读书人如果想呼应这个"时髦"的运动，"旧书"是不得不读的。1920年，傅斯年已在说"整理国故也是现在很重要的事"。[4]至1923年，钱玄同出北京大学预科国文试题，直接问的是"我们现在用怎样的眼光去研究国学？"[5]到1926年前后，陈源则注意到因"整理国

---

[1]　《文方致杨贤江》（1923年12月1日），《杨贤江全集》第4卷，第488页。

[2]　《徐兆玮日记》第4册，第2674页，1925年4月8日条。

[3]　朱乔森编《朱自清全集》第4卷，江苏教育出版社，1996，第240页。

[4]　《傅斯年致胡适》（1920年8月1日），王汎森、潘光哲、吴政上主编《傅斯年遗札》第1卷，台北"中央研究院"历史语言研究所，2011，第15页。

[5]　《钱玄同日记（整理本）》（中），第552页，1923年9月26日条。

故"而造成"旧书"风靡，价格日高的吊诡现象。①因此，在1920年代，钱穆的治学正是处在一个新文化铺天盖地，同时"国故也很重要"的大环境里。他读"旧书"的态度和选择的方法很多时候与胡适、梁启超等掀起的各种关于"国学"的讨论密切相关。

对此，一方面钱穆是众多地方读书人中的"异类"。他做学问有独到的天资、极高的禀赋和坚强的毅力，②各种关于"国学"的讨论强烈推动着钱穆去读"旧书"，进而令他进入考据研究，直至1930年代初名震全国。③

另一方面，钱穆又是从地方读书人的立场出发来进入这些讨论的，因此他的关注点常会带有边缘色彩和小镇角度。比如他坚持认为即使是小学教师，也有"治国学"的资格。因为小学教师"责以专精学问，诚为不可能之事"，但他们"身膺国民教育之重任，则其于本国之文化渊源，政俗沿革，尤不可不心知其意，以毋负此承先启后之责。国学不张，国性沦亡，则终亦无以立足于斯世。由此言之，小学教师之于国

---

① 陈源的原话为："不幸的是胡先生是在民众心目中代表新文学运动的唯一的人物。他研究国故固然很好，其余的人也都抱了线装书咿哑起来，那就糟了。新文学运动的结果弄得北京的旧书长了几倍价——几年前百元可买的同文馆版二十四史现在得卖三百元——这是许多人常常引了来代新文学运动夸张的，可是这是我觉得最伤心的事。"西滢：《闲话》，《现代评论》第3卷第63期，1926年2月20日，第13页。至1927年陈源又表达类似意思为"国立大学拿'整理国故'做入学试题；副刊杂志看国故文字为最时髦的题目。结果是线装书的价钱，十年以来，涨了二三倍……青年们本来大都是'学时髦的不长进的少年'。'整理国故'既然这样时髦，也难怪他们随声附和了"。《整理国故"与打鬼"》，《现代评论》第5卷第119期，1927年3月19日，第16页。

② 即使在江南地区，1920年代，在青年一辈中有钱穆这样旧学程度的已属凤毛麟角，大多数人的程度只是希望"研究国学的专家，应该在最短期间内，把国学编成系统的鸟瞰式的书本，如《中国哲学史大纲》，以作中等学生领受一些国文大概的捷径"。《沈选千致杨贤江》（1923年9月9日），《杨贤江全集》第4卷，第434页。

③ 陆思麟已注意到"钱穆真正转向考据学，是在二十年代'整理国故'运动爆发之后"。陆思麟：《钱穆早年治学考（1912—1930）》，杨国荣主编《思想与文化》第16辑，第254页。

学，其研究之不容缓也明矣"。[1]

同时他对胡适、梁启超等各名家争相开列的"旧书"书目也颇不以为然。这种"不以为然"很大程度上并非学理上的不同，[2]钱穆的理据基于"地方读书人"的环境——他们藏书不多，得书不易：

> 梁任公、胡适之两先生曾为学者开列最低限度之国学入门书目，顾其间乃多不经见书。余尝戏语朋好："梁胡为并世大师，其言当信，余辈靦颜为中学国文教师，其实于最低限之国学，犹未入门，思之惭报。"亦有某学生明白为文，刊诸报端，云："梁胡所开书目，今日身任中学国学教师者，犹多未寓目，奈何以绳学者？"此亦自情实之论。余又见各杂志报章，屡有开写中学生国文科应读书目者，此亦自胡君发端，然余尝默自检诸案头，时有未备，察诸各校图书馆，以余所知，亦每有所阙。[3]

由钱穆所言继续衍推，则可发现五四运动有一个大致的主流和一群全国聚焦的人物。但若细细分辨，这个主流看似强而有力，其实内部却是"震荡摇撼"，无稳定之基础。全国聚焦之人物的意见也往往是前后不一，分歧迭出。此正是钱穆所谓的"一国之内，省自为政；一省之

---

[1]　钱穆:《小学教师与国学》,《小学教育月刊》第1卷第10期，1926年4月，第1页。

[2]　从学理上看，钱穆对于梁启超的书目有一定的认同度。钱穆:《近百年来诸儒论读书》,《学龠》,第134页。身处东北的金毓黻亦对胡适、梁启超开列的书目"不以为然"，但他的意见就和"学理"分歧关系更大。金毓黻:《静晤室日记》第2册，第1143—1144页，1924年6月28日条。

[3]　钱穆:《编纂中等学校国文科公用教本之意见》,《新教育》第10卷第3期，1925年4月，第421页。钱穆的角度和理据在当时不乏呼应之人，一个济南的学生就说"试问书目中的书籍，中国现在全读过的有几人？我不知道旁的，我们学校里的国文教员，可以说没有一个全读过的"。《云阁致杨贤江》（1924年2月14日）,《杨贤江全集》第4卷，第516页。

内，校自为风；一校之内，人自为主；而一人之先后，亦类无一贯之主张"。[①] 这就导致各省、各校、各人都会产生基于各自即时立场与角度的意见，这些意见既来自那些"主流"和被聚焦人物的影响，又来自每个人的生活经历、职业分途和自身对社会上升之期望，钱穆为何"重温旧书"大概正需要从这些方面来重新理解和解释。

*　　*　　*

长久以来，钱穆在不少著述中表现出的是一个五四新文化的反对者形象，这多少让人忽视了反对者其实需要"资格准入"，而获得这种"资格准入"的难度有时可能比成为支持者还要高，因为真正的反对者先要深入了解其反对的东西，然后才能切实提出反对的意见。[②] 因此钱穆与五四的关系应概括为：他在深入了解和参与了五四之后，反思和疏离了五四。这种略带吊诡的关系从上文的梳理和前贤的研究中都能看得比较清楚。其形成的根源则在钱穆当时是一个地方读书人，在地方读书人中他又是一个觅路的小镇青年。这一身份的几个关键词之间既有彼此的紧张性，又有能互相勾连之处。我们先来看青年。

1934 年钱穆写过一篇名为《悼孙以悌》的纪念文章，在这篇文章中，钱穆看似在悼念亡人，其实很有些"夫子自道"的意味，特别表现在解释他和孙以悌这样"转型时代"青年的共同心路上。在文章里，钱穆谈到在变幻无定的时代里，政治、法律、风俗、信仰等都渐渐变得"无所遵循"，"我们应该怎样生活"这个问题困扰着每一个人，对青年

---

① 　钱穆：《编纂中等学校国文科公用教本之意见》，《新教育》第 10 卷第 3 期，1925 年 4 月，第 419 页。

② 　此正如 1920 年吕思勉所言："赞成反对，皆必先知杜威之学说而后可，吾不知今日，真知杜威之学说者。果有几人？"《吕思勉全集·论学丛稿》（上），第 237 页。

的困扰尤甚。因为"家庭的父兄长老们，早已失去他们指导子弟后生的权威，并及他们的自信"。青年们要想从他们的家庭、宗族、亲戚、乡党的环境中间"得到一些将来生活上的习惯和信仰的可靠的基础，来做他长成后生活的坚实的底层，似乎是不可能"。① 由此，五四巨擘们倡导的"重新估定一切价值"对于青年既有其现实基础——因为固有的价值本已极不稳定，又有其迫切需要——因为越是身处巨变的时代，人们越需要知道依凭怎样的习惯和信仰生活。② 所以，从"青年"这个关键词出发，钱穆与五四之间有着由大时代变迁带来的亲和性。

不过钱穆毕竟不是孙以悌，钱与孙的区别在：钱穆一方面是处在一切渐渐变得"无遵循"的过程之中；另一方面他又亲身感受、耳濡目染过"有遵循"的样子。这就和其身份的第二个关键词"小镇"有关。简单地说，在去北京之前，钱穆的生活世界基本处于江南的村镇、市镇和城市之中。他每日感之、识之、认之的世界既是源远流长的富庶繁华之地，又是积淀深厚的文化光耀之所。江南的村镇、市镇和城市让他先看到了活生生的传统，进而看到了"转型时代"的中国虽有各种各样的病症，但亦有各种各样的"生力"。钱穆心目中的中国是一个由"认识乃生情感"，由情感而灌注成就的"所见之中国"。他生于斯、长于斯、认同于斯，对中国有一种"真诚之深爱"，所以才能做到"一生为故国招魂"。③

与之相对比，胡适、傅斯年等人心目中的中国很大程度上仅是一个"所闻之中国"：他们出生于精英经常不留本乡、屡屡外出行商之地

---

① 钱穆：《悼孙以悌》，北京大学潜社编《史学论丛》第 1 册，1934，第 1—2 页。

② 新民学会讨论时就专列一个议题"会友个人的生活方法"。《新民学会资料》，第 37 页。

③ 钱穆：《国史大纲》，商务印书馆，2013，"引言"第 3 页；余英时：《一生为故国招魂——敬悼钱宾四师》，氏著《钱穆与现代中国学术》，第 16—25 页。

与因大运河风光不再而经济、文化衰落之地；[①]成长于海上洋场与欧美大学；认同虽在"世界"与"民族"之间，但多偏于"世界"，且常是一个不能包纳中国，尤其不能包纳中国之本来文化的"世界"。此正如余英时所言，"主流派的中国知识分子"认同于西方文化，都能勇往直前，义无反顾，"他们只有精神解放的喜悦而无困扰之苦"。但像钱穆这样的学人"则无法接受'进步'和'落后'的简单两分法，他们求新而不肯弃旧"。[②]

对于钱穆的"求新而不肯弃旧"，以往多关注的是他"不肯弃旧"的那一面，钱穆"求新"之一面王汎森做过强调，但仍有进一步讨论的余地。而这一面正和钱穆在五四时期的第三个关键词"觅路"紧密相关。

五四运动不仅是一个启蒙运动，也不仅是一个反传统运动，它也是一个庞大无比的多层次复合型运动。特别是进入 1920 年代后，新文化、

①　1920 年，傅斯年即指出他的家乡聊城曾是山东西部三大埠之一，"一切社会都受运河和八股文化的影响"，但自清末以来"经济上的状况一落千丈了，只有当时造成的恶根性存着，妨害生活的发展"。傅斯年：《山东底一部分的农民状况大略记》，欧阳哲生编《傅斯年文集》第 1 卷，第 431 页。1922 年，在顾颉刚看来，"中国中北部的人民，暮气深了，成见多了，只会敷衍，不能进步。他们的经济力又很薄弱，大部分是终年竭蹶的，救饥寒也来不及，那有余闲做文化事业"。《顾颉刚致胡适》（1922 年 3 月 23 日），《顾颉刚书信集》卷 1，第 381 页。1928 年，胡适则对苏雪林说："徽州是多山的地方，大凡山国的出产都是很微薄的，不足供居民生活的需要，于是居人不得不冒险到外边求谋生之道上。我们徽州人的习惯，一家若有两个或三个以上的男孩，把一个留在家里耕种田地，其余的孩子，到了十三岁，便打发出门学生意。"《胡适日记全集》第 5 册，第 19—20 页。到 1934 年，顾氏更是剖析自己道："我是一个'生于深宫之中，长于妇人之手'的人，虽是家中并不富贵，但绅士习气是十足的。我受了这种家庭教育，就不会用手做什么工作，甚至不会到商店里去买东西"，"我从小就爱自然之美，好游览山水，羡慕隐居。年纪稍长，好治历史，又急欲寻访古迹。因此，我常在乡村间跑。但以前限于环境，跑不很远，我自幼至长，虽然迁居了几处，而都住在百余万人口的都市中，在大都市的四郊，民生状况总还是过得去的，所以我得不到什么国计民生的感想。"《顾颉刚致胡适》（1934 年 7 月 16 日），《顾颉刚书信集》卷 1，第 480 页。

②　余英时：《超越文化认同的危机——钱穆与中国文化序》，氏著《现代危机与思想人物》，第 575 页。

整理国故、新主义这三股大风同时刮起，吸引和调动着钱穆这样的地方读书人。他们希望能凭风借势走出小镇，踏上通往外部世界的进步阶梯，并为之付出了大量努力。

但与风势鼓荡相伴随的是全国性的新学术价值层级的逐渐确立和新教育体制的逐步固化。[①] 这是一道日趋狭窄的门！在科举时代，"任何偏僻小县，都有一两个懂得学问文章的人"。他们既可以选择做官入仕，亦可以选择"隐居不仕，教授乡里"。[②] 而在后科举时代，张謇、黄炎培这样的全国大名流都会被五四巨擘直斥为"陈死人"。[③] 连清华大学的学生都要向胡适抱怨"先生现在所拟的书目，我们是无论如何读不完的"，[④] 更遑论那些千千万万地方上渴望觅得出路，但又难觅出路的读书人。

以回溯之明看，日后进入大学任教的钱穆已是这批悲欣交集、惶惑不已、山重水复地"觅路"的读书人中的极少数成功者。但即使是成功者，钱穆回首当年的奋斗历程仍不免感慨万千，说："不知者，亦或疑余为学追随时髦，哗众取宠，以博当前之称誉……甘苦之情，又谁知之。故知学问向前，在遥远之进程中，自不免许多意料不及之支节曲折，错歧复杂，有违初心者。"[⑤]

这段话表明，在"转型时代"里寻寻觅觅的钱穆在五四运动大盛时难免写过些细思违背初心的文字，亦有"不知者"日后借此为诟病之语和讥谤之言，遂导致自1930年代起直至晚年，钱穆不断在各种著述

---

① 王汎森：《钱穆与民国学风》，氏著《近代中国的史家与史学》，第166—167、175—177页。

② 《吕思勉全集·论学丛稿》（下），第838页；转引自李永圻、张耕华编撰《吕思勉先生年谱长编》（上），上海古籍出版社，2012，第38页。

③ 《胡适日记全集》第4册，第50页，1923年5月24日条。

④ 《清华周刊记者来书》（1923年3月11日），《胡适日记全集》第4册，第4页。

⑤ 钱穆：《八十忆双亲·师友杂忆》，第93页。

中追忆五四和定义五四。其间他常不免有解释、辩白的冲动，又有暗藏内心的追悔，还有不断唤起和确认初心的情意结。种种"经历事实"与"心理事实"的交缠叠加使得关于钱穆与五四的历史叙述充满曲折和暧昧，值得不断深入探究。①

① 钱穆历史叙述中"经历事实"与"心理事实"的交缠叠加蒙清华大学李欣然教授提示，特此致谢。

第四章

钱穆为何不革命

——"长程革命"中主义的地方传播

在一般印象里，钱穆与20世纪前半期中国革命的联系不那么紧密。他的回忆录《师友杂忆》中有几处点到为止的记述，涉及辛亥革命、马克思主义传播和国民革命。辛亥革命前夕，钱穆求学于常州府中学堂，师友中多倾向"排满"革命之人。同学杨权就曾与钱穆密谈发动革命之事。五四运动爆发前（1918年），钱穆在无锡梅村县立第四小学任教，同事兼好友朱怀天携来《宥言》一书与钱穆共读。在钱穆看来，此书作者游学日本时深受"共产主义大师"河上肇影响，其中内容"皆申马克思共产主义"。他还特别提到周佛海等人也出自河上肇门下。国民党改组后（1926年），钱穆在无锡遇见前同事赵君。赵氏从上海来，已加入国民党，此行来特邀钱穆入党。他赠钱穆《三民主义》一册，说："君试读之，我下周来听君意见。"过一周，赵氏问钱穆读后感想。钱穆答："余读此书，震动佩服，迥出读其他现代人一切著作之上。"但不能因此入党，因为"余不入党，则为中国人尊一中国当代大贤，弘扬中国民族精神，一公一私，感动自别"。[①]

以上回忆多有学者引用，但基本未做仔细考辨。《师友杂忆》篇幅虽然不小，但仍是"言简意深"，书中很多话都有丰富的历史语境。仅

---

① 钱穆:《八十忆双亲·师友杂忆》，第72、95、112、130页。

就钱穆这几处记述来说，就有不少值得继续追问之处，如"辛亥历史经验"对钱穆意味着什么，有何影响？《宥言》的内容与河上肇的思想、学说真有关系吗？如果无关，钱穆又是从什么渠道知晓、了解河上肇的思想与学说的？为何钱穆谈论河上肇时会特别提到周佛海？在国民党改组的背景下，钱穆被劝入党的方式是普遍的还是特殊的？

在具体问题之上，还可做更大的讨论：钱穆研究目前过于偏重"学术维度"，而稍忽略"政治维度"，除钱穆与蒋介石的关系略有涉及外，似乎钱穆变成了一个与政治无关、与革命无涉的人。从马克思主义传播的研究来说的，未走上革命道路的非典型人物其实也或多或少受到主义传播在不同层次上的影响。此正如胡绳所言——小资产阶级只是革命的可能基础，就具体的人来说，"他们当中大多数在政治上是处于中间状态，不可能一开始就自动跟共产党走，要做很多工作，才能使他们跟共产党走"。[①] 为何 1920 年代的钱穆没有跟中共走，也没有跟国民党、中国青年党、无政府主义者等其他政治势力走，其中值得讨论的地方不少，并且或有助于深入理解张灏所言的"转型时代"(大致为 1895—1928 年) 主义在地方上传播的过程与机制。下面就先从在钱穆看来宣扬"马克思共产主义"的《宥言》一书说起。

第一节 《宥言》无关河上肇

《宥言》作者名叫吴在，生于 1872 年，号公治、憺庵、公之，上海人。[②]

---

① "从五四运动到人民共和国成立"课题组：《胡绳论"从五四运动到人民共和国成立"》，社会科学文献出版社，2001，第 4 页。

② 年龄推算据 1915 年江苏省第二师范学校的《本师范学校现任职员姓氏录》(民国 4 年 3 月) 中记吴氏当年 44 岁。江苏省立第二师范学校编《江苏省立第二师范学校十周纪念录》，1915，第 27 页。

他有庠生功名，[①]清末留日。[②]吴氏回国后在上海务本女中、南洋女子师范学校、上海龙门师范（民国后改称江苏省立第二师范学校）担任教员。[③] 1918 年吴在入沪江大学，任中国文学讲师（instructor in Chinese Literature），[④]1922 年到清华学校担任国文教员，1927 年担任清华大学国文学系主任。[⑤]

　　《宥言》出版于 1918 年。当年 3 月 28 日《申报》头版刊出《宥言》广告，与《新青年》第 4 卷第 3 号广告毗邻。之后《宥言》广告又在《申报》出现 4 次，均为头版，可见书商觉得它有一定市场，但因为《宥言》的措辞相当激烈，不能做过于张扬的宣传，所以广告只是笼统说："作者以渊雅之文，达精深之意，阃中肆外，当世南针。"[⑥]

　　此书我曾寓目上海图书馆、国家图书馆和北京大学图书馆的藏本。[⑦]通过《宥言》本身和其他相关史料可以判断这本书与河上肇的

①　《The Faculty 教职员》，沪江大学年刊社编《沪江年刊》第 6 卷，1921，第 23 页。

②　据俞子夷《记筹办单级教授练习所经过》记载，"龙门师范教师吴公之，前在广明师范讲习所兼课，我与之同事。他所讲也就是日本通行的一套"。璩鑫圭、童富勇、张宁智编《中国近代教育史资料汇编·实业教育　师范教育》，上海教育出版社，1994，第 784 页。

③　狄君武：《自传》，沈云龙主编《近代中国史料丛刊续编第九十六辑：狄君武先生遗稿》，台北：文海出版社，1965，第 4 页；《本校职员任期久暂表》，《江苏省立第二师范学校十周纪念录》，第 10 页；《南洋女子师范学校行开校式》，《申报》1912 年 9 月 9 日，第 7 版。

④　《沪江大学之新展施》，《申报》1918 年 5 月 27 日，第 10 版；《The Faculty 教职员》，《沪江年刊》第 6 卷，第 23 页。

⑤　《校闻·教务处新闻》，《清华周刊》第 250 期，1922 年 9 月 11 日，合订本第 35 页；公之：《国文学系发展之计划》，《清华周刊》第 408 期，1927 年 4 月 29 日，合订本第 508 页。

⑥　《宥言出版》，《申报》1918 年 3 月 28 日、3 月 30 日、4 月 1 日、4 月 3 日、4 月 5 日，第 1 版。

⑦　这些本子版本类型相似，皆封面扉页不存，作者等信息不见，裱土黄色或蓝色书皮，铅印，共 35 页。正文部分半页 10 行，每行 30 字。目录前有以下字样："六通四辟，时曰康庄，策辔而驰，期于帝乡，有舌在口，有笔在手，达辞取喻，请从而作《宥言》，凡二十有五篇，作之者在也。"蓝色书皮本有墨、朱笔批注，也用于修改书中内容，如"言文"篇中，"柴门诃尔夫"的"尔"字被涂。"大义"一章中"赫胥黎之乌托邦"中"赫胥黎"被涂，旁注"摩尔"。

"马克思共产主义"没有关系。具体证据在以下三个方面。

一方面从《宥言》内容看，可以明确这是一本立足于诸子学说、佛学理解，又点缀了一些欧西思想来讨论和宣扬"无政府主义"的书。[1] 这从它的篇章目录如"三无""尊道""平治""走私""辟孟""崇庄""辨墨""斥军""毁法""罢党教""不经""不史""乐生"中就可见一斑。在第一篇"三无"中作者说要去国、去家、去教，"而后天下安，生人之性得以弗失"，因为"国者，权之郭也，夸者之所借也。家者，财之困也，贪者之所藏也。教者，名之标也，俗士之所以自异也。去此三者，而权、财、名无以复称于世，则世安有不治者乎"。[2] 在第二篇"尊道"中吴在提出他的"道"是太平之道、大同之道。在吴在看来，"古之人多能言太平矣，多能言大同矣，而未之能行也，则以所悬之的虽一，而所趋之术多歧"。他在列举从老子、列子、庄子、墨子、杨朱到柏拉图、基督、乔达摩、伊壁鸠鲁、安得臣等一系列中外古人后，特别说："若高德文、若浦鲁同、若铁由克、若托尔斯泰、若司帝尔、若巴枯宁、若克鲁包坚，皆能名其道者也，而最后之七贤，犹能言之尽其意。"由此"欲使由斯道，则此七贤之言，其指南之针"。可见吴在心中能做行"太平之道"和"大同之道"指针的诸位贤者虽然大部分已不是中国人，但其中没有河上肇。[3]

另一方面，从吴在的人生轨迹看，他加入过清末中国读书人的留日大潮。在 20 世纪初年日本中国留学生中流行的无政府主义、社会主

---

① 只有王赓唐、顾一群给钱穆写的一个小传中明确说"朱怀天思想进步，倾向于当时在知识分子中传播的无政府主义思想信仰"。王赓唐、顾一群：《钱穆》，政协无锡市文史资料委员会、无锡市地方志办公室、无锡市文物管理委员会编印《无锡历史名人传》第5辑，1991，第133页。

② 吴在：《宥言》，第1b页。

③ 吴在：《宥言》，第1b、2a页。

义思潮可能对他有些影响，但不会有河上肇的具体影响。民国建立后，据《申报》数据库的检索，从 1912 年至 1918 年《宥言》出版，每年都有吴在在上海参与教育界活动的报道，以当时来往上海、日本的时间推算，他没有再次赴日并长期停留的可能性。[①] 因此，这个时期吴在也不会在日本受到河上肇影响。

最后一方面，河上肇著述在国内的译介始于 1911 年。1911 年 3 月《法政杂志》上发表王嘉榘翻译的《政体与国体》一文。[②]1914 年 5 月《生活日报》上发表《共同生活与寄生生活》一文。[③]1916 年《大中华杂志》则发表丁锡华翻译的《战后世界之文明》一文。[④] 这一时期，与译介相联系的河上肇思想特点是，他的不少作品虽系"洛阳纸贵的名著"，但是内容还只是表现出他的人道主义立场。[⑤]

直到 1919 年 1 月《社会问题研究》杂志创刊以后，河上肇开始展露出马克思主义者的色彩。[⑥] 与他的思想变化几乎同步，4 月，北京《晨报》发表第一篇关于河上肇之"马克思共产主义"的译文——由"渊泉"（陈溥贤）翻译的《近世社会主义鼻祖马克思之奋斗生涯》。

---

① 在《申报》数据库搜索"吴公之"得到如下新闻:《江苏图书审查会采定会纪事》,《申报》1913 年 2 月 18 日, 第 7 版;《女子文艺专修社社章》,《申报》1914 年 2 月 12 日, 第 11 版;《小学教育讲演会初志》,《申报》1915 年 4 月 8 日, 第 10 版;《小学教育研究会大会纪》,《申报》1916 年 8 月 26 日, 第 11 版;《小学教员讲习会再志》,《申报》1917 年 9 月 22 日, 第 11 版;《小学教员之假检定》,《申报》1917 年 12 月 8 日, 第 10 版。

② 〔日〕河上肇著, 王嘉榘译《政体与国体》(译日本东京法学会杂志第六卷第三号),《法政杂志》第 1 卷第 2 期, 1911 年 3 月 25 日, 第 40—64 页。

③ 咏黄:《共同生活与寄生生活》,《生活日报》1914 年 5 月 3、7 日, 第 2 版。1914 年 6 月《东方杂志》全文转载, 但匿去译者名字。《共同生活与寄生生活》(生活日报译日本法学士河上肇君讲演文),《东方杂志》第 10 卷第 12 期, 1914 年 6 月, 第 40—42 页。

④ 河上肇著, 丁锡华译《战后世界之文明》,《大中华杂志》第 2 卷第 6 期, 1916 年 6 月 24 日, 第 1—11 页。

⑤ 《河上肇自传》上卷, 储元熹译, 商务印书馆, 1963, 第 93 页。

⑥ 《河上肇自传》上卷, 第 93—94、130 页。

此时距《宥言》出版已有一年多时间。正因为到此时，河上肇的思想才能与"马克思共产主义"相联系，所以至 1921 年 9 月施存统仍在说："山川均是共产主义底健将，这是大家所知道的；河上肇也是共产主义底健将，知道的人却还不多。"① 这种"知道的人却还不多"的状况到 1933 年也没有完全改变，北京某著名大学的经济系教授就依然认为河上肇是中国人。②

　　既然《宥言》与河上肇的思想、学说没有关系，那么实际支撑《宥言》写作的思想资源有哪些呢？当然各种各样，其中一部分思想资源因史料限制目前暂无从查考，但大致可辨的有三种：第一种思想资源来自江亢虎和中国社会党。江亢虎从清末到民初一直讲去国、去家、去教的"三无主义"。据其自述，"孙中山君之盛倡三民主义于日东也，余方弱冠，留学彼中，标新领异，独揭三无主义之说"。不过，在日本期间江亢虎的"三无主义"除张继等人外，无应和者。③ 因此吴在受"三无主义"影响大概要到 1911 年后江氏主导中国社会党时。当时吴氏在上海教书，而上海正是中国社会党发起最早、党员最多之地。④

　　"三无主义"影响吴在的第一个途径是报刊。自 1911 年 7 月起，江亢虎发表了《三无主义悬论》《无家庭主义意见书》等一系列他早已写成，但未见公之于众的文章。这些文章的主要内容就是谈宗教、国家和家庭之苦。他还编写了一本小册子叫《社会主义述古》，强调"社会主义非西人新创之学说也，我中国夙有之"，只是"无能倡道之成一教宗，

---

①　光亮：《河上底左倾》，《民国日报·觉悟》1921 年 9 月 25 日，第 4 张第 4 版。

②　萍：《时闻杂录》，《论语》第 26 期，1933 年 10 月 1 日，第 96 页。

③　江亢虎：《三无主义悬论》（上篇，1911 年 7 月），汪佩伟编《中国近代思想家文库·江亢虎卷》，第 97 页。

④　江亢虎：《中国社会党略史》（1914 年），汪佩伟编《中国近代思想家文库·江亢虎卷》，第 218 页。

组织之成一科学者"。①

对江亢虎宣扬"三无主义"的著述，有支持者如天放（疑为金松岑）在《社会世界》作诗以应和之。表示反对的人也不少，文章多见于《社会世界》《圣教杂志》。②不过，无论支持还是反对都可见"三无主义"思想在当时已形成一定声势。

另一个影响途径是中国社会党的实际活动。该党兴盛时据说有支部 400 余个，党员 50 余万人。③江亢虎为聚拢组织、拓展影响，在上海各处如城东女学、惜阴公会、张园等多有演讲、集会，同时在苏州、杭州、嘉兴、绍兴等地也活动频繁。④

第二种思想资源是谭嗣同的《仁学》。《仁学》是清末民初诸多趋新读书人争相阅读的著名新书，也是著名禁书。但它在清末和民初两个时段影响的重点不同。在清末，《仁学》中关于"排满"的部分对读书人具有强大吸引力。钱穆读其"豚尾"之说后就去剪了辫子。到民初，清廷已倒，满洲已去，《仁学》中与"宥天下"相关的部分开始更能吸引读书人：

①　江亢虎：《三无主义悬论》（上篇，1911 年 7 月）、《社会主义述古绪言》（1911 年 9 月），汪佩伟编《中国近代思想家文库·江亢虎卷》，第 93—98、110—111 页；徐徐：《无家庭主义意见书》，《社会党月刊》第 1 期，1912 年 3 月，第 1—5 页。

②　天放：《读社会党月刊无家庭主义书后》，《社会世界》第 4 期，1912 年 7 月 15 日，第 80 页；社会党人来稿（佚名）：《三无主义之研究》，《社会世界》第 5 期，1912 年 11 月，第 7—12 页；陈汲新：《三无主义之足以亡国说》，《圣教杂志》第 1 卷第 11 期，1912 年 11 月，合订本第 229—232 页；陈若瑟：《读陈汲新君三无主义之足以亡国说书后》，《圣教杂志》第 2 卷第 4 期，1913 年 4 月，合订本第 126—128 页。

③　江亢虎：《中国社会党略史》（1914 年），汪佩伟编《中国近代思想家文库·江亢虎卷》，第 217 页；参见黄彦《中国社会党述评》，陈绛主编《近代中国》第 14 辑，上海社会科学院出版社，2004，第 133 页。

④　江亢虎：《城东女学社毕业演说词》（1911 年 7 月）、《惜阴公会演说词》（1911 年 7 月）、《社会主义研究会演说词》（1911 年 7 月），汪佩伟编《中国近代思想家文库·江亢虎卷》，第 75—76、77—78、86—87 页。

地球之治也，以有天下而无国也。庄曰："闻在宥天下，不闻治天下。"治者，有国之义也；在宥者，无国之义也。□□□曰："'在宥'，盖'自由'之转音。"旨哉言乎！人人能自由，是必为无国之民。无国则畛域化，战争息，猜忌绝，权谋弃，彼我亡，平等出；且虽有天下，若无天下矣。君主废，则贵贱平；公理明，则贫富均。千里万里，一家一人，视其家，逆旅也；视其人，同胞也。父无所用其慈，子无所用其孝，兄弟忘其友恭，夫妇忘其倡随。若西书中百年一觉者，殆仿佛礼运大同之象焉。[1]

这段话和《仁学》其他的相关段落明显是"三无主义"思想的重要来源，因为谭嗣同已说要"君主废""贵贱平""贫富均"，以及"千里万里，一家一人"。在苏州加入中国社会党的叶圣陶曾以"三无主义"来理解《仁学》，由此发现了一条影响现代中国思想发展的重要线索："谭浏阳谓古称五伦，唯朋友一宗几仁"，其他君臣、父母、兄弟、夫妇等均可不论或去除之。[2]

第三种思想资源是康有为的《大同书》。梁启超在《清代学术概论》中概括《大同书》的主要内容有 13 个方面。[3] 但截至 1918 年，吴在没有机会了解到《大同书》13 个方面的全貌，对他有影响的是 1913 年发表在《不忍》杂志上的《大同书》甲部《入世界观众苦》和乙部《去国界合大地》。虽然只是《大同书》的甲、乙两部，并非全册，但康有为在这两部分中已阐明"家之牵累"和"国之牵累"，其中

---

① 《仁学：谭嗣同集》，加润国选注，辽宁人民出版社，1994，第 111 页。

② 转引自商金林撰著《叶圣陶年谱长编》第 1 卷，第 114 页。

③ 梁启超：《清代学术概论》，商务印书馆，1930，第 82—83 页。

特别提到君臣、夫妇虽被"号为大经",却并非"天之所立,人之所为"。君主专制其国,鱼肉臣民,"视若虫沙,恣其残暴";丈夫专制其家,鱼肉妻孥,"视若奴婢,恣其凌暴"。所以一定要"去国界,合大地","去家界,为天民"。①

以上三种思想资源以江亢虎的思想学说为主,谭嗣同《仁学》与康有为《大同书》为辅,它们交错杂糅推动吴在写出《宥言》。这种思想资源的交错杂糅现象在当时有一定普遍性,叶圣陶读《大同书》时就感到"彼言吾人堕地便苦,欲灭其苦,厥惟大同,犹是社会主义所标耳"。②周予同则指出,1919年前在广大青年中一方面流行无政府主义的小册子,另一方面康有为的《大同书》、谭嗣同的《仁学》"在当时尚有相当的权威",因为他们的思想与无政府主义思想有"相通之道"。③直到1930年,商务印书馆出版厚达1000余页的《教育大辞书》。该书中,康有为有专门词条,特别指出他的思想"与所谓世界主义、社会主义、共产主义者之言多无所异","在三十年前凡此主义,国人一未梦想,而其言乃至此,则其创造力之丰富亦可惊"。④

厘清《宥言》写作的诸种思想资源后,接下来的问题是:钱穆对河上肇这种有些错乱却又根深蒂固的记忆从何而来?对此,需要讨论钱穆与"转型时代"主义的地方传播究竟如何联系。

---

① 康有为:《大同书甲部·入世界观众苦》,《不忍》第1期,1913年2月15日,第1—20页;《大同书乙部·去国界合大地》,《不忍》第5期,1913年6月15日,第1—20页。

② 转引自商金林撰著《叶圣陶年谱长编》第1卷,第194页。

③ 周予同:《过去了的"五四"》,《中学生》第5期,1930年5月1日,第3页。

④ 唐钺、朱经农、高觉敷主编《教育大辞书》,商务印书馆,1930,第1005页。

第二节　钱穆与主义的地方传播

钱穆与主义的地方传播的关系可以从三个层面来观察。第一个层面是钱穆对京沪报刊的阅读。钱穆经常阅读关联于主义的京沪报刊。有直接证据的是《新青年》、《新潮》、《甲寅》和《时事新报》。钱穆在回忆录中自陈"逐月看《新青年》"；《时事新报》的著名副刊《学灯》则是他早年文章发表最多之处；在钱穆著作《国学概论》中则在多处直接阐明了他阅读过《新潮》《甲寅》上的文章。①

以上报刊都是"转型时代"传播主义的重要阵地，以《时事新报》为例，它就是钱穆接触、了解主义的一大窗口。经由这个窗口，钱穆熟悉了河上肇的思想学说，因为从1919年到1921年《时事新报》刊登了大量直译、重译的河上肇文章，或较多引用其观点的文章。这些文章不仅刊登的位置醒目，②而且会"重复"翻译。③

同样经由这个窗口，钱穆开始了对"罗素式社会主义"的持续追踪。1920年10月起罗素访华，《时事新报》一面追踪报道罗素在华的活

---

① 钱穆：《八十忆双亲·师友杂忆》，第93页；钱穆：《国学概论》下册，商务印书馆，1936，第154页。

② 如1919年12月9日《学灯》刊登的两篇文章都是河上肇学说的译文：河上肇著，东里译《利己主义与利他主义》，《时事新报·学灯》1919年12月9日，第3张第3版；安体诚译述《河上肇博士关于马可思之唯物史观的一考察》（续），《时事新报·学灯》1919年12月9日，第3张第3版。

③ 摩汉：《社会主义之进化》，《时事新报·学灯》1919年6月11—16日，第3张第3版；河上肇著，黄七五译《社会主义之进化谈》，《时事新报·学灯》1920年9月2—6日，第4张第1、2版。有研究者即指出：两文均译自河上肇《社会问题研究》第五册之《社会问题的进化》，而且"黄七五翻译之版本相较前一译文并无特别过优之处，且对前译文亦无明显的参考痕迹"。刘庆霖：《民国时期河上肇的论著在中国的译介及译书版本之比较研究》，第八届北京大学史学论坛论文，2012年3月。

动，一面持续刊登罗素译文和其在华的演讲、谈话，其中多有关于各种主义者，代表性文章有《改造社会的基本原理》《罗素论唯物史观》《罗素与俄记者的谈话》《罗素在宁演讲俄国近状》《布尔札维克与世界政治》《社会主义与革进之理想》《北京讲学社欢迎罗素》等。[①] 因受罗素影响颇深，1923 年，钱穆在《时事新报·学灯》上发表的文章《旁观者言》中特别指出：

> 罗素可以说是受过科学薰染的一个人，他对于这次欧洲大战争所下的观察批评和以后人类应该走的路的提供，也不好说他一些没有科学的头脑，即使说他充满着科学的精神，也不十分过分，安见得科学与世界主义的相违反呢？但是罗素的书中，尽力提倡解放人类各种的正当冲动，而使之自由，对于宗教、文学、美术等等，均有相当之意见，却不似丁（文江）先生似的把科学两字抹杀其他一切。[②]

有间接证据的是《东方杂志》《教育杂志》《新教育》《申报》等报刊。钱穆在这些报刊上均有文章发表，它们也大多在地方上风行，由此

[①] 《改造社会的基本原理》，《时事新报》1920 年 10 月 15 日，第 3 张第 1 版；《罗素论唯物史观》，《时事新报》1920 年 10 月 19 日，第 1 张第 1 版；《罗素与俄记者的谈话》，《时事新报》1920 年 10 月 22 日，第 3 张第 1 版；《罗素在宁演讲俄国近状》，《时事新报》1920 年 10 月 25 日，第 2 张第 1 版；《布尔札维克与世界政治》，《时事新报·学灯》1920 年 11 月 3、4、6、11、13、16 日，第 4 张第 1 版；《社会主义与革进之理想》，《时事新报》1920 年 11 月 7、8、9、10、11 日，第 1 张第 1 版；《北京讲学社欢迎罗素》（续），《时事新报》1920 年 11 月 13 日，第 2 张第 1 版。

[②] 穆：《旁观者言（一）》，《时事新报·学灯》1923 年 7 月 9 日，第 1—2 版。於梅舫敏锐注意到钱穆与"罗素式社会主义"间的联系，但他利用的文本是后辑的罗素演讲稿汇编，基本采自《晨报》《民国日报》，而未用《时事新报》，因此对这条线索的影响方式和影响程度的估量有些微偏差。参见於梅舫《心学"乌托邦"：钱穆〈国学概论〉之理路与志趣发微》，《中山大学学报》2020 年第 3 期，第 74—86 页。

推测钱穆对其中和主义相关的文章应有所涉猎。[①]另外1923—1927年钱穆任教于无锡江苏省立第三师范学校（以下简称"三师"）。三师为无锡地方上的教育重镇，图书室内订购不少报刊，有商务印书馆旗下的著名杂志、南京高等师范学校和东南大学教授主办的《学衡》、中国青年党的机关刊物《醒狮周报》等。如此优越的阅读条件在当时连不少内地的大学、高师也未必能比。[②]

三师订购的京沪报刊不仅为在校师生带来便利，开拓了他们的眼界，更影响着三师自办刊物的内容与倾向。这涉及钱穆与主义的地方传播相联系的第二个层面——他和无锡地方报刊的关联。

钱穆和无锡地方报刊的关联首先体现在三师自办刊物《弘毅月刊》上。钱穆既是《弘毅月刊》的作者，也是《弘毅月刊》的读者。此刊发表过不少摘录自《新教育》《东方杂志》《改造》等沪上报刊的文章，[③]如施存统翻译的河上肇文章《马克思底理想及其实现底过程》、蒋百里的

[①] 　如《东方杂志》发表过范寿康译述的《马克思的唯物史观》，此文据译述者说："我的这篇文章是根据日本河上肇博士的《社会问题研究》第三册的《马克思社会主义的理论的体系（其三）》做的。我对马克思的大著《资本论》及《经济学批评》也尚没有披读的光荣；所以原文都是从那册《社会问题研究》抄下来的，译注解释虽间有少许的私见，可说完全是根据河上肇博士的意见。现在根据河上博士的分段法将马克思的唯物史观分作五段，再将每段的字句逐一译注起来。"参见范寿康《马克思的唯物史观》，《东方杂志》第18卷第1号，1921年1月10日，第60页。另有N.Lenin著《俄国近时的经济地位》，此文据译者惟志说："这一篇载在本年七月的'Soviet Russian'里面，日本河上肇所著的《社会问题研究》里曾把他译出。现在这一篇是根据河上肇的译文重译的。他节去的地方，我们也不曾补译。河上肇在译文后边还加上了一段问答体的按语，颇有价值，所以把他一并译在下面。"参见N.Lenin著，惟志译《俄国近时的经济地位》，《东方杂志》第18卷第22号，1921年11月25日，第35页。另见河上肇著，施存统译《马克思底理想及其实现底过程》，《东方杂志》第19卷第6期，1922年3月25日，第34—46页。

[②] 　徐铸成：《报海旧闻（修订版）》，生活·读书·新知三联书店，2010，第128页。

[③] 　对于《弘毅月刊》如何"摘录"书报，《弘毅月刊》编者曾有这样的自陈："'书报介绍'一项，是校内教员和学生摘选著名的书报而成。因为现在一般书报，但谋'数的'增加……而未及'质的'尽善。拉杂看去，耗费的时间和精力是怎样？耗费的银钱又怎样？我们情愿牺牲自己，效神农氏的尝百草，虽一日而遇七十二毒，而所毒还在一部分，不致众人遇毒，遍体糜烂。"江源岷：《编辑弘毅月刊的说明》（1922年5月1日），《时事新报·学灯》1922年5月13日，第4版。

《社会主义怎样宣传》(此文特别提到河上肇的《贫乏物语》)、济之的《托尔斯泰的哲学》和河田嗣郎著，于树德译《农业社会主义论》等。这几篇文章的共同特点是：它们都和主义直接相关；均由钱穆族叔，也同样在三师任教的钱基博亲自来改写文章内容和撰述文章提要。①

在三师自办刊物《弘毅月刊》之外，无锡城内的各种报刊也与钱穆有千丝万缕的联系。② 1920 年代，无锡地方报刊中有不少在积极传播、宣扬主义，如《无锡新报》的《思潮月刊》《星期增刊》，《无锡新闻》的《锡声》副刊，以及《无锡评论》、《新无锡》和《锡报》等。其中《星期增刊》是无锡地区宣传五四新文化的第一副刊；《锡声》和《无锡评论》则由先进社团锡社与孤星社主持，是无锡当地推动国民革命发展，传播三民主义、其他社会主义和马克思主义的舆论源头。③ 以上报

---

① 河上肇著，施存统译《马克思主义底理想及其实现底过程》，《东方杂志》第 19 卷第 6 期，1922 年 3 月 25 日，第 34—46 页；百里：《社会主义怎样宣传》，《改造》第 4 卷第 2 期，1921 年 10 月 15 日，第 1—3 页；济之：《托尔斯泰的哲学》，《改造》第 4 卷第 2 期，1921 年 10 月 15 日，第 1—8 页；河田嗣郎著，于树德译《农业社会主义论》，《改造》第 4 卷第 4 期，1921 年 12 月 15 日，第 1—32 页。

② 钱穆在《师友杂忆》中提到他曾投稿一种刊物，释"易卦"中三字，发表在第 2 号。这刊物就是《无锡新报》的增刊——《思潮月刊》，但钱穆回忆有一些错误。他的文章名为《与子泉宗长书》，发表在《思潮月刊》第 1 号，为何他错记为"第 2 号"？缘于《无锡新报》的增刊不止《思潮月刊》一种，还有《星期增刊》《文学月刊》等，相当容易混淆。而且《思潮月刊》第 1—3 号另有一篇文章名《读易阐微》，钱穆应也读过，这进一步增加了他错误记忆的可能性。参见钱穆《八十忆双亲·师友杂忆》，第 127 页；钱穆《与子泉宗长书》，《无锡新报·思潮月刊》第 1 号，1922 年 9 月 16 日，第 1、2 版；陆仁寿《读易阐微》，《无锡新报·思潮月刊》第 1、2、3 号，1922 年 9 月 16 日、10 月 16 日、11 月 16 日，第 1、2 版。

③ 1924 年 1 月 29 日，上海各大学的无锡籍学生缪斌、王启周等 14 人在无锡城内公花园池上草堂成立"锡社"。该社属于新文化青年聚集的团体，但由新型国民党人充当骨干并已有意识地开展党务活动。同月，上海大学无锡籍学生安剑平、糜文浩、严朴等成立"中国孤星社"。这些青年虽是国民党员，但后来不少加入中国共产党。为拓展家乡社务，孤星社因锡社在无锡上层社会有广泛关系，有意与其合作。7 月，锡社响应孤星社合作意向，在上海，锡社社员全体加入孤星社；在无锡，孤星社社员全体加入锡社。5 月 17 日合作成立。朱邦华：《无锡民国史话》，政协江苏省委员会、文史资料委员会编印《江苏文史资料》第 129 辑，2000，第 44—45 页。

刊钱穆都有涉猎,在此过程中他触及的是一个从全国汇聚江南,由江南落于无锡,最后聚焦于三师的主义传播之网。

这张大网中有中共和国民党。1924年11月,恽代英在三师演讲,论及江浙齐卢之战、帝国主义的危害,进而宣传三民主义。[①]1925年4月5日,无锡各界在三师礼堂追悼孙中山,又请恽代英演讲。他从孙中山逝世谈起,讲到北京政府和帝国主义的关系,层层分析形势,号召青年奋起救国。演讲吸引、感动了不少在场青年。据徐铸成回忆,"(恽代英)分析极清楚,语言生动,感染力极强,可以说,我生平从没有听到过这样有强烈吸引力的演说"。[②]在追悼现场,锡社、孤星社同人趁势分发《无锡评论》500份、《中山追悼特刊》2000份,以推动主义宣传。[③]6月18日,国民党元老吴稚晖回乡扫墓,锡社同人邀请他至三师演讲,听讲者千余人。吴氏讲词涉及五卅运动、各种主义,也谈到他对中国未来的设想。[④]

除了中共和国民党,主义传播的大网中亦不乏中国青年党和其他中小党派的身影。如1925年10月中国青年党重要人物曾琦在三师演讲,题目为《国家主义者之四大论据》,其中直接说:"国家主义乃为救时之良药。"这些话明显带有思想竞争的意味,是对恽代英、吴稚晖等人之前演讲的有的而发。[⑤]

以上活动,钱穆或在现场,或很有可能在现场。可以说1920年代中后期钱穆虽人在无锡一隅,但也面对地方上多党竞逐的局面,进入了

① 《管文蔚回忆录》,人民出版社,1985,第23页。

② 徐铸成:《报海旧闻(修订版)》,第129页。

③ 《本社消息》,《无锡评论》第14期,1925年5月1日,第25页;朱邦华:《无锡民国史话》,《江苏文史资料》第129辑,第47页。

④ 《吴稚晖演讲纪详》,《无锡新闻》1925年6月19日,第2版。

⑤ 曾琦:《国家主义者之四大论据》(1925年10月),《弘毅月刊》第1卷第2期,1925年12月15日,第10页。

一个"吾人立身行己,不可无一定之主义"的时代,这样的时代转折当然会对他产生行动上的影响。一个例子是 1926 年"五卅"运动周年纪念日,三师成立"国服同志会"以提倡国货,养成爱国思想。钱穆担任该会宣传部委员。[1] 另一个例子是 1929 年钱穆在苏州中学演讲,题目是《学生运动之意义及其价值》。[2]

钱穆与主义的地方传播可讨论的第三个层面是他的人际交往。1919—1922 年钱穆在后宅小学任教,结识同事蔡英章。蔡氏倾向革命,到国民革命时成为无锡当地农民运动领导人,不久被捕牺牲。[3] 在三师任教期间,在钱穆的学生中,管文蔚、钱俊瑞、黄祥宾、朱士能等人都是"革命青年"。虽然管文蔚回忆,恽代英来三师演讲后,钱穆曾对他说:"上海大学那个姓恽的,肯定是过激派,你们不能相信他的话。请这种人来讲演,对学校是不利的。"管氏听后表示愤愤不满。[4] 但在钱穆的回忆里,他与管文蔚、钱俊瑞等"师生之谊皆甚挚",特别是后来"绾江苏省政"的管文蔚"犹常派人至余苏州家中问候"。[5] 两相对照,至少证明钱穆和三师校内的革命青年有一定往来,否则不会有直接对话。革命青年虽未必与钱穆当面多谈主义,但他们在想些什么、做些什么,钱穆应有一定的了解。

综合以上三个层面,主义的地方传播对钱穆行动的直接影响不多,但文字的间接印痕不少,较多反映在钱穆 1920 年代中后期的著

---

[1] 《国服同志会纪要》,《江苏省立第三师范学校校友会月刊》第 9、10 期合刊,1926 年 7 月,第 28 页。

[2] 《五月革命纪念演讲》,《苏中校刊》第 19、20 期合刊,1929 年。

[3] 钱穆:《八十忆双亲·师友杂忆》,第 117 页;中共江苏省委党史资料征集委员会、江苏省革命斗争史编纂委员会编印《1919—1937 江苏革命斗争史纪略》(征求意见稿),1982,第 308 页。

[4] 《管文蔚回忆录》,第 24 页。

[5] 钱穆:《八十忆双亲·师友杂忆》,第 131 页。

述中。

在 1924 年完成的《论语要略》里，钱穆文字中已有不少"阶级分析"的味道。如他说"二千四百年前社会之情形，与今日绝相悬殊者，厥有一端，曰'贵族阶级之存在'是已。于斯时也，社会有显相分别之两阶级，一曰'贵族'，一曰'平民'"。[①]

在 1925 年出版的《孟子要略》中钱穆则认为孟子学说相较孔子"正名复礼"的主张为进步，但惋惜孟子始终未能明确提倡"平民革命"。他又总结许行并耕之说的要点为：人人自食其力，无分贵贱，都须劳动；人类劳动，以分工互助为目的，故主以工品直接交易，而打破财产牟利之制；人类既尽能以劳动相互助，则可以无政府之设施。其后更特别指出，"无治之论，至今犹为高调，未可见之实施。则孟子之说，为切近于人事矣"。[②]

同年钱穆在三师孔子诞日演讲，则认为讲社会主义未免抹杀个人，讲个人主义又不肯顾全社会，这是欧洲现代思想的极端，没有调和的余地。而孔子学说的特点是能调和社会主义与个人主义。[③]

以上这些话大概非多接触主义著述写不出来。[④] 在 1927 年春完

---

① 钱穆：《论语要略》，商务印书馆，1925，第 59 页。

② 钱穆：《四书释义》，《钱宾四先生全集》第 2 册，第 200、214 页。

③ 钱穆：《孔子略史及其学说之地位》，《弘毅月刊》第 1 卷第 2 期，1925 年 12 月 15 日。

④ 钱穆接触主义著述的具体路径尚待深入考察，目前只能有一些思考的线索，比如可以注意吴虞登载在《时事新报》上的文章《墨子的劳农主义》，《时事新报》1922 年 3 月 4、5、7 日。熊梦的《许学微》等谈先秦诸子经济思想的文章、著作。值得玩味的是，钱穆等地方读书人是"正向"受到以上著述影响，而胡适、钱玄同等处于北京中心的"教授们"早在揶揄、讽刺这些地方读书人所津津乐道的"新思想"。如 1923 年胡适就说某个四川人（待考）写了好几本关于许行的书，"内中所言真是荒谬绝伦"！如"许行是主张劳农专政而反对无政府主义的"，许行所处的社会是"男女同样劳作，并且完全平等"。又说吴虞"自命为新人物"，"他对于新道理本是丝毫不懂的，不过以骂孔丘而得名罢了"。《钱玄同日记（整理本）》（中），第 509 页，1923 年 2 月 3 日条。

成前七章，1928 年春完稿的钱穆名著《国学概论》里，常出现"新思潮""觉醒""阶级""绅士""劳工""平民""左派""右派""平等""无政府主义"等在革命青年中流行的概念。[1]

在梳理了钱穆和主义接触与被影响的过程后，需要进一步分析的是"转型时代"主义传播的"南北差异"和"南方特征"。

第三节 主义传播的"南北差异"与"南方特征"

中国各方面的南北差异长久存在，也很早进入了学术分析。[2]就"主义传播"而言，北方各大城市特别是北京，受到日本、苏联的主义发展的影响甚深，有率先在中国宣传主义的"少数精英"、有"少数精英"能够宣传主义的得天独厚条件。

但北方"少数精英"心中和笔下的主义向哪里传播呢？有北京的大、中学校学生，有天津、唐山、保定等地的一小部分趋新读书人，即使加上长辛店的先进工人，受众也仍然不够广大。在以北京为中心的辐射范围内，不少地方大概都难觅识文断字者，更遑论接触和理解主义。对此，既有研究已有注意，石川祯浩就对此解释说：《晨报》的流通也基本上限于北京周围；但是，在开辟了副刊之后，通过当时设于中国各

---

[1] 如《国学概论》第五章就直接命名为《晚汉之新思潮》。第二章中则有"士阶级""先秦诸子中可称左派，而儒家一脉则右派也""'儒'者譬今之所谓绅士，'墨'者譬今之所谓劳工也""庄老之议，似克鲁泡特金之无政府主义"等语。钱穆：《国学概论》上册，第43、45、61 页。

[2] 如胡适就把白话小说分作南北两组。北方是平话小说，南方是讽刺小说。讽刺小说作者多是文人，往往还是有思想、有经验的文人。他们的小说在语言方面，往往不如北方小说那样漂亮灵动。但思想见解方面，都含有讽刺作用，可以算是社会问题的小说。参见胡适《五十年来中国之文学》，季羡林主编《胡适全集》第 2 卷，第 310—311 页。

大城市的书报贩卖部等，也获得了外地的定期读者。除了这批直接购阅者外，《晨报副刊》的文章还因其立意新颖而被全国主要报纸杂志屡屡转载，其影响远不止于一份地方报纸。"①

以书报贩卖和报刊转载为证据判定一份报纸在更大范围的影响力，诚然在一定程度上可以成立，但有两个疑问还需更充分地回应。

一个疑问是各地新青年贩卖书报的持久力如何？是旋起旋灭、短暂维持的，还是长期存在、历久弥坚的？目前看，若从毛泽东、恽代英等人的例子看，长期存在、历久弥坚的为极少数，旋起旋灭、短暂维持的是大多数。

另一个疑问是，全国主要报刊，比如《时事新报》转载《晨报》的文章有多少？《时事新报》原创的关于主义的文章又有多少？在南方，《时事新报》的影响力与《晨报》相比，孰轻孰重？答案是《时事新报》的原创文章大大多于转载文章。一个典型例子为罗素访华时，不少罗素在华的演讲记录稿，《晨报》多转载自《时事新报》。②同时《时事新报》在南方的影响远大于《晨报》，在北方的影响也未必就小于《晨报》。③

正因有以上两个疑问存在，谈到上海报刊，石川祯浩的说法是："似乎是受到了《晨报副刊》的马克思主义宣传的影响，上海出版的《建设》、《星期评论》、《民国日报》的副刊《觉悟》这些国民党系刊物，

---

① 〔日〕石川祯浩：《中国共产党成立史》，袁广泉译，中国社会科学出版社，2006，第8页。

② 如罗素的《改造社会的基本原理》，《时事新报》首发于1920年10月15日，《晨报》转载于10月17日；罗素关于教育效用的演讲，《时事新报》首发于1920年10月17日，《晨报》转载于10月24日。

③ 如吴虞看到他的文章《墨子的劳农主义》登在《时事新报》上，就在日记中说"此胜登《晨报》矣！"中国革命博物馆整理《吴虞日记》（下），四川人民出版社，1986，第24页，1922年3月31日条。

也从 1919 年夏开始积极介绍各种社会主义学说。"①

　　南方报刊自然不能说完全没有来自北方报刊的影响，因为中国的南北方本就常在联系、交流之中。但南方的国民党系报刊、研究系报刊、政学系报刊、无明显党派立场的商业性报刊之开始传播主义，有些甚至早于北方开始传播主义，最重要的原因不是来自北方的影响，而是它们主要在上海印刷出版，可以由直接的渠道生产出主义；同时上海又有其"周边"地区乃至南方诸多其他地区可以传播主义。这些报刊拥有比北京周边范围更广大的思想市场和商业市场，在这些市场里受主义传播影响的主要人群就是钱穆这样的地方读书人。

　　他们的基本状况可以这样描述：从清末开始这些地方读书人就一知半解、囫囵吞枣地跟踪各种各样的新思潮，其中大多来自日本，一小部分来自欧美；不少人知道俄国革命这件事，但未必清楚俄国革命究竟是怎么回事。② 这些地方读书人缺乏或压根没有外语能力，但对外语学习始终抱有一定兴趣；谈不上掌握印刷传媒资源，只是或积极或偶尔向上海报刊投稿。但正是这样的状况使他们具备接受主义的基础，同时又在与主义互动的过程中，开始主义的宣传。

　　第二个问题是，上述地方读书人的"基本状况"究竟如何形成？这就要讨论"转型时代"主义传播的"南方特征"。钱穆正是一个较能充分反映这种特征的地方读书人。在钱穆认知的主义学说里，前文已证明他大量接触了河上肇、罗素著述的译介文章，以及与河上肇、罗素思想相关的评论文章，但对钱穆等南方读书人认知主义有长期影响的却

---

① 〔日〕石川祯浩：《中国共产党成立史》，第 23 页。

② 管文蔚父亲对俄国革命的理解就是一个显例。他的认知是"民国六年（一九一七年），苏俄的劳农就造反了。他们打倒了皇帝，又打倒了地主。土地也分掉了，成立了劳农政府。劳农党坐天下了！""事情是千真万确的。——不过，劳农不识字，没有知识，有怎么能坐天下呢？还不是和'长毛'一样，恐怕长不了。"《管文蔚回忆录》，第 15—16 页。

不只是河上肇、罗素, 还有石川祯浩不太看重的、从上海传播出去的江亢虎等。[①] 这不仅在钱穆的经历中表现出来, 还有很多其他读书人的证据。

1911 年, 在上海的蒋维乔读江亢虎主办的《社会星》杂志, 日人所著的《社会主义》和《近世社会主义》。与江亢虎见面时, 蒋维乔觉得他提倡的社会主义 "与余夙昔怀抱之主义相合", 蒋氏还去听过蔡元培在 (中国) 社会党本部关于社会主义的演讲, "解释世界及人类之由来, 而推本极至理想极乐世界"。蒋氏听后觉得 "令人闻所未闻"。[②]

1912 年底, 顾颉刚一年多来苦心搜集的 "社会主义书" 已有四大包。他离开苏州去北京时将书 "尽以相付" 叶圣陶。叶圣陶则回忆称: "民国元年, 我当了小学教师, 其时 '社会主义' 这个名词刚才输入, 上海和各地都有 '社会党' 的组织, 我看了他们的书报, 就动手写一部小说, 描写近乎社会主义的理想世界。"[③] 这个 "社会主义" 主要就是江亢虎等人所谈论、所宣传的 "社会主义"。

1919 年, 毛泽东则称江亢虎与蔡元培、吴敬恒、刘师复、陈独秀等 "首倡革新"。他特别提到这些人物对中国革命的影响是 "甚至国家要

---

① 在张东荪看来, 在中国劳动阶级的 "阶级意识" 产生之前, "这种未自觉的劳动者, 人数又少, 直不能有何势力。所以民国元年的社会党立刻消灭"。但张的说法恰说明民初社会党能够扩张的基础在读书人。张东荪: 《现在与将来》, 《改造》第 3 卷第 4 期, 1920 年 12 月 15 日, 第 26 页。

② 汪家熔校注《蒋维乔日记》, 商务印书馆, 2019, 第 463、478、479、480、481、482、483、484 页, 辛亥六月十六日, 九月初五、初八、初十、十七、廿一、廿五、廿七日, 十月初四、初六、十二、十三、十八日条。

③ 转引自商金林撰著《叶圣陶年谱长编》第 1 卷, 第 97、106、189 页。当然无须讳言叶圣陶在 1915 年与友人谈论昔年社会党中人物, 认为 "其足取者乃莫可得什一。当时振于好奇之心, 遂与魑魅为伍。由今以思, 真如痫作"。不过需注意一个人若经常反思从前某事, 大概恰能证明此事对他影响之大。

不要，家庭要不要，婚姻要不要，财产应私有应共有，都成了亟待研究的问题"；然后毛泽东才提到中国革命的外来因素即"欧洲的大战，激起了俄国的革命，潮流侵卷，自西向东"。①1920 年他在给蔡和森、萧子升的信中也表露出受到三无主义影响的一些痕迹，说："（我们）多数人都觉得自己是人类的一员，而不愿意更繁复地隶属于无意义之某一国家，某一家庭，或某一宗教。"②到 1936 年，毛泽东仍在告诉斯诺："（当时）我读了江亢虎写的一些关于社会主义及其原理的小册子，我热情地写信给几个同班同学，讨论这个问题。"③

与吴在、蒋维乔、顾颉刚、叶绍钧、毛泽东等同时代人物相比，钱穆的特别之处在他接触主义不是听江亢虎演说而来，也不是通过阅读其主办刊物、出版书籍或参加其政党、社团而来。钱穆接触主义是由江亢虎信徒吴在的著作《宥言》辗转得来。同时，《宥言》中也并不全部是江亢虎的学说，亦不乏谭嗣同和康有为的思想，在钱穆的理解里更是叠加了他自己阅读清末新书和中国典籍后的独到体认。这说明，地方上的主义不仅是传入的、突然的，也同时是本土的、延绵的。学界尽管承认江亢虎和中国社会党及其学说在民初有一定声势，也对康有为和谭嗣同的思想有很多研究，但在主义传播问题上仍较多是以"文字——对应"或"寻找马克思主义痕迹"来做联结，对于这些人和学说在地方读书人心目中所产生的长远影响，特别是其与主义传播的深度联系大概仍需更多

① 《健学会之成立及进行》（1919 年 7 月 21 日），《毛泽东早期文稿（1912.6—1920.11）》，湖南出版社，1990，第 364 页。毛泽东的"南方认同"突出表现在他向斯诺抱怨那些"新文化运动头面人物"，说："他们都是些大忙人，没有时间听一个图书馆助理员说南方话。"〔美〕埃德加·斯诺：《西行漫记》，董乐山译，解放军文艺出版社，2002，第 112 页。

② 《致蔡和森等》（1920 年 12 月 1 日），中共中央文献研究室编《毛泽东书信选集》，中央文献出版社，2003，第 2 页。

③ 〔美〕埃德加·斯诺：《西行漫记》，第 104 页。

关注。①

　　"深度联系" 具体表现在主义传播的成功不会在一夜之间突然降临, 总是有若干先行的步骤。② 因此一方面, 不宜把清末歪曲或批判马克思学说的言论直接当作介绍和传播马克思主义的言论; 也不宜把这些言论在中国报刊上的发表直接当作马克思主义在中国的传播, 比如《万国公报》上连载的《大同学》、梁启超的《进化论革命者颉德之学说》和朱执信的《德意志社会革命家列传》。③

　　但另一方面, 也要认识到, 在 "转型时代", 南方形成了一种与北方不尽相同的主义传播氛围。这种氛围的形成必先有 "长期背景", 在 "长期背景" 中,《万国公报》、梁启超、朱执信的文章作为构成它的一个个分子而存在, 江亢虎等人的著述更是它的一个个组成部分。此正如傅斯年所言: "在春秋战国间书中, 无论是述说朝士典言的《国语》(《左传》在内), 或是记载个人思想的《论语》, 或是把深刻的观察合着沉郁的感情的《老子》五千言, 都只能生在一个长久发达的文化之后, 周密繁丰的人文之中。"④

　　傅斯年说的 "长久发达的文化" 和 "周密繁丰的人文" 指西周末年和春秋全世, 却也可以用来形容从明清以降到五四时期的南方, 尤其是江南。这里的主义传播氛围当然与俄国十月革命的巨大影响, 以及俄、

---

① 这种 "低估" 与五四人物常常抑低晚清民初人物, 抬高自身有大关系, 正如张东荪所言: "民国元年的时候只输入了 '社会主义' 四个大字, 多一个字也没有。" 东荪:《一个申说》,《改造》第 3 卷第 6 期, 1921 年 2 月 15 日, 第 57 页。

② 〔美〕伯纳尔:《一九〇七年以前中国的社会主义思潮》, 丘权政、符致兴译, 福建人民出版社, 1985, "中译本前言" 第 10 页。

③ 刘桂生、钱逊:《马克思主义在中国 "早期传播" 问题辨析》,《人民日报》1983 年 5 月 25 日, 第 5 版。

④ 傅斯年:《战国子家叙论》(1928 年), 欧阳哲生主编《傅斯年全集》第 2 卷, 第 264—265 页。

日和欧洲社会主义新潮流对中国社会的强大刺激密切相关，[①]但它也规定于明清以来源远流长的文化基因；形成于从晚清开始的读书人"咸与维新"之历史；激发于上海大中小报刊的主义文字轰炸与一定程度上的殊途同归；完成于地方读书人长时间对上海报刊的争相阅读、群聚讨论，继而超越纸上，走向实践。[②]

这个过程典型地发生于江南，但在中国南方各地区都或多或少会有类似的情形。谢觉哉观察到 1921 年前后湖南宁乡的那些"圣人之徒"虽基本不明"三无"究竟为何，但也常被他们用来攻击新文化。[③] 这也反映了从清末到 1920 年代整个南方的主义传播的大规模和主义氛围的大影响。如此才有张国焘所言的"上海《时事新报》，国民党主办的上海《民国日报》，《建设》月刊、《星期评论》及无数青年们主办的报刊都或多或少地同情甚至宣扬社会主义，并热心地介绍俄国革命的实况。已经踏进社会主义圈子与尚在边缘的人物，不仅撰文宣扬，有些已开始有所行动"。[④]

那么怎样的人在主义大风的推动下能够开始行动，并真正走向革命呢？或许从钱穆和那些走向革命之人的比较中可以得到答案。

[①] 朱成甲：《关于马克思主义早期传播研究述评》，中共"一大"会址纪念馆、上海革命历史博物馆筹备处编《上海革命史资料与研究》第 8 辑，上海古籍出版社，2008，第 524 页。

[②] 一个例子是 1924 年苏州吴江的《新黎里》报作周年纪念，报上的一篇地方读书人撰写的文章直接将本邑的报纸和上海报纸做并不贴切的比附，云："吴江报销数最广，信息灵通，可比新闻报。盛泽报招牌甚老，业营发达，可比申报。盛泾报异军突起，抗衡大国，可比新申报。舜湖公报议论警策，头角崭然，可比中华新报。大分湖报文采翩翩，风华自赏，可比神州日报。震属市乡公报别有怀抱，与众不同，可比时事新报。新盛泽报正言谠论，不畏强御，可比商报。新黎里报主三民主义，私淑中山，可比民国日报。"无稽：《本邑报纸和上海报纸比拟谭》，《新黎里》第 22 期，1924 年 4 月 1 日，第 4 版。

[③] 更值得注意的是，谢觉哉自己也并不太清楚江亢虎与"三无"的联系，要看了《民声》杂志后才知道。可见"三无"的言说和认知在一些地方已脱离具体相关人物，更具有无意识的传播"普遍性"。《谢觉哉日记》上卷，第 102—103、110 页，1922 年 10 月 5 日、11 月 6 日条。

[④] 张国焘：《我的回忆》第 1 册，第 84 页。

第四节　谁能走向革命

　　钱穆大量阅读关于主义的书、报、刊，钱穆亦在"转型时代"主义无处不在的氛围之中。但对一个具体人物来说，主义传播是一回事，主义传播后，主义和什么相结合使他能真正走向革命行动是另一回事。叶圣陶即说，在 1919—1921 年"各派的社会主义也像佳境胜区一样，引起许多青年幽讨的兴趣"，但很多人不过是流连瞻仰而已，"并没有凭行动来创造一种新境界的野心"。① 那么钱穆为何未能进入"行动"？谁又能够"凭行动来创造一种新境界"？

　　对此，刘昶曾以乡村教师群体为对象，讨论他们为何能走向革命。据他分析，原因主要与以下几个方面相关：一是他们与新知识、新思想的接触，二是他们穷困恶劣的生活条件和工作条件，三是他们周遭的闭塞落后环境。② 作为村镇教师时，钱穆的经历显然符合刘昶所言的第一方面的条件，但后两个方面就不适用于钱穆。他的社会上升相当顺利，生活和工作条件也在不断改善，周遭环境更谈不上闭塞落后。这提示在一定地域范围内，生活条件、工作条件、周遭环境等"走向革命"的推动力需要放在与都市、城市、县城、市镇、乡村的联系、互动中去讨论，一个具体人物亦有不少其遭际的特殊性，③ 由此，若要对谁能走向革

---

①　叶圣陶：《倪焕之》，叶至善、叶至美、叶志诚编《叶圣陶集》第 3 卷，江苏教育出版社，1987，第 190 页。

②　刘昶：《革命的普罗米修斯：民国时期的乡村教师》，〔美〕黄宗智主编《中国乡村研究》第 6 辑，福建教育出版社，2008，第 59—67 页。

③　在上虞下管小镇做小学教师的徐懋庸曾感叹："我虽已进入知识分子的队伍，但真正要做学问，如果搞'旧学'，下管所有的书远远不够，搞'新学'吗，同样书也不够。"这句话既说明出生于 1911 年的徐懋庸与出生于 1895 年的钱穆所受教育程度的代际差异，又说明浙东与江南获得书籍条件的地域差异，当然更有二人努力程度的差异。《徐懋庸选集》第 3 卷，第 243 页。

命做更多分析，以下三点值得更多注意。

第一，"入城又回乡"的青年显然更具有走向革命的可能性，尤其是进入过上海这样的都市的年轻人。钱穆早年基本在乡村、市镇中求学、教书，并没有在大城市长期生活的经验，这就使得首先他未能直接感受到都市的刺激，进而迸发出革命的冲动。

所谓感受到都市刺激是指"社会革命的基础就是利便的交通、发达的工厂、茂盛的商店"，它们"已经替劳动阶级里的人，做明言暗示的导师了"。[①] 但在中国都市里的"明言暗示"首先不是给到真正的劳动阶级，而是给到接触过主义学说、生活在主义氛围里的读书人。这既是一种民族屈辱的刺激，萧劲光就说，"在租界中，我们有一种令人窒息的压抑感，一种难以忍受的屈辱。明明是自己的国土，却好似异国他乡"，[②] 又是一种生活状况的刺激，从杭州来到上海的俞秀松说他自脱离浙江一师后，生活都靠朋友供给。家里没有钱寄来，以致经常身无分文！从他打工的虹口厚生铁厂到法租界里他暂时栖身的《星期评论》社，都是靠走路。即使他走得极快，都得花上整整一个小时。[③]

都市里读书人困窘的生活叠加上对穷苦人遭遇的耳闻目睹。那种感觉自家甚苦，同时又见不得更穷之人受苦的大刺激就油然而生。1919 年11 月，沈定一写下的《夜游上海有所见》就是这种大刺激的写照：

求布施！求布施！

饭馆子前十字路。

---

① 玄庐：《训练社会革命的"都市"》，《民国日报·觉悟》1920 年 9 月 23 日，第 4 张第 1 版。

② 肖劲光：《在上海外国语学社》，中共一大会址纪念馆、《红旗飘飘》编辑部编《红旗飘飘：社会主义青年团诞生七十周年专辑》，中国青年出版社，1990，第 307 页。

③ 俞秀松日记，1920 年 6 月 27 日条，上海市中共党史学会编《俞秀松文集》，中共党史出版社，2012，第 12 页。

汽车去马车来; 来也无数去无数。

"眼饱肚中饿, 口甜心里苦"。

只见得吃醉的人。

靠着车窗狂吐。

唉!"燕窝鱼翅"。

有讨, 讨; 有要, 要;

三个铜圆一顿饱。

冷尖尖的风, 黑漆漆的庙。

背贴背儿当棉袄。

糊糊涂涂困一觉。

听说近来抢劫多,

大概他们不曾梦见过强盗。

忽被冷风吹醒了,

瑟瑟缩, 又困着了!

那一边是谁家的小女儿,

"来嘘!""来嘘!"沿街叫!

风飕飕, 叫声渐渐低, 微微带着抖!

一个老婆子站在马路中间, 恶狠狠东边张一张, 又低下头来叹了一口气, 再望西边溜一溜。

夜夜亮的电光, 如何还不把他们的心思照透!

此刻没有什么汽车马车出风头了!

只有红庙角里两个叫化子呼! 呼! 依旧! [①]

① 玄庐 (沈定一):《夜游上海有所见》,《星期评论》第 25 期, 1919 年 11 月 23 日, 第 3 页。与沈定一这首诗意境相似的有郭沫若的诗作《上海的清晨》(《创造周报》第 2 期, 1923 年 5 月 20 日, 第 7 页)。

其次，缺乏都市生活经历让钱穆也难有机会获得缔结和拓展组织的训练。五四运动在都市中引发各类组织的缔结和拓展，1920 年 7 月，俞秀松在上海接待两个来自浙江金华的学生，他们来上海的目的就是"求点知识，并且来看这里有个组织"。[①] 而金华学生想看的都市革命者组织的缔结和拓展过程，我们通过中共早期领袖侯绍裘的经历能看得非常清楚。

五四运动前，侯绍裘已见过学生如何组织起来的"剧本"，按照他的话说，"我为什么突然有这样的计划，现在还想不明白。但大概是因为我在这个时候以前，已经过二次抵制日货的事"。第一次是 1915 年反对"二十一条"，在松江老家的侯绍裘联合同学印了许多反日传单。第二次是反对 1918 年"中日军事协定"。此时，侯绍裘已来到上海，在南洋中学读书，看到许多学生"排了队到护军使署里去请愿"。[②]

两个"剧本"指引着侯绍裘行动，五四则燃烧着他的"心内火"。五四期间他参加演讲团，间日和同学三五人为一组，在繁盛地点演讲；不去演讲时，他不是"消费在每日开议的评议会中"，便是参加种种爱国活动，如组织救国十人团等。[③] 这些演讲团、评议会和救国十人团除了成为侯绍裘宣泄爱国热情的出口，也在不知不觉中让他有了如何组织志同道合者的训练，更促使他思考以下问题：

> 我在这次大罢课以前，我的环境，完全是中等阶级的社会，与

---

① 俞秀松日记，1920 年 7 月 6 日条，《俞秀松文集》，第 25 页。

② 侯绍裘：《我的参与学生运动的回顾》，《学生杂志》第 10 卷第 1 期，1923 年 1 月 5 日，第 1 页。

③ 侯绍裘：《我的参与学生运动的回顾》，《学生杂志》第 10 卷第 1 期，1923 年 1 月 5 日，第 3 页。

第四阶级完全没有接触。但在演讲的时候，却大大地和他们接触了……在演讲时，每逢讲到国家的好处和亡国的苦痛等等题目时，不期然而然地起了怀疑：难道国家对于这种推小车的江北人也有好处吗？亡国之后，这种人难道还要苦吗？……这也未始不是我的社会主义思想的起点。[①]

以上问题的思考让侯绍裘联合同道办起"义务学校"，发行通俗出版物，组织"书报贩卖处"，直至最后他脱离学校生活，参加革命行动。很明显，他的人生转折发生在都市，走向革命依托于都市，然后又从都市回到市乡之间的松江。当他在松江干起革命时，已信奉一个道理："要转移社会，要改造社会，非得有组织地干不可！"[②]

第二，家庭生活状况与一个人是否走向革命关联甚大。钱穆的家庭生活相对多"乐趣"，少"苦趣"，这样的生活经历降低了他走向革命的可能性。钱穆和不少革命者的经历其实有些相似，如12岁丧父，家境趋于败落，但是钱穆父亲在世时与钱母"温温相守二十六年。闺门之内，相敬如宾，绝不闻有小争吵"。[③]这让钱穆对"家庭"的观感或相当好。钱穆父亲去世后，钱母能够坚强持家。同时家中兄弟关系和睦，长兄钱声一成年后挑起家庭重担，中学甫一毕业就担任钱氏族内小学校长。加上钱氏家族有扶寡恤孤的规矩和风气，经常在各方面帮助钱家，家庭责任则较少压在钱穆身上，所以他对丧父后家庭状况的总括是"一家生活虽极贫苦枯寂，然余兄弟在当时，实并不知有所谓贫苦，亦不知

---

① 侯绍裘：《我的参与学生运动的回顾》，《学生杂志》第10卷第1期，1923年1月5日，第4页。

② 叶圣陶：《倪焕之》，叶至善、叶至美、叶志诚编《叶圣陶集》第3卷，第199页。

③ 钱穆：《八十忆双亲·师友杂忆》，第26页。

有所谓枯寂"。[①]

与钱穆情况有一些相似的有另外两位地方读书人——顾颉刚和叶圣陶。前文已述顾氏和叶氏曾加入中国社会党，被"三无"思想吸引，但因为父母对二人"爱惜备至"，所以不久二人对"离家""破家"乃至"无家""毁家"等说就有所反思，顾颉刚即说："自入社会党后，于家庭多所枘凿。彼时自谓真理，腾而狂赴，至今思之，罪恶莫甚。"叶圣陶也认为："吾当时亦主张无家庭谓为真理，而尚无自行之之念。及今回想，真已下愚之弗如矣。"[②]

与钱穆等出自相对"和睦家庭"的青年相比，那些甚多"家庭苦趣"的青年更容易参与实际行动，直至走向革命。一个明显的例子就是钱穆的好友朱怀天。

朱怀天身世极苦，"早孤，独一母。家贫，有一弟，不能养，乃由相识家领养，已易姓"，后来其母亦病故。这种经历据钱穆形容是："其家庭具体之凄苦，实不足当其心中伤痛之万一也。"[③]朱氏的婚姻也不和顺，"未经过恋爱一个路程"。[④]因此他会认为"家室之累，人生之大痛矣。非男女有相痛之道，必如世之所谓男女成室家，则可痛也"；又说"旧式家庭总是束缚自由的利器，妻子也是，金钱也是，国家也是"。[⑤]

正因为朱怀天承受着非常多的"家庭苦趣"，所以他对出身巨宦之

---

①　钱穆：《八十忆双亲·师友杂忆》，第29页。

②　叶圣陶日记，1914年5月20日条，转引自商金林撰著《叶圣陶年谱长编》第1卷，第153页。

③　钱穆：《八十忆双亲·师友杂忆》，第94页。

④　《寄祖康》（1920年5月25日），钱穆编《松江朱怀天先生遗稿》，第6页。

⑤　钱穆编《松江朱怀天先生遗稿》，"日记"第29、37页，1919年7月条、1920年1月23日条。

家, 但也同样身世凄苦的谭嗣同和谭氏写的《仁学》特别有共鸣, 认为 "末篇得大同之理"。[1] 他比钱穆也更能够接受 "三无" 主义特别是 "无家庭" 的激烈思想, 在和钱穆的讨论中, 朱怀天说自己认同 "三无" 主义是因为 "斯民之憔悴疾苦久矣!"[2] "斯民之憔悴疾苦" 中或许正包含着源于他自己家庭的憔悴与疾苦。就这样 "家庭苦趣" 催动 "激烈思想", "激烈思想" 通向实际行动。五四上海罢市时朱怀天就随学校师生结队赴四周乡村演讲, "热血喷迸, 声泪俱下"。[3] 后来他因病早逝, 未能真正革命。但与朱怀天境遇相似之人走向革命的例子比比皆是, 比如周伯棣。杭州学潮之后, 出生于浙江余姚, 就读于浙江一师的周伯棣远赴北京参加工读互助团, 据他所述, 参加工读互助团有三个原因, 都与家庭直接或间接相关: (1) 要摆脱旧婚姻的束缚, 用远行来解除婚约; (2) 不愿做小学教员, 希望通过半工半读进一步深造; (3) 父亲正在失业中, 继续读书颇感困难, 此去可以减轻家庭负担。[4]

第三, 革命组织的吸引程度和召唤的力度影响着一个人是否会走向革命行动。钱穆被劝入国民党的过程颇有些草率, 前无铺垫, 后无接续, 介绍人只给他一本《三民主义》就了事了。这虽然可能是国民党组织基层拓展的实态, 但亦有不同的案例。对此我们可以参照侯绍裘、柳亚子和郭潜飞等革命者的例子。

戴季陶在《国民革命与中国国民党》中指出: "(国民党) 改组以后, 对于旧员的登记, 新党员的加入, 我认为确是太过简单。应该要从

---

[1]　钱穆编《松江朱怀天先生遗稿》, "日记" 第 8 页, 1918 年 7 月条。

[2]　朱怀天:《广宥言序》, 钱穆编《松江朱怀天先生遗稿》, 第 1 页。

[3]　钱穆:《八十忆双亲・师友杂忆》, 第 96 页。

[4]　《周伯棣自传 (节选)》, 中国社会科学院青少年研究所、青运史研究室编印《青运史资料与研究》第 3 集, 1983, 第 204 页。

党员加入的时候，便十分注意，定要经过一定的口试，至少要了解国民党的政纲和总理孙先生所手著的建国大纲，再经过严密的考查，才可以登记。"[1] 侯绍裘发动沈选干等人入党，过程虽然不如戴季陶所言那么严格，但也非常审慎。1924 年初他读到沈选干等人主办的《黎明周刊》，觉得他们是可能的发展对象。4 月初侯绍裘写信给沈氏说："尝读先生等言论，知先生等固醉心于平民主义而表同情于国民党者，兹国民党已新近改组，其主义固始终一贯，而其组织纪律等已焕然一新……枫泾为松属大埠，不可无机关为推行党务之根据，而如二先生其人者，仆等所望为同志而为国民党生色者也。为此特奉上宣言及总章一份，敬求察阅，如蒙同意，即希加入，仆等愿为介绍。以后即可由二先生介绍本地其他同志，俾得早日在枫泾成立区分部，以利党务之进行。"[2]

　　到 4 月底，侯绍裘得到了沈选干等人对入党的积极回应，侯又写长信谈自己五四以后的思想状况。[3] 至 5 月下旬，沈选干寄来入党表，侯绍裘更进一步向他说明自己理解的入党标准为"一、须诚心接受党义；二、须完全自动，不涉丝毫感情或勉强；三、人格高尚；四、当能热心为党服务或相当牺牲"。[4]

　　侯绍裘沟通松江与枫泾，柳亚子等则奔走于黎里周边。1925 年夏，柳氏等即开暑期讲习会于黎里，之后更是巡回于同里、震泽、平望各区演讲，宣传革命，发展党员。[5]

---

① 戴季陶：《国民革命与中国国民党》，季陶办事处出版，1925，第 52 页。

② 《侯绍裘致沈选干、王一震》（1924 年 4 月），中共上海市委党史研究室、中共松江县委党史研究室编《侯绍裘文集》，上海远东出版社，1995，第 242 页。

③ 《侯绍裘致沈选干》（1924 年 4 月），《侯绍裘文集》，第 245—246 页。

④ 《侯绍裘致沈选干》（1924 年 5 月），《侯绍裘文集》，第 247 页。

⑤ 柳亚子：《汪大千传略》，中国革命博物馆、上海人民出版社编《磨剑室文录》（下），上海人民出版社，1993，第 1140 页。

到 1926 年 9 月到 11 月，中共党员郭潜飞则是"奔走三十余村"，接洽了三四十位乡村小学教师，希望发展他们加入国民党。他的策略是"将帝国主义历年之侵略及军阀种种之压迫剥削，详为解说，并言教育经费之艰窘，皆因军阀及贪官污吏之搜刮所致，以引起本身所受之痛苦"。因此宣传效果良好，"彼等闻之甚为满意，凡非民党同志，皆托我介绍入党，第五区党部经我介绍入党者已九人"。[①]

对比上述革命者，来无锡动员钱穆入党的"赵君"明显有些敷衍。同时无锡当地革命组织运作的状况也不太理想，外来的和当地的革命组织乏力使得通过组织召唤让钱穆参与革命行动就不太可能。[②] 不过钱穆在与"赵君"对话中将"尊党义"和"尊大贤"并举，判为公私之别，也说明三民主义确实对钱穆吸引力不够，但思想感召力更为强大的马克思主义为何也没有吸引钱穆，这需要回到钱穆思想内部来进行讨论。

第五节　钱穆疏离革命的思想理路

1920 年代有人加入革命行动，有人疏离革命行动，其思想原因不少时候和人们对主义学说和革命行动之关系的不同认识有关。若把主义学说看作"知"，革命行动看作"行"，则加入革命行动的那些青年是一

---

① 《徐州独支农运报告》（1926 年 11 月 25 日），《上海革命历史文件汇集·南京、苏州、无锡、丹阳、徐州（1925—1927）》，第 300 页。

② 1925 年的调查指出国民党在无锡本来有好几位同盟会老党员，但都自命不凡，被称为"七十党"（即年龄都在 70 岁左右），新党员则有 80 多个，但很多都是想借这块招牌而提高自己的地位，又不肯努力工作，意见不能一致，时时互相排斥，以致县党部不能成立，区党部没人办事，区分部不能开会。而国家主义在无锡也没有明显的组织。参见《无锡独支报告——无锡社会情况调查》（1925 年），《上海革命历史文件汇集·南京、苏州、无锡、丹阳、徐州（1925—1927）》，第 349 页。

批至少自我评估为"先知觉后知，先觉觉后觉"者。其设立的对手方有一部分是那些他们看到的"僻儒"。在革命青年眼中"僻儒"能知而不能行，非"真知"也，因为若是"真知"，则无不能行矣，所以"真知"甚难。①

而钱穆在"知行关系"的认识上与加入革命行动的青年不同。1919年10月，他直接告诉朱怀天："修身在功夫上着力，若论吾等，智识不能算下等了，即是知易行难也。"②1922年，在给钱基博的信中，钱穆也指出："中国哲学，根本重一'行'字。"③因此钱穆大致在知行关系上偏向于"行难"，即在实际生活中儒者如何能持久地、深刻地"律己修身"，进而求"道"。④

以这种"知行关系"的认识为基础，钱穆离革命行动尤其是一个主义指导下的革命行动就有相当距离，因为以"行难"为前提，一个主义与"道"如何合一？即使合一，求"道"之方式是否要起变化，这些都对钱穆来说不是一时三刻就能解释和解决的问题，但至少他认为需要"知言工夫深切"，方能"剖析以归于至当"，否则有些学说看似"歆动人心之力甚强"，但其之偏宕却经常是由于"功夫"不足以致失之毫厘，差以千里。⑤

在秉持"行难"的基础上，钱穆的阅读取向和研究兴趣又会让他进

---

① 张昆弟日记，1917年7月31日条，刘万能编著《张昆弟年谱（1894—1932）》，第187页。

② 钱穆编《松江朱怀天先生遗稿》，"日记"第34页，1919年10月条。

③ 钱穆：《与子泉宗长书》，《无锡新报·思潮月刊》第1期，1922年9月16日，第1版。

④ 朱怀天即说："宾四者，诚能乐其生于止足者矣。而其说止于律己。律己，固修身也。而遗人，遗人则非先民之遗爱矣。晏婴有言曰：'苟持民矣，安有遗道？苟遗民矣，安有正行焉？'彼拘墟于家国之小儒，其言且然。先觉者有以自处矣。宾四岂遂可乎？"朱怀天：《广宥言序》，钱穆编《松江朱怀天先生遗稿》，第1—2页。

⑤ 钱穆：《四书释义》，《钱宾四先生全集》第2册，第219页。

一步远离革命行动，这表现在：

第一，钱穆阅读的报刊立场多样，无论是单种报刊内部，还是多种报刊之间，除了介绍主义的文章，亦有各种主义相争的文章和让人怀疑一种主义的文章。以河上肇的文章为例，它们既可以用来驳斥诸如《布尔札维克主义失败之真因》之类的文章，[①]又可能用来怀疑乃至否定"马克思共产主义"。这里就要谈一下钱穆在《师友杂忆》中提到河上肇时，为何特别要说"周佛海等皆出其门"了。

周佛海1922—1924年在京都帝国大学经济学部求学。他和萨孟武、李朝恒等一起深受河上肇的影响，以至于都有一个悖论性思想变化，即"爱听河上的讲，爱读河上的书"，然而"都反对中国采用共产主义"。[②]这个悖论变化的逻辑是什么呢，周佛海做过分析：

（河上肇）极力反对"早熟的社会革命"。他以为时机过早，研究革命，不仅不能促社会进步，而且要引起社会的退化。他并且引了许多事实，证明他的理论。因此我便感觉到在经济状态等于产业革命时之英吉利的中国，企图共产主义的社会革命，实在是"时机尚早"，共产主义的社会革命，要具备物的要素和人的要素。物的要素，便是生产模范的扩大和企业的集中。人的要素，便是无产者的阶级自觉和其数量增加，团结坚固。我们的眼光，如果不仅限于上海、广州和汉口。我们的眼光如果遍及全国，细密地检阅中国工厂劳动者在中国全人口中所占的百分率，并检查工厂工业在中国产

① 河上肇著，C. T. 译《俄罗斯革命和唯物史观》，《民国日报·觉悟》1922年1月19日，第1版；六几：《布尔札维克主义失败之真因》，《时事新报·社会主义研究》1922年1月16日，第1—2版。

② 周佛海：《逃出了赤都武汉》，《生路》第23、24期合刊，1927年，第37页。

业界中所占的地位。我们无论如何，不能否认共产主义之人的要素和物的要素，在中国几等于零。中国实在没有实行共产主义的基础和条件。[1]

周佛海这套以河上肇"早熟的社会革命"学说来否定"共产主义"的逻辑大概钱穆相当了解。前文已指出各种主义包围着钱穆，钱穆也不是对主义无感觉之人。周佛海在当时的言论界中非常活跃，在《新青年》《解放与改造》《民国日报》等报刊上常发表谈"主义"的文章，所以钱穆在《师友杂忆》中在谈河上肇时会对周佛海念念不忘。[2]以"行难"为基本前提，以社会革命之"早熟"为基本判断，钱穆对周佛海的言说逻辑也会有一定认同。

第二，钱穆曾深深卷入 1920 年代前期的"新文化"浪潮之中。他的这种"卷入"不能仅仅视作文化的"卷入"、学术的"卷入"，也是一种政治的"卷入"。这种政治"卷入"步步推进的表现是钱穆会以越来越强调基于中国传统的"民族自信力"的方式来参与政治。他或许无感于三民主义，却表示敬佩孙中山，正可能是因为两人在强调"民族自信力"上的契合。反之社会主义、马克思主义、无政府主义或是实验主义，对钱穆来说其理路有与传统典籍的相合之处，但它们更突出的特点是"舶来"、"时髦"和"反传统"，会经常在"真正的道德，真正的科学是颠覆东方文化之恶性的利器"这一点上达成一致，[3]于是就与钱穆的思想少了契合的可能性。

---

[1]　周佛海：《逃出了赤都武汉》，《生路》第 23、24 期合刊，1927 年，第 38 页。

[2]　如在钱穆一直阅读的《时事新报》上周佛海即发表过不少文章。

[3]　瞿秋白：《东西文化与世界革命》（1923 年 3 月），陈铁健编《中国近代思想家文库·瞿秋白卷》，中国人民大学出版社，2014，第 68 页。

　　第三, 钱穆的 "辛亥历史经验" 对其疏离革命行动影响甚大。从《师友杂忆》和钱穆其他著述看, 他对辛亥革命有亲历的感知, 然后又耳闻目睹从辛亥革命到 1920 年代的风云变幻。因此辛亥革命对钱穆一方面具有高度的正当性, 所谓 "所甘十万健儿血, 为冀民权百世昌"; 但另一方面辛亥革命于他也具有相当的不完满性, "党潮兵祸增新痛, 暴骨残骸忆旧伤"。① 由此钱穆常关注周边人物在辛亥革命后会怎样。② 如曾动员他参与革命的常州府中学堂同学杨权, 后来到北京 "往来北洋军人之门", 却不得上升。1923 年秋, 钱穆在无锡公园中遇见杨权, 说他 "年未达四十, 而意态颓唐如老人。见余绝不提及以前同学时事, 仅寒暄数语即避去"; 后来钱穆与杨权又相遇多次, 均如是。对此钱穆感慨说: "当此大动乱之世, 如杨权宜可成一人才, 而终未有所成就, 良可惜也。" 感慨中包含的潜台词大概是庆幸自己未真正参与革命行动。③

　　同时 "辛亥历史经验" 更大的影响在于让钱穆一面研究书中从古到今的革命历史, 一面又让他从青年时代开始一次次目睹由革命带来的巨变。书本文字与亲身经历的 "两相印证" 会让钱穆与革命者产生基于历史长程苍凉感的心理差别: 革命者一般多坚信 "认识规律, 天命在我", 钱穆则会越来越感到 "人生无常, 天命难知"。这种心理状态在他的回忆录里也时有端倪:

---

① 　钱声一:《六周国庆日同怀兄宾四作二首》, 政协江苏省无锡市委员会文史资料委员会编《无锡文史资料》第 29 辑, 1994, 第 168 页。

② 　不同的人对自身 "辛亥历史经验" 各有依傍, 如在匡互生看来辛亥革命残留着 "革命暗示" 的权威。它让受过革命教育和参与过革命运动的学生, 看见眼下情形, 抚今思昔, 大有一代不如一代之感。于是反躬自问, 觉得责无旁贷, 不能不有所动作。参见匡互生《五四运动纪实》, 中国社会科学院近代史研究所编《五四运动回忆录》上册, 中国社会科学出版社, 1979, 第 303 页。

③ 　钱穆:《八十忆双亲·师友杂忆》, 第 72—73 页。

（须）沛若问《论语》"孔子五十知天命"，先生今年亦已过五十，敢问知天命之义。余曰，此乃大圣之境界，吾侪何敢妄加揣测。……回忆自果育学校、常州府中学堂以来，改朝换代，天翻地覆，社会一切皆已大变……孔子言："天生德于予。"人之禀赋有高下，德亦有大小。大德敦化，小德川流，纵是沟渎之水，只川流不息，亦皆朝宗于海。大海是其汇归歇宿处。此即是天命。[①]

钱穆与友人的这段问答发生于全面抗战之后，此时的钱穆已亲历两次"改朝换代"（辛亥革命和国民革命）、一次局部激烈战争（江浙战争）、[②]一次全国大战争（抗日战争）。他的"天命难知"意识在一次次历史巨变中渐渐牢固。若注意到钱穆在问答中是从辛亥革命谈起，则他因"天命难知"而疏离革命行动的状态大概早有深深的伏线。

*　　*　　*

1923 年 11 月，侯绍裘发表文章，谈到五四以后的青年"又转入另一种可寒心的趋势中去"，他所认为的"可寒心"趋势的一种表现就是"学究化"：

这种人只知死读书，死守着"在学言学"的信条，终日埋头于

---

① 钱穆：《八十忆双亲·师友杂忆》，第 103 页。

② 江浙战争对钱穆的具体影响为"奉军南下与孙传芳军冲突，乡里大受战火兵灾，学校停课，先生家亦遭劫掠，窘困无以为活，售《论语要略》稿予商务印书馆，以救燃眉之急……十月浙奉战争又起，人心大震，欲移情新业，借忘外氛"。转见韩复智编《钱穆先生学术年谱》卷 1，中央编译出版社，2012，第 162 页。进一步说研究者或要充分注意到江浙战争在地方读书人眼里是不亚于"五卅"运动的同等大事，参见雁阵《锡社宗旨的解剖和我们进行方略中的第一步》，《无锡评论》第 16 期，1925 年 7 月 1 日，第 11 页。

课本讲义之内，什么国家大事、社会情状，在他们都不肯一顾，其中有些原来是未觉悟前的状态，有些却觉悟过一时，然而没有奋斗的能力，渐渐对于社会事业失望了，厌倦了，便以为反不如死读书的好，这是一种反动。平心而论，这派人之中，实在也有专心学术，要想在学术上有所贡献的人，那是不可厚非的。但若单因了奋斗困倦，便报了"各人自扫门前雪，莫管他家瓦上霜"和"多一事不如少一事"的主义，只想做个"自了汉"，那却是不可为训的。①

钱穆大概正属于侯绍裘笔下"学究化"的青年，但通过本章的讨论可知，钱穆实际上不是一个真正"学究化"的青年（"学究化"是需要条件的，钱穆并不完全具备）。钱穆"不革命"的原因不能简单解释成他投身书斋、沉迷学问（尽管这是一部分原因）。钱穆的自我定位一直偏于儒者，且是立足民间、远离官学的儒者，因此书斋虽是他的日常，但不是他的归宿。和当时很多读书人一样（无论是精英知识分子还是边缘知识分子），他的内心因儒者的认同与政治有着扯不断的关系。由此《师友杂忆》中关于河上肇记述的一些错乱不是钱穆有意窜改（这只是回忆录的记述有因时间相隔太远而史事杂糅的现象），反而更加形象地说明了在"转型时代"，主义的地方传播是连绵不断的新思想与旧思想、新思想与新新思想碰撞，并与中国实际不断结合的过程。

对这个过程要注意到当时中国是一个受冲击的变量，但俄、日以及欧洲其他国家也同样是受冲击的变量。以日本为例，诚然日本的主义思潮在很多方面影响了中国的主义思潮，但两者的变化不少几乎同时发生，而不是一个明确的先后顺序。比如十月革命对日本的那些谈主义者

---

① 侯绍裘：《我们该做怎样的青年——在圣经学校益德会智育部讲演》，《松江评论》第23期，1923年11月3日。

一样是一个绝大刺激：

> 1918 年 1 月，俄国制定了苏维埃社会主义共和国的宪法。占全世界六分之一的俄国，发生了人类历史上空前未有的大事……这样一件大事，给世界各国带来了十分巨大的精神影响，它的余波，也达到了东海里的孤岛日本国的思想界。那些在理论上似乎懂得而对于是否真能实现却半信半疑，彷徨瞻顾的人，也顿时看到了前途的光明。活生生的事实所给予人们精神上的这种影响，比一百个理论也许都要有力。[1]

因此，简单地说某某主义来自哪里大概不让人满足。来自异域的种种主义在各个具体思想家的思想变迁中究竟属于哪个位置？传入之后，中国不同读书人各自的改写和变形为何？尽管已有很多研究，但这些问题都还有空间可以拓展。"异域如何变化"、"中国实际为何"和"多个变量怎样结合"等论域依然布满很多未知。

从"异域如何变化"说，本章屡屡提及的河上肇，其思想变化之剧烈就远超我们想象，即使在他成为"共产主义健将"之后也时有变化。1919 年春，河上肇第一次翻译《雇佣劳动与资本》，1921 年冬即行改译，据他说，初译本和改译本相比，"全篇很难有十行以上相同"。[2]1925年，郭沫若则提到河上肇写完《社会组织与社会革命》不几年就觉得"据他现在研究的进境上看来，已多不能满足的地方"。[3]

---

[1]　《河上肇自传》上卷，第 132—133 页。

[2]　转见耿春亮《〈晨报副刊〉与马克思主义在中国的传播（1918—1926）》，博士学位论文，清华大学马克思主义学院，2015，第 82 页。

[3]　郭沫若：《向自由王国的飞跃》（1925 年 2 月 19 日），《水平线下·盲肠炎》，创造社，1928，第 86 页。

　　从"中国实际为何"说，其既是指中国实际的政治、经济、社会状态，也是指当时人们既存的思想观念状态。引发钱穆与朱怀天热烈讨论的《宥言》一书就是中国"轴心文明"时期的旧思想和清末民初各种新思想碰撞后的产物。虽然钱穆不完全认同它的观点，但在他仔细阅读和热烈讨论后，这本书其实又是他阅读河上肇文章的背景和基础。这个错综的思想变迁叠加更长时段的政治、经济、社会变迁正反映了"转型时代"主义传播的一些以往稍被忽视的特点。其具体展现为：如果用机械的革命阶段论来衡量1920年代初期中国的经济发展状况，中国共产党的成立好像是突然的，进而或就会更多关注中国共产党成立的"国际因素"。这一推论不免容易忽视中国革命虽然一方面与国际因素有千丝万缕的联系，但另一方面始终在探索一条自主道路，且在这条道路上取得成功。这提示我们需要更仔细地审视中国读书人如何能够"自主"地从接触主义到议论主义，再到实践主义，最终超越舶来的机械革命阶段论，让主义真正中国化。

　　1914年，江亢虎回顾他办中国社会党的情况时即说："此中真能了解且信从社会主义者，实居最少少数，而其最大多数，则因大革命时突受异常之激刺，发生一种新好奇心理，而传染成为风气，一唱百和，莫知其然。在本党以普遍鼓吹为前提，不啻输布社会主义之广告公司。与其进也，归斯受之，虽未了解，虽未信从，而既已签名，既已入党，即不难驯进于了解信徒之境。其性质有似教会与学校，殊不可以资格、程度、流品等限制之。"[1]

　　江亢虎的话说明若以真正了解和真正信从作为主义传播的启动条

---

① 江亢虎：《中国社会党略史》（1914年），汪佩伟编《中国近代思想家文库·江亢虎卷》，第217页。

件，第一不具备可能性，第二也丧失了主义流布的历史时机。[①]在中国，主义能够通过各种方式传播，然后演变为社会之风气实和中国传统里的"有教无类"与"缓进普训"有关，所以若具体到主义尤其是马克思主义，其早期传播的"早期"二字可以理解为"初步""幼稚"，但也可以理解为"更大的范围"与"长期地入心"。

这种传播机制一方面会带来革命理论不纯、主义内容不精的问题。瞿秋白就直陈："我的一点马克思主义理论的常识，差不多都是从报章杂志上的零星论文和列宁的几本小册子上得来的。"[②]博古（则民）则指出地方上那些革命者的主义只是幽密地印在心上，奉之不渝。若要问他们什么是主义，却难以立刻明确地告诉你，"正似一个诗人，在初春之晨，万籁静寂中，捉到了他的一种幽谧静秘的诗思一样，他自己很明白他自己的心灵之感，但是你一定要叫他写出来，却是不能的"。[③]

但另一方面，这种"写不出来"却"奉之不渝"的现象正展示出中国的马克思主义传播在更多人那里呈现的实际面向，即其是域外理论模糊性、本土传播广泛性与革命行动实践性的结合与统一。

域外理论模糊是因为中国作为落后的半殖民地国家没有可能复制马克思设想的欧洲发达国家的革命道路。早在1912年，当时"爱国主义

---

① 到1927年，戴季陶仍说朱执信是"尼采和马克斯的合成人格"，李汉俊是马克思主义者，胡汉民是马克思研究者，他自己"只可以算是马克斯主义的介绍者"，还有一群"幼稚的中国青年"，"看见一个新名词，一本小册子，便很容易囫囵吞枣地接受，在革命狂热初起的时代，这种现象，尤其是普通得很"。〔德〕考茨基：《资本论解说》，戴季陶译，上海民智书局，1927，"序言"第1页。

② 秋白：《我和马克思主义》，《多余的话》，江西教育出版社，2009，第15页。与瞿秋白的话形成互证的是徐特立的回忆。他说红军在江西还没有建立统一政权时期，除油印外没有其他的印刷物。"马克思主义的书，除半部《列宁主义概论》外，只可找到三五本《共产党宣言》。"参见徐特立《再论我们怎样学习》（原载1942年4月1日《解放日报》），武衡、谈天民、戴永增主编《徐特立文存》第2卷，广东教育出版社，1995，第222页。

③ 则民：《什么是锡社主义》，《无锡评论》第16期，1925年7月1日，第1—2页。

与资本主义结合"方兴未艾,[①]社会党刊物《新社会》的文章已指出"谓必先有资本家、大地主,然后乃能有社会主义者,确然非矣……(中国)即能使富者尽出其财产以振兴生利之事业,博万一之竞胜,其效果见,则数十年后亦不过演进如欧美现今之状态,而劳动者与贫民大多数人类之困苦,已不堪闻问矣"。[②]

到 1920 年代,时代潮流更新,但不少读书人谈马克思主义时,仍执着于具体国情,拘泥于发展阶段,特别是中国的经济水平和工人数量。对此,郭沫若认为:"有人说:中国要实行社会的政治革命,可惜中国还没有无产者。这也是拘泥于马克斯主义的一种议论……世界上既没有他(马克斯)所假设的那么纯粹的社会。"所以在他看来,中国革命所争的不应是域外理论强调的"工人"或"非工人",而是要看"精神上的赞成社会主义革命与不赞成社会主义革命"。[③]

以"精神上的赞成"为标准来判别革命者,为马克思主义本土传播的广泛性奠定了基础。因为马克思主义能够流行,除了革命理论、主义内容本身的吸引力外,也在其正符合近代以来中国人对于未来理想社会的期盼。

此种期盼是双重的,第一重期盼是成为现代国家;第二重期盼是寻找"大同",即一个新的具有全球普遍性的理想社会。来自欧陆的马克思主义同时呼应这两重构想,其在中国落地的过程中更是在呼应这两重构想之后,回答了新秩序如何真正建立的问题。以往研究多注意革命"不是请客吃饭",而是阶级斗争的暴烈行动这一面;常忽略革命有更建设、更宏远的一面,即"革命不只是一个解决实际问题的手段,它还是

---

① 杨国强:《历史的矛盾与"社会主义"的讨论》,氏著《晚清的士人与世相》,第 403 页。

② 煮尘:《答亚泉》,林代昭、潘国华编《马克思主义在中国——从影响的传入到传播》上册,清华大学出版社,1983,第 323—324 页。

③ 郭沫若:《到宜兴去》,《水平线下·盲肠炎》,第 20—21 页。

人类的归宿"。[1]

1921年，在杭州的张闻天说："现在一般人最大的错误以为革命一定要拿了手枪和炸弹去杀人，杀人愈多则称之为愈大的革命"，而在他看来，"把世界重新变更过"才是最大的革命。[2]1925年，在无锡的博古则提醒："一般人提起了革命两个字，总以为是破坏的……眼前浮着一副掷炸弹和流血伏尸的惨状，因此没有一个人不以为革命是一般政见走到极端的人所抱的破坏狂。其实革命的意义岂是这般简单而可怕……革命是求一切'真理的真实'的历程。"[3]1931年，在上海的鲁迅继续指出："令人对革命只抱着恐怖。其实革命是并非教人死而是教人活的。"[4]

正因革命是要"把世界重新变更过"，是去追求一切"真理的真实"，不是"教人死"而是"教人活"，马克思主义才有可能把"生活的出路、生命意义的出路、国家的出路三者串联在一起解决"。[5]这种串联在一起解决的方式决定了中国革命实践的两个特征：一个特征是多层次和多歧异。在空间上，中国革命的实践在大都市、小市镇和旧农村的彼此联系中又各自发生。在目的上，革命者"或者为社会，或者为小集团，或者为一个爱人，或者为自己，或者简直为了自杀"。在过程中，经常"有人退伍，有人落荒，有人颓唐，有人叛变"。[6]

---

① 〔美〕阿里夫·德里克：《中国革命中的无政府主义》，孙宜学译，广西师范大学出版社，2006，第108页。

② 张闻天：《无抵抗主义底我见》（1921年6月26日），张闻天选集传记组、张闻天故居、北京大学图书馆编《张闻天早期文集》，中共党史出版社，2010，第70页。

③ 则民：《革命与恋爱》，《无锡新闻·锡声》1925年8月26日，第4版。

④ 鲁迅：《上海文艺之一瞥》，《鲁迅全集》修订编辑委员会编《鲁迅全集》第4卷，人民文学出版社，2005，第304页。

⑤ 王汎森：《思想是生活的一种方式：中国近代思想史的再思考》，第131—132页。

⑥ 鲁迅：《非革命的急进革命论者》，《鲁迅全集》第4卷，第231页。

不过在各种层次和各种歧异中，中国革命仍以一个整体行进，因为它的实践有另一个特征——多层次和多歧异的革命实践统一于实现理想社会的宏大目标。在此宏大目标之下，个人的革命实践不囿于个人，乡村的革命实践不限于乡村，城市的革命实践延展出城市，中国的革命实践更是不会止步于中国。这场革命不仅"救国救民"，更要"救世界"。它愿意自己好也愿意别人好，关注的是人类全体的幸福。①

如此宏大的革命目标实现起来当然困难重重，历经曲折，路途漫长。但这些困难、曲折、漫长无碍于中国革命的独特风貌与普遍意义，反而是中国革命独特风貌的来源和普遍意义的所在。毁灭只是中国革命在推进中的暂时表象，新生才是它不断趋近和取得的巨大成果。1919年10月，朱执信在流布甚广的《星期评论》上发表白话诗《毁灭》。这首诗既是一个中国读书人对日后中国革命所要付出巨大牺牲的预言，又是一份在革命里中国人乃至全人类将迎来新生的预言：

> 一个明星离我们几千万亿里，
>
> 他的光明却常到我们的眼睛里。
>
> 宇宙的力量几千年前把他毁灭了，
>
> 我们眼睛里头的光明还没有减少。
>
> 你不能不生人，
>
> 人就一定长眼睛。
>
> 你如何能够毁灭，
>
> 这眼睛里头的星！
>
> 一个星毁灭了，

① 《致蔡和森等》（1920年12月1日），《毛泽东书信选集》，第2页。

别个星刚刚团起。

我们的眼睛昏涩了，

还有我们的兄弟、我们的儿子！[1]

---

[1]　执信:《毁灭》,《星期评论》第 18 期, 1919 年 10 月 5 日, 第 4 版。

第五章

吴宓怎样理解"新文化"

——释读《新文化运动之反应》

新文化运动与五四运动既可分而论之，又有非常多的交集。仅就新文化运动的"对手方"来说，学界也已深耕多年，有许多出色成果。综览既有研究，有两个倾向相当突出：一个是在"新旧对立"的视角里做研究，大致强调在胡适等新文化主流人物对照下，"对手方"人物如何保守，甚至是导引"逆流"，反对新文化的内容，窒碍新文化的发展。另一个是在"悲情凝视"的态度中做研究，常带着"幸免睹全国陆沉鱼烂之惨"的态度，来凸显"对手方"对所谓中国固有文化的执着态度和在时代大潮中跌宕起伏的个人命运。① 因这两个倾向的强势，目前在一些新文化运动"对手方"研究的基本处反倒留下不少值得继续讨论的问题，最重要的是以下两点。

第一，无论是将"对手方"人物看成新文化主流的反对者、批评者，还是把其思想和主张看作新文化运动的一条醒目支流、一种另类形态。一些研究者好像都自觉或不自觉地预设他们是处在一个毫无遮蔽、近乎全知全能的信息流通环境中，可以顺理成章地获得那些他们反对、批评的新文化主流报刊。实际情况可能恰恰相反，即他们不一定能读到那些报刊，同时他们获得的信息也相当有限。

---

① 《梁启超挽康有为》，转引自丁文江、赵丰田编《梁任公先生年谱长编（初稿）》，中华书局，2010，第601页。

第二，这些"对手方"人物自身留存的史料自然有其对研究者的重要性，但不得不说其中一些史料被过于放大，比如《学衡》杂志。由此造成某位"对手方"人物发表在其上的文章被关注颇多，却常忽视这些发表其上的文章实有其渐渐"成形"的过程。[1] 相应的，在被"放大"的刊物之外，"对手方"人物的其他发表文章之处和获得思想资源之所就相对不那么受重视，甚至是被遮蔽。

鉴于以上两点，1922年10月10日吴宓发表在《中华新报》上的《新文化运动之反应》一文（以下简称《反应》）就有其独特意义。这篇文章未刊载于《学衡》，却与《学衡》联系密切。不少研究者熟知这篇文章的部分内容，却又较少知道其整体内容和它的各种历史影响。因此若能对《反应》一文做更全面的考述，或可揭示一些"对手方"究竟如何感知、认识新文化运动，继而从一个角度更深入地理解五四。[2]

第一节　《反应》如何引发"反应"

《反应》一文发表时，吴宓自美国归来刚一年多。当时他身负哈佛大学文学硕士头衔，又是国立东南大学教授，在圈内已颇有一些名气。因此《中华新报》记者在《反应》前加按语，评价吴宓"精湛西方文学，得其神髓，而国学复涵养甚深，近主撰《学衡》杂志，以提倡实学为任，时论崇之"。[3]

---

① 罗岗已注意到吴宓的名文《论新文化运动》中体现出来的思想，"是在吴宓主编《学衡》之前就已形成的"。罗岗：《历史中的〈学衡〉》，《二十一世纪》（香港）总第28期，1995年4月号。

② 吴宓：《新文化运动之反应》，《中华新报》1922年10月10日，国庆增刊，第4张第2—3版。

③ 吴宓：《新文化运动之反应》，《中华新报》1922年10月10日，国庆增刊，第4张第2版。

不过记者笔下的"时论崇之"并不意味着凭吴宓本人的声望就可以让《反应》发表后立即风行。因为吴宓当时的影响力仍没有今人想象的那么大。同时发表《反应》的《中华新报》在 1922 年的各种报刊中也不太起眼，被人目为"政学系"报纸，销量一般。[1]有人就说："《中华新报》我从前还看，后来因为它太没有精采，就和它久别了。"[2]因此《反应》能够渐渐著名，与吴宓有关系，但他不是最关键的因素。同时发表《反应》的《中华新报》也只能对文章的闻名天下提供一定的助力。文章能为人熟知，最关键因素实来自批评《反应》的那些文字和那些文字的社会发酵。

《反应》发表 10 天后（1922 年 10 月 20 日），《时事新报》的著名副刊《学灯》发表署名"甫生"的批评文章《驳"新文化运动之反应"》。另一副刊《文学旬刊》则在 10 月 21 日在"杂谭"栏目中点了吴宓和《反应》的名。[3]不过《时事新报》的批评还只是《反应》一文日后尽人皆知的中间环节，其终极推手是鲁迅。

1922 年 10 月下旬，鲁迅在北京读《时事新报》，看到甫生的文章，马上觅来《中华新报》，读《反应》后写评论送《晨报》。11 月 3 日《晨报副刊》刊登鲁迅对《反应》的评论，这就是日后随着鲁迅日益著名而著名的《"一是之学说"》。[4]

《"一是之学说"》后来收入鲁迅文集《热风》，《热风》又进入了鲁迅著

---

[1]　据 1924 年的统计，在上海，《中华新报》的月销量约 2000 份。与之对比，《申报》四五万份，《新申报》约 12000 份，《新闻报》约 6 万份、《时事新报》9000 份，《时报》约 1 万份，《商报》接近 1 万份，《中国晚报》约 2000 份。中夏：《北游杂记·上海的报纸》，《中国青年》第 19、20 期，1924 年 2 月 23 日、3 月 1 日。

[2]　甫生：《驳"新文化运动之反应"》，《时事新报·学灯》1922 年 10 月 20 日，第 2 版。

[3]　《杂谭》，《时事新报·文学旬刊》1922 年 10 月 21 日，第 4 版。

[4]　鲁迅 1922 年日记中说此文作于 11 月 3 日，似误。

作的全集本。它和《估〈学衡〉》(《晨报副刊》1922 年 2 月 9 日) 一起成为
鲁迅与所谓学衡一派"论战"的重要篇章。[①] 因为鲁迅的缘故,《反应》被
渐渐推到新文化运动历史叙述的"聚光灯"下, 使得众人皆貌似熟知, 但
也正因为鲁迅的缘故,《反应》变成了一个沉默"对手方"、一个被攻击的
靶子和一个"大先生"文字功业的注脚,[②] 遂导致三个问题需要进一步厘清。

第一个问题是: 鲁迅与所谓学衡一派的论战能成立吗?

这个问题的答案在吴宓自家材料里已有不少蛛丝马迹。1957 年吴
宓曾言:"宓等昔年专攻胡适, 未尝与鲁迅先生对阵交锋。"[③] 这虽然是新
中国建立后吴宓的"自保"之言, 但若涉猎过吴宓的材料, 可知此言也
并非全无根据。在 1949 年, 吴宓的文字中确实基本没有直接针对鲁迅
而发者, 直言胡适者则甚多。更重要的是, 它提示研究者所谓"论战"
需得有来有往。鲁迅读过《学衡》杂志和《反应》,[④] 但 1922—1923 年

---

① 《"一是之学说"》在 1922 年引发了怎样的关注是个值得进一步探究的问题。其实《新文化
运动之反应》和《"一是之学说"》在刚发表的一段时间内都未必在历史的"聚光灯"下。
此点蒙河北师范大学李敏博士提示。

② 如 1957 年, 有人就一再向吴宓求观《学衡》,"以证鲁迅责骂宓等之词"。《吴宓日记续编》
第 3 册, 第 7 页, 1957 年 1 月 10 日条。

③ 《吴宓日记续编》第 3 册, 第 551—552 页, 1958 年 12 月 31 日条。

④ 鲁迅写《估〈学衡〉》时应只读了《学衡》第 1 期, 证据有二。第一,《估〈学衡〉》评点的
所有文章均出自《学衡》第 1 期, 故吴宓说:"《估〈学衡〉》一文, 甚短, 专就第一期立
论"; 又说:"鲁迅先生仅评斥《学衡》第一期中邵祖平等旧学旧文之浅劣, 以后自第二至
七十九期, 鲁迅先生似未寓目, 亦少谈及。"第二,《估〈学衡〉》正式发表在 1922 年 2 月
9 日, 此时《学衡》第 2 期虽已在上海出版, 但由海船装运, 尚不能到北京。参见吴学昭
整理《吴宓自编年谱》, 生活·读书·新知三联书店, 1995, 第 235 页;《吴宓日记续编》
第 3 册, 第 552 页, 1958 年 12 月 31 日条。由此推论, 当时读书人很多时候大概只是读了
一期或者几期论敌的刊物就投入所谓"论战"。若有完整合订本, 那就是"全卷合装, 检
阅最便", 参见《广告》,《时事新报·学灯》1922 年 3 月 9 日, 第 3 版。进一步说, 即使
有了完整"合订本", 在没有总目和数字化检索的情况下, 复核相关文章仍有相当困难,
周作人即说:"记得批评商务本教科书的文里, 关于《关在房里没说话》那课书, 也有过同
样呆板的评论, 心想把他引在一起加以反驳聊以表明心迹, 无奈《觉悟》上没有总目, 我
把近三个月的合订本反复找过, 终于不曾找到, 实在没有法子, 只好硬了头皮单独发表
了。"周作人:《教科书的批评》, 钟叔河编订《周作人散文全集》(3), 第 307 页。

吴宓读过《估〈学衡〉》和《"一是之学说"》吗？答案是吴宓读过《估〈学衡〉》，因为《反应》中直接说"自《学衡》杂志之始出……北京《晨报》等之文学附刊。即指为反对新文化攻诋痛抗而之，不遗余力"。[①]但他是否读过《"一是之学说"》却没有确证，而且从已有资料看，即使吴宓读过《"一是之学说"》，此文也没有给他留下太深印象。他极可能因上海各家报纸对《反应》的集中批评，而忽略了发表在北京报纸上的鲁迅对《反应》的批评。做这一判断的理据如下。

首先，《反应》发表后，在吴宓的即时感知中对文章的攻击主要不是来自北京舆论界，而是来自上海舆论界。1922 年 11 月 7 日他在给吴芳吉的信中就抱怨："尤其甚者，上海有一般人，近专与宓寻隙，《新文化运动之反应》一文，受痛攻！"[②]进一步说，虽然吴宓觉得受到了上海舆论界的"痛攻"，但观《反应》全文，回国仅一年多的吴宓对当时北京、上海代表"新文化"的报刊只有一个大概的、初步的印象，《反应》文字一旦涉及各报刊的细部状况即错误百出。甫生的文章就嘲笑吴宓说：

> 《时事新报》确有文学增刊，叫做《文学旬刊》，不是叫做《文学附刊》，此外有《学灯》。《民国日报》有《觉悟》。《晨报》有《副刊》，没有什么文学附刊。要想它们有文学附刊，还要等吴君辞了东南大学教授，《学衡》杂志主笔（后），来编辑呢！唉，以堂堂大学教授，赫赫杂志主笔，中国有几家报纸的附刊都弄不清楚。[③]

---

① 吴宓：《新文化运动之反应》，《中华新报》1922 年 10 月 10 日，国庆增刊，第 4 张第 3 版。引文中的"痛抗"大概为吴宓自家的造词，遂引来《文学旬刊》的讥嘲。《杂谭》，《时事新报·文学旬刊》1922 年 10 月 21 日，第 4 版。

② 《致吴芳吉》（1922 年 11 月 7 日），吴学昭编《吴宓书信集》，生活·读书·新知三联书店，2011，第 86 页。

③ 甫生：《驳"新文化运动之反应"》，《时事新报·学灯》1922 年 10 月 20 日，第 3 版。

　　这个批评大致是近真的。直到吴宓晚年，他对当时"痛攻"《反应》的报刊仍然懵懵懂懂、一知半解。在自编年谱中，吴宓就张冠李戴地认为当年"与《学衡》杂志敌对者"，一为上海文学研究会之茅盾一派；二为上海《民国日报》副刊《学灯》之编辑邵力子一派。[①]

　　因此，吴宓若对上海各报刊的状况都没弄得非常明白，对北京报刊的子丑寅卯大概就更在蒙昧之中。[②]1922 年的吴宓对鲁迅虽可能有所耳闻，但并非了解得那么清楚，且《"一是之学说"》还是以笔名发表。当时他知道且在意的是胡适、陈独秀、蔡元培、梁启超等最重量级的新文化人物。这一点东南大学学生胡梦华看得清楚，直接说吴宓和《学衡》诸人以梁、蔡、胡、陈诸氏的言论为标靶来批评新文化运动。[③]

　　其次，吴宓渐渐认知到自己曾被鲁迅攻击过是在 1949 年后。1949 年后鲁迅作为现代文学鼻祖被极力宣扬、表彰。正是在此氛围中，吴宓才一步步认识到自己如何成为历史上的鲁迅之敌。1955 年 4 月，吴宓翻阅徐中玉写鲁迅的著作，12 月又读到丁易撰写的《中国现代文学史略》和王瑶撰写的《中国新文学史稿》（按，吴将此二书统称为《中国现代文学史》），发现这些作品"叙及《学衡》杂志"时，均说："（杂志为）（梅光）迪、（胡先）骕、（吴）宓等所编撰，与严复、林纾等同调，为封建军阀及英美帝国主义鼓吹，遭鲁迅之抨击，载《热风》中。"[④]

　　1957 年，吴宓参观西南师范学院历史系思想革命展览会，会上展品就有他作的"反动诗"四首，诗前配有学生的长评，其中提到吴宓早

---

①　吴学昭整理《吴宓自编年谱》，第 235 页。

②　按，没弄明白的大概不只是吴宓，在一些学术论著中就有《中华学报·学灯》《中华新报·学灯》这样的注释。另外还有以吴宓自编年谱为无须考辨的准确史料的作家，参见叶兆言《阅读吴宓》，《收获》2000 年第 2 期，第 147 页。

③　梦华：《评学衡》，《时事新报·学灯》1922 年 4 月 29 日，第 1 版。

④　《吴宓日记续编》第 2 册，第 153、329 页，1955 年 4 月 17 日、12 月 8 日条。

年出刊物反对鲁迅先生。[①]1959 年吴宓在给友人信中提及："《文艺思想》教学大纲中，列梅光迪、吴宓为学衡派［封建主义，亦兼资（产阶级买）办文学］，云是与毛主席、鲁迅先生之革命文艺一向反对而肆行阻逆者。"[②]1965 年 1 月，他读《鲁迅全集》，特别注意到《估〈学衡〉》和《"一是之学说"》二文。 1967 年 3 月间，他在学校阅览室读鲁迅的《热风》，更是有意识地统计出其中"与宓有关者凡三篇，皆 1922 年作，署名风声（暗切树人名），而登在北京《晨报·副刊》者"。[③]

第二个问题是：目前大部分研究（其中不少是专门以吴宓为题目的专著）都依据《"一是之学说"》来讨论《反应》说了些什么，那么《"一是之学说"》能完整呈现《反应》的内容吗？

按照鲁迅的说法，《反应》是"一篇浩浩洋洋的长文，该有一万多字"，可见其内容非常丰富。[④]而《"一是之学说"》不过是鲁迅选取《反应》中的片段文字来做评论和反驳，远不能体现《反应》的整体面貌，因此研究者需要平心静气地读一读《反应》究竟说了些什么，并在此基础上思考吴宓发言的历史语境。比如《"一是之学说"》未曾提及，《反应》中却有的一段话是：

> 其时持（新文化运动）异议者或竟甘默尔而息，或具有思想，

---

① 《吴宓日记续编》第 3 册，第 334 页，1957 年 6 月 17 日条。

② 《致金月波》（1959 年 2 月 2 日），吴学昭《吴宓书信集》，第 324 页。

③ 《吴宓日记续编》第 8 册，第 77 页，1967 年 3 月 24 日条。对此，用吴宓日记对读吴宓的自编年谱可发现一些线索。吴宓的自编年谱目前有两个来源本，一个本子大约编起于 1964 年底，止于 1970 年。另一个本子编于 1972 年。两个本子里均未提及《"一是之学说"》。这恰可证明由于 1965 年后吴宓已清晰意识到鲁迅对他的"批判"给他带来了怎样的后果，方只在时间更靠前的日记中提及，而在时间更后的自编年谱中有所保留。参见倪墨炎《现代文坛内外》，汉语大词典出版社，1998，第 69 页。

④ 风声：《"一是之学说"》，《晨报副刊》1922 年 11 月 3 日，第 3 版。当然在鲁迅看来这篇"大文"虽然文字很多，但"内容是很简单的"。

著成文章，而苦无发表之地，语人则听者惶骇掩耳却走，投稿则书局、报馆概斥不录，其有自行集资印为小册者，亦苦无术流布，所在受阻，仅可寄示一二亲友，矧能流传国外。[①]

这段话明显脱胎于吴宓后来追述的，胡先骕欲发表《评尝试集》一文却频频在各报刊碰壁事。据吴宓言，胡文完成后曾遍投"南北各日报及各文学杂志，无一愿为刊登，或无一敢为刊登"。[②]这里需要注意无论是对胡文发表碰壁的原因分析，还是《反应》中对此事所做的推论和泛化，吴宓大概都有些夸大其词。仅就评论《尝试集》来说，1921年3月胡怀琛已编出《尝试集批评与讨论》一书。说"从民国九年四月起，到民国十年一月止，共有半年多的时间；先后加入讨论的共有十多个人；各人的文章发表在三四种日报和杂志上，转载在五六种日报和杂志上"。[③]很明显，所谓"反新文化运动"文章的发表生态未必如吴宓说的那样恶劣。因此只有回到《反应》全文，我们才能更细致全面地把握吴宓和《学衡》同人的思想延续和价值认同。

第三个问题是：如果前述问题都需要重新解读，各报刊对于《反应》的批评是否也应该重新问题化？

不少学者注意到《估〈学衡〉》对于日后中国"新文学"正反方的确定和标准化有极大影响。前文提及的王瑶先生《中国新文学史稿》中关于《学衡》的论述就是以引述一大段《估〈学衡〉》来完成的。[④]在罗

① 吴宓：《新文化运动之反应》，《中华新报》1922年10月10日，国庆增刊，第4张第3版。
② 吴学昭整理《吴宓自编年谱》，第229页。
③ 胡怀琛编《尝试集批评与讨论》，泰东图书局，1922，"自序"第1页。
④ 王瑶：《中国新文学史稿》上册，上海文艺出版社，1982，第40—41页。

岗看来，"考虑到这部文学史作为教材所占的特殊地位，一脉相承的关于《学衡》的描述实际上影响了一代又一代人"。①

　　与《估〈学衡〉》相比，《"一是之学说"》影响稍弱，但也不容小视。其收录在《鲁迅全集》第 1 卷，其注释则代表着一种权威性论定。《"一是之学说"》在《鲁迅全集》中的第二个注释即指出："（吴宓）当时是反对新文化运动的守旧派人物之一"；第四个注释则说：《反应》中提到的"（报刊）大多是反对新文化运动，宣传复古主义的"。②除了《鲁迅全集》，各种《鲁迅年谱》中的说法更是拓展了对《反应》的"盖棺论定"，③ 以至一些结论性判断一直影响到当下。

　　因此若要郑重面对这些影响，同时又要跳出这些影响，就需要对《反应》全文做三种重读。第一种读法是把吴宓看成一个 1920 年代初琳琅满目之国内外报刊的读者，以《反应》为入口考察他如何通过报刊来了解和理解新文化运动。第二种读法是仔细体味吴宓回国后踌躇满志，希望以留学生身份争夺新文化运动领导权和解释权的心情。在这个大背景下解释他为何会写《反应》，《反应》又折射了吴宓等留美诸人遭遇了怎样的时代"尴尬"等问题。第三种读法是努力与鲁迅处同一境界，理解鲁迅写《估〈学衡〉》《"一是之学说"》等文章时的心境与笔法，这种读法因侧重于鲁迅，有待另文展开。下面先从第一种读法做起。

---

① 　罗岗：《历史中的学衡》，《二十一世纪》（香港）总第 28 期，1995 年 4 月号。

② 　鲁迅：《"一是之学说"》，《鲁迅全集》第 1 卷，人民文学出版社，1981，第 394 页。

③ 　有一种鲁迅年谱说："经鲁迅迎头一击后，'学衡派'丑态毕露。至本年十一月，鲁迅又写了一篇杂文《'一是之学说'》，继续对'学衡派'进行无情的抨击，使'学衡派'臭名四溢，一蹶不振。鲁迅对'学衡派'的斗争，使新文化运动赢得了反击第一次复古主义逆流的光辉胜利。"鲍昌、邱文治：《鲁迅年谱》上卷，天津人民出版社，1979，第 177—178 页。

第二节　从《反应》看吴宓对新文化运动的了解与理解

所谓新文化运动无论是其本相还是其日后认知都是一个层次叠加、维度众多、歧异纷繁的复合性巨大运动。因此，不要说日后的研究者，就是亲历其间的政治人物与思想人物，也都只能摸到新文化运动这只"大象"的一条腿，而不太可能见其"全貌"。由此思想人物怎样通过有限渠道获得零星资源，然后依据这些渠道和资源来了解和理解新文化运动就值得仔细分析。

在《反应》中吴宓直接承认自己接触的新文化思想资源有限，说："新文化运动之发轫及其大盛之时，吾皆旅学美国，远道事实隔阂，而书籍报章所见亦不多，未能遍览周知，而反应者之言论文章尤不易得见，故所读者寥寥。"[1] 这里吴宓所言的接触有限，其发生接触的具体空间大多在美国波士顿。与1918年6月前吴宓就读的弗吉尼亚相比，波士顿已是当时在美中国留学生的最大聚集地和关于中国之"讯息"的第一流布地。据吴宓形容，"每日所与往来、接触者，皆中国朋友，所谈论者，皆中国之政治、时事以及中国之学术、文艺。盖不啻此身已回到中国矣"。[2] 如果说在波士顿吴宓仍然觉得"事实隔阂""所见亦不多""未能遍览周知""不易得见"的话，那么他若在美国其他大学，与国内隔阂的情形可想而知。

在"未能遍览周知"的情况下，《反应》里吴宓对他所获得的新文化资源的细节信息和阅读感受的记录就更值得关注。在文中他一一列

---

① 　吴宓：《新文化运动之反应》，《中华新报》1922年10月10日，国庆增刊，第4张第2版。

② 　吴学昭整理《吴宓自编年谱》，第175页。

举了《民心周报》《经世报》《亚洲学术杂志》《史地学报》《文哲学报》《学衡》《湘君》等报刊,涉及的内容有上述报刊的创办人物、发行所在、历史沿革、经济支撑、排版形式、每期报刊中印象深刻文章的标题,以及作者、内容梗概,还有他对所阅读文章直至报刊整体的比较和好恶。若对比吴宓日记,《反应》中对上述报刊的信息透露得更为详细,吴宓自家的好恶厚薄也表现得更为明显,而这些细节也恰恰是《"一是之学说"》和其他批评文章有意或无意略过的,因此研究者或需要把《反应》当作一篇全新的"出土"史料进行细读,至少以下几点很值得展开讨论。

第一,研究者一般会有意或无意地预设新文化的支持者和反对者大概基本阅读过《新青年》《新潮》等著名刊物。支持者会对其中的文章表示赞赏和跟进,反对者则会表示批评与拒斥。但以吴宓为个案,他虽然在日后认知中被认为是新文化著名的"反对者",却较少表现出对《新青年》《新潮》等新文化主流报刊中具体文章的阅读痕迹与心得评论。吴宓批评"对手方"时是"用一种特别方式",即"不分某人主张的是非或某若干人的是非,凡是错处,加在一处作为全体的错"。[①]这种大而化之、只谈整体不及细节的论述方式很容易被批评者抓住不放,紧逼追问:

(吴君)明明承认自己对于新文化运动,还没有知道详细清楚。而一方却武断的说:"近年有所谓新文化运动者,本其偏激之主张;佐以宣传良法,更因时会所趋,国家多故;人民心理,情急思变,

---

① 《于鹤年致胡适》(1922年10月16日),中国社会科学院近代史研究所中华民国史研究室编《胡适来往书信选》(上),第168页。

加之喜新盲从者之多,新文化运动遂得大盛于一时"。[1]

因此今日研究者除了需要注意吴宓的论述方式,更要追问他的这种论述方式如何形成,本书认为,其或和几个因素有关。

(1)吴宓虽然在自编年谱中称从 1920 年起约一年时间内"宓对校课,不如以前之专心致志,读书亦不多,而移其注意于中国国内之事实、情况,尤其所谓新文化运动。兼及新教育"。[2]但吴宓的"注意于中国国内之事实、情况"却未必需要直接一期期、一日日地翻阅报刊,在美国他也不可能一期期、一日日获得报刊。

翻检吴宓日记,在美期间他直接谈到阅读新文化主流报刊的地方只有两三处,[3]《反应》则显示回国后他才读得更多。因此在美国时吴宓注意"中国国内之事实、情况"的主要方式不是阅读报刊,而是通过私人圈子内的书信来往和相约聚谈。如他与梅光迪就经常通信,日记中常有"梅君亦有书来,述国内教育近况及新潮情形"等语。[4]他与陈寅恪、汤用彤、张鑫海、楼光来、顾泰来、俞大维等人也接触频密,他们的相约聚谈被吴宓称之为"七星聚会"。[5]这种局限在圈子中的信息交流方式或导致吴宓讨论新文化时,经常被相似的态度和认同所影响,然后通过

---

[1]　甫生:《驳"新文化运动之反应"》,《时事新报·学灯》1922 年 10 月 20 日,第 2 版。

[2]　吴学昭整理《吴宓自编年谱》,第 209—210 页。

[3]　吴宓谈《新潮》说:"近见国中所出之《新潮》等杂志,无知狂徒,妖言煽惑,耸动听闻,淆乱人心,贻害邦家,日滋月盛,殊可惊扰。又其妄言'白话文学',少年学子,纷纷向风。于是文学益将堕落,黑白颠倒,良莠不别。弃珠玉而美粪土,流潮所趋,莫或能挽。"谈《教育丛刊》,说:"接阅北京高等师范学校寄来所出《教育丛刊》等件,粗鄙卑陋,见之气尽。而白话文字、英文圈点。学生之所陈说,无非杜威之唾余,胡适之反响,且肆行谩骂,一片愤戾恣睢[睢]之气。"《吴宓日记》第 2 册,吴学昭整理注释,生活·读书·新知三联书店,1998,第 90—91、188 页,1919 年 11 月 10 日、1920 年 10 月 25—27 日条。

[4]　《吴宓日记》第 2 册,第 178 页,1920 年 7 月 2 日—8 月 31 日条。

[5]　《吴宓日记》第 2 册,第 179 页,1920 年 7 月 2 日—8 月 31 日条。

相似的态度和认同来寻找依据，形成了一定程度上封闭的内部循环。如
1920 年 2 月陈寅恪与吴宓谈"中国白话文学及全国教育会等事"，他就
觉得是"倒行逆施，贻毒召乱，益用惊心"。①

　　（2）正如钱穆在《国学概论》中所言，吴宓诸人"欲直接以西洋思
想矫正西洋思想"。② 所以在美期间，吴宓在学问上的用功处绝大部分
在西学，即使是在他自谓极度注意"中国国内之事实、情况"的时候。
1920 年暑假，吴宓就下定决心，认为"学问初窥门径，明年即匆匆言
归，早自辍弃，殊为惭疚，非乘此一年中之光阴，切实用功，则更何以
为解。故夏间决不他往，但留此读书"。③

　　自此以后到吴宓归国，他听的是西学课程，读的是西洋典籍，还专
门请俞大维、汤用彤为他讲授《欧洲哲学大纲》《印度哲学及佛教》。④
从以上细节可以推断吴宓当时不会花大精力，同时也缺乏精力去阅读、
研究国内那些新文化报刊。

　　（3）在吴宓阅读的"有限"国内报刊中，他也是以阅读《民心周
报》等当时"隐而不彰"地谈论新文化的报刊，以及反新文化的报刊来
获取新文化，兹举两例。

　　一个例子是《反应》中提到多篇发表在《民心周报》第 1 期的文
章，有《发刊宣言》《民心释义》和张贻志撰、胡适批评过的《平新旧
文学之争》等。⑤ 这是因为吴宓在美时曾负责《民心周报》的分发宣

---

① 《吴宓日记》第 2 册，第 129 页，1920 年 2 月 12 日条。

② 钱穆：《国学概论》，第 349 页。

③ 《吴宓日记》第 2 册，第 176—177 页，1920 年 7 月 2 日—8 月 31 日条。

④ 吴学昭整理《吴宓自编年谱》，第 205—208 页。

⑤ 吴宓：《新文化运动之反应》，《中华新报》1922 年 10 月 10 日，国庆增刊，第 4 张第 2 版；
　 胡适：《国语的进化》，《新青年》第 7 卷第 3 期，1920 年 2 月 1 日。

传。① 第 1 期他虽然未直接作文，但一定读过其中的文章。因此，吴宓
后面所撰的多篇文章都有参考和呼应《民心周报》的痕迹。

　　另一个例子则与 1920 年代沸沸扬扬的"万恶孝为首、百善淫为先"
谣言有关。《反应》中提到"自某氏以'万恶孝为首，百善淫为先'之
说倡。新说之盛风气之恶，遍国中滔滔皆是。孔教之《经世报》，其不
能不与此种种新说风气壁垒相当，攻击辩驳者势也"。②

　　这里的"某氏"指陈独秀。自 1921 年 3 月起，许多报刊把陈独秀
和"万恶孝为首"之说相联系，进而制造陈独秀提倡"万恶孝为首，百
善淫为先"的谣言。吴宓当然可能从多个渠道听闻此谣言，但《反应》
提供了他对此谣言具体认知的来源的直接证据，说："《亚洲学术杂志》
卷末撮录关于新文化运动之新闻，亦足供参考也。"③

　　《反应》里的话是一个重要提示。《亚洲学术杂志》第 1 期以《国
民对于新文化之心理》为题集中转载过《新闻报》《中华新报》《时事新
报》《乐天报》等关于"万恶孝为首"谣言的新闻和评论。④ 所以吴宓只
需通过此刊就能对"万恶孝为首"谣言有各方面的具体了解。⑤ 而且从
时间线判断，吴宓是在回国后才读到《亚洲学术杂志》的。⑥

---

① 吴宓日记中说："宓为国防会《民心》报事，每日如例办公，虽自以课忙，未得作文，然于
　　征稿发信等事，随到随办，决不搁置。其劳忙情形，自在意中。"《吴宓日记》第 2 册，第
　　126 页，1920 年 1 月 31 日条。
② 吴宓：《新文化运动之反应》，《中华新报》1922 年 10 月 10 日，国庆增刊，第 4 张第 2 版。
③ 吴宓：《新文化运动之反应》，《中华新报》1922 年 10 月 10 日，国庆增刊，第 4 张第 2 版。
④ 《国民对于新文化之心理》，《亚洲学术杂志》第 1 期，1921 年 8 月。
⑤ 《亚洲学术杂志》的"一编在手，尽知所有"虽然方便，但吴宓据此进一步发酵谣言却不
　　是严谨态度。此点就曾被茅盾主持的《文学旬刊》批评。《杂谭》，《时事新报·文学旬刊》
　　1922 年 10 月 21 日，第 4 版。
⑥ 《反应》说："《亚洲学术杂志》乃上海亚洲学术研究会所编辑发行（该会所在上海横滨桥克
　　明路顺大里七一号）。原定月出一册，惟自去年八月至今年三月，仅出三期。"吴宓：《新
　　文化运动之反应》，《中华新报》1922 年 10 月 10 日，国庆增刊，第 4 张第 2 版。

第二,《反应》中提到的各种报刊,鲁迅、周作人等基本是作为和《学衡》一样的"复古逆流"来一起打击的。《"一是之学说"》中就说:《反应》的书报一共举了七种,大体上都是'执中驭物',宣传'正轨'的新文化的。"[1] 但在吴宓的文字里,这些报刊虽然大致在"同一战线",可是区别亦很不小:

> 其宗旨办法,内容材料,尤不一致。其与新文化运动之所主张,有针锋相对者,有大同小异者,有全相径庭者,亦有偶尔龃龉者。其所持之态度,有剑拔弩张者,亦有心平气和者,有直肆攻击者,亦有婉而微讽者,有因自身本有主张,因其与新文化不合,而遂相持者,亦有本无定向,但凭一时感触而略施讥弹者。其所用之方法亦有异,有著为论说,逐条驳诘,明示批评者,亦有著译诗文专心创造,而以吾文之体裁格律,暗寓抵制者。[2]

同时吴宓对这些报刊也不全是褒扬与肯定,不仅如此,有些评论还相当尖锐,一针见血,因此重审吴宓对其笔下作为新文化运动之反应的报刊的态度和评断或能为今日学界提供一个更全面的历史语境。

如吴宓评《民心周报》就说其"初出时确具宗旨,甚足嘉赞,惟其后一变而为工商金融之摘抄陈编,则卑卑不足道者已";[3] 论《经世报》是"报中作稿之人甚寡,有材料不继之忧,每册愈出愈薄"。吴宓批评

---

① 风声:《"一是之学说"》,《晨报副刊》1922年11月3日,第4版。

② 吴宓:《新文化运动之反应》,《中华新报》1922年10月10日,国庆增刊,第4张第2版。

③ 吴宓这段对《民心周报》的评述与其日记相对照,可以相合,日记提供了更多细节。"近接张幼涵君来信,知已卸去《民心》报总编辑职务。缘《民心》资本,由聂氏兄弟及尹君任先捐出。幼涵持论平允,不附和白话文学一流。聂慎馀赴京,胡适、陈独秀向之挑拨,于幼涵漫加诋辱。聂氏兄弟与尹君,本无定见,为其所动,遂改以其戚瞿君为总编辑,而将幼涵排去。幼涵后曾投稿,亦不见采登。现《民心》已出至第十四期,然一味趋时,殊无精彩,比之首出数期、幼涵所主办者,顿异溪径"。《吴宓日记》第2册,第144页,1920年3月28日条。

最为严厉的是《史地学报》。《反应》中只提到了一篇《史地学报》中的文章——柳诒徵《论近人讲诸子之学者之失》。同时在他笔下的《史地学报》文章的缺点有足足五个方面：

> 其文多为考据体，固所当然。惟考据体之文，亦有弊病，不可不知。
>
> （一）易流于支离琐碎也。
>
> （二）趋重糟粕而不能得学术之精要。
>
> （三）割裂篇章字句而批评不能正确也。
>
> （四）用之过度，有编撰而无著作也。
>
> （五）作□好名者借此自矜淹博也。[1]

以上文字说明吴宓对胡适等人和《史地学报》中的考据都持保留意见，更折射出《学衡》编辑、作者群体中的留美诸人与讲国文、中国史诸人实为两路，从吴宓留存的材料看，在后一路人中他大概只和柳诒徵关系稍融洽。[2]

涉及其好友吴芳吉主持的《湘君》杂志，吴宓的论断相较《史地学报》要暧昧许多。《反应》的即时批评者们也多注意到吴宓做评价时采明显的双重标准，尤其是对于《湘君》的不同标准，如鲁迅即说：

> 《湘君》之用白话及标点，却又别有道理……总而言之，主张偏激，连标点也就偏激，那白话自然更不"通妥"了。即如我的白

---

① 吴宓：《新文化运动之反应》，《中华新报》1922年10月10日，国庆增刊，第4张第3版。

② 此点在吴宓日记中也多有反映。吴宓言：编《学衡》"无人能知而肯为设法帮助。仅二三私情相厚之友，可为帮顾"。《吴宓日记》第2册，第256页，1923年9月15日条。

话，离"通妥"就很远；而我的标点是"英文标点"。[1]

甫生则指出：

> 《湘君》季刊，和吴君等所倡之新文化运动，实别为一支流。
> 吴君因为硬拉他加入同调的缘故，硬粉饰的说："《学衡》本事理之
> 真，故拒斥粗劣白话及英文标点；《湘君》求文艺之美，故兼用通
> 妥白话，及新式标点。"明明都是白话，《湘君》可用之，他人不可
> 用之。明明都是标点，《湘君》可用之，他人不可用之。
>
> …………
>
> 《湘君》季刊，实现在新文化运动中文艺创作中，后起之秀，
> 其重创造，轻模仿，任性情，喜写实，皆与近年来新文化运动之
> 文艺刊物，同一倾向；尤与郭沫若君等所主持之《创造》季刊相
> 似。乃吴君欲引为同调，则颂之为"近于浪漫派之甚纯正者"。"能
> 实行达到今日新文学家所主张之目的，而不误解题义。"然细一研
> 究《湘君》之内容，实与吴君所谓"新文化运动之反应"，为别一
> 支流；而与今人所提倡之新文化运动，为同一支流。吴君称颂《湘
> 君》，实不啻称颂他所不反对的新文化运动。这种因党同伐异而牵
> 强附会的精神，不过益显其自相矛盾。[2]

吴宓之所以在《反应》中如此明显的标准不一确实与他在早前一段时
间也认为吴芳吉与他所批评的"新文化运动"为"同道"有关。1919 年 12

---

[1] 风声：《"一是之学说"》，《晨报副刊》1922 年 11 月 3 日，第 4 版。

[2] 甫生：《驳"新文化运动之反应"》，《时事新报·学灯》1922 年 10 月 20 日，第 3 版。

月30日，吴宓在日记中痛诽吴芳吉道："甚至碧柳，亦趋附'新文学'，而以宓等之不赞成'新文学'为怪事。呜呼，倒行逆施，竟至如此！"①1920年1月23日，他读吴芳吉的信，也认为其"立论荒谬，不可喻解！"②

到1922年9月，吴宓的态度有所缓和与变化，他在给吴芳吉的信中言："以《湘君》与《学衡》比较，各有所长。约而言之，《湘君》主创造，《学衡》主批评……《湘君》重文艺，《学衡》重学术；《湘君》以情胜，《学衡》以理胜……倘能合《湘君》《学衡》之人才为一，去每种之魔障，存二者之精英，由我等同心人主持之，则必有奇光异彩，而远胜今日之情形。然实事上竟不能为也，哀哉！"③一个月后，吴宓把他对《湘君》和《学衡》的比较写到《反应》中，④并意味深长地说："《学衡》及《湘君》之旨趣，是一是二，究系分道扬镳，抑系各行其是，则留待读者自定之矣。"⑤

以上种种都可见鲁迅、吴宓与《反应》中所提诸报刊之编者、作者之间绝非目前一些研究所呈现的黑白分明之两面，而是有着相当多彼此区隔但又互相纠结的层次。

---

① 《吴宓日记》第2册，第114页，1919年12月30日条。

② 《吴宓日记》第2册，第124页，1920年1月23日条。

③ 《致吴芳吉》（1922年9月5日），吴学昭编《吴宓书信集》，第82页。

④ 所谓"《学衡》主批评，《湘君》主创造，一也；《学衡》重理论，《湘君》重材料，《学衡》欲解决精神文化之大问题，《湘君》欲产出诗词文章之好规模，二也；《学衡》凭知识，《湘君》凭性情，三也；《学衡》尤尚真，《湘君》尤尚美，四也；《学衡》自外探讨，求折中新旧、平和中正、圆满精密，《湘君》自内发动，求发达艺术、笃实亲切、优雅高妙，五也；《学衡》重化人，《湘君》重自得，六也；《学衡》介绍欧美学者之名作，《湘君》描写乡曲民生之实况，七也；《学衡》近于古学派之甚通达者，《湘君》近于浪漫派之甚纯正者，八也；《学衡》本事理之真，故拒斥粗劣白话文及英文标点，《湘君》求文艺之美，故兼用通妥白话及新式标点，九也；《学衡》印版及封面之形式，庄严整肃，《湘君》印版及封面之形式精雅别致，十也。"吴宓：《新文化运动之反应》，《中华新报》1922年10月10日，国庆增刊，第4张第3版。

⑤ 吴宓：《新文化运动之反应》，《中华新报》1922年10月10日，国庆增刊，第4张第3版。

第三，通过《反应》，研究者能够更深入理解已被分析很多、看似无更多讨论余地的吴宓发表在《学衡》上的文章。比如发表在《学衡》第 4 期上的《论新文化运动》是以往研究常引用的名文，但以往研究多依据《论新文化运动》本身的内容，而较少考察其史源。在《学衡》的版本中，吴宓指明此文为"节录《留美学生季报》"。那么它究竟是如何"节录"的？据考察它是由吴宓的"Old and New in China"（*The Chinese Students'Monthly* Vol. XVI ,No.3）、《论新文化运动》（《留美学生季报》第 10 年春季第 1 号）[1] 和《再论新文化运动——答邱昌渭君》（《留美学生季报》第 10 年冬季第 4 号）三篇文章组合增减而成。[2]

三篇文章中最早发表的"Old and New in China"完成于 1920 年秋，这个时间点提示吴宓讨论"新文化运动"的起点大致在此，而这一起点正好与前文提及的吴宓阅读、参考《民心周报》上那些文章的时间相吻合。那些文章令吴宓印象深刻，同时也很可能深深影响了吴宓的写作，其中大有深入的研究空间。

第三节　吴宓和《反应》的时代"尴尬"

柳诒徵曾言："欧战以后，世界思潮，回皇无主，吾国学者，亦因之而靡所折中，不但不慊于中国旧有之思想制度，亦复不满于近世欧美各国之思想制度。"[3] 这段话很可以看作《反应》一文的写作背景。正

---

[1]　此文自 1920 年 10 月 15 日午间起作，约四天功成。《吴宓日记》第 2 册，第 185 页，1920 年 10 月 13—16 日条。

[2]　邱昌渭的文章题为《论新文化运动——答吴宓君》，《留美学生季报》第 8 卷第 4 期，1921 年 12 月，第 1—13 页。

[3]　柳诒徵:《中国文化史》（下），吉林人民出版社，2021，第 1156 页。

因读书人不慊于"中国旧有之思想制度"才有新文化运动的发生和推进，也正因读书人亦不满于"近世欧美各国之思想制度"。遂有新文化运动的反复和羼杂。这种反复和羼杂充分反映在吴宓自身和其所写的《反应》之上。

从吴宓自身来说，写《反应》时他回国不久，心气极高，抱负极远，早已做好与新文化主流竞争的准备。1920 年 3 月，他已经在盼望"年学问成，同志集，定必与若辈鏖战一番"。① 到 1921 年 5 月，吴宓在给白璧德的信中则言：梅光迪不希望他和其他同道入职北京大学，或去入职北京大学人士控制的学校。梅氏要他们迅速回国，不再错失任何机会，避免那些"文化革命者"继续占领有利位置。②1921 年 8 月，他在日记中更表示："吾此次回国以后，当一刻不息，终日勤作。尽吾力，行吾事。"③

不过"一刻不息，终日勤作"未必一定收功，反而可能越尽力越加深自身的尴尬。这种尴尬主要表现在吴宓与对手方对形势认知的错位和吴宓自身形象的错位上。

1922 年 7 月前后，在吴宓的认知里，此时的国内思想界已不是"前二三年新文化运动方盛时"。④ 这一基本判断大概是促成他写作《反应》的重要驱动力。若把此说放在胡适、陈独秀等人的变化中，确有一定道理。当时新文化主流内部已有裂痕，在原来相对一统的趋新大风之中，是继续推进已倡导之新文化，还是建设"好人政府"；是为"打鬼"而整理国故，还是投身于新的主义——几条不同的道路已开始浮现。在外

---

① 《吴宓日记》第 2 册，第 144 页，1920 年 3 月 28 日条。

② 《吴宓致白璧德》（1921 年 5 月 24 日），吴学昭编《吴宓书信集》，第 10 页。

③ 《吴宓日记》第 2 册，第 225 页，1921 年 8 月 3 日条。

④ 《吴宓日记》第 2 册，第 242 页，1922 年 7 月 12 日条。

部，则已有人认为现在的文化事业不再是胡适、陈独秀的天下，而是"被任公包办去了"。[①] 但这些导致既有新文化运动走向"不盛"的因素大体来说仍在酝酿发酵之中，1922 年吴宓面对的情况比他自己估计的要复杂和困难得多。

一方面，在吴宓的一些对手看来，他定然属于或者需要被归入"保守复古"一路。这一点除了前面提及的那些文章外，典型地反映在 1922 年 4 月周作人所写的《思想界的倾向》一文中。[②] 周作人在文中把《四存月刊》的出版、讲求孔门礼乐、朱谦之讲"古学"、《学衡》出现与章太炎讲学等放在一起，总括为一个"国粹主义勃兴"的局面。周氏的概括虽然与其文中提到的每一个具体人物的思想、态度不能相符，却可反映一部分新人物对吴宓等《学衡》诸人的想象性认知和有意识塑造。

另一方面，若吴宓真走的是"保守复古"一路，其境遇会不太一样，可实际上他又不是"保守复古"一路，而是讲求另一种"西学"。胡适曾言："知道梅（光迪）胡（先骕）的人，都知道他们仍然七八年前的梅胡。他们代表的倾向，并不是现在与将来的倾向，其实只是七八年前——乃至十几年前——的倾向。不幸《学衡》在冰桶里搁置了好几年，迟至一九二二年方才出来，遂致引起仲密君的误解了。"[③]

在这段话里，胡适的潜台词是周作人判断有误，《学衡》中的留美诸人与其说是"拘泥国粹"，不如说是拘泥于"过时西学"。对胡适的判断，《学衡》中的留美诸人一方面不会同意他们讲的是"过时西学"，但另一方面他们爱讲"西学"特别是爱讲白璧德一路的"西学"倒是胡

---

① 《胡适日记全集》第 3 册，第 708 页，1922 年 8 月 13 日条。

② 仲密：《思想界的倾向》，《晨报副刊》1922 年 4 月 23 日，第 3、4 版。

③ Q.V.：《读仲密君〈思想界的倾向〉》（1922 年 4 月 24 日），《晨报副刊》1922 年 4 月 27 日，第 1 版。

适的研判准确之处。胡适之所以能研判准确恰恰是因为他与吴宓等人同为留美学生，表面上虽时常反对，但心灵和习气却不免多有暗合，集中表现在无论胡适或吴宓均有归国后挟西洋学问来指导中国学界的勃勃雄心。

以吴宓为例，1920 年，即《反应》发表前两年，他已考虑用 3 个月的功夫编成《精选古今英文书目提要》一书。在吴宓看来，"（此书）不惟为国内购书者、读书者指示途径，并使国人得知沧海之大，彼乱党所倡导者，乃之一偏之邪说，涓滴微细，不足以概全局，且又皆西方之糟粕粪土也"。[①]足见吴宓内心实以其所学为"西学正宗"自诩，且欲以他的正宗西学来矫正胡、陈等"乱党"倡导的、在他看来是"西方之糟粕粪土"的新文化。

不过彼时吴宓尚算谦虚，认为"此等述作，乃学问大成以后之事"，自己目前"一知半解，犹系初学，何敢率尔操觚"。[②]到写《反应》时，或因吴宓已回到国内，凭借其"留美学生"身份常受肯定与吹捧，他的自信程度上了一个台阶，认为自己"西学早入正轨"。因此在《反应》中吴宓大谈中国人做西学应有之资格，如"必深通语言文字，兼习各种学问，更专精一类之学，其所知之广，所极之深，须与西土名士硕儒比肩齐誉无逊色，然后可言介绍西学。介绍西学者，非掇拾零篇，字移句译，意晦词塞，矛盾荆棘，散漫模糊，夸张凭陵者所可从事也"。[③]

综上，从历史实际论，1920 年代初一位思想人物若一味"复中国之古"虽容易遭到趋新人士的痛攻，但也会有其市场。1922 年，胡适就观察到齐燮元父亲死后，"居然有一班很开通的人打电话请他开缺守制，并

---

① 《吴宓日记》第 2 册，第 156 页，1920 年 4 月 26 日条。

② 《吴宓日记》第 2 册，第 156 页，1920 年 4 月 26 日条。

③ 吴宓：《新文化运动之反应》，《中华新报》1922 年 10 月 10 日，国庆增刊，第 4 张第 2 版。

且打电报要求北京政府准他开缺守制"。① 吴宓亦看到"吾国今日老辈耆宿所在多有，通国学之人极众"。② 这些都足见当时"复中国之古"的市场之大。但吴宓的时代"尴尬"在于他是以"复中国之古"与"好讲谈西故"的混合形象出现。③ 此正如郑振铎所说，《学衡》诸人是站在"古典派"的立场来说话，又以好些西洋的文艺理论来做护身符。④ 从吴宓的言论看，郑氏的观察无疑相当准确。在《反应》中，吴宓多用"顽锢老儒""迂拘村叟"等词以凸显自家之"新"。⑤ 他更进一步提出"西方之德教政术。学艺文章尚未得灌输于我国"，"彼土贤哲之教旨。各家之学说、艺术典籍、诗文名篇亟待广为介绍，以益吾国人之神智。而定今后之民志与国本"，因此今后《学衡》的改良之路在"国学勿多著录"，"西学则增加篇幅"。⑥

正因有《反应》这一中间环节，1923 年 1 月，在《学衡》第 13 期的英文宣言中吴宓直截了当地说：《学衡》一方面是以批评的方法和学术的素养研究国学，但另一方面则在介绍和吸收西方文学、哲学、艺术中最优秀和最重要的部分，以使《学衡》办成一份高标准的文学杂志，来

---

① 《胡适日记全集》第 3 册，第 680 页，1922 年 7 月 22 日条。

② 吴宓：《新文化运动之反应》，《中华新报》1922 年 10 月 10 日，国庆增刊，第 4 张第 3 版。

③ 对于自己的混合形象，吴宓也有认知，并常因时势变化而改换自己的定位。1958 年他做检讨时即说："宓之主导思想——'资产阶级思想'：实则中国文化本位主义。"《吴宓日记续编》第 3 册，第 436 页，1958 年 8 月 1 日条。

④ 刘运峰编《中国新文学大系导言集（1917—1927）》，天津人民出版社，2009，第 41 页。也有学者指出："梅光迪等自称'精通西学'，但又倾心'国粹'，打出'昌明国粹，以融新知'的旗号。实际上，是'学了外国本领，保存中国旧习'。"鲍昌、邱文治：《鲁迅年谱》上卷，第 177 页。

⑤ 耐人寻味的是吴宓的反对方亦说："看到《新文化运动之反应》，真令我吓了一跳，以为总是那里三家村冬烘先生造反。"甫生：《驳"新文化运动之反应"》，《时事新报·学灯》1922 年 10 月 20 日，第 2 版。

⑥ 吴宓：《新文化运动之反应》，《中华新报》1922 年 10 月 10 日，国庆增刊，第 4 张第 2 版。

提升智识和道德标准。①

　　复古与讲西学的混合形象让吴宓等人处处谈西方却无法代表新文化；又在国学未能"小有成就"之时就引来鲁迅等高手和他们细谈国学，以致处处露怯。这一点只需要读一下《估〈学衡〉》等文章便能知道大概。②更重要的是，吴宓诸人的混合形象意味着他们的难以被归类，所以在当时的思想市场上，吴宓诸人除了东南大学一隅，难得呼应者，反而因他们试图针砭一切自认的"流行偏激之主张"，而招来四面八方的攻击和诘难。③

　　从《反应》本身看，其文字尴尬在正确的"道理"究竟应该如何去讲，哪些人能够听得进去。吴宓自身无法归类，《反应》里的文字也在向多方面作战。由此，《反应》中所谈的新文化运动的一些问题虽然可能切中症结，却更容易演化为两种论述的难局。第一种难局为其中一类问题实为无解之问题。如《反应》中说：

　　　　凡一国一时之文化，必为其历史上之所遗传，与异国新来输入者，融合孕育而成。故吾国今后之文化，亦必为吾国之国粹（指固有之文化而言）与西方之学术文艺等融合孕育而成。若欲独存其一者，遏绝其他。不惟理所不宜，亦势之所不能也。故今之所当辨

①　"A Statement by the Critical Review"，《学衡》第 13 期，1923 年 1 月。

②　《吴宓日记》第 2 册，第 250 页，1923 年 9 月 3 日条。

③　梅光迪：《九年后之回忆》，中华梅氏文化研究会编《梅光迪文存》，华中师范大学出版社，2011，第 176 页。"四面八方"的攻击与诘难最典型地反映在东南大学本身不少时候亦在"内部操戈"，其中胡梦华与缪凤林在《时事新报》上的论争可为代表。梦华：《评学衡》，《时事新报·学灯》1922 年 4 月 29 日，第 1—3 版；缪凤林：《答梦华君》，《时事新报·学灯》1922 年 5 月 10 日，第 1—3 版；梦华：《评学衡之解释并答缪凤林君》，《时事新报·学灯》1922 年 6 月 3 日，第 1—3 版；6 月 4 日，第 1—2 版。另可参见牛力《倔强的少数——西洋文学系与学衡派在东南大学的聚散》，《民国研究》总第 35 辑，2019 年春季号，社会科学文献出版社。

者，材料方法而已。何者宜存，何者宜革，何者宜取，何者宜拒，如何而融会其精神，如何而解释其矛盾，如何而采集众长，创立至善、至美之新说，以为最后之归宿，国民之圭臬，全世界之受用，此吾国言文化者，所当三致意者也。①

　　这段话的理路若就一般意义言之本极对，中外新旧之文化碰撞后，要有新的化合与发展，当然是要"融合孕育"。但在此"融合孕育"的过程中，文化究竟如何"存""革""取""拒"才是问题的关键。《反应》指出："吾国今日真正之争乃在文化建设之材料方法耳，于国粹，则各有视为应存之精华，而不能相合。于是乎争。于西学，则各有视为最要之珍品，而急图输入。"② 这段话为吴宓所写，却道出了吴宓自家的困境，即他虽然意识到 1920 年代"国粹"已然分崩，"西学"亦散落一地，却仍在以清末的以"整体国粹"应对"整个西方"的方式来处理五四的局面，遂导致无解。

　　另一个难局是《反应》所述之问题不仅是吴宓对手的问题，也是他们自身的问题。《反应》说："吾国自维新以来，新旧之争，率皆为事实之争，权利之争，势位之争，而非理想之争，即其所争者在政治，在教育，在实业，在种种之设施建树，而不在学术文艺之域也。"③

　　这话本也极对，但吴宓诸人的尴尬是这些事实之争、权力之争、势位之争不仅仅在胡适、陈独秀、鲁迅、周作人那里发生，也在吴宓、吴芳吉、梅光迪、胡先骕、柳诒徵、邵祖平等人处发生。④ 其可以用来反

① 吴宓:《新文化运动之反应》,《中华新报》1922 年 10 月 10 日，国庆增刊，第 4 张第 2 版。
② 吴宓:《新文化运动之反应》,《中华新报》1922 年 10 月 10 日，国庆增刊，第 4 张第 2 版。
③ 吴宓:《新文化运动之反应》,《中华新报》1922 年 10 月 10 日，国庆增刊，第 4 张第 2 版。
④ 梅光迪就在回忆中将东南大学内部之暗争概括为"教育主张之争"和"办事方法之争"，其背后即是权力之争、势位之争。梅光迪:《九年后之回忆》,《梅光迪文存》，第 175 页。

思整个新文化运动，却不能特赦吴宓诸人。[①]

更重要的是，在两个难局之上有一更大的难局，即《反应》中所说的，不管是有解还是无解，不管是一方的问题，还是双方的问题，已渐渐和更新的青年和更严重的时局没有太大关系，因为吴宓诸人所想象的国粹文化以及全球人文主义的志业显然"低估了中西之间的历史冲撞"。[②] 同时，以胡适为中心的北大诸人虽较"学衡"诸人要更接地气，但也相当程度上"低估"了青年的变化和时局的变迁。[③]1921年，几乎处处与胡适意见不同的梅光迪致信胡适谈论"好政府主义"，在信里梅氏难得表扬了一回胡适，觉得他"谈政治不趋极端，不涉妄想，大可有功社会"。这正是一个双方在政治理念上实际在不少地方趋同的明证。[④]到1924年8月，吴宓在政治上相较梅光迪要清醒一些。当友人王鸿韶对他说"国运所趋，必成苏俄均产而后已。此自大势所逼，并不在少数无知者所鼓吹而得成也"，吴宓认为这样的看法相当"有见"。因为"民生之苦，非我辈居京沪之留学生所能喻矣"。[⑤]

吴宓与友人的对话说明在思想上无论是以"复古求回归"还是以"复古为解放"，原本与民众实际密切联系的中国传统已然与民众实际断

[①] 对类似情况胡适曾在日记里借谈论陆九渊的哲学方法做过些隐晦的批评，他认为陆氏的哲学方法"固是对朱学的一种反动，却实有趋向武断主义的危险"。所谓"武断主义"就是"吾所明之理，是客观的绝对真理；而他人所明之理，皆是谬妄蒙暗的异端邪说"。《胡适日记全集》第3册，第536页，1922年4月25日条。

[②] 刘禾：《跨语际实践：文学，民族文化与被译介的现代性（中国，1900—1937）》，宋伟杰等译，生活·读书·新知三联书店，2008，第352页。

[③] 所谓"更接地气"指的是北大诸人如陶孟和尚能强调"社会调查"。傅斯年亦在指出："现在促进社会的办法，第一步便是疏通脉络：一方把大城市的社会和农民的社会联络起来，一方把城市中的各类社会互相联络起来，一方把城市中的各类社会互相联络，而生动作出来。"欧阳哲生编《傅斯年文集》第1卷，第413页。

[④] 耿云志：《胡适年谱》，四川人民出版社，1989，第109—110页。

[⑤] 《吴宓日记》第2册，第279页，1924年8月25日条。

为两截，以致吴宓诸人无论是"整理国故"也好，还是"讲谈西故"也好，都已不能回答"中国向何处去"这样的重大问题。1925 年 8 月，吴宓在给白璧德的信中就提到了白璧德之思想在中国已基本无人响应的状况。

> 在中国，除了梅光迪、胡先骕君和我本人，没有人会想着去翻译您的著作。即便给予报酬，也没有人愿做这事。几乎无人会接受您的思想理念。只有一些儒家学说的忠实信徒，自愿接受您的教导和指引。我的老师，这是令人悲哀的真相。……除了《学衡》的专栏，我从来没有见过任何关于您的思想的讨论，您的名字的出现。没有，绝对没有！①

若进一步从阶级之分野来分析，吴宓与胡适之争、吴宓与鲁迅之争表面上看是所谓学衡一派与新文化主流派之争，但其实质乃是欧美留学生内部之争、欧美留学生与留日学生之争、大学教授与大报刊编辑的内部之争。早在 1920 年，林语堂已注意到学校出身对吴宓诸人的影响，指出"哈佛是有点儿像阻止新思想的发原"。②

这些大致在一个阶级的精英人物之争令他们多少无视《反应》发表后五六年间以师范生、中学生为主体的"践履型知识分子"的崛起。③这些"践履型知识分子"无论对胡适等倡导的"文化运动"，还是对吴宓等设想的"文化运动"都视之为"贵族的文化运动"，觉得无论哪种

---

① 《吴宓致白璧德》（1925 年 8 月 2 日），吴学昭编《吴宓书信集》，第 37 页。

② 《林语堂致胡适》（1920 年 4 月 13 日），耿云志主编《胡适遗稿及秘藏书信》第 29 册，黄山书社，1994，第 313 页。

③ "践履型知识分子"这一概念为杨念群提出，参见杨念群《五四的另一面："社会"观念的形成与新型组织的诞生》，上海人民出版社，2019，第 205—256 页。

文化运动都未能够注意大多数平民。[①] 同时他们信仰的新"主义"既给了中国亿万受苦大众以新生的希望，又在一个从个人生活到哲学层面的整全性框架内向青年回答了"中国向何处去"的问题。因此，新文化运动之反应终究没有像吴宓设想的那样来反应，而是走上了一条不在吴宓的知识视野和精神世界里，却在日后处处影响着吴宓实际人生的道路。

表 5-1　《反应》所见吴宓除《学衡》外阅读报刊篇目一览

发表报刊	题目、作者	期号、版次
《民心周报》	《发刊宣言》	第 1 卷第 1 期
《民心周报》	《民心释义》（尹寰枢）	第 1 卷第 1 期
《民心周报》	《平新旧文学之争》（张贻志）	第 1 卷第 1 期
《民心周报》	《论国粹再答某君》（辑者）	第 1 卷第 9 期
《民心周报》	《文化运动》（稚眉）	第 1 卷第 4 期
《民心周报》	《自觉与盲从》（梅光迪）	第 1 卷第 7 期
《民心周报》	《亡国之朕兆》（陈茹玄）	第 1 卷第 37 期
《民心周报》	《白话文与应用文》（次羽）	第 1 卷第 7 期
《经世报》	《存伦篇》（陈焕章）	第 1 卷第 1 号
《经世报》	《辟仇孝之谬说》（谢祖贤）	第 1 卷第 3 号
《经世报》	《贞洁辩》（谢祖贤）	第 1 卷第 5 号
《经世报》	《明耻说》（谢祖贤）	第 1 卷第 6 号
《经世报》	《儒教在日本之变迁》（小柳司气太）	第 1 卷第 3 号
《经世报》	《论圣教兴废关系中国治乱存亡》（左学昌）	第 1 卷第 4 号
《经世报》	《孔教真理不灭说》（谢祖贤）	第 1 卷第 6 号
《经世报》	《教育议》（谈道隆）	第 1 卷第 7 号
《亚洲学术杂志》	《例言》	第 1 期
《亚洲学术杂志》	《中国学术要略》（孙德谦）	第 1 期
《亚洲学术杂志》	《中国四部书阐原》（孙德谦）	第 2 期

① 　存统：《对于文化运动底感想》，《民国日报·觉悟》1920 年 6 月 6 日，第 4 张第 1 版。

发表报刊	题目、作者	期号、版次
《亚洲学术杂志》	《六经为万世治法其实行自汉始论》（孙德谦）	第 3 期
《亚洲学术杂志》	《中国之弭兵学说》（达庵）	第 1、2 期
《亚洲学术杂志》	《战国策士论》（达庵）	第 3 期
《亚洲学术杂志》	《中国法律生于礼》（敬庵）	第 1 期
《亚洲学术杂志》	《台戎儿自我扩大与赫尔褒兹自然征服论争辩书后》（敬庵）	第 2 期
《史地学报》	《论近人讲诸子之学者之失》（柳诒徵）	第 1 卷第 1 期
《文哲学报》	《桐城古文学说与白话文学说之比较》（徐景铨）	第 1 期
《文哲学报》	《评近今群籍说理文之失》（景昌极）	第 1 期
《文哲学报》	《文学与真与美》（景昌极）（按，《反应》误写为《文学之真与美》）	第 1 期
《文哲学报》	《文哲与内外》（缪凤林）	第 1 期
《文哲学报》	《随便谈谈》（景昌极）	第 1 期
《文哲学报》	《理想之中国文学家》（钱堃新）	第 1 期
《湘君》	《文学中相反相成之义》（刘永济）	第 1 期
《湘君》	《吾人眼中之新旧文学观》（吴芳吉）	第 1 期
《湘君》	《刘朴之与刘宏度书》	第 1 期

第六章

"学衡"老师辈、学生辈与五四的延展

"学衡"研究近年来无论是在史料整理出版还是成果的涌现上均相当可观,成绩斐然。不过也正因为可观与斐然,一些基本问题的可讨论处反而可能愈加明显。

　　以史料论,《学衡》杂志的影印与"学衡"诸人史料的大量整理出版固然大大方便了研究,但整理者的辛苦劳作和持续努力也常令一些研究者"松懈",往往会过多留意静态文字,而在相当程度上忽略了历史过程的连续性和流动性,尤其表现在忽略一文产生之前由多文推动之,围绕之;一文产生之后又会有作者自家和旁人文章不断地延展、呼应与反对之,从而产生种种的衍生效应。

　　忽略史料形成的动态过程势必造成推进研究的一些阻碍。目前的"学衡"研究明显多注重稍显蹈空的几对分野,如激进与保守、南方与北方、实验主义与人文主义等,而一些存在于时代与人心中的实际分野却较少有人探求,如老师辈与学生辈的互相影响。①

　　1920 年 11 月,毛泽东写信给罗章龙,谈到湖南教育,觉得"欲哭

---

① 这一思路受纪霖师的提示,可参见许纪霖《绅士、名士、斗士与流氓——知识人的内战与"文化惯习"的冲突(1924—1926)》,《华东师范大学学报》2021 年第 2 期,第 44—61 页。

无泪"。^①与毛泽东类似的言说与心态在 1920 年代初已屡见不鲜, 1923 年后更是层出不穷。其提示今日做近代人物, 研究者多带有几分"景仰", 若无"景仰"至少也带一些"中立"。但在 1920 年代真实的历史环境中, 在人物周边尤其是他们的学生辈, 不少人的言说与心态常常一面是景仰的、崇拜的、被吸引的、想靠近的, 但另一面亦是竞争的、挑战的、怨懑的直至愤恨的; 越到 1920 年代后期, 另一面愈加凸显。而只有理解了这样的复杂思想氛围与情感纠结, 研究者方能进一步理解作为老师辈的那个人物或那群人物, 其究竟为何如此言说, 又为何如此行动。因此通过学生辈来观察老师辈, 进而推进"学衡"研究或可以做更多的讨论。而讨论起点则在基本研究思路的调整。

第一节　从"两军对垒"到"多方互动"

"学衡派"这一概念虽然有可以商榷的余地,^②但放在"学衡"研究的发展史内, 其亦有相当大的意义, 即其能让"学衡"诸人跃出《学衡》杂志、南京高等师范学校(以下简称"南高")、东南大学的范围获得关注。这类关注以往的推进力量就来自"学衡派"概念带来的"两军对垒"式的研究思路。比如在"学衡派"与新文化主流派竞争的视野下,《学衡》杂志和"学衡"诸人如何为人所知的路径会渐渐清晰, 那就是因"对手方"的议论、批评和塑造而渐为人所知。这方面材料以胡适的《五十年来中国之文学》、鲁迅的《估〈学衡〉》等文章最为人所熟悉, 引用亦极多, 在此不赘。

---

① 毛泽东:《毛泽东给罗璈阶》(1920 年 11 月 25 日),《新民学会资料》, 第 98 页。

② 参见瞿骏《再思"学衡"》,《读书》2020 年第 5 期, 第 142—149 页。

不过"两军对垒"的研究基本思路，其限制也不少。仍就《学衡》杂志和"学衡"诸人如何能够为人所知来谈，另外三条路径就较少有研究者特别关注。第一条路径是师生友人间寄赠和借阅《学衡》杂志。如温州地方读书人张棡读到的《学衡》，第 1 期就来自在南京插班的师范旧学生赠送。[1] 第二条路径是《学衡》杂志如何依赖各大书局的宣传、销售网络，尤其是如何依赖中华书局的报刊广告网络和其在各地的分局获得关注。张棡读了《学衡》第 1 期后对它有浓厚兴趣，但他能持续读到《学衡》，则要等到 1923 年 8 月当地有了中华书局的分局之后。[2] 第三条路径是京沪一些报纸的有意帮衬和无意的宣传。前者首推《中华新报》。《学衡》甫出，时任《中华新报》主笔的张季鸾即写论评，认为"学衡"诸人有"诚恳研究之态度"，能提倡"用功"，能打破"东西新旧一切界限"；又呼吁日本研读汉文书籍，志在维持儒学、保存儒教的团体响应《学衡》。[3] 后来果然多有日本学者来南京拜访"学衡"诸人。[4] 后者很大一部分落在《时事新报》。1922 年、1924 年与《学衡》杂志、"学衡"诸人有关的多场论争大多起源于《时事新报》。《学衡》杂志和"学衡"诸人知名度的扩展与此报甚有关系。

以上三种路径都需要从学生辈的角度来获得更深入的理解。《学衡》杂志最大的受众与"学衡"诸人中较容易吸引的人物有两批，一是分处各地的清末老新党，二是那些欲直接报考或向南高、东南大学靠拢的学生。在两批人中，地方上老新党的活动范围相对固定，获取思想资源

---

① 《张棡日记》第 6 册，第 2532—2533 页，1922 年 2 月 24 日条。

② 《张棡日记》第 6 册，第 2697 页，1923 年 8 月 17 日条。

③ 一苇：《读学衡书后》，《中华新报》1922 年 1 月 19 日，第 1 张第 2 版。

④ 转引自吴学昭整理《吴宓自编年谱》，第 236 页。

亦相对被动；而向往大学的那些学生则相对有较强的流动性，同时也具有获取思想资源的主动性，因此前述的第一种路径——师生友人的寄赠和借阅《学衡》大多先由流动的、主动的学生辈来启动，进而激发固定的、相对被动的老师辈。

第二种路径——《学衡》杂志依赖大书局的销售网络则反映着学生辈在那个年代里不断增长的势力和影响。在趋新大潮的激荡和在商言商的惯性下，在 1920 年代，无论在商务印书馆、中华书局还是其他大小出版社，新人物（大多是学生辈）上位是一个大趋势。出版社出版的书籍、主办的刊物或有意识地，或无奈地走向"趋新"亦同样是一个大趋势。如中华书局负责发行《学衡》的部门既不在"国文史地部"，也不在"国故部"，而是在"新文化书籍部"，主管人是少年中国学会的重要成员左舜生。① 这其实表明《学衡》杂志一方面不得不搭靠大书局的宣传、销售网络求存在，但另一方面这样的搭靠近乎饮鸩止渴，在大趋势中注定被新浪潮渐渐吞没。②

最后亦最能反映学生辈之趣味和影响的是第三种路径——京沪报纸与他们的互动。在 1920 年代的书、报、刊分野中，学生辈渐渐较多倾向于报，其次是刊，最后或才是书。老师一辈则多可能相反，常先倾向

---

① 转引自吴学昭整理《吴宓自编年谱》，第 229 页。这其实是一个研究者可继续思考的方向。正因《学衡》的发行在中华书局"新文化书籍部"。中华书局才会在"文化运动与暑假"的广告中纳入《学衡》，其宣传语云："年来文化运动颇有进步，但文化运动首重知识。本局出版新文化丛书、哲学丛书、教育丛书、新中学会丛书、少年中国学会丛书及杂志，均系海内外名家著译。当兹暑假之时，教员、学生及青年诸君闲暇必多，趁此读书，以扩充知识。或于返里之际，带回内地，以开风气，均今日之急务也。"《时事新报》1922 年 6 月 19 日，第 1 张第 1 版。

② 中华书局对《学衡》和其相关刊物的宣传、销售至少在初期有一定重视。如《时事新报》上就常有《学衡》《文哲学报》每期详细目录的广告。《时事新报》1922 年 6 月 7 日、8 月 11 日，第 1 张第 1 版。

于书、后倾向于刊，最后倾向于报。[①] 因此，京沪报纸尤其是趋新大报上的热闹很多时候与"学衡"老师一辈没有关系。如1924年柳诒徵的《什么是中国的文化》一文引发激烈争论，但其发表在《时事新报》时就直接是学生记录的演讲稿，后面层出不穷的十几篇讨论文字也没有一篇是柳诒徵自己所写。这就导致"两军对垒"的思路不能很好地解释一些关于《学衡》杂志和"学衡"诸人的论争。

在这些论争中，有的老师辈人物作为"直接当事人"却根本从未正式出场，是学生们自己的"乱战"；有的则根本无须"新文化主流派"出手，南高、东南大学的自家学生已在同室操戈；有的则是各路学生自己直接制造靶子，引发批评，从中获利。如柳诒徵演讲的记录者之一、江苏省立第五师范学校的张鸿鑫就直接承认对柳氏的议论"听是听在耳里了，记是记在脑里了，倒底不敢十分相信"，于是也不经过柳氏同意，径自寄往《时事新报》发表。而且1924年2月9日演讲稿发表后，他的心理状态是"料想必定有许多人起来反对，那晓得竟然没有"。到了2月22号，才终于等来了第一篇批评文字。[②]

综上，"两军对垒"的研究思路能解释一些问题，但其对一个根本问题有相当忽视，即因为《学衡》是同人刊物而非大书局主导的商业性刊物，《学衡》在社会认知中形象保守，《学衡》谈的国学与西典对当时

---

① 这一部分原因大概在老师一辈学者往往信奉"守约"，希望"专心致志，多读佳书"，认为不相干的书籍刊物，不值得去浪费时间，遑论报纸。张其昀：《吾师柳翼谋先生》，柳曾符、柳佳编《劬堂学记》，上海书店出版社，2002，第114页；《吴宓日记》第2册，第113页，1919年12月29日条。

② 张鸿鑫：《中国文化问题》，《时事新报·学灯》1924年3月14日，第2版。张氏的判断没有错，只不过他实在着急，方觉得反应来得晚了。其实2月22日就有批评文字已不算晚。更值得注意的是2月24日，周作人在《晨报副刊》上发表文章，认为柳诒徵的演讲代表着"复旧倾向之加甚！"荆生（周作人）：《杂感：复旧倾向之加甚》，《晨报副刊》1924年2月24日，第4版。之后2月28日，3月8、17日，4月7、15日周氏连续写文章论及此事，颇有"追打到底"的意味。

水准日降的知识青年来说过于艰深，所以《学衡》杂志在其时代里总的来说至少在学生群体内影响力有限。1922 年，常乃惪已针对周作人对《学衡》的评价直言："试看现在的某杂志出版以后，对于新智识阶级中果然有多少影响呢？晓得这种照抄老卷的旧法子是不会成功的，我们也就不必太杞忧了。"[1]1925 年，则有人直接对吴宓言编《学衡》"吃力不讨好"，不如不办，继而以《现代评论》为例，说该刊作者以"文登其中"为荣，潜台词即是《学衡》影响力太小，在其上发文对作者缺乏吸引力。[2]相较《学衡》杂志，"学衡"诸人的影响力或稍强一些，却不是因为《学衡》，而是因为他们的留学生身份与南高、东南大学教授的身份。[3]

由此，推进"学衡"研究，基本思路就很需要从"两军对垒"过渡到"多方互动"。对"学衡"诸人，其时代里不只有一个胡适或梁启超，还有众多虽不是最高光，却需要关注的人物。如《时事新报》的核心人物张东荪与他们如何互动，可能研究就并不多。而能在互动中研究"学衡"诸人与学生辈之关系的就更少。对于《学衡》杂志，其本身的研究看似已投入了相当力气，但要令其进一步透彻则需要离开其"本身"。人们如何得《学衡》、如何读《学衡》与如何论《学衡》都同样值得花气力去厘清，这又多与学生辈的言说和行动直接关联，因此下面就需要讨论老师辈和学生辈之间的"信息落差"问题，以及革命年代里学生辈与老师辈如何互动，进而各自嬗变等问题。

---

[1]　燕生：《反动中的思想界》，《时事新报·学灯》1922 年 5 月 9 日，第 1 版。

[2]　《吴宓日记》第 3 册，第 28 页，1925 年 5 月 25 日条。

[3]　据郭廷以回忆，1919 年到 1925 年南高、东南大学是中国最难考的大学之一。"报纸天天捧场，家长们希望送子弟到东大去。"张朋园、陈三井、陈存恭、林泉访问，陈三井、陈存恭纪录《郭廷以先生访问纪录》，第 125 页。

第二节　"信息落差"中的老师辈与学生辈

《学衡》杂志在其时代里总的来说至少在学生群体内影响力有限。这句话不是一个静态描述，而是对《学衡》杂志与"学衡"诸人不断被学生辈影响，同时《学衡》杂志与"学衡"诸人又不断影响学生辈的动态描述。其中尤需注意信息落差造成的双方在时代进程中渐行渐远。

随着中国近代交通、物流、电报、印刷等技术的大发展，读书人已不再亦不能以居住小镇、山林，主持学塾、书院，群聚门人弟子的方式来发展、维系与学生辈的关系。读书人能否快速、广泛地散布自家的文字、观点、思想成为他们能否持续获得学生辈关注和认同的关键。在此关键点上，"学衡"诸人有自己的刊物《学衡》，一段时间内（大致在吴宓北上之前）有南高、东南大学的支撑。这让他们不至于与学生辈隔绝。但在自家文字、观点、思想散布的速度和范围方面，"学衡"诸人与以胡适为中心的北大诸人相比，明显"出货"较慢，正式著作较少。钱穆就直言双方"旗鼓殊不相称"。[1]进而"学衡"诸人也就较难更多地吸引学生辈。[2]对此，胡适的《中国哲学史大纲》卷上（以下简称《大纲》）与柳诒徵的《中国文化史》是一个可做对比的具体案例。

胡适的《大纲》自1917年9月起开始形成课程讲义，1918年9月寄出付印，1919年2月正式出版，前后不到一年半时间。这本书的大影

---

[1]　钱穆：《国学概论》，第347页。

[2]　据中华书局统计，订阅和零期购阅《学衡》杂志的以江苏省为最多，奉天省次之，四川省、湖南省亦多。其他省份就"甚少"。转引自吴学昭整理《吴宓自编年谱》，第249页。

响用南高学生缪凤林的话来形容最为合适："这本书是北大丛书之一，由商务书馆印行，出世不到两年，再版已经六次，看的人可是不少。"[1]

《大纲》"看的人可是不少"除了其写作方式、学术观点和思想资源具有吸引力外，亦有其风行的机制性因素。它属于"北大丛书"，由商务印书馆印行，同时胡适是快速地交稿，商务印书馆是快速地出版。这样《大纲》方能快速、广泛地席卷全国读书人特别是青年学生辈。如1919 年 9 月在无锡小镇里教书的青年朱怀天就在读《大纲》。[2]1920 年9 月，温州老新党张㭎也读起了《大纲》。[3]

与胡适《大纲》之种种"快速""广泛"相比，柳诒徵的《中国文化史》在各方面都显得"缓慢"，影响也就难称"广泛"。[4]1920 年《中国文化史》一定已经有了部分讲义，但到 1922 年有汕头学生询问《中国文化史》的进展时，得到的回复是"柳著中国文化史系本校所用讲义，现仅印至中古，因力求精审，不欲率尔出版"，而且即使是学校自印的《中国文化史》讲义，也得"俟印齐后向讲义处代购"。[5]

这种求"精审"、不轻易出版的态度就柳诒徵个人言自然值得尊敬和景仰（当然到了《中国文化史》正式出版时，柳诒徵似并未坚持这样的态度），但在弥合信息落差以吸引更多学生的视野内，可能评价就稍有不同。一部书只能闻其名而不能见其面，固然在一段时间内可以增加读者好奇心，但拖得太久则会让期待变为懈怠，由懈怠变为无谓。而

---

① 　缪凤林：《评胡适中国古代哲学史大纲》，《时事新报·学灯》1920 年 7 月 17 日，第 4 张第1 版。

② 　钱穆编《松江朱怀天先生遗稿》，"日记"第 32 页，1919 年 9 月条。

③ 　《张㭎日记》第 5 册，第 2349 页，1920 年 9 月 19 日条。

④ 　柳诒徵《中国文化史》讲义本的阅读范围似与《学衡》散布的范围有相当的重合，如在奉天的金毓黻就读过。金毓黻：《静晤室日记》第 3 册，第 1720 页，1926 年 8 月 18 日条。

⑤ 　《汕头蔡心觉君来函》，《史地学报》第 1 卷第 2 期，1922 年，第 1 页。

《中国文化史》就是一个拖了太久的例子。

自1920年算起,迟至1924年8月,与柳诒徵相当亲近的吴宓方才读《中国文化史》。①1925年3月《京报副刊》推荐"青年必读书",有人提及《中国文化史》,但在评语中却直接说"只能算凌乱不完的史料,而不算是史书"。②同年5月还发生过柳氏拒绝将《中国文化史》连载于《学衡》的风波,惹得吴宓在日记中"痛詈"。③在一系列纷纷扰扰中,书的正式出版迟至1932年,出版社不太著名——南京中山书局,编校质量更是堪忧,"作者似未曾有时间整理修改这些在杂志上发表的初稿。书局急于付印,即用《学衡》原版"。④

《大纲》与《中国文化史》的对比提示:在"快速出版"与"拖了太久"的基本格局下,日后回忆中一些"学衡"诸人与北大诸人并峙、争胜场,进而影响学生的事例就多少带有向壁虚构的嫌疑。⑤正如一个战士根本就表现不佳,甚至未及走上战场,又何须再谈装备、战术和人心向背。不过《中国文化史》等"学衡"诸人的一些著作毕竟有讲义本

---

① 《吴宓日记》第2册,第275页,1924年8月8日至14日条。

② 《青年必读书》,《京报副刊》第83号,1925年3月9日,第8版。

③ 《吴宓日记》第3册,第80—81页,1925年10月15日条。

④ 胡适:《评柳诒徵编著〈中国文化史〉》,《清华学报》第8卷第2期,1933年6月。

⑤ 一个例子是张其昀的回忆。他说:"民国八年(1919)以后,以南京高等师范为中心的学者们,俨然以继承中国学统,发扬中国文化为己任。世人对北大、南高有南北对峙的看法。柳师领袖群伦,形成了中流砥柱的力量。"张其昀笔下的世人之看法若限定在1920年代,就不太确切。"学衡"诸人是否视柳诒徵为中流砥柱,亦需要讨论。张氏又说:"(《中国文化史》)这一部流传甚广的巨著,影响甚大。"这里的影响若是指此书在1920年代的影响,则也稍嫌夸张。当然1930年代以后,柳门弟子崛起,柳诒徵或可说"领袖群伦""中流砥柱",而且《中国文化史》确实也渐渐影响甚大,一直持续到今日。但需注意1933年《学衡》已然停刊。参见张其昀《吾师柳翼谋先生》,柳曾符、柳佳编《劬堂学记》,第112—113页。关于柳门弟子对《中国文化史》的"神化"和对柳氏另一部著作《国史要义》的"炒作",可参见李孝迁《印象与真相:柳诒徵史学新论——从新发现〈史学研究法〉未刊讲义说起》,《史林》2017年第4期,第120—135页。

在南高和东南大学内部流传和有限的外部流传。这一方面让《学衡》诸人在《学衡》消逝的年代里，仍有依靠学生门人崛起的可能性。另一方面，在有《学衡》的年代里，这种内部流传与有限的外部流传造成了种种校内学生之间、校内学生与校外学生之间、校外学生之间的信息落差。种种落差持续经年，也常会影响学生辈对《学衡》杂志和"学衡"诸人及其著作的评断。

1922 年，南高学生胡梦华批评《学衡》的一个依据即是缪凤林等学生辈改写、模仿甚至抄袭老师辈的文章，还堂而皇之地发表于《学衡》。在他看来缪凤林的《文德篇》剽窃自梅光迪的演讲《文学上之良知》，只不过"题目不同，引证多一点"；《评胡氏诸子不出于王官论》则很多剽窃自柳诒徵的《论近人讲诸子之学者之失》，"并且更用了一种欺人手段，抄袭时，把柳评中的引证议论，前后倒置来混人耳目"。当有人为缪氏辩护，说"梅氏、柳氏都是他的教授。学生抄老师的学说有何妨？"胡梦华的反驳更是由揭露个体抄袭扩展到对整个学衡社的否定，说学生抄袭老师导致《学衡》信用的崩塌。《学衡》中人多以君子、学者互励，却多是"伪君子"和"伪学者"。[1]

胡缪之公案从一个侧面反映出中国固有的学术师承关系与现代著作权观念的冲突。[2] 但更值得注意的是作为直接当事人的梅光迪、柳诒徵等人并非抄袭的揭露者，后来在媒体上也未置一词。胡梦华的主旨或也不在揭露抄袭，而是借此表示同在一校之学生却存在严重信息落差的不

---

[1]　梦华:《评学衡》,《时事新报·学灯》1922 年 4 月 29 日，第 1—3 版。

[2]　对胡梦华的指责，缪凤林有自己的回应，胡氏亦有再回应。缪凤林:《答梦华君》,《时事新报·学灯》1922 年 5 月 10 日，第 1—3 版；梦华:《评学衡之解释并答缪凤林君》,《时事新报·学灯》1922 年 6 月 3 日，第 1—3 版。

满。缪凤林在吴宓眼中是学衡社之"基本原始社员"。①而胡氏虽然是南高英文科学生，却至多算是学衡社的外围成员，身上还带着胡适族侄的标签，自然二人在"学衡"老师一辈那里认可度会有不同，信息之传递亦有厚薄。②

因此从胡梦华的角度去思考，无论是他评论《学衡》、揭露缪凤林"抄袭"还是数月后挑起对汪静之《蕙的风》的批评。都是一位南高学生希望突破信息落差、获得更多关注、增长自家声名的努力。由此也就不难理解，1924年，似乎与"学衡"诸人关系不睦的胡梦华会直接为柳诒徵辩护。这不过是他又一次自己走向前台的尝试。③不过这次辩护又造成了由信息落差带来的对"学衡"诸人的打击。

前文已述，柳诒徵《什么是中国的文化》的演讲引发了激烈争论，而这场争论本为星星火苗，能发展为燎原大火，触媒正是胡梦华给张东荪的信。信件公开发表于《时事新报》，其中一段话引发了轩然大波：

> 惜乎张（资琪）君远在沪江，未获亲聆柳氏学说，而于柳氏生平杰作厚六大册之《中国文化史》竟未一睹，倘他日斯书问世（不久可以出版），时人交誉……夫以厚六大册之《中国文化》演为几小时之谈话，讲者能否畅所欲言，笔记者是否可靠，皆属疑问。竟据之以非其人并斥其学，浅识之士也，肆口谩骂，下流少年也……

---

① 转引自吴学昭整理《吴宓自编年谱》，第235页。

② 转引自吴学昭整理《吴宓自编年谱》，第223页。

③ 当时有人就质疑道："最可奇怪的是胡君梦华，扯起新文化的旗帜，实行恋爱结婚，偏要来拥护讲旧文化的柳先生。当我看见他的通信，就很不以为然。很想以同学的资格，劝他仍事旧业，谈谈莎士比亚和安诺德，在浅薄的中国文坛里，还可以说是一个作家或批评家，何苦自讨没趣呢？"田楚侨：《中国文化的一个商榷》，《时事新报·学灯》1924年3月11日，第2版。

其五伦之说，凡会读《中国文化史》一书者，无不服膺之。张君而犹有好奇心，应假是书一读，再来辩论。①

胡梦华笔下的"生平杰作""厚六大册""浅识之士""下流少年"无疑刺激了诸多处于信息落差中的学生辈。若《中国文化史》已公开出版，他们或还无处"发作"或在别处"发作"，但此时《中国文化史》仍只是处于邮购讲义本的状态。读《时事新报》的学生们有的入大学希望渺茫，有的未能进入大学，有的则未能进入门槛极高的东南大学。他们并不容易得《中国文化史》，进而时氛又让他们也不屑读《中国文化史》，而且虽不屑读，但常常希望有机会"挑战"一下写《中国文化史》的东南大学名教授，于是各路学生的文章都围绕胡梦华"厚六大册"之说展开了反驳、调侃、讽刺与非议。

投之于《时事新报》的一封公开信即说："厚六大册之《中国文化史》，尚未出版，吾人从无拜读，固为吾人之不幸。然所谓'厚六大册'之文化史与数小时演讲之文化史，其差别仅在详、简之间耳。无与于是非之问题也。"②另一封公开信则说："厚六大册《中国文化史》，既未出版问世，张君何由而知？胡君以此责人，何不思之甚！"③章衣萍在《晨报副刊》上的文章则揶揄更甚：

《中国文化史》六大册，愚虽未读其全稿，然曩者道过金陵，尝于友人处得读其绪余。并闻友人称道，所谓德高望重之柳翼谋先生者：道貌魁伟，发须一片，高据讲坛，正言厉色而告诸生曰：唐

---

① 胡梦华：《中国文化问题的一个辩护》，《时事新报·学灯》1924年2月29日，第4版。

② 《胡函的反响》，《时事新报·学灯》1924年3月7日，第3版。

③ 《胡函的反响》，《时事新报·学灯》1924年3月7日，第4版。

虞之世，三日一风，五日一雨，信然而无可疑者也！然而讲台下之听者几人，听而信之者又有几人？柳氏之《中国文化史》，不幸隐没至一九二四之甲子年始获一"吾家博士"之令侄胡梦华先生，大昌其道。呜呼！亦可怜矣！①

以上文字反映的都是当时学生一辈对于高门槛的大学、无法求教的教授和基本只在大学内部流通的讲义的微妙心态。这些微妙心态汇聚后，一个基本影响是使得学生尤其是边缘知识青年与以大学为主干的学术社会渐行渐远，与由大学教授们提倡的种种"运动"渐行渐远，北大诸人也莫之能外。②但相较而言，"学衡"诸人与学生一辈隔膜更深，分歧更大。因此，更多地去理解1920年代革命大环境下学生辈的所思、所言与行动，进而理解老师辈的反应与互动，或对推进"学衡"研究能有一些帮助。

第三节　革命年代里的学生辈与老师辈

《学衡》杂志存在的时段大部分在1920年代。这是一个"革命年代"，因此要更深入地研究《学衡》杂志和"学衡"诸人。就首先要深

---

① 衣萍：《可以休矣！》，《晨报副刊》1924年4月19日，第4版。

② 1924年有学生即说："呵！可怜的轰轰烈烈的新文化运动，为甚么他的重心竟移在婚姻问题，白话诗文等上面？这是多么的空虚，多么的危险，黄河铁桥，怕当真要要倒了吗？易家钺君的《中国五〔丘〕九问题》一文，把当学客的安徽学生，讲ism的湖南学生，可算叙述得既详尽而痛快。可惜他还没有把恋爱问题，吃饭问题，无聊的白话诗文等等，写在上面去，不然，一部续儒林外史，怕早已在商务印书馆出版了，呵！新文化只是新闻话，当时倒还值钱，过后不值一顾。我们现在的青年学生，怕应当另开一个新纪元吗？"田楚侨：《中国文化的一个商榷》（续），《时事新报·学灯》1924年3月12日，第2—3版。

入理解革命年代。这种理解不是指制造简单的"学衡"诸人为保守与学生辈为激进的二元对立。正如罗志田所指出,现代中国追求的是一个无所不包的"大革命","革命不一定是政治的,且不必是一次性的,它在时间上是可持续的,在空间上是广泛存在而可分割的"。[1]从此意义上说,自清末起"革命空气"的弥漫令时人的所想、所言和所做或自觉或不自觉,或多或少地都会带有一定的"革命性"。[2]同时一人或一事"革命性"的强弱经常决定了其吸引力的强弱,在南高、东南大学、南高附中的学生那里亦是如此。他们对各种类型的"革命"有深深的向往,并且被无处不在的"革命性"所笼罩。

当时读书人在各方面以"趋新"为追求,进而表现出言论与行动的"革命性",所谓"五四运动以后,一切重心是'新',凡是'新的'、'西洋的'都是好的,都要无选择地,不保留地接受"。[3]在此潮流席卷之下,即使有人在态度、认同与知识取向上似与具备"革命性"的人物、著作相反对,但实质上仍是在围绕着他们或它们打转。如某旧派人士亦不得不承认胡适的《大纲》"取周秦、老、孔、杨、墨各学派,均以西洋哲学系统方法,条分件系,颇觉新颖"。[4]旧派人士如此,南高、东南大学、南高附中学生就更加是胡适方方面面的"爱好者"。他们盯着胡适的一文一书、一言一行,并凭借"批评"胡适的著述在舆论界成名。其中缪凤林就是一个典型人物。[5]

---

① 罗志田:《与改良相通的近代中国"大革命"》,《社会科学研究》2013 年第 5 期,第 151 页。

② 《吕思勉全集·论学丛稿》(下),第 1124 页。

③ 张朋园、陈三井、陈存恭、林泉访问,陈三井、陈存恭纪录《郭廷以先生访问纪录》,第 107 页。

④ 《张栴日记》第 5 册,第 2349 页,1920 年 9 月 19 日条。

⑤ 缪氏早年文章基本以胡适为标靶,如《评胡适中国古代哲学史大纲》《对于适之先生"中学国文的教授"问题的讨论》《评胡氏诸子不出于王官论》《时代谬误》等。

自家学生对胡适"着迷"说明"学衡"老师辈或能为学生构筑小环境，但学生们却不能逃于革命年代的大环境。这种大环境由两个过程而逐渐凸显，一个是具有"革命性"的书籍报刊渐成为学生的主要读物。以自1920年始在南高附中就读的郭廷以为例，他的阅读清单中就有《新青年》《新潮》《新教育》《星期评论》《建设》《新中国》《曙光》《新社会》《新生活》《太平洋》《湘江评论》《宏声》《新体育》等新杂志；有《时事新报·学灯》《晨报副刊》等新报纸；更有胡适《大纲》、周作人翻译的《欧洲文学史》、陈大齐《心理学》、陈映璜《人种学》，以及梁启超编的"尚志学会丛书"，商务印书馆丛书中的《近代思潮》《社会主义史》《阶级斗争论》《到自由之路》《共产党宣言》等新著作。据郭氏观察，这些新杂志、新报纸、新著作"凡以新青年自居的至少要买几本"，"以表示学问的渊博，而借以结交新朋友"。[1]

另一个是"革命性"政治组织渐渐无处不在。在1920年代初的南京，不少学生已不以自己阅读具有"革命性"的书籍报刊为满足，开始一窝蜂似地群聚研究"主义"。南高、南高附中、暨南学校、工业学校、农业学校的学生组织了大大小小、或公开或秘密的研究会来讨论社会主义、马克思主义。在研究会开展活动的过程中各种新政治组织不断地渗透进来，动员学生。其中中共较多致力于动员中学生，国民党则"偏重在大学里活动"。[2]到1924年，以中国社会主义青年团为例，其在数年内发动的中学生不少已进入大学，所以南京地方团有六个支部，分别在东南大学、东南大学宿舍、东方公学、河海工程校、建业大学和暨南学

---

[1] 张朋园、陈三井、陈存恭、林泉访问，陈三井、陈存恭纪录《郭廷以先生访问纪录》，第105—106页。

[2] 张朋园、陈三井、陈存恭、林泉访问，陈三井、陈存恭纪录《郭廷以先生访问纪录》，第107—108页。

校，总人数 45 人。在江浙皖区，无论是支部数量还是团员总人数，南京均仅次于上海，多于杭州、宁波、芜湖、徐州等地。[①]

　　学生们生活、成长于革命年代，这使得他们变化极速，又转向极快。老师辈常对此无所适从。但又不得不与之周旋。[②] 其中"学衡"诸人的感受或许尤其明显。以吴宓为例，1919 年他在美国留学时就对劳农运动与布尔什维克主义没有好感，常在日记中批评所谓"过激派"，认为是"今世之大患"，"闻之心胆俱落！"[③] 这样的态度若只留在吴宓自家日记中，尚不致引发批评。但 1922 年他的态度部分表露于公开发表的文字中，说中国今日最盛行"写实小说"，其中一派专门翻译俄国短篇小说，"专写劳工贫民之苦况"，"愁惨黑暗，抑郁愤激，若将推翻社会中一切制度而为快者"。[④] 吴宓的话立即招致文学研究会中认同十月革命，热衷俄国文学之青年的反击，在《文学旬刊》上连发多篇文章批评：

　　　　呜呼！这种话是称为"人"者所能说得出口者耶？现在的社会制度，吴君尚以为不该推翻耶？俄国小说家，专写劳工贫民之苦况，吴君便以为他们犯了不赦之罪，为不操干戈之大盗。劳工贫民终身受资本家、军阀、官吏之剥害，吴君以为他们受害尚不够，乃

---

① 《团江浙皖区兼上海地方执行委员会组织部报告》（1924 年 9 月 18 日），《浙江革命历史文件汇集（群团文件）（1922 年—1926 年）》，第 56—57 页。

② 阅读吴虞的日记，会发现他特别注意自己的文字又被何人引用，自己的文章在何处刊登、转载，刊登、转载的报刊和自己的文录销量如何等。这一方面说明吴虞本身的"好名"，但另一方面或也说明即使如吴虞一般被誉为"只手打孔家店"的"老英雄"，在当时的思想市场上亦需刻刻小心，时时维护，稍有松懈即有被"淘汰"之虞。而从东南大学学生的文章看，即使在 1920 年代，吴虞已然积累了相当声誉，且在苦心经营自己的形象，其知名度或还仍不如严复。田楚侨：《中国文化的一个商榷》，《时事新报·学灯》1924 年 3 月 11 日，第 3 版。

③ 《吴宓日记》第 2 册，第 23—24 页，1919 年 3 月 27 日条。

④ 吴宓：《论写实小说之流弊》，《中华新报》1922 年 10 月 22 日，第 1 张第 2 版。

竟不许有人为之写其苦况，鸣其不平耶？乃竟以写其苦况，鸣其不平者为大盗耶？我不知道吴君到底是不是有同情心的人？到底视劳工贫民为如何人，视军阀、资本家为如何人？

有人对我说，吴宓是在托庇于军阀与资本家的门下的某某大学里边的。他如不是歌颂当道贤明，盐商爱才的"杨子云"、"袁子才"，决不能在里边占得势力的。你们对廉耻丧尽的"杨"、"袁"谈什么同情心，什么劳工苦况，简直是"对牛弹琴"。①

对《文学旬刊》的批评吴宓晚年仍记忆犹新，称当年敌对者有上海文学研究会之茅盾一派。②但 1922 年的批评尚只是文字，随后数年吴宓越来越能实际感受到周遭世界的大变化。1924 年 8 月，友人王鸿韶对吴氏说"国运所趋，必成苏俄均产而后已。此自大势所逼，并不在少数无知者所鼓吹而得成也"。对友人所说的革命大势，吴宓亦表示认同，甚至觉得这样的看法相当"有见"。因为"民生之苦，非我辈居京沪之留学生所能喻矣"。③

到 1925 年，革命潮流更趋澎湃，尤其是在五卅运动的刺激下，在各方面做大革命之向往和行动不仅在边缘知识青年中流行，而且已深深影响到中国各著名大学的老师与学生。时任清华教务主任的张彭春即说："论交际和安逸的地盘我接近冷静派。然而我不赞成无勇气的空谈和经济地位的保守。激烈方面的精神也很可钦佩。"④吴宓则发现清华园中陈铨、张荫麟这两位天分极高的学生，此时却"皆不愿习文史之学"，"而

①　《杂谭》，《时事新报·文学旬刊》1922 年 11 月 1 日，第 4 版。

②　转引自吴学昭整理《吴宓自编年谱》，第 235 页。

③　《吴宓日记》第 2 册，第 279 页，1924 年 8 月 25 日条。

④　《张彭春清华日记（一九二五）》，开源书局，2020，第 118 页，1925 年 6 月 29 日条。

欲习所谓实际有用之学科，以从事于爱国运动，服务社会"，对此吴宓
不禁感慨"甚矣，习俗移人，陷溺之深，竟无有能脱离污泥而克自树立
者。哀哉！"[1]再过不到两年（1927年2月），据梁启超的判断，在清华
大学国学研究院这一范围内即有"共产党二人，国民党七八人"。[2]

　　不过面对大时代的转捩，无论是"学衡"诸人还是北大诸人均或有
清晰而直接的感受，却基本少有清晰且直接的回应手段。张彭春就指出
胡适等大学教授们"对于学问、艺术都能提倡"，但"都是很深的绅士
习惯，自以为有才，而与民众不接近。手段上清洁些，然而具体的计划
是没有的"。[3]他们惯用的回应手段有两种，一种手段是在私人文字里做
发泄，感叹世风日下。1925年7月吴宓就作诗发"螳臂当车"之慨：

> 登高未见众山应，螳臂当车只自矜。
>
> 成事艰于蚁转石，向人终类炭投冰，
>
> 时衰学敝真才少，国乱群癫庋气增。
>
> 不宜已婚行独苦，相知惟有夜窗镫。[4]

　　另一种手段是面对学生的"革命性"言论和行动做避让。1925年
陈铨作文批评吴宓谈中国婚礼之言，认为"予读鲁迅《狂人日记》至礼
教吃人之语，未尝不惜数千年来死于不良之礼教者，多不可胜计，皆由
其中有不良之标准者在，而人乃惮故习而不更改也！"陈铨成文后又直

---

① 《吴宓日记》第3册，第53—54页，1925年8月6日条。

② 梁启超：《给孩子们书》（1927年2月28日），丁文江、赵丰田编《梁任公先生年谱长编（初稿）》，第597页。

③ 《张彭春清华日记（一九二五）》，第150页，1925年8月31日条。

④ 《吴宓日记》第3册，第42页，1925年7月9日条。

接找到吴宓面谈，但陈氏对吴宓的回应"终不以为然"，进一步请吴宓"为文详述全部之主张"。吴宓以事忙推脱，说"非经详悉研考不能作此长文，故一时不能竣事"，开了一张书单给陈铨了事。[①]

以上种种，说明在革命年代里老师一辈渐已不能选择性地"跟着学生跑"或"不跟着学生跑"，而是即使跟跟跄跄、跌跌撞撞也得"跟着学生跑"。在由学生主导的大潮流中，"学衡"诸人从一开始就未与学生并驾齐驱，其后双方之距离又因时势转移而愈拉愈远，他们中的大多数遂蜕变成退居大学之中、与社会变迁基本不再主动发生联系之人。

＊ ＊ ＊

1934年，清华学生李洪谟为《清华周刊》作《本刊二十周年纪念号导言》。他说到教授来稿问题时，赞扬原东南大学的《学衡》等杂志"教职员的著作，要占大部"，认为"这几种杂志的流行，对社会影响之大，及学校声誉之隆，都不是偶然的。他们的教授，努力；他们的师生间，合作；他们全副精神都贯注在学校及刊物上"。[②]这些话本是表扬《学衡》和"学衡"诸人之言，没料想却有些激怒吴宓。他写信给《清华周刊》，强调《学衡》为一私人团体之刊物，与东南大学始终无丝毫联系，未尝借用其"一张纸、一管笔、一圆一角之经费"。[③]

此事是《学衡》停刊后，"学衡"诸人与学生辈之关系演进的一个缩影。回望12年前，张季鸾读《学衡》第1期后，希望"学衡"诸人

---

① 陈铨：《评学衡记者谈婚礼》，《清华周刊》第24卷第4期，1925年，第22—23页。

② 李洪谟：《本刊二十周年纪念号导言》，《清华周刊》第41卷第6期，1934年，第3页。

③ 吴宓：《学衡杂志编者吴宓先生来函》，《清华周刊》第41卷第7期，1934年，第59页。此则史料由河南大学张宝明教授特别揭示，并把《学衡》与《新青年》"对观"，参见张宝明《"社员"之间：怎一个"同"字了得？》，《读书》2022年第3期，第89—97页。

"为举国青年之思想问题下一正当解决"，并常以"前进之朝气而为学界之南针"。[①]这提示"学衡"诸人的思想与行动本是 1920 年代初出现的诸多转型可能性之一（当然属于极其微弱的可能性）。但在 10 余年历史进程中他们从来缺乏"前进之朝气"，常在自怨自艾和抱怨他人中徘徊。虽一直有心成为"学界之南针"，但对受众方尤其是学生一辈的生活与心理却多有忽视；更重要的是对"举国青年之思想问题"，"学衡"诸人往往有描述而无方案，有批评而无解决，更遑论"正当解决"。尽管在时光荏苒中，社会人士仍执着地将"学衡与东南大学连为一谈"，[②]但吴宓的态度表明此时"学衡"诸人连他们与学生辈在学校建制上曾有的部分联系也要"连根斩断"。那么他们的影响也就只能在革命激荡的年代里渐渐被大部分学生无睹，同时亦在大部分学生心中消逝。

---

① 一苇：《读学衡书后》，《中华新报》1922 年 1 月 19 日，第 1 张第 2 版。此文吴宓晚年回忆为、张季鸾希望他们能对"全国青年所旁皇纷扰"的人生观问题有所主张，可见当时他对此文的印象之深刻。转引自吴宓著，吴学昭整理《吴宓自编年谱》，第 236 页。

② 吴宓：《学衡杂志编者吴宓先生来函》，《清华周刊》第 41 卷第 7 期，1934 年，第 59 页。

第七章

助产 "主义时代"

——以《中国青年》为例

1923—1927年中国社会主义青年团和中国共产主义青年团（以下非特别说明，均简称"团"）的中央机关刊物之一——《中国青年》已有不少研究。有多篇博士学位论文和硕士学位论文专门以其为题目，还有若干直接研究的论文发表。[1] 相关研究中王汎森、王奇生、姜涛、程凯等学者的成果都具有较大的启发性，[2] 但在20世纪中国长程革命的视野里，在"新文化时代"转向"主义时代"的过程中，《中国青年》研究的推进余地也不少。

在史料方面，1966年《中国青年》有七册汇刊本影印出版。[3] 这是

---

[1] 周树立：《早期〈中国青年〉研究（1923—1927）》，博士学位论文，华中师范大学，2010年；庄鹏：《创办初期的〈中国青年〉研究（1923—1927）》，硕士学位论文，华中师范大学，2010年；王鹏程：《〈中国青年〉周刊研究（1923—1927）》，人民出版社，2013；薛相峰：《青年群体的革命动员——1927年前后的〈中国青年〉周刊研究》，硕士学位论文，安徽大学，2017年。其他论文恕不一一列举。

[2] 王汎森：《思想是生活的一种方式：中国近代思想史的再思考》；王奇生：《党员、党权与党争：1924—1949年中国国民党的组织形态》，华文出版社，2010；姜涛：《革命动员中的文学和青年——从1920年代〈中国青年〉的文学批判谈起》，《中国现代文学研究丛刊》2009年第4期，第1—19页；程凯：《革命的张力："大革命"前后新文学知识分子的历史处境与思想探求（1924—1930）》，北京大学出版社，2014。

[3] 《中国青年（汇刊）》，人民出版社，1966年影印本。按，关于汇刊本的由来，《中国青年》第25期已预告有第1—26期的合订本，第51期正式说："为便于装订汇刊的原故，决定以后每二十五期合装一集，所以现在从第五十一期起，我们改换了封面，而且把内容亦重新整刷了一番。第一期至二十六期的合装本是久已出书的。以后改订第一至二十五期为汇刊第一集，第二十六至第五十期为汇刊第二集。"

研究者的便利条件, 但也会造成一定阻滞, 汇刊影印本的存在常让研究者觉得研读《中国青年》本身已经足够, 缺少另辟史料来源的动力, 以致一些与《中国青年》关系密切的史料如各省《革命历史文件汇集》中的群团文件都鲜见使用。[1]

在研究思路方面, 既有成果常用相似方式处理《中国青年》《新青年》《少年中国》《东方杂志》等刊物, 即依顺序处理刊物缘起、出版发行、作者群体、文章意涵、刊物影响等。这种研究方式对把握刊物整体面貌有一定帮助, 但也带来两个隐患。一个隐患是"文字化"处理史料。因史料不足, 刊物文字成为重要研究对象本无可厚非, 但处理刊物文字时, 要考虑到它永远在"进行时"里, 经常是未定型的、变化中的。办刊特别是办《中国青年》这样的刊物牵一发而动全身。研究者既需要关注刊物文字, 也要揭示出文字的前后左右, 尤其是文字后面的人及其行动。[2] 另一个隐患是把《中国青年》与其他刊物简单类同, 多少忽略它是一个组织严密化进程中的党团政治刊物, 而不是一个同人论政刊物或商业性刊物。《中国青年》与 20 世纪中国革命进程紧密联系尽管是不争的事实, 但在研究中, 两者的"紧密联系"并非不言自明, 而是需要更细密更多维度的论证。其中有两点特别值得关注。

第一, 正因为《中国青年》是团中央机关刊物, 所以围绕它的选稿、发行、宣传、使用、阅读、影响等都有史料留存。其中各省《革命历史文件汇集》中的"群团文件"使得《中国青年》有自己的"纳沙泰

---

[1]　目前较为充分利用这批史料来讨论党、团报刊的是张朋的研究。不过张文把党、团报刊放在一起处理, 且重点落在《向导》。参见张朋《"人身上的血脉": 大革命时期中共党报发行网络》,《新闻与传播研究》2020 年第 4 期, 第 92—107 页。

[2]　昆廷·斯金纳提示我们做历史诠释时"不应只聚焦于人们在说什么, 而应更加关注他们在做什么, 什么可能是他们在说这些话时的潜在目的"。参见〔英〕昆丁·史金纳著, 萧高彦编《政治价值的系谱》, 第 30 页。

尔图书馆"。① 此正如应星提醒，这批史料不宜按照地域来孤立地使用，即把这些文件仅仅用来研究地方革命史，② 而是应该在整体视野内，利用它们来看中央机关刊物如何进行政治动员、如何推广于全国、读者怎样去读等问题。

第二，《中国青年》《向导》等党团书报正是中共"善于宣传"的主要表现。这一特点既体现在中共初兴的 1920 年代，也体现在中共日后的发展历程中。目前一些研究评判 1927 年大革命颇类似于另一些研究对于中日甲午战争的判断。常因结果的一时"不如人意"而看轻既有的巨大努力，常因短期"失败"而忽视长程"成功"。这样的"看轻"和"忽视"令一些 1930 年代都市革命尤其是上海都市革命的研究常误把"非新"当作"新"，把"不太成功"当作"非常成功"，切断了中共革命过程中一些本该以长程眼光来考察的重要问题。

第一节　《中国青年》的定位问题

1920 年 8 月起，团的早期组织在上海、北京、武汉、广州、长沙等地出现。1921 年 7 月中国共产党成立后，在近一年时间里，全国有 17 个城市建立地方团组织。那时由于团中央没有正式成立，也就谈不上团中央机关报刊的出版，不过事实上的团中央机关报刊已经出现。1922 年 1 月，北京

---

① 〔美〕罗伯特·达恩顿：《启蒙运动的生意：〈百科全书〉出版史（1775—1800）》，叶桐、顾杭译，生活·读书·新知三联书店，2005，第 3 页。按：纳沙泰尔图书馆收藏 5 万封法国大革命 20 年前从事书籍出版工作的人的通信，其中包括作家、印刷工人、出版商、书商、造纸商、走私犯、马车夫、排字工人、媒体工作者以及大量其他相关人员。

② 应星：《"地方革命历史文件汇集"的收集与利用：点滴体会》，《中共党史研究》2018 年第 11 期，第 26 页。

地方团①创办《先驱》，出版 3 期后被北京政府禁止。4 月，中共中央局决定由上海地方团代理团临时中央局的职权，施存统担任代理书记，《先驱》移至上海归团临时中央局出版。②《先驱》（第 5 号）发表《今后中国的青年应当怎样的运动》一文，认为：此前的青年运动有忽略政治、误听零碎解决、迷信绝对自由这三大问题，为解决问题，今后青年运动的第一步是"组织"，"由种种的小组织起来进而为地方的、全国的大组织"，③在组织过程中"把共产主义尽力地去宣传，以求主义的普遍"。④这一愿景已较为清楚地阐明《先驱》作为事实上的团中央机关刊物的定位和功用。

5 月，团一大在广州举行，正式成立中国社会主义青年团。团的章程明确由团中央执行委员会出机关报刊。⑤其职责为：当国内外发生重大问题时，"中央执行委员会和中央机关报编辑部即须详细加以分析"，议决对付办法和宣传方针，通知团全国各机关一律执行。进而组织演说、集会，印刷出版物，在必要时组织大示威。⑥到 6 月，《先驱》宣传的目标和内容更加细化："对于半封建的武人势力，绝对的取攻击态度，对于小资产阶级（主要要素为商人、厂主等），取激刺他们继续民主革命，不要在现状下梦想和平，梦想妥协，梦想废督、裁兵（的）可能，梦想建设好政府（的）可能。"⑦

---

① 按，团组织分区和地方两级，后面行文中若史料有明确名称，如团武昌地委则会写出，若泛称或史料不明确则都简称地方团。

② 中共中央组织部、中共中央党史研究室、中央档案馆编《中国共产党组织史资料》第 1 卷，中共党史出版社，2000，第 50 页。

③ 按，这种思路明显可以看出少年中国学会关于"小组织"讨论的影响。参见《讨论小组织问题》，《少年中国》第 1 卷第 2 期，1919 年 8 月，第 35—37 页。

④ 红彩：《今后中国的青年应当怎样的运动》（1922 年 3 月 13 日），《先驱》第 5 号，1922 年 4 月 1 日，第 3—4 版。

⑤ 《中国社会主义青年团章程》，《先驱》第 8 号，1922 年 5 月 15 日，第 2 版。

⑥ 《关于政治宣传运动的决议案》，《先驱》第 8 号，1922 年 5 月 15 日，第 3 版。

⑦ 《中央执行委员会通告第六号》（1922 年 6 月 15 日），《先驱》第 14 号，1923 年 1 月 9 日，第 3—4 版。

团中央机关刊物《先驱》的职责、宣传目标、宣传内容等虽然得到明确，但其实际进行却不能令人满意。一年多后即 1923 年 6 月施存统撰长文谈"本团的问题"，批评《先驱》几乎成了"不三不四莫名其妙的出版品"，[①] 这一严重的批评具体指向三个方面。

首先，在施存统等看来，《先驱》办得"太无精神"，不讨论实际问题，不注重青年工人，没有实际的统计和记载。[②]

其次，发行不畅。《先驱》发行不畅一方面缘于外部压力，因为刊物的政治色彩，它在好多地方发不出去，经常被扣留禁止；另一方面缘于内部运作。1922 年 7 月团中央发通告，要求必须使《先驱》"深深印入大多数青年脑中"，各地方团须派人推销《先驱》。识字团员每人必须订阅一份，并至少代销两份；同时要在各地方团之机关报刊及"与我们表同情之出版物"上多登广告，广为介绍。[③] 可是以上目标大多没有实现，集中表现在《先驱》的报费收支上。《先驱》出版 19 期，收到报费 30 余元，赔了 800 余元。主要原因是不少团员认为拿本团刊物看是不应该出钱的，地方团也多不肯认真督促，觉得区区几枚铜元不好意思去收。[④]

最后，供稿不勤。团中央要求各地方团通信员"每月通信一次"，作为《先驱》稿源，地方普通团员也被要求积极为《先驱》写稿。[⑤] 但事实上自《先驱》创办后，除衡州、太原、上海来过一次通信，其他地方没有寄来"只字片纸"。团中央催促各地投稿的正式通告发了两次，

① 　光亮:《本团的问题》,《先驱》第 20 号, 1923 年 6 月 10 日, 第 3 版。

② 　光亮:《本团的问题》,《先驱》第 20 号, 1923 年 6 月 10 日, 第 3 版。

③ 　《中国社会主义青年团中央执行委员会通告第十一号》(1922 年 7 月 11 日),《先驱》第 16 号, 1923 年 2 月 1 日, 第 2 版。

④ 　光亮:《本团的问题》,《先驱》第 20 号, 1923 年 6 月 10 日, 第 1 版。

⑤ 　《济南地方团通告第四号》(1922 年 12 月),《山东党史资料文库》第 2 卷, 第 60 页。

然而催者自催，不应者如故。①

　　因此，施存统认为团中央今后应办两种出版品，其中一种为周刊，完全对外公开，成为"日常奋斗的指导机关"。② 也有人指出："应当办一不误期的、煽动的、与无［实］际生活相关联的定期刊物，这种刊物要使他发行得宜，行销普遍。"③

　　1923 年 8 月，团二大在南京召开，此时《先驱》已经停刊。④ 在团二大的决议案中，《先驱》的表现成为第一届团中央执行委员会组织涣散、不能切实执行职务的一个案例。⑤ 这种批评除了源自前述《先驱》自身的种种问题，也源自党团关系的复杂性。相较团第一届中央执行委员会，第二届的组成发生重大变更。施存统以生病为由向大会辞职，邓中夏、刘仁静成为团中央执行委员会委员长。施氏辞职除了健康原因，另一个原因在他存在使团"独立"的倾向。1923 年 6 月，邓中夏在给施存统的信中即说："闻兄在京有 S.Y.（社会主义青年团——引者注）向共产党宣告独立的主张，是何异封建督军向中央政府宣告独立一样，谬误荒唐，莫此为甚，望兄力改之。"此信公开发表在《先驱》上，不啻党中央对团领导人的明确警告和表现论定，而施存统在回信中似仍对邓中夏的警告不以为意。⑥

----

① 　光亮：《本团的问题》，《先驱》第 20 号，1923 年 6 月 10 日，第 1 版。

② 　光亮：《本团的问题》，《先驱》第 20 号，1923 年 6 月 10 日，第 3 版。

③ 　敬云：《二次全国大会的几个实际问题》，《先驱》第 24 号，1923 年 8 月 1 日，第 4 版。

④ 　《先驱》第 25 号即最后一期标注出版日期为 1923 年 8 月 15 日。

⑤ 　原话为："本团的中央委员于中央执行委员会初成立时，便有几人为共产党中央调去兼任，因此以后屡屡变动，使他本身组织涣散，不能切实执行职务。如《先驱》编辑也屡屡易人，地方通信员不负责任，编辑方法亦不大适宜，发行上也是如此。"参见《中国社会主义青年团第二次全国代表大会文件》（1923 年 8 月 25 日），中国新民主主义青年团中央委员会办公厅编印《中国青年运动历史资料》第 1 册，1957，第 357 页。

⑥ 　中夏：《讨论本团以后进行的方针》（1923 年 6 月 3 日）、《施存统复邓中夏信》（1923 年 6 月 11 日），《先驱》第 22 号，1923 年 7 月 1 日，第 4 版。

1923 年 10 月，中共中央与团中央联合组成教育宣传委员会，规定在宣传上"政治上的指导直隶于 C.P. 中央，并对之负责"。[1]同月《中国青年》正式创办，成为新的团中央机关刊物之一，恽代英、林育南任主编。恽、林二人都是第二届团中央执行委员会委员、团中央局成员。团的新领导人邓中夏、刘仁静也深度参与《中国青年》运作，为其大量写稿，四人组成《中国青年》初创时的基本班底。[2]新班底组成后，相较《先驱》，《中国青年》的宣传目标有延续的部分，如学生团员工作仍为重头，又有一些变化，特别是增加与青年工人相关的内容。这既和邓中夏历来的工作重点有关，也有来自国际少共的影响。[3]日后，宣传的基本思路和具体举措则体现在团二大的各项决议案中。基本思路可概括为：实施革命教育，防止青年受旧宗教、旧道德、和平主义、狭义爱国主义和改良主义思想的恶化与传染；向青年宣传以改善目前状况为起点，如宣传青年工人和学徒的苦况、学生在学校内所受的不良教育，进而引导他们改造社会、学习国民革命和共产主义的理论。

各种具体举措大致可归纳为以下几点。

（1）反对英美的武力干涉、财政共管与铁路共管。在片马问题、威海卫问题上，激烈反对英美强权外交，批判教会学校、基督教青年会等势力。

（2）对封建旧道德和旧习惯痛加攻击，做新文化的宣传。

---

① 《教育宣传委员会组织法》，《中国共产党组织史资料》第 8 卷《文献选编》（上），第 25 页。

② 《中国共产党组织史资料》第 1 卷《党的创建和大革命时期》，第 56—57 页。

③ 这从邓中夏在《中国青年》第 8—10 期连续发表的三篇文章就可见一斑。参见中夏《革命主力的三个群众：工人、农民、兵士》，《中国青年》第 8 期，1923 年 12 月 8 日（刊物上所印发行日期原为 1924 年，疑误，此为推算），第 1—3 页；《论工人运动》，《中国青年》第 9 期，1923 年 12 月 15 日，第 6—8 页；《中国工人状况及我们运动之方针》，《中国青年》第 10 期，1923 年 12 月 22 日，第 2—6 页。

（3）力使青年参与罢工、募捐、示威活动，矫正学生只读书不问社会的心理，使他们参与办平民学校、演讲团等活动。

（4）排斥坏教员，改良学校不良制度，提倡学生自治。

（5）攻击提倡个人主义的竞赛运动，攻击在基督教会及其学校领导下的种种体育运动。

（6）解释资本主义生产的特性和通俗地宣传共产主义基本原理。

（7）介绍其他殖民地被侵略的状况和当地革命运动的情形。

（8）介绍唯物主义学说，编译革命文艺作品。①

对以上以条条框框形式出现的思路和举措，组织中人会有形式化的理解，但未必能运用自如，也未必能深入贯彻，这就需要《中国青年》将条条框框具象化、情境化，以推动宣传。恽代英就在第13期中面向学生团员，谈假期中要做的事。在学生放假这一具体情境中，恽氏号召学生看报纸、读杂志，但不是随便一读，泛览无归，而是要把"一些常听说的事情，弄一个清楚的观念"。比如什么是"金佛朗案"？什么是"粤海关事件"？直系究竟有多大的势力？国民党改组现在是什么状况？究竟联省自治是否适用中国？何以许多人说中国受国际资本主义的压迫？为什么一些人反对基督教？中国究竟为什么有那么多的内外债？负债的数目究竟有多少？土耳其复兴的情形怎样？德国赔偿问题现在怎样？何以英国、美国现在待中国比日本待中国还凶恶？究竟苏联内部现在是什么样子？"国际联盟"是一个什么样的机关？② 足见《中国青年》坚持努力依托日常生活开展政治动员，努力在读者的脑海中引发思考的基本方向，由此将文字背后党、团的宣传思路和具体举措传递给他们。

---

① 《中国社会主义青年团第二次全国代表大会文件》（1923年8月25日），《中国青年运动历史资料》第1册，第365—366、368—369页。

② 代英：《假期中做的事》，《中国青年》第13期，1924年1月12日，第2—3页。

在向组织中人传递基本思路和具体举措的同时,《中国青年》也要向组织内外的青年展示哪些具体党派和人物是需要迎击和进攻的对象。1923 年 11 月,邓中夏在《中国青年》上谈如何打倒张君劢、梁漱溟的"东方混乱思想"。[1] 到 11 月底,他更明确了"东方文化派"这一概念。在此概念统摄下,邓中夏将梁启超、梁漱溟、章士钊各归为一系,认为三系各有不同,但都有"进攻的必要"。1924 年 1 月,邓中夏发表《思想界的联合战线问题》一文,集大成地提出要对国内诸种反动思想势力"分头迎击,一致进攻",如哲学中之梁启超、张君劢、张东荪、傅侗、梁漱溟,心理学中之刘廷芳,政治论中之研究系、政学系、无政府党、联省自治派,文学中之梅光迪和一般无聊的新文学家,教育中之黄炎培、郭秉文等,社会学中之陶履恭、余天休等。[2]

---

[1]　这一思路也证明了当时党、团宣传思路的趋向一致。邓中夏的言论源自当年 7 月陈独秀的言论。他说:"号称新派的学者如蔡元培、梁启超、张君劢、章秋桐、梁漱溟等,固然不像王敬轩、朱宗熹、辜鸿铭、林琴南等那样糊涂,然仍是一只脚站在封建宗法的思想上面,一只脚或半只脚踏在近代思想上面,真正了解近代资产阶级思想文化的人,只有胡适之……适之所信的实验主义和我们所信的唯物史观,自然大有不同之点,而在扫荡封建宗法思想的革命战线上,实有联合之必要。"参见独秀《思想革命上的联合战线》,《前锋》第 1 期(1923 年 7 月 1 日),任建树等编《陈独秀著作选》,上海人民出版社,1993,第 517—518 页。而只是 3 个月前,毛泽东在文章里的表述是:"最急进的共产派和缓进的研究系、知识派、商人派都为了推倒共同敌人和国民党合作,成功一个大的民主派。"参见毛泽东《外力、军阀与革命》(1923 年 4 月 10 日),《毛泽东文集》第 1 卷,第 10 页。

[2]　中夏:《努力周报的功罪》,《中国青年》第 3 期,1923 年 11 月 3 日,第 6—7 页;《中国现在的思想界》,《中国青年》第 6 期,1923 年 11 月 24 日,第 2—6 页;《思想界的联合战线问题》,《中国青年》第 15 期,1924 年 1 月 26 日,第 9—10 页。按,该期杂志目录误写为《思想的联合战线问题》。《思想界的联合战线问题》一文被收入《六大以前——党的历史材料》(人民出版社,1980),后又收入中共中央文献研究室、中央档案馆《建党以来重要文献选编(1921—1949)》(中央文献出版社,2011),足见其在中共文献中的重要性。同时需要注意此文的攻击对象中还没有"国家主义派",在《中国青年》第 8 期的文章里,恽代英说的是"我的朋友余家菊",并引其著作《国家主义的教育》来论证基督教对中国的威胁。参见恽代英《我们为什么反对基督教》,《中国青年》第 8 期,1923 年 12 月 8 日,第 7—8 页。在稍后《少年中国》发表的文章里,恽氏也依然是与之进行讨论的语气。参见恽代英《读"国家主义的教育"》,《少年中国》第 4 卷第 9 期,1924 年 1 月,第 1—15 页。

　　上述党派和人物被列为迎击和进攻的目标有当时思想界科玄论战以及中共党、团希望联合胡适一派的背景，①但他们在《中国青年》里屡屡出现更多是由于中共党、团既定的宣传需要。因此，他们就不会只出现于《中国青年》，也会出现在《中国青年》作者在其他报刊发表的文章里，像恽代英在《少年中国》的文章就对梁漱溟有很明确的批评。②在《新建设》《学生杂志》《民国日报·觉悟》《民国日报·评论之评论》《青年工人》等报刊上，恽代英、邓中夏等也发表大量有针对性的批评文章。

　　《中国青年》的稿件除编辑部成员依据宣传思路和宣传计划撰写外，也依靠向各地方团组稿和各地方团的来稿。随着团中央对各地方团整合力的加强和各地方团自身力量的扩张，《中国青年》收到、发表的各地稿件相较《先驱》时代多出不少。1925年3月，团武昌地委报告他们正在组织"编辑处"，由专人负责编辑地方团刊物的文章和团员撰写论文以投稿《中国青年》。③5月，在武昌的林育南又致信团中央报告当地的青年联合会成立，《民国日报》已经报道，希望《中国青年》能登载青年联合会的成立宣言与组织大纲，进一步扩大影响。④当然《中国青年》的组稿也仍有被拒绝的情况。1926年2月，张家口地方团被要求为《中国青年》供稿，当地领导人认为其自办刊物《西北向导》不久将出版，无暇供给。⑤

---

① 此次论战大致从1923年5月开始，在胡适看来，"蔓延全国，历时一年而还不能结束"。参见《胡适日记全集》第4册，第281页。

② 恽代英：《读"国家主义的教育"》，《少年中国》第4卷第9期，1924年1月，第1—15页。

③ 《团武昌地委训育部报告》（1925年3月31日），中央档案馆、湖北省档案馆编《湖北革命历史文件汇集（群团文件）（1925年—1926年）》，1983，第39页。

④ 《林根致团中央信》（1925年5月28日），《湖北革命历史文件汇集（群团文件）（1925年—1926年）》，第78页。

⑤ 《章迪芳关于刊物和稿件问题致曾延的信》（1926年2月2日），《河北革命历史文件汇集（甲）第1册（1922年3月—1926年7月）》，第508页。

　　在这内外联动，多管齐下的推进过程中，各地方团的宣传工作也越来越紧密地跟随团中央与《中国青年》。1924 年 6 月，团湖南区委在教育宣传工作计划中就强调要进行"立于唯物史观上面之文化运动"，反对东方文化派，反对宗法社会的旧教义，反对基督教教义及其组织。①8 月，团重庆地委发现当地梁漱溟的"信徒"颇多，在与他们的辩论中，团的言论多被评为"浅薄"。由此，团重庆地委认为此问题不是重庆一地的问题，而是全国性问题，希望团中央在《中国青年》上切实讨论、驳斥。②

　　上述《中国青年》带有强烈政治性的办刊方式自会招致一些批评。1925 年 4 月，团济南地委就认为《中国青年》政治色彩太甚，不贴近青年实际利益，较空洞。③5 月，团九江特支提出，《中国青年》较少关注青年的切身问题，多半做主义的介绍，希望《中国青年》能多载一般青年的写实生活。④

　　对这些批评，《中国青年》做过一些回应。如编辑部曾直接表示，《中国青年》的内容应更接近一般青年群众，而"不仅是一部分比较进步的青年"。⑤保定有学生（实际就是团员）询问邓中夏：何以《中国青年》对恋爱自由问题一点都不表示？邓回答道："这并不是我们忽略了。若照我们的主张，恐怕是现实社会里所不适用，而且人家怕会要大惊小

① 《湘区报告》，中共中央党史和文献研究院、中央档案馆编《中国共产党重要文献汇编》第 4 卷（1924 年），人民出版社，2022，第 154 页。

② 《童庸生给团中央的信》（1924 年 8 月 1 日），《四川革命历史文件汇集（群团文件）（1922 年—1925 年）》，第 184 页。

③ 《团济南地委宣传部报告第一号》（1925 年 4 月 20 日），《山东党史资料文库》第 2 卷，第 241 页。

④ 《团九江特支报告》（1925 年 5 月 31 日），《江西革命历史文件汇集（1923 年—1926 年）》，第 163 页。

⑤ 《七十一期以后的〈中国青年〉》，《中国青年》第 70 期，1925 年 3 月 14 日，第 302 页。

怪罢。若照时下最流行的主张，用不着我们再多饶舌。"①

因此，对于各地方团对《中国青年》的一些批评，研究者不必直接拿来作为其刊物质量高低的论证，应意识到不可仅仅以"泛左翼知识分子"，尤其是小布尔乔亚式的、人间漫游者式的"左翼知识分子"眼光来考察《中国青年》的编者、作者与读者。《中国青年》在左翼报刊的光谱中属于除《中国共产党党报》《团刊》《中学校刊》外最深色的部分。②所以在办刊方式上，《中国青年》与一般左翼报刊不同。它的来稿、来信、编排等渐渐褪去了其他左翼报刊强弱不等的"小布尔乔亚"色彩，取而代之的是越来越严密的组织性和越来越鲜明的运作性。③要认识其组织性和运作性有两条进路。一条是熟悉《中国青年》主要编辑、作者的笔名、化名，方不至认为登载其上的头条文章与重要文章为不相干人士所写。另一条是厘清《中国青年》的投稿者、来信者为谁，他们和中共党、团有怎样的关系。研究者的分析不应局限在文章、信件写了什么，而是要追索这些人为什么要给《中国青年》投稿、写信，为什么会同时给《向导》《中国青年》投稿、写信，如此方不至简单判定"读者投稿"是随机性的，"读者来信"的背后无深意

---

① 中夏：《北游杂记（续）》，《中国青年》第 15 期，1924 年 1 月 26 日，第 14 页。

② 《中国共产党党报》《团刊》《中学校刊》在各省革命历史文件汇集中屡屡出现，从《建党以来重要文献选编（1921—1949）》看，有一些文章明确说明选自《中国共产党党报》等处，如任弼时的《怎样布尔什维克化》一文就注明发表在《中学校刊》上。这些报刊中我只见过一些来自《党报》的影印件，于中央档案馆编《中国共产党八十年珍贵档案》（中国档案出版社，2011，第 100—101、112—114、115—116 页）中，其他都未见过原件或影印本。

③ 对此薛相峰指出，《中国青年》的"读者来信"的来源有迹可循，有其内容的真实性，但不可否认的是，编辑们也确实担当了"把关人"的角色，会根据革命动员形势的需要，在自己认为合适的时间、版面上安排相应的读者来信或其他互动类内容，让读者看到他们"该看到的内容"——有利于革命进展的、有利于树立自身形象的、激动人心的文字。薛相峰：《青年群体的革命动员——1927 年前后的〈中国青年〉周刊研究》，硕士学位论文，安徽大学，2017 年，第 57 页。

蕴藏。①

　　只有进行以上工作，才能理解《中国青年》当然会在一定程度上关注在组织之外扩大影响，会说《中国青年》"是为中国的一般青年服务"，②但这是表面文字。它更关注的是组织中人，努力让组织中人"时刻不要离开本党与团的机关报"，③进而令组织中人在经过规训后，通过《中国青年》上登载的文章来明确目前和今后中央所欲何事、所为何事。

　　了解《中国青年》自身的运作后，《中国青年》的宣传策略和宣传方式也需要从对手方入手来进行考察和定位。1920年代，无论在大城市还是小地方，《中国青年》一方面受众日多，影响渐大，另一方面也始终在其他各种主义报刊的包围之中。至少在中共党、团眼中就有封建势力、帝国主义势力、国民党右派、国家主义派、无政府主义派和梁漱溟派等对手的存在。

　　因此，在1920年代，各方的政治竞争是持续的，中共党、团政

---

①　如《中国青年》第7期恽代英作《学术与救国》一文。先说"南京朋友效春"的信，"效春"即杨效春，与恽代英是少年中国学会会友，又说到"保定一位朋友中秀的信"，"中秀"为王其彭，是当时保定地方团的领导人之一，负责过当地《先驱》《向导》的销售。第10期提到"穆济波君屡次嘱我们搜集切实的材料"，穆济波是恽代英在四川泸州川南师范拓展组织时的老相识、少年中国学会会友。又提到李儒勉，他和恽代英也是少年中国学会会友，与张闻天关系密切。第11期有徐文台来稿谈社会科学与择业问题，徐文台即徐泽予，浙江临海人，当时是复旦大学学生，组织过中国青年救国团。1925年8月，经杨贤江推荐，担任过上海大学附中的老师，后赴广东担任革命军总司令部《政治丛刊》主编、《革命军日报》撰述等职。第23期恽代英作《怎样研究社会科学》一文，回复的是一位名叫刘俊才的山东青年的来信，刘氏当时为山东青州地方团的领导人。第153、154期合刊有张铨（永年）的来信，在《向导》第162期也有这位张永年的来信。这些信息都提供了进一步深入考索的方向。

②　但一：《读什么书与怎样读书》，《中国青年》第8期，1923年12月8日（按，刊物上所印发行日期原为1924年，疑误，此为推算），第12页。

③　《团济南地委组织问题报告之五》（1926年3月），中央档案馆、山东省档案馆编《山东革命历史文件汇集（乙种本）（1924年—1933年）》，1996，第37页。

治动员的推进也在不断竞争中得到发展。1923 年，团组织在四川成都、重庆、泸州等处兴起，其所面对的至少有 "军政阀普通之阻碍"、"孙派民党之扒手" 和 "安派小子之跳梁"。之后数年，四川的无政府主义派仍然颇盛，又加上以川人为中坚力量的国家主义派和国民党右派（孙文主义学会派）。① 相较四川，在天津更多是国家主义派势力与中共党、团的竞争。1925 年 8 月，天津仅南开中学一校销售《醒狮周报》，每期即百份有余。《中国青年》的销数与之 "天地相差"，遂使当地团组织意识到 "势必进攻，攻破彼反动的宣传不可"。② 在江西和四川，情况近似，各种政治力量均有活动。1926 年 11 月，据团南昌地委调查，当地除《中国青年》《江西青年》《一师校刊》《新浮梁》《吉光》《吉州学生》《黎明》等革命刊物外，与之竞争的报刊亦不少，且销量不低。如《中国青年》的月销量约 900 份，《江西青年》《一师校刊》《新浮梁》的月销量均为 1000 份左右，《吉光》的月销量为 500 份。而无政府主义派的刊物《自由人》月销量也能达到 1000 多份，《新民报》《正义报》《和平日报》等更都能达到月销 2000 份以上。③

　　不过，对手方的 "包围" 除了意味着挑战，也提供由 "同时性关系密切事物" 来深入理解《中国青年》的可能性。④ 以上文提及的《醒

① 《王右木给施存统的信》（1923 年 2 月 29 日）、《泸州团向团中央的报告》（1925 年 3 月底）、《泸州地方团向团中央的报告》（1925 年 12 月 23 日）、《裴紫琚给余泽鸿的信》（1925 年 12 月 24 日），《四川革命历史文件汇集（群团文件）（1922 年—1925 年）》，第 54、233、348、353 页；《童庸生给团中央的报告》（1926 年 3 月 23 日），中央档案馆、四川省档案馆编《四川革命历史文件汇集（群团文件）（1926 年—1932 年）》，1987，第 78 页。

② 《新关于整顿校务刊物发行事致钟英的信》（1925 年 8 月 4 日），《河北革命历史文件汇集（甲）第 1 册（1922 年 3 月—1926 年 7 月）》，第 286 页。

③ 《团南昌地委宣传部报告》（1926 年 11 月 29 日），《江西革命历史文件汇集（1923 年—1926 年）》，第 524—525 页。

④ 《傅斯年致胡适》（1926 年 8 月 17 日、18 日），欧阳哲生编《傅斯年文集》第 7 卷，第 57 页。

狮周报》为例，学界多讨论《中国青年》与《醒狮周报》的论战，而较少注意所谓《醒狮周报》实非单一刊物，而是一个集合体。除醒狮周报社，至少还要加上社会评论社、孤军社、独立青年杂志社和爱国青年社。[①] 这些社团和其主办报刊各自立场虽不完全一致，但作为《中国青年》的对手方却相当一致。因此，只有在《中国青年》与它们的错综互动中方能进一步看清其是如何进行政治动员的。

如 1925 年 1 月宁波地方人士董贞柯在《四明报·四明副刊》上发表《共产主义质疑》一文，这本是一篇地方报纸上的文章，照常理说争论一般会囿于地方。但宁波地方团领导人华岗（少峰）却没有将反驳文章发表在当地报刊上，而是通过从宁波向上海投稿，在《中国青年》上发表。这背后无疑有团中央借此题目发挥的考虑。因为 1925 年 1 月团三大召开后，团中央已明确国家主义派"现在是我们有力量的敌人"，所以"各地的同志应开始做反对的宣传"。[②] 在 4 月初《中国青年》第 73 期的文章里，团与宁波的新国家主义派的争论已经拉开帷幕，恽代英撰写的《与李琯卿君论新国家主义》一文证明团中央已注意到《四明副刊》后面的党派背景，并准备开展大的行动。[③] 到第 76 期，与华岗文章一起刊登的是恽代英写的另一篇文章《评醒狮派》。这是党、团中央对各种国家主义派统一定调的声音，足见发表华岗的文章是《中国青年》编辑引入地方上之争论，将之放到全国政治舞台上，以集结的多篇文章

---

① 《本社与社会评论社醒狮周报社爱国青年社为五卅事变敬告全国各界书》一文即一明证，《孤军》第 3 卷第 2 期，1925 年 7 月，第 1—4 页。

② 任弼时：《怎样布尔什维克化》，《建党以来重要文献选编（1921—1949）》第 2 册，第 325 页。

③ 一个证据是代英《与李琯卿君论新国家主义》，《中国青年》第 73 期，1925 年 4 月 4 日，第 346—353 页。此文收录在《六大以前——党的历史材料》，进而收录在《建党以来重要文献选编（1921—1949）》中。

引发更大关注的宣传策略。①

　　之后，董贞柯的回应文章发表在宁波地方的另一本刊物——《爱国青年》上。华岗第二篇驳文则仍在《中国青年》发表（第83期）。因此，要理解《中国青年》的政治动员仅靠其自己发表的"论战"文字和其单一对手方的"论战"文字是远远不够的。只有在多方的你来我往中，才能理解各方的意图，定位不同报刊的实际位置，厘清"论战"的台前幕后，进而看出《中国青年》辐射全国的政治眼光和对各类反对派的政治斗争方式。

　　上文初步厘清了《中国青年》如何出现，其办刊的基本方针、整体思路与具体举措，也在多个对手方的交叉视野里认识了《中国青年》在1920年代多党竞逐局面下的宣传策略与宣传方式，但这仍只是它的一部分面向而已。以"推广周知"为视角和以"读者阅读"为视角的《中国青年》依然有待讨论。

第二节　《中国青年》的"推广周知"

　　以"推广周知"为视角考察《中国青年》，目前有三个基本问题需要厘清。第一，哪个商家、哪些生意与《中国青年》相联系？第二，《中国青年》如何让人们尤其是组织内外的青年知道？第三，《中国青年》如何散布各地，让人们能够拿到和读到？

　　从第一个问题说，历史事实从来不是单一事实，而是聚象事实（mass-facts），②研究《中国青年》，除刊物的文字，中共党、团组织的

---

① 代英：《评醒狮派》，《中国青年》第76期，1925年4月25日，第377—379页。

② "聚象事实"一说来自傅斯年。参见傅斯年《评丁文江的〈历史人物与地理的关系〉》，欧阳哲生编《傅斯年文集》第1卷，第517页。

变迁和运作，同样重要的还有其商家——上海书店的变迁和运作。上海
书店开业于 1923 年 11 月，自此到 1926 年底它是中共党、团书报的印
刷发行中心。[①]具体而言，上海书店之于《中国青年》推广周知的重要
性在以下几个方面。

第一，《中国青年》无论是其销量的扩张还是影响的扩张都必须放
在上海书店近 30 种出版物发行销售的整体状况中去考察。（参见表 7-1）

表 7-1　上海书店出版物一览

序号	出版物名	作者	初版时间
1	反对基督教运动	杨贤江、恽代英等著	1924 年 12 月
2	资本制度浅说	山川均著、施存统译	1924 年 2 月
3	世界名人相片、明信片六种：马克思、列宁、孙中山、托洛茨基、卢森堡、李卜克内西	无	1924 年 3 月
4	社会科学讲义	瞿秋白、施存统、安体诚等编写	1924 年
5	社会科学概论	瞿秋白	1924 年 10 月
6	国外游记汇刊	瞿秋白	1924 年 10 月
7	新梦	蒋光赤	1925 年 1 月

---

①　上海书店地址在南市小北门外民国路振业里口 11 号。最初，徐白民为其主事人，他筹备
　　组织过浙江文化书局，在这方面颇有经验。书店格局为一楼一底，还有间过街楼。门市
　　部出卖商务印书馆、中华书局、民智书局、亚东图书馆、新文化书社等大小书店的书刊，
　　也代卖文具。《中国青年》自第 11 期起由上海书店发行，到第 81 期后，《中国青年》的印
　　刷发行与经济事项由团中央自理。但上海书店作为党、团书报印刷发行中心的地位，要
　　到 1926 年底中共中央迁移武汉为止。参见徐白民《上海书店回忆录》，张静庐辑注《中国
　　现代出版史料》甲编，上海书店出版社，2011，第 61—62 页；《团杭州地委报告第一号》
　　（1922 年 6 月 14 日）、《唐公宪致刘仁静信》（1924 年 1 月 7 日），《浙江革命历史文件汇集（群
　　团文件）（1922 年—1926 年）》，第 5、31 页；《敬告读者》，《中国青年》第 87 期，1925 年
　　8 月 8 日，第 553—554 页；王健英《中国共产党组织史大事纪实》第 2 册，广东人民出
　　版社，2003，第 112 页。

序号	出版物名	作者	初版时间
8	帝国主义浅说	列宁著，李春蕃译，沈泽民校订	1925 年 2 月
9	唯物史观	"中国青年社丛书"	1925 年 2 月
10	马克思主义浅说	"中国青年社丛书"，辟世和编	1925 年 3 月
11	孙中山先生遗言	上海书店编	1925 年 3 月
12	将来之妇女	"中国青年社丛书"，M.S.Lilienthal 著，张秋人译	1925 年 4 月
13	新文学概论	本间久雄著，汪馥泉译	1925 年 5 月
14	青年平民读本（四册）	卓恺泽编著	1925 年 7 月、9 月
15	唯物史观浅释	刘宜之	1923 年 12 月
16	评中西文化观	杨明斋	1925 年
17	反戴季陶主义国民革命观	瞿秋白、陈独秀著	1925 年 9 月
18	关税问题与特别会议	"中国青年社丛书"，中国青年社编	1925 年 10 月
19	青年工人问题	"中国青年社丛书"，中国青年社编	1925 年 10 月
20	显微镜下之醒狮派	"中国青年社丛书"，萧楚女著	1925 年 10 月
21	恋爱与道德	爱伦凯著，沈泽民译	1925 年 10 月
22	各时代社会经济结构元素表	（张）伯简译制	1925 年 1 月
23	反帝国主义运动	恽代英著	1925 年
24	中国共产党五年来之政治主张	向导周报社编	1926 年 5 月
25	论北伐	"向导丛书"，陈独秀、彭述之、张国焘著	1926 年 9 月
26	革命歌声	李求实编	1926 年 12 月
27	共产主义的 ABC	布哈林	1926 年 1 月

近 30 种上海书店的出版物汇合一起形成规模效应,提升了它们各自的影响力和总体的影响力,表现在其中不少出版物在市场上销路不错。如《中国共产党五年来之政治主张》一书初版即卖到一万份。[1]《反对基督教运动》一书 1924 年 12 月初版,1925 年 1 月再版,9 月出第 8版。《将来之妇女》一书以社会主义眼光讨论妇女问题,1925 年 4 月初版,1926 年 8 月出第 11 版。蒋光赤的诗集《新梦》1925 年 1 月初版,5 月即再版。《马克思主义浅说》一书分"资本""资本主义之发展""阶级争斗""帝国主义"四节,附有名词解释和待答问题,为关于马克思主义"最浅近而概括的书",1925 年 3 月初版,1926 年 1 月已出第 9 版。《孙中山先生遗言》一书 1925 年 3 月初版,1926 年 10 月出第 5 版。

这些出版物的畅销使其发行印刷机构上海书店变得有名起来,也让上海书店运营的《中国青年》变得有名起来。《中国青年》影响力的提升又继续打开了上海书店其他出版物的销路。比如上海书店出版的一部分图书直接是以"中国青年社丛书"的名义出现。1925 年《中国青年》第 76 期中就预告:"要供给一般青年最廉价而合用的书籍,以便于比较有系统的研究",上海书店决定刊行"中国青年社丛书"。[2] 在《中国青年》第 93、94 期合刊中就着重介绍一套以中国青年社名义印行的书——《青年平民读本》。此套书共四册,"能适合平民生活,且可引起一般农工平民对于自己利益的觉悟,远非坊间各平民教育用书所可比"。[3]《中国青年》的广告推动《青年平民读本》获得积极反响,其第 2 册 1925年 9 月初版,1926 年 7 月已出至第 11 版。团济南地委直接购买数百册正版《青年平民读本》后,还向团中央要求翻印五千册。团湖南区委也

---

① 　向导周报社编辑《论北伐》,上海书店,1926,"广告"页。

② 　《我们的广告》,《中国青年》第 76 期,1925 年 4 月 25 日,第 376 页。

③ 　《介绍新刊》,《中国青年》第 93、94 期合刊,1925 年 9 月 7 日。

翻印过整套书。①

　　进一步说，《中国青年》和上海书店的互相成就不止于彼此的介绍和联动，它们紧密捆绑，在捆绑中出现不少细致的推广办法。如购买"中国青年社丛书"，上海书店就有特别规定:

　　　　凡青年团体购买此项丛书，在五册以上的，由本社转交上海书店，可特别照合购一百册之价计算，以示优待。例如《唯物史观》每册只收五分，《马克思主义浅说》每册只收六分，从前出版的《反对基督教运动》，照此法合购，每册只收三分。②

之后《中国青年》的订阅又与上海书店的赠书联系在一起:

　　　　凡现在已经订阅本刊半年以上的，都由本社即赠《不平等条约》、《中国关税问题》各一册; 以后对于订阅本刊诸君，当随时寄赠与本社有关各新出版之书或小册子。③

　　第二，《中国青年》既是上海书店自身出版网络的一部分，又在上海书店庞大的代卖网络中。1924 年 3—4 月《中国青年》连续推出三份关于马克思主义学说的书报目录，分别是第 23 期恽代英撰写的《怎样研究社会科学》，第 24 期袁玉冰撰写的《一个马克思学说的书目》和第 26 期施存统撰写的《略谈研究社会科学》。三份目录，学界已多有引用，

---

① 《团济南地委通信第十一号》（1925 年 12 月 22 日）,《山东党史资料文库》第 2 卷，第 340 页;《湖南地方革命史料》（1），湖南人民出版社，2010，第 210 页。

② 《我们的广告》,《中国青年》第 76 期，1925 年 4 月 25 日，第 376 页。

③ 《介绍新刊》,《中国青年》第 93、94 期合刊，1925 年 9 月 7 日，第 669 页。

但较少有人注意它们的推广策略，即其中引用的大部分书报并非上海书店的直接出版品，但目录中会明示或暗示这些书报上海书店都有代售，即使书店暂时无货也可以代为购买。①

此后在《中国青年》上亦经常刊登上海书店代卖书报的广告。这种广告有直接的，如在第 93、94 期合刊上《新社会观》一书的简介为："用很浅显简短的文字，解释资本主义、阶级斗争、帝国主义、共产主义……愿研究共产主义与苏俄情形的人，不可不读。"② 也有间接的，在第 61 期《中国青年》"通讯"栏中有人问：要研究社会问题，哪一本书最好？编辑先推荐上海书店的出版物——《社会科学概论》，随后指出"亦可参看二十四期、二十六期本刊所开各书"。③

以上浮现的是一个以上海书店为中心点的书报代卖网络。这个代卖网络把《中国青年》与上海书店其他代卖之书报一起带到全国各地。1925 年 12 月，团山东地委的报告就说除收到 3 期《中国青年》，每期90 份外，也收到《新社会观》60 本、《青年平民读本》220 本和《陈独秀先生讲演录》20 本。④

第三，上海书店的出版网络和代卖网络使得《中国青年》在读书人尤其是知识青年的阅读世界里留下较深刻的记忆。严灵峰回忆，在"《新青年》转变了,《向导》、《前锋》、《中国青年》也相继出版"的时候，他看过许多上海书店出版的小册子，也看过上海书店代卖的书。

---

① 三份书目的区别在袁玉冰的书目为明确强调，而恽代英和施存统的书目则多为暗示。

② 《介绍新刊》,《中国青年》第 93、94 期合刊，1925 年 9 月 7 日；亦参见郭范仑科著，王伊维译，瞿秋白校订《新社会观》，平民书社，1925。

③ "通讯",《中国青年》第 61 期，1925 年 1 月 10 日，第 177 页。

④ 《十二月地方代表大会地委报告及其重要决议》(1926 年 1 月 10 日)，中央档案馆、山东省档案馆编《山东革命历史文件汇集（甲种本）第 2 集（1926 年 1 月—1928 年）》，1995，第 31 页。

其中《陈独秀先生演讲录》对他最有吸引力。[①] 徐懋庸在回忆里写道，1927 年他初读《中国青年》，同时他也读《向导》、《共产主义 ABC》、《唯物史观》、《社会科学讲义》、《照妖镜下的醒狮派》（应为《显微镜下之醒狮派》）、《左派幼稚病》等上海书店出版物和代卖品。[②]

　　关于第二个问题，即《中国青年》是如何让人知道的。《中国青年》让读者所知且渐渐熟悉有三种途径。第一种途径是自家书报系统的努力宣传，主要是中共党、团和国民党左派的书报。在《向导》《新青年》《前锋》《民国日报》中多有《中国青年》和上海书店出版物、代卖品的广告。《新青年》推介《中国青年》的广告中就说：这是一种专为青年而办的小杂志，对于世界的和中国的一般文化以及政治上、经济上的问题都给青年们以"很有兴味的批评"、"很有路径的指导"。它的内容精富，篇幅简练——凡是留心"现时代文化"和现实的"社会问题"的青年，均应人手一编。[③]

　　第二种途径是被貌似不相关涉，实则有内在联系的书报"不动声色"地介绍。在这一推广途径里不乏全国知名的重要报刊，比如上海大报之一《时报》、商务印书馆旗下的《学生杂志》等，其中《学生杂志》特别值得关注。自杨贤江任主编后，《学生杂志》已成为中共党、团的隐秘宣传阵地。因此《中国青年》在杨贤江主持的栏目中频频"亮相"，据我统计出现过 30 余次。"亮相"的方式也是各种各样。

　　有信函往来。杨贤江在给一位青年的信里劝他多看有关社会问题、社会思想、近代中国史和近代西洋史的书，还推荐他阅读评论时事及研究学理的杂志，其中就有《中国青年》。在给另一位青年的信中则说：

―――――――――

① 　严灵峰：《我与社会科学》，《读书杂志》第 3 卷第 1 期，1933 年 2 月 1 日，第 12 页。

② 　《徐懋庸选集》第 3 卷，第 250—251 页。

③ 　"广告"，《新青年季刊》第 4 期，1924 年 12 月 20 日，第 123 页。

最要紧还是提倡社会科学，从社会学者的理论中找出改造社会的途径。要参加国民革命运动，推翻中国进步的障碍物——军阀与列强，然后强调"对于这个问题，我很愿意介绍《中国青年周刊》（上海小北门上海书店代售，每册二分），请你购阅"。[1]

有明暗结合的推荐。明显的是杨贤江在《学生杂志》上发表的多篇文章里直接提到《中国青年》。[2] 相对暗度陈仓的是，当有人问订阅《时事新报》《努力周报》《东方杂志》《学生杂志》等四种报刊是否合适时，杨贤江的回答是："《努力》已停刊。可改定《响导周报》及《中国青年》。"[3] 又有人问中国现有的报章杂志以哪种最好，杨贤江认为"单就青年学生应阅读的而论，则可看《东方杂志》、《中国青年》、《中国学生》及《学生杂志》"。[4]

有校正读者视听的评断。当有人咨询《中国青年》是不是《青年进步》的别号时，杨贤江立即澄清道："《青年进步》是基督教青年会的出版物，《中国青年》是主张青年自决、反对国际资本帝国主义的出版物，两者完全不同。"[5] 还有人问市面上是否有《中国新青年》杂志，杨贤江也解释没有《中国新青年》杂志，却有《中国青年》与《新青年》。[6]

杨贤江在《学生杂志》上的推介得到各地青年的积极回应，如有广

---

[1]　《杨贤江致文方》《杨贤江致尹诚》，《杨贤江全集》第4卷，第488—489页。

[2]　如在《列宁与中国青年》一文的末尾，他会说："《中国青年》第十六期为'列宁特号'，请读者参考。"在《现在中国青年的生活态度》一文中会说"请参看《中国青年》第二十期上的《黄冈的乡村教育运动》。有志于'到民间去'的青年，正可以参考他们的办法，大胆地活动呢"。《杨贤江全集》第2卷，第9、21页。

[3]　《答湖北刘孤芳君》，《杨贤江全集》第4卷，第645页。

[4]　《答长沙梁君大君》，《杨贤江全集》第4卷，第690页。

[5]　《答湖南湘潭蔡淦清君》，《杨贤江全集》第4卷，第699页。

[6]　《答广东琼崖东路中学王君》，《杨贤江全集》第4卷，第832页。

东文昌的学生来信说："你介绍社会科学的书，及《中国青年周刊》等杂志，一以确定人的人生观，一以指示人的教育方针，我领教了。……《中国青年周刊》每年报费、邮费，共计多少？希望你一一告诉罢。"① 又有广东陆安师范的同学问："《中国青年》不知道可以用邮票代价吗？若以邮票代价，须用邮票多少？那里有售？"②

在《学生杂志》这样有全国影响力的重要报刊之外，帮助推介《中国青年》的也不乏虽然不具备全国影响力，但在地方上颇有号召力的报刊。在苏州吴江的地方报纸《新黎里》上就登载有《中国青年》的广告，提出："中国青年的脑与血都被老年的制度与学说麻醉得停止了，本周刊出来了，誓为麻醉物之死敌！"③

第三种途径是《中国青年》转载、改写他刊、他报的文章和自家文章的被转载与被改写。这一途径学者姜涛已有充分注意。他发现《学生杂志》第11卷第5号上澹卿所写的《向研究文学的青年的谏诤》与《中国青年》第5期秋士所写的《告研究文学的青年》在标题和内容上都十分相似；邓中夏的《新诗人的棒喝》（《中国青年》第7期），后来又署名"安子宣"出现在《学生杂志》第13卷第8号上；萧楚女的《诗的生活与方程式的生活》（《中国青年》第11期）中的一段文字，也曾以补白的形式，出现在《学生杂志》第11卷第1号上。④

这些都可证明互相的转载和改写是《中国青年》较常用的推广手段。此点也充分表现在郭沫若的名文《穷汉的穷谈》上。《穷汉的穷谈》

---

① 《云端致杨贤江》，《杨贤江全集》第4卷，第544页。

② 《答广东陆安师范 K.E.G 君》，《杨贤江全集》第4卷，第772页。

③ YT：《青年应看的杂志和周刊》，《新黎里》第28期，1924年7月1日，第2版。

④ 姜涛：《革命动员中的文学和青年——从1920年代〈中国青年〉的文学批判谈起》，《中国现代文学研究丛刊》2009年第4期，第16页。

首发于《洪水》杂志，后被转载于《中国青年》，转载时文章加上了恽代英的附记，说"郭沫若君此文颇痛快，所以转录以飨阅者"。① 此文本是为反驳《孤军》上的文章而写。② 自被《中国青年》转载后引发的讨论更为激烈，继《孤军》而起的《独立青年》杂志至少因此文与《中国青年》论战三个回合，大大增加了《中国青年》的知名度。③

　　不过光让人知道仍然不够。最后也是最重要的问题为《中国青年》如何能散布各地，让人们拿到和读到？对此，一方面各地方团为顺利拿到《中国青年》想了很多办法，拓展了各种渠道。武汉地方团会多给长江轮船上的茶房几个酒钱，请他们做《中国青年》的暗地交通。④ 青岛的鲁佛民则利用自己督办公署教育科长的身份与当地的大书店——青岛中华书局打交道，使得《中国青年》能放入书店代销。⑤ 长沙地方团也有不少推销《中国青年》的办法，如在学校、工厂、工会俱乐部内设立书报贩卖部；在群众集会时，同志持书报当场贩卖等。⑥

　　但《中国青年》要真正散布各地，让读者顺利"到手"确实是一件很不容易的事。这和两个困难有关。

----

① 　沫若：《穷汉的穷谈》，《洪水》第 1 卷第 4 期，1925 年 11 月 1 日，第 91—94 页；郭沫若：《穷汉的穷谈》（转录），《中国青年》第 102 期，1925 年 11 月 24 日，第 54—58 页。

② 　灵光：《独立党出现的要求》，《孤军》第 3 卷第 4 期，1925 年 9 月，第 3—6 页。

③ 　灵光：《读了〈穷汉的穷谈〉并〈共产与共管〉以后质沫若先生并质共产党人》，《独立青年》第 1 卷第 1 期，1926 年 1 月，第 46—59 页；仁静：《叹一般空谈家》，《中国青年》第 112 期，1926 年 1 月 30 日，第 343—354 页；孟武：《叹一般空想家并质共产党人》，《独立青年》第 1 卷第 4 期，1926 年 4 月，第 9—14 页。关于《穷汉的穷谈》更详尽的研究可参见小谷一郎《郭沫若与 1920 年代中国的"国家主义""孤军派"——论郭沫若"革命文学"论的提倡、广东之行、参加北伐的背景及其意义》，徐志伟、张永峰编《"左翼文学"研究读本》，广西师范大学出版社，2017，第 3—26 页。

④ 　《刘昌群致国昌信》（1922 年 5 月 2 日），《湖北革命历史文件汇集（群团文件）（1922 年—1924 年）》，第 16 页。

⑤ 　鲁佛民：《自传》，《山东党史资料文库》第 5 卷，第 33 页。

⑥ 　《团长沙地方教育宣传计划》，中央档案馆、湖南省档案馆编《湖南革命历史文件汇集（群团文件）（1925 年）》，1984，第 115 页。

首先，此时中共党、团书报的邮递状况相较《先驱》时代没有太大改观，依然相当不畅。《中国青年》出版后各地方团向团中央请求速寄书报、补寄书报的报告比比皆是，可以看出《中国青年》在邮递上存在相当大的问题。之所以如此，第一，因为当时邮政系统落后，《中国青年》又常被查禁，迟寄、不定期寄乃至停寄的情况经常发生。1925 年保定团员即说："《中青》忽接到，忽接不到，已经把阅者的热烈注意冷淡下去了。"各支部虽然贴出优待订者的广告，但报名交钱者很少。① 到1926 年 6 月，团天津地委报告刊物推销情形，"《中青》比较最坏"。他们觉得《中国青年》价格昂贵，文字不如《向导》《政治生活》清澈，另一个重要原因是"寄来的太缓"！6 月才能开始卖 3 月出版的刊物，时间差长达 3 个月。因此当地要求"寄递快一点，则推销前途尚有发展可能"。② 第二，大致要到 1926 年，中共党、团的"交通"网络才有一个基本模样。在此之前，中共党、团内负责书报"交通"之人的工作表现常不令人满意。1925 年团武昌地委就向团中央抱怨"寄来之大考试卷七十份未收到，因系刘一华君经手，连同大学、上（海书）店、民智（书局）之物混在一起。几担一大堆，乱七八糟，一塌糊涂，他亦分不清楚……"③

其次，《中国青年》以上海书店为中心向各地的散布不只是一种

① 《张刃光高兆余关于刊物推销及纪念日等宣传情况的报告》（1925 年），《河北革命历史文件汇集（甲）第 1 册（1922 年 3 月—1926 年 7 月）》，第 427 页。

② 《田锦六月份工作报告》（1926 年 7 月 9 日），《河北革命历史文件汇集（甲）第 1 册（1922年 3 月—1926 年 7 月）》，第 548 页。

③ 《致团中央——关于交通、文件、经费问题并请速调卢、唐来鄂》（1925 年 5 月 14 日），《林育南文集》，人民出版社，2014，第 285 页。当然书报交通不仅地方会出现问题，团中央也会出现问题，1925 年 11 月团武昌地委就致信团中央说："你们屡次来信责问我们……这一类的问题，我们都是再三的报告了你们过的……我们给你们的信，都有底稿可查，因为你们屡来信责问这一类的问题……大家将从前给你们的信稿检查一番，结果我们并没有疏忽。"参见《湖北革命历史文件汇集（群团文件）（1925 年—1926 年）》，第 167—168 页。

"送递事业"，也是一种"资本事业"。此正如恽代英所言"凡是资本事业，无论你开办的目的如何高尚，在事业进行中总少不了受资本主义的支配"，[①]这话依托的例子正是上海书店。因为要受"资本主义"的支配，所以《中国青年》不能顺利散布地方的另一大原因就是书店需要盈利与地方团总缺钱的矛盾。

各地方团的经济困窘是一个常态，施存统就说"无论哪一个地方团，可说没有一处不感着经费困难"。[②]他的说法可以得到各处情况的印证。成都地方团领导者王右木就诉苦道：因为组织运转的邮费、会费等都需他自己承担，所以家中的生活开支已减至极致。即便如此，印刷传单费仍无处出。何况每逢组织活动，四五人上街必是半天以上，以成都的生活水准，一餐最廉的过街饭每人须三百文上下。众人若在茶铺相聚议事，最便宜一碗茶，茶价三十文至五十文，这些钱无法让团员分担，都得由他支出。[③]团九江特支则报告说："除团费外别无出息，但团费也是有限，每月不过几角钱，不够邮费，如遇什么特别事发生，要印传单宣言那就不可能了。其它的用费更谈不到。"[④]武汉地方团领导人致信中央也是要求增加经费：

> 经费实在支持不下了！我在武昌一直到现在尚无妥当住处，现住学舍，不但不妥，而且做事许多阻碍，不租房子，如何能行！但

---

① 代英：《我们应当开办小工厂小商店吗?》，《中国青年》第114期，1926年2月20日，第388页。

② 施存统：《本团的问题》，《先驱》第21期，1923年6月20日，第1版。

③ 《王右木给施存统的六封信》（1923年夏），《四川革命历史文件汇集（群团文件）（1922年—1925年）》，第111页。

④ 《邱刚德致曾延信》（1925年11月7日），《江西革命历史文件汇集（1923年—1926年）》，第251页。

四十元之开支,实在不够租房子,现在至少有另支一笔房子费,大概十元。汉特支最近可望成立地方,房子与交通费至少每月要十元,此项请兄担准!又四月份汉特支房租七元及宣传周印刷费十三元,均系特别开支,除(刘)昌群路费十元补贴外,尚不够十元,请兄补贴!四月份学款四十元,望速寄来,以应眉急!!!①

团天津地委的情况亦相似,每月能收取的团费本来就不过六七元,1924年受直奉战争影响,团员数量减少,变成"月收三元,尚且不能"。②这种困窘情形典型地反映在推行反基督教运动时他们给团中央的信中。

此地简直是分文没有,反教特刊几乎无法可印,现暂借民校十元垫用,望中央速接济来!无钱直使我们的大好运动机会白过!速汇钱来!!!③

各地方团的经费严重短缺,初成立的上海书店日子也不好过。1924年初,上海书店接收新青年社在各地代售处的欠账,数目不小,且是收不回的烂账,同时门市营业也非常清淡,经常只能做到四五元一天。经过半年多的运作,书店运营方上轨道。④可以想见无论在此困难期间,

① 《林根致团中央信》(1925年5月1日),《湖北革命历史文件汇集(群团文件)(1925年—1926年)》,第50页。
② 启五:《天津地方工作情况的报告》(1924年),《河北革命历史文件汇集(甲)第1册(1922年3月—1926年7月)》,第200页。
③ 《武起要求速寄刊物及汇钱事致钟兄的信》(1924年12月25日前),《河北革命历史文件汇集(甲)第1册(1922年3月—1926年7月)》,第176页。
④ 徐白民:《上海书店回忆录》,张静庐辑注《中国现代出版史料》甲编,第63页。

还是日后的维持，书店虽然自认出版物利润极薄，但终究在做一个依靠《中国青年》等出版物盈利之事业。书店的难处地方团未必了解，其运作却是要与地方团月月直接打交道，不少或符合经济规律，但不满足宣传需要的做法不免会让各地方团的团员心生怨懑。

> 上海书店的执事人，想必多是咱们同学喽！现在他们对买书订报的，比营业性的商铺，还不要脸着几十倍。我们校里"书报组"去钱要书，有三次所来的不是所要的，并且书多旧破的和在我们这里不需要、不易卖的。我们这里书籍太缺，成为校务进行上一大阻力，校里的钱又极不易凑。该书局这样误人，真恨煞人了。尤其它第三次来书时，发单上扣去我们五角二分的寄书费，这是从何说起？简直没听说过书行里这种不要脸的行为。第四次我们去洋五元订《中青》，他答信说可，可是到现在也没接到过哩！……请中兄把你手下这书局监督监督，替我们向它交涉交涉！让它把发行的书，价能定低一点；给我们所要的书；把已给我们扣下的邮费取消才好；并各方面（迟答信、发书等）都要它革新！①

团中央、上海书店与团湖南区委间的矛盾是其中最典型的个案。团湖南区委在组织拓展上本来表现突出，团二大就曾表扬湘区"最值得大会赞美"，一年中扩展县一级地方团十一处，几乎无县无同志。②但组织快速扩张意味着当地急需大量宣传品，同时也需要大量经费，这都为几

---

① 《张刃光高兆余关于对上海书店的批评致中兄的信》（1925 年 5 月），《河北革命历史文件汇集（甲）第 1 册（1922 年 3 月—1926 年 7 月）》，第 252—253 页。

② 《关于中央执行委员会报告的决议案》（1923 年 8 月 25 日），《中国青年运动历史资料》第 1 册，第 359 页。

个月后湖南《中国青年》事件埋下伏笔。

事件始于1924年1月。1月之前，湖南地区中共党、团书报的代派、销售虽不理想，但区委每月依靠团中央直接津贴、团中央书报津贴和当地团费收入，收支勉强持平。可是自1月起团中央要求各地自负书报代派、销售的盈亏，停发书报津贴，区委自此每月入不敷出。[1]

这样约过半年时间，局面愈加不好收拾。6月，区委领导人陈佑魁在给团中央的信中说："此地书报，现由弟直接经理……请兄向（上海）书店交涉，令其详示办法，弟当遵照，绝不再蹈以前错误。"[2]此处陈氏提到的错误就是其前任谭影竹（叔夷）的书报经营问题。谭影竹承担湖南地区党、团书报的代派、销售任务期间经营极度不善，刊物大量滞销，拖欠大笔书报款项。此前问题虽有所显露，但因党、团书报业务是团中央与团湖南区委直接往来，所以尚不至于完全暴露于台面之上。到1924年2月上海书店接手《中国青年》等党、团书报的运营，两者的矛盾开始凸显。

问题焦点集中在，一方面，上海书店至少部分是一个商业性机构，团湖南区委书报经营不善，出现亏空，书店会要求他们赔付账款。而且湖南地方团相较其他地方团产生的是极大亏空。截至6月，谭影竹处存留《中国青年》5737本、《向导》2688本。售出却未收款的账目也"大半错误"。替他善后的同志四处奔走收账，结果都以失败告终，并且谭氏在主持业务期间"贪污挪移"的嫌疑甚大。[3]这些滞销、烂账和可能

---

[1] 《团湖南区委团务报告》(1924年3月)，中央档案馆、湖南省档案馆编《湖南革命历史文件汇集（群团文件）(1919年—1924年)》，1983，第138页。

[2] 《团湖南区委佑魁关于销售〈中国青年〉、〈向导〉给团中央的信》(1924年6月3日)，《湖南革命历史文件汇集（群团文件）(1919年—1924年)》，第159页。

[3] 《团湖南区委给团中央信》(1924年7月4日)、《范博关于销售〈中国青年〉欠款问题致中夏转致中夏信》(1924年7月27日)，《湖南革命历史文件汇集（群团文件）(1919年—1924年)》，第177、198页。

的"贪污挪移"不仅影响到湖南地方团自身的经费，更造成一段时间内
《中国青年》因资金短缺而有"停版"之危。[1]

但另一方面，中共党、团书报的出版、发行不只是生意，也是一种
政治宣传。这一认识分歧在团湖南区委 6 月 17 日给团中央的信中已有
所表露。区委认为"上海书店是上海书店，钟姐自是钟姐"，"弟若不能
照代派方法履行条件时，上海书店即当以依照营业手续责弟，钟姐亦只
以宣传上之责任责弟，绝不能书账、津贴混作一谈也"。[2]

区委的辨析不是没有道理，但书报生意与政治宣传间的矛盾却不是
给团中央去一封信就能解决的。尤其是继 1 月中央书报津贴停止后，为
抵偿书报欠款，6 月团中央又停发当地的中央直接津贴。这对团湖南区
委来说无疑是雪上加霜，矛盾继续发酵。

从团湖南区委这一面说，他们解决问题的方案分为两路。一路是解
决谭影竹亏欠问题，要求他分期偿还书店欠数，但进展不力。此人先是
有意回避，"死也找不着他"，[3] 找到后又是以"不负责态度对之"。[4] 到 7
月下旬，区委提出谭影竹所欠 110 多元单靠他个人一时无力偿还，希望
邀集团内同志 20 人，每人垫付 5 元，为他凑钱还债，再令谭影竹分期
偿清。[5] 不过这一办法到 8 月中旬宣告失败，缘由是：

---

① 《范博关于销售〈中国青年〉欠款问题致中夏转致中夏信》(1924 年 7 月 27 日)，《湖南革命历史文件汇集（群团文件）(1919 年—1924 年)》，第 198 页。

② 《团湖南区委给团中央的信》(1924 年 6 月 17 日)，《湖南革命历史文件汇集（群团文件）(1919 年—1924 年)》，第 166—167 页。

③ 《团湖南区委给团中央信》(1924 年 7 月 4 日)，《湖南革命历史文件汇集（群团文件）(1919 年—1924 年)》，第 178 页。

④ 《团湖南区委关于销售〈中国青年〉款项问题致团中央信》(1924 年 7 月 27 日)，《湖南革命历史文件汇集（群团文件）(1919 年—1924 年)》，第 197 页。

⑤ 《范博关于销售〈中国青年〉欠款问题致中夏转致中夏信》(1924 年 7 月 27 日)，《湖南革命历史文件汇集（群团文件）(1919 年—1924 年)》，第 198 页。

分期偿还办法，叔夷不肯照办。我们和蔓伯又拟邀集数十同志，以私人情面代垫偿还这笔债款，由叔夷出借条给各同志，以挽校务之危局，对叔夷亦欲收良心感动之效也。无奈叔夷又不承认，不但不承认出借条，连名义也不承认。总之，叔夷对此事，只是一个不负责不理的态度。我们虽想尽办法，却都是没有用的，弟无能力办理此事。①

从上文可以看出区委第一条解决问题之路走进死胡同，只能行第二条路——大幅度改变《中国青年》在湖南的销售办法。7月下旬，区委一边解决谭影竹欠款问题，一边明确提出"叔夷为个人事，此后为区会事，请勿以叔夷事为前提，推论以后一切"。②接着矛头直指由上海书店订立、《中国青年》在湖南的新代派合同。

上海书店的新合同规定：（1）200份内照定价七折，200份外六折；（2）10份起派；（3）概不退还；（4）每4期必须清算1次；（5）如欲挂号寄送，每包加费5分，快信寄送加费1角；（6）如有倒账延欠等情，一概归担保人赔偿。最后来信语气也颇为不善，提出以上如有一条不能照办，即不必回信。

对新合同条款，区委表示接受第二条，其余都提出反驳。对第一条区委认为在湖南《中国青年》要扩大销路，每份最高只能卖到铜元四枚。上海书店只有照定价五折或以下给区委，方能维持目前定价。若是

① 《团湖南区委给团中央的信》（1924年8月12日），《湖南革命历史文件汇集（群团文件）（1919年—1924年）》，第205页。
② 《佑魁、日羽致团中央信》（1924年7月24日），《湖南革命历史文件汇集（群团文件）（1919年—1924年）》，第182页。

照合同规定的七折或六折，《中国青年》就得涨价，对宣传是一大打击。对第三条的意见为《中国青年》销数每期一定有多有少，区委无法负担滞销的损失，不能接受滞销刊物"概不退还"。对第四条区委认为长沙与上海的支票汇兑要 10 余日，从长沙到湖南各地汇兑又是 10 余日，因此每 4 期清算 1 次绝办不到，至多改为每月报账 1 次，逢端午等三节清算 1 次。对第五条区委提出《中国青年》邮费理应由上海书店负担，邮局如有遗失，区委不能负责。对第六条区委要求表述中加上"欠款催索无着，方能赔偿"，而不是一遇延欠，即须赔偿。① 总之，在区委看来：

> 《中国青年》为团的唯一的一种宣传品，故应努力使之推销到各方面，决不宜视为一种商品。钟兄应付与印刷等费，予以津贴，使此书得以极廉价，售至极多。对于各地派销，尤应使其极方便，以便尽量销售。各委会均须以销售此书为一种宣传事业，不可视为经商。②

到 8 月下旬，区委经过多次与团中央、上海书店的交涉，坚持代派《中国青年》的价格照定价打五折，滞销刊物退还上海书店，与书店半年一清账。③ 同时恽代英也向团中央说明当地实际情况，指出目前湖南地方团的书报销售情况已有改观，亦对过往问题感到创巨痛深。希望以后湖南各县能分销书报，由区委开明份数，请上海书店直接寄去。这

① 《佑魁、日羽致团中央信》（1924 年 7 月 24 日），《湖南革命历史文件汇集（群团文件）（1919 年—1924 年）》，第 186—187 页。

② 《佑魁、日羽致团中央信》（1924 年 7 月 24 日），《湖南革命历史文件汇集（群团文件）（1919 年—1924 年）》，第 187 页。

③ 《佑魁、日羽致团中央信》（1924 年 8 月 22 日），《湖南革命历史文件汇集（群团文件）（1919 年—1924 年）》，第 210 页。

样区委仅负担代收账款的责任，可免去中转的拆包、改包之劳与转寄的邮费。[1]

　　可是，区委的交涉和恽代英的转圜都未能解开湖南的困局。因为除前述恩怨，这期间还有一个重要插曲。1924 年 6 月，中共湘区委员郭亮陆续从上海书店收到《中国青年》，转交给团湖南区委，达万本之多。这显然是团中央、上海书店从另一种途径试图缓和矛盾。[2] 但到 7 月底，湖南各地领出的刊物将近一半（4864 本），收到的书款却连 1/10 都不到（照五折计算，应收书款 100 元，实收只有 8.72 元）。[3] 这种情况无疑令团中央和上海书店极度失望。自此以后，湖南地方团的状况是书报津贴无着、《中国青年》"绝迹"。在 10 月 29 日林育南给团中央的信中清楚描述了当地团员久未见机关刊物的饥渴：

　　　　自从停寄以后，他们久未一见《中青》，其他书店又未代售，致使我们重要宣传之刊物，绝迹于湘中，而素日极其爱恋《中青》者，竟久不得一瞻颜色，诚大恨事也。关于以后代销问题，他们说无论如何，想《中青》完全能收现款，不丢账，是做不到的。故扣区津贴事，他们不能承认。[4]

　　到 1925 年 1 月，湖南地方团的报告仍在愤愤地说：

---

[1]　《恽代英给团中央的信》（1924 年 8 月），《湖南革命历史文件汇集（群团文件）（1919 年—1924 年）》，第 221 页。

[2]　《团湖南区委佑魁关于销售〈中国青年〉、〈向导〉给团中央的信》（1924 年 6 月 3 日），《湖南革命历史文件汇集（群团文件）（1919 年—1924 年）》，第 158 页。

[3]　《佑魁、日羽致团中央信》（1924 年 7 月 24 日），《湖南革命历史文件汇集（群团文件）（1919 年—1924 年）》，第 190 页。

[4]　《林育南致团中央信》（1924 年 10 月 29 日），《湖南革命历史文件汇集（群团文件）（1919 年—1924 年）》，第 269 页。

　　讲到同志读刊物情形，在湘区实在可怜，因为不是同志不读刊物，实在是有刊物而没有给同志读。长（沙）地（方）自谭影竹同志经理书报失败后，总售本团机关刊物之上海书店，则把持几欲与长（沙）地（方）为难的样子。其营业条件，据商业界同志对我们说：全国中总难找得这样的苛刻条件出来。所以本团刊物，竟有三四月之久而无一本来长沙地方者。同志每要读阅，而无处购买，即（使）非同志有许多想读本团刊物者亦复如是。后虽由中央寄赠各支部《中国青年》一份，为数甚少，同志转阅，多感困难。①

　　湖南地方团难觅《中国青年》的情况大概要到 1925 年 5 月底《中国青年》重新由团中央直接主理后方有改变。该事件日后成为如何处理团中央与地方团之间关系的一个常被提及的案例。1926 年 2 月恽代英在《中国青年》上的一段话仍能看出此事的后续影响：

　　有些地方买不着《向导》、《中国青年》……同志想筹点款项办一个书店或书报贩卖部，以推广革命的宣传……对于这，我可以说，非绝无他法可想，或确有资力，我终不赞成做。我以为最好是能介绍当地一家书店，使他向上海书店接洽，一切营业的事由书店自去办理，我们的同志只是帮助他们介绍买书的人便够了。若书店没有一家卖这些书，亦可以介绍非同志的同学所办贩卖部，让他们做这一笔生意，我们只是要在外面为他们兜揽生意……若必须自己

① 《长沙地方团组织工作报告》（1925 年 1 月），《湖南革命历史文件汇集（群团文件）（1925年）》，第 44—45 页。

稍负贩卖之责，则我赞成只贩买必要的书报，而且必须要找一位深沈精细的同志去负责。切不可要那些很富于活动力的同志做贩卖书报的事，这不但牺牲了他的活动力于无益的地方，而且他每因事多而不精细，结果必至将事务弄得一塌糊涂。①

第三节　《中国青年》的 "读者阅读"

与以 "推广周知" 为视角考察《中国青年》相似，以 "读者阅读" 为视角考察《中国青年》在既往研究中也不多见。② 这部分面向的基本问题是《中国青年》对读者的影响在既有研究中多少都有涉及，但把读者阅读《中国青年》仅看作 "影响" 和把读者阅读《中国青年》理解成一整套 "机制"，其关注点有相同之处，也有不小的区别。把读者阅读《中国青年》理解成一整套 "机制"，需要特别关注刊物能够让读者读起来的原因是什么，如何能让读者持续地读下去，读者读后如何付诸行动等问题。而刊物如何能够读起来和五四以后 "会" 等制度性建构直接关联。

阅读《中国青年》大多数时候不是私密行为，而是集众行为和组织行为。组织化的集众阅读是通过办读书会等林林总总的 "会" 来实现的。这是恽代英、林育南、邓中夏、刘仁静等《中国青年》班底从学生时代就一直在做的事。五四前后，在不少著名大社团和地方性社团里他

----

① 代英:《我们应当开办小工厂小商店吗？》,《中国青年》第 114 期, 1926 年 2 月 20 日, 第 389 页。

② 关于此, 值得参考的研究是刘雨亭《阅读与革命: 二十世纪二十年代中共马克思主义著作经典化的发生》,《中共党史研究》2019 年第 10 期, 第 49—65 页。

们或是主导者，或是重要参与者。以恽代英为例，他创立武汉互助社、泸县马克思学说研究会，又是少年中国学会的重要成员。在社团活动里他获得的一个重要经验就是怎样通过"会"把人聚集起来，一起共同阅读，让参会之人有一个"发表和辨明的机关"。①比如在泸县马克思学说研究会，开会时有一套明确的集众阅读的程序：先由一人就前次指定阅读研究范围演述其大概，演述之任务由全体会员轮流担任；再由各会员就这一星期阅读所得来共同讨论；最后由书记宣读当日讨论的结论，并指定下星期阅读研究的范围。②

另外，以办"会"来推动组织发展也是1923年10月起党、团中央的明确要求。《教育宣传委员会组织法》中就规定"各地方至少当组织读书会性质的马克思研究会（表面上可取任何名目），同时可以吸收非同志"。③11月，中共中央在《教育宣传问题议决案》中则要求各地在有可能时成立社会科学的研究会或者可利用其他已成立的学会，掺入自己的材料。④

正因为有以"会"来组织阅读的长期经验，又有团二大后党、团中央的明确要求，所以在《中国青年》第1期里恽代英已在教读者如何开会、会上怎样报告、如何记事。他指出每一团体人数以四五人到十四五人为宜。人数太多可分为数个小组。团体每星期应有一次会议。不必拘定在星期几、几点钟，要以团体成员的便利为标准。开会时，团体成员应携带报告纸和记事手册。当报告、讨论完毕，每个人的记事手册要让

① 长沙文化书社同人：《读书会的商榷》（1920年），转引自王火《长沙购书记——关于"长沙文化书社"的资料》，《历史研究》1957年第10期，第100页。

② 《泸县马克思学说研究会简章》，《四川革命历史文件汇集（群团文件）（1922年—1925年）》，第52页。

③ 《教育宣传委员会组织法》，《中国共产党组织史资料》第8卷《文献选编》（上），第28页。

④ 《教育宣传问题议决案》（1923年11月），《建党以来重要文献选编（1921—1949）》第1册，第355页。

大家传阅, 并于最后所写地方盖印作为已经传阅的证据。在第 3 期, 他希望学生自己组织读书会, "大家互相监视, 互相督促, 以研究社会学科, 切实的找出社会的病根, 并怎样救济他的法子"。到第 8 期, 恽代英更是仔细谈了"读书会"之前个人应如何读书。比如不要像过去读书人那样一句、一句地圈点; 要敢于批评别人的著作; 若有反驳或补充的意见, 应即刻在书的空白处做批注等。①

此后,《中国青年》上和阅读组织相关的文章层出不穷。仅社会科学研究会这一类型的组织,《中国青年》上就登载过南京、山东、宁波、河南杞县、河北正定等地开展活动的情况, 其中袁玉冰主持的南京社会科学研究会是与阅读组织相关的典型案例。

袁氏在南昌是改造社的主导者, 后来又经李大钊引荐加入北京大学"马克思学说研究会", 他在阅读组织上的经验并不亚于恽代英。而且南京社会科学研究会的会员层次较高, 由东南大学、河海工程学校、南京一中的学生组成, 他们除了集众讨论, 还能做到会员轮流讲演, 讲演中经常出现"马克思学说是什么""共产主义与中国""中俄交涉"等需要相当知识储备和理论积累的题目, 会员间也会就这些题目互相辩论并在阅读大量参考书基础上撰写读书报告。前文提及《中国青年》上袁玉冰的"马克思学说的书目"就是专门为该会开列的。②

这些在《中国青年》上展示的如何组织"会"、如何集众阅读的方案被各地方团组织、外围组织不断学习、模仿和改造。不过对地方团来

① 代英:《对于有志者的三个要求》,《中国青年》第 1 期, 1923 年 10 月 20 日, 第 9—15 页; 但一:《怎样做不良教育下的学生》,《中国青年》第 3 期, 1923 年 11 月 3 日, 第 12—15 页; 但一:《读什么书与怎样读书》,《中国青年》第 8 期, 1923 年 12 月 8 日, 第 10—14 页。

② 冰冰:《南京社会科学研究会(团体消息)》,《中国青年》第 29 期, 1924 年 5 月 3 日, 第 15 页。

说，因为他们身处的环境不同，面对的对象也不同，[1] 所以要做的事与《中国青年》上登载的理想型方案既有一定相似，尤其是"会"的具体流程，[2] 但也有相当的不同。

第一个不同在阅读的"发动"。恽代英、袁玉冰等面对的成员虽然也需要主导者来"发动"，但因为主导者经验丰富，参与者的层次和程度又较高，所以"发动"起来较容易，"发动"后也较能持续。但各地方团首先要解决的是"动"起来的问题。1923年1月江西地方团创始人赵醒侬就指出在南昌发展团员不易，让团员"动"起来则更难，因为信仰新文化的读书人已是少数，而能热心社会主义的，更是少数中的少数。[3] 到1923年12月湖南地方团虽有大发展，但区代表大会规定"同志必须看机关报"，[4] 这项规定意味着湖南地方团虽然有组织的形式，但组织训练仍然有缺。据团株洲特支统计，团员中不读《中国青年》的占70%，[5] 证明有相当一部分地方团员阅读《中国青年》的程度不够或意愿不足。针对这样的状况，团湖南区委对团员训练提出一系列建议，指出每个团

[1] 李求实即告诫湖北地方团开会"应切实注意环境"，"不可各处都是一样的方式，永远都是一样的方式"。《求实致鄂弟信》(1926年3月10日)，《湖北革命历史文件汇集(群团文件)(1925年—1926年)》，第261页。

[2] 如团保定地委通过小组会指定书籍，由教育宣传委员先看一次，将书中要点提出，设定问题印出发给团员。团员看完书后将解答交教育宣传委员审查，指出其错误处。读刊物限三日内完成，小组会时由组长或教委从刊物提出问题讨论，一则研究讨论本团的临时策略，二则调查同志是否切实阅读。每次开小组会前，组长必协同教委规定开会内容。讨论的各种问题，由同志自己提出他所需要的，如同志不提出时，即由组长负责同本组员谈话，观察其研究程度、工作情形，按其生活所需的各问题提出讨论，以引起他的兴趣。每次开会一定有严格批评。参见《葆亭西外工作计划》(1926年1月11日)，《河北革命历史文件汇集(甲)第1册(1922年3月—1926年7月)》，第453—454页。

[3] 《赵醒侬致存统信》(1923年1月)，《江西革命历史文件汇集(1923年—1926年)》，第7页。

[4] 《团湖南区委教育宣传部报告》(1925年1月)，《湖南革命历史文件汇集(群团文件)(1925年)》，第50页。

[5] 《团株洲特支十二月份训练及宣传工作报告》(1925年12月)，《湖南革命历史文件汇集(群团文件)(1925年)》，第465页。

员都应读团及党的出版物，了解党的政策和团的纲领、组织、章程。但具体实施时，尤其是对工人团员宜采用"教书法"，即团员阅读团发出的通告和发行的机关刊物中，一定会有很多不懂的地方，需要一一详细说明。在说明时要注意每次阅读的材料不宜太多，材料也不要干巴巴地念，要用最通俗的话来解说其内容。不识字者由识字的负责讲解。① 之后，团长沙地委更提出必须订阅《中国青年》。据说效果不错，到 1925 年 4 月，长沙的大部分团员已经订阅。② 在河北，早在 1923 年末团第一次地方大会就决议把"必看本团刊物"作为团员守职的一大要求。《中国青年》更属于组织内必须"阅书"的范围，而既然是"守职要求"和必须"阅书"，则从一个侧面也说明在当地发动团员阅读机关刊物的不易。③

第二个不同在阅读方式。各地方团的团员人数经常要比研究性社团人数更多，成分更复杂，同时平均受教育程度亦低。前述如开列大量参考书目、依据重大问题演讲、展开成员间辩论等"研讨型"阅读或难以做到，或不能做到。如团绍兴支部就提出若按照上级要求设立团员训练班，在当地十分困难。一是缺乏担任训练的人才；二是因为种种现实因素，团员没有条件安心读书。④ 因此，各地方团当然也会开各种各样的"会"来尝试"研讨型"阅读，但更多的是推行"日常型"阅读和"强制型"阅读，一个典型进路是各种各样表格的使用。

---

① 《团湖南区委兼长沙地委对于第三次全国大会之意见》（1925 年 1 月 16 日），《湖南革命历史文件汇集（群团文件）（1925 年）》，第 20 页。

② 《团长沙地委宣传部报告（三月份）》（1925 年 4 月 8 日），《湖南革命历史文件汇集（群团文件）（1925 年）》，第 132 页。

③ 《第一次地方大会结果》（1923 年 11 月 11 日），《河北革命历史文件汇集（甲）第 1 册（1922 年 3 月—1926 年 7 月）》，第 77—78 页。

④ 《团绍兴支部就群众工作情况给团中央的报告》（1925 年 5 月 24 日），《浙江革命历史文件汇集（群团文件）（1922 年—1926 年）》，第 126 页。

　　团青岛地委要求团员每周填写自修表。为督促团员看《中国青年》，地委特别制定"指篇述略法"。由宣传部任意指定刊物中一篇或数篇重要文章，要求各团员以简略文字述其大意，填入自修表。支部书记收齐表格后交宣传部，开大会时做出评论。①

　　团济南地委则有个人报告表。此表分为研究、工作、批评、其他等四大方面内容，与读《中国青年》直接相关的是研究和工作两方面。在研究方面，地委要求团员报告所读刊物名称，摘录重要段落并提出疑问。在工作方面，地委要求团员报告对外谈话为何人，向他宣传的内容是什么，宣传经过如何，此人思想倾向如何，是否接受我们的宣传；对内谈话为何人，谈话内容是什么，结论是什么；通信者为何人，与通信人是何关系，信中宣传的内容是什么，推销何种刊物，份数几多，期数为何。②

　　团唐山地委也设计有《学生每周报告表》，这份表格由支部书记发给每位团员。团员需在每周支部干事会前一日填写完毕，交支部书记。支部书记详加考察后交地委组织部。表格中把"阅看刊物或新闻"称为"自觉的训练"，要求记录刊物名称、重要内容、阅读心得——特别是与本地时事相联系的内容；将"派赠刊物给人"称为"对外宣传"，要求记录刊物名称、派赠份数、受赠者的阶级成分和受赠者对此刊物的态度。③

　　以上表格说明各地方团对《中国青年》的阅读相较研究性社团的阅读更琐碎、更重复，但同时也意味着更严密、更笼罩。其希望达到的效

①　《丁祝华关于团青岛地委团员教育及刊物推行事致仲兰信》（1924年12月4日），《山东党史资料文库》第2卷，第180页。

②　《团济南地委组织问题报告之四》（1926年3月），《山东革命历史文件汇集（乙种本）（1924年—1933年）》，第32页。

③　《唐山地方进行计划议决案教育组织发展宣传等事》（1926年1月21日），《河北革命历史文件汇集（甲）第1册（1922年3月—1926年7月）》，第474、478页。

果就是在持续不断的阅读中纠正个人行动思想，使其"团体化"；使其能在社会生活中认识主义，在实际活动中学习主义，进而严格执行组织内部的铁的纪律。[①]而要做到这一点，除了必须阅看《中国青年》等书报刊，坚持各种"会"的开展和日复一日填写表格外，还要辅之以更多办法，以让阅读持续下去，扩展开来，大致而言，有以下三种办法。

第一种办法是从中央至地方，以《中国青年》为平台发布各种各样的议题以促进阅读。从《中国青年》第 55 期到第 86 期，每期会特别刊载 4 道或 5 道议题，共 119 道。这些议题大致可分为国民会议与国民革命的讨论；对阶级的认识与看法；域外殖民地被侵略状况和斗争情形；反对帝国主义、教会势力，打击军阀、学阀；对当前政治形势的引导；学生运动、农民运动、妇女运动与新文化传播；求学、婚恋等实际问题的讨论；引导、了解和对比各种主义；对各党派的认识与看法等 9 个类型。其从纸面文字说是希望各青年团体能依据这些题目来开会讨论，实际上就是面向各地方团组织和其外围组织的指导性题目。根据史料，各地方团也确实在依据《中国青年》给出的题目进行讨论，做出研究。[②]因此这些题目的实质是为读者提炼当期《中国青年》文章的核心旨趣，落实内含的宣传目标，以让读者有的放矢地持续读《中国青年》，并延伸扩展至其他读物。

第二种办法是从地方到中央，通过地方团向上反馈疑问的方式来推进阅读。1925 年 5 月团绍兴支部就将阅读《中国青年》与实际工作相结合向团中央提出一连串问题：

---

① 《团武昌地委半年来的组织工作报告》（1925 年 8 月 26 日），《湖北革命历史文件汇集（群团文件）（1925 年—1926 年）》，第 101 页；《团济南地委组织问题报告之五》（1926 年 3 月），《山东革命历史文件汇集（乙种本）（1924 年—1933 年）》，第 37 页。

② 《杨闇公致团中央的信》（1925 年 4 月 27 日），《四川革命历史文件汇集（群团文件）（1922 年—1925 年）》，第 243 页；《团九江特支报告》（1925 年 4 月 6 日），《江西革命历史文件汇集（1923 年—1926 年）》，第 138 页。

（1）怎样能使每个同学有团体化？

（2）怎样能使新同学得着实地训练？

（3）马克思哲学是不是根据黑格尔的哲学？若他不是纯粹根据黑格尔的哲学，那么他的哲学是怎样？

（4）《共产党宣言》第二页里说："每次争斗底结局，不是社会全体革命的新建设告成，便是交战的两阶级并倒。"最后一句如何解释？我们要研究列宁主义应看何书？

（5）我们在口头宣传的时候遇着不明世事，却竭力反对革命，且说中国已是无救，我们应该怎样说呢？（虽然我们解释现代情形怎样，趋势怎样，他们总不肯听。）

（6）对于不肯接受训练同志应如何处置？[①]

到 12 月，团九江地委也向团中央就民族解放运动这一重大问题提出诸多疑问：

（1）民族革命后无产阶级得到利益否？

（2）民族革命可否不同其他弱小民族联合？

（3）民族革命以何者为主力军？

（4）社会革命可否不联合农民？

（5）"五卅"案中一般商人因何捐助工人？

（6）民族解放运动中阶级分化的因果？[②]

---

① 《团绍兴支部就群众工作情况给团中央的报告》（1925 年 5 月 24 日），《浙江革命历史文件汇集（群团文件）（1922 年—1926 年）》，第 127 页。

② 《彭振纲给曾延的报告》（1925 年 12 月），《江西革命历史文件汇集（1923 年—1926 年）》，第 278 页。

　　地方团提出的这些问题说明团员在阅读《中国青年》等书报刊时一方面会接触、学习马克思主义原典理论，并受到共产国际政策的影响，但同时这些理论和政策又是被《中国青年》的编辑、作者重新梳理、理解和解释过的，这恰恰是马克思主义中国化的第一步。然后地方团员面对的又是中国各地千差万别的情况。他们的阅读不是在真空中，而是在现实里，需要主动或被动地把中国实际与纸上理论相对比、相参照。在对比参照过程中他们读《中国青年》时自然会有难以解释的疑问。当疑问向中央反馈，中央的回应来到地方，有时会有上级不顾实际的强行要求，有时也会有地方团自己硬套理论的蛮干，进而在革命实践中产生种种问题。但只要中共党、团组织具有全国广泛性，且保证这样"阅读—提问—回应"机制的存在，中共党、团就能依靠机关刊物的阅读不断反思、不断纠错，从长程看，问题将日趋克服，发展也将日趋推进。

　　第三种办法是多样性转化，即将《中国青年》从一个相对单纯的刊物阅读的变化万千，转化成更多能被读到的形态。不少地方团会在《中国青年》中挑选出文章，然后想方设法使其进入各类学校的国文教材。① 另外，他们也会努力把《中国青年》的部分内容放进地方团的宣传材料中。团豫陕区委就要求区内各地方团自办刊物，以介绍新学术，讨论内部问题，登载和转载新闻。其中特别说明此种刊物不必另加誊写，只要把投稿人的原稿、剪书剪报分门别类，一一粘辑即可。编辑人需要做的只是排列标题。这样既可省下时间发表多数材料，"又有一种参差的美以动观者"。②

---

① 《唐棣芳关于办夏令补习学校及经费预算给郑容的报告》（1925 年 7 月 21 日）、《试卷第四号——纲关于唐山工作情况给郑容的报告》（1925 年 8 月 19 日），《河北革命历史文件汇集（甲）第 1 册（1922 年 3 月—1926 年 7 月）》，第 276、297 页。

② 《团豫陕区委四月份报告大纲》（1926 年 5 月 9 日），中央档案馆、河南省档案馆编《河南革命历史文件汇集（群团文件）（1923—1926 年）》，1983，第 166 页。

　　讨论了主导者如何推动"读"与读者如何"读"后，亦不可忽视读者读完《中国青年》以后如何付诸行动。这首先关联于《中国青年》"深"还是"不深"的问题。《中国青年》编辑部曾自己承认：本刊文字理论稍嫌过深，有些不适宜于高小学生、初中学生、店员和青年工人的阅读。[①]一些研究也根据零星史料判定《中国青年》的程度较深。不过若能扩展史料的研读范围，就会发现问题不是那么简单。所谓"深"还是"不深"都不应是直接依据其自述或零星史料的判断，而应返回历史现场，做出多方向的比较。

　　从横向比较说。1924年12月，在湖南安源，当地团员都是青年工人，但"喜阅《中青》"，因此每支部发到的一两份《中国青年》难以满足他们的阅读需求，团员一致要求多发书报。可见在安源，青年工人对《中国青年》读得下去，且有一定热忱与兴味。[②]1925年8月，唐山地方团的报告则说在他们办的暑期学校中学生大半是高小毕业。他们读刊物的口味是:《劳动青年》嫌浅，非常喜欢读《中国青年》，理解《向导》能力略嫌不足。[③]这两个例子都证明不能简单得出《中国青年》不适宜青年工人和高小学生阅读的结论。

　　从纵向比较说。黎澍曾指出早期共产党人在群众中进行活动，往往不善于运用中国老百姓所熟悉的语言宣传马克思主义和我党主张。特别是到1930年代，不少左翼出版物里塞满"普罗列塔利亚"、"普罗"文学、"布尔乔亚"、"小布尔乔亚"、"苦迭打"、"狄克推多"、"意德沃罗

---

① 《敬答读者》，《中国青年》第140期，1926年11月8日，第382页。

② 《团安源地委关于增发刊物问题致团中央的信》（1924年12月29日），《湖南革命历史文件汇集（群团文件）（1919年—1924年）》，第316页。

③ 《试卷第四号——纲关于唐山工作情况给郑容的报告》（1925年8月19日），《河北革命历史文件汇集（甲）第1册（1922年3月—1926年7月）》，第296页。

基"一类洋名词，让人难以卒读。[①]黎澍描述的1930年代的情况恰恰可以反证1920年代的《中国青年》在文字上并不太"深"。与之后那些极度"洋化"的左翼出版物相比，《中国青年》未必做到真正善用"民族语言"，但"完全直译的外国语法"也不常用。据检索，《中国青年》里"苏维埃"一词出现不少，但"狄克推多"只出现过一次，其余黎澍提及的洋名词压根就未出现过。

正因为《中国青年》在横向与纵向的比较中并不太"深"，所以它才有从纸上议论通往实际行动的可能。这样的打通表现在《中国青年》各种类型的文章里，其中最引人注目的是《中国青年》对于如何开展乡村运动的那些文字。

1925年8月，山西稷山的一位读书人致信杨贤江，说自己是一个抱定改造社会宗旨的人，但常在乡间受到"前清戴顶子的举子秀才先生反对"。对此，杨贤江的回答是"我们要想革新，不能单凭理想，一定要审察客观界的现象，而定出改造的步骤"，因此不要去怪乡人的反对，而要研究应对的方法，希望他可以参考《中国青年》上做乡村运动者的报告。[②]

杨贤江对《中国青年》上有关乡村运动文章的推荐提示刊物在这方面的宣传确有独到之处。1924年5月，湖北枣阳的读者致信《中国青年》，说他细读第13期的《中国农民状况及我们运动的方针》和第22期的《四川合江县农民状况》后"大为感动"，但又觉得在枣阳这个闭塞地方，农民无一点知识，服从地主如儿子侍奉慈母一样。他们将一切不平等归之于命运，不易发动他们有所动作。对于这一问题，恽代英回

---

① 黎澍：《再思集》，中国社会科学出版社，1985，第219页。
② 《致薛仙一》《薛仙一致杨贤江》，《杨贤江全集》第4卷，第612页。

复道，做农村运动要注意两点。第一，不能只知道逞个人理想而不问农民心理，把注意力都放在"打菩萨""放小脚"等做不通的事情上面。第二，不"审量"农民的地位与实力，就盲目发动他们去做反抗运动。要先使农民"亲近你、信爱你"，多从他们的角度出发考虑问题，并与他们商量解决问题的方法。做农村运动者可以贡献自己的主意，但不一定要完全基于自己的主义，而是要考虑农民是否需要，办法是否可行。[①]

这种开展农运的思路恽代英在《中国青年》第 32 期发表的《预备暑假的乡村运动——到民间去》一文中继续延展，提出了非常具体的与农民做沟通的方法：

> 与他们谈话……我们不要自己说得太多了，不要用很多他们不懂的名词，不要说"革命"、"流血"等骇人的话把他们吓得不敢亲近了。我们最好是少说，多问询他们，让他们多说。我们要从他们所说的当中，学习他们的生活状况，研究他们说话时所用的话头与格调，亦研究他们的思想，与他们所觉得的问题。我们要学得用他们的话头与格调对他们说话；从他们的思想与问题，以引他们渐渐的与我们表同情。"我们要教育农民，先让农民来教育我们。"[②]

以恽代英的系列文章为代表，《中国青年》上刊登的农运报告、介绍的农运方法、传递的农运经验让各地方党、团组织读后有了付诸行动的凭借。1924 年 4 月，恽代英乘着举行列宁追悼会之机来到江苏松江，开会前与当地党、团组织中人谈话。谈话中他概括了在《中国青

[①]　代英：《农村运动》，《中国青年》第 29 期，1924 年 5 月 3 日，第 13—14 页。

[②]　代英：《预备暑假的乡村运动——到民间去》，《中国青年》第 32 期，1924 年 5 月 24 日，第 8 页。

年》里讲的种种农运道理，强调一定要注意对农民的"因势利导"，知道什么是他们的苦痛，什么是他们的希望，什么是他们喜欢的，什么是他们不喜欢的。[①]1925 年 7 月，团武昌地委致信团中央，希望按照《中国青年》提供的方法，利用全省旱荒惨象，向农民宣传。尤其是从政治经济角度解释旱荒原因，农民由此确认反动势力的罪恶，并借此机会组织农民协会、民食维持会和平粜局。[②]8 月，团武昌地委的报告又指出：在天门渔新河地方，此处的青年励进会依据《中国青年》上的农运文章致力乡村运动有年，已得到乡民拥护与信任，成功领导数次运动。[③]

到 1926 年 1 月，团绍兴支部也是依据《中国青年》提供的经验来调查农民状况，引导农民运动。之后这样的行动更是向浙江全省拓展，团杭州地委明确要求寒假归乡的团员依据地方实际去调查农村、开展行动。他们推介的蓝本正是《中国青年》第 106 期上发表的一组文章——《农民中的宣传组织工作》、《调查农村经济状况的大纲》和《告有志作农民运动的青年》。[④]

* * *

1924 年 11 月，邓中夏谈天津团组织发展情况，认为有一些同志极

---

① 恽代英讲、沈选千追记《我们现在应该如何努力》，《民国日报·觉悟》1924 年 5 月 7 日，第 3 页。

② 《团武昌地委致团中央信》（1925 年 7 月 29 日），《湖北革命历史文件汇集（群团文件）（1925 年—1926 年）》，第 85 页。

③ 《团武昌地委半年来的组织工作报告》（1925 年 8 月 26 日），《湖北革命历史文件汇集（群团文件）（1925 年—1926 年）》，第 97 页。

④ 《绍兴团给团中央的报告》（1926 年 1 月 19 日）、《寒假我们应做的工作》（1926 年），《浙江革命历史文件汇集（群团文件）（1922 年—1926 年）》，第 315、355 页。

幼稚,"尚在新文化时代,未到主义时代"。① 邓氏的话提示此时"新文化时代"与"主义时代"正处于并存过渡阶段。两个"时代"的最大区别在"新文化时代"并不缺少"主义",但在那个时代,"主义"经常是几个名词、一些知识和数套观念;而在"主义时代","主义"要成为政治动员的有力武器,组织拓展各地的航船与中共党、团强健的支柱。② 这样的时代因为新文化席卷全国,造就一批新人显露端倪,但它的真正降生,则需要更多时势的配合,其中一个重要的助产士就是以邓氏为主要编辑、作者的《中国青年》,此时它自己的诞生也不过刚刚一年。

在这一年里,《中国青年》的编辑们应最能感受到两个时代的关联,因为他们本身就是五四之子,"新文化时代"的弄潮儿。同时他们也最能理解两个时代的差异,因为无论是《中国青年》的编者、作者还是读者,"大多数为小资产阶级出身",他们"富有天然的自由思想及浪漫色彩,缺少集体化团结的精神,不能执行团体的纪律,个性不喜容受团体的批评"。③

要让有个性的"小资产阶级"融入团体,仅靠文字是不够的,因为

---

① 《关于筹组北京团地委事致英秋信》(1924年11月10日),《邓中夏全集》(上),人民出版社,2014,第468—469页。同年,有人把天津状况说得比邓看到的更严重,认为青年们多半未经过"新文化的洗礼",至于无产阶级革命的观念,"简直与他们隔一红尘"。启五:《天津地方工作情况的报告》(1924年),《河北革命历史文件汇集(甲)第1册(1922年3月—1926年7月)》,第192页。

② 这种区别体现在毛泽东在1921年10月说的一段话里:"从前学校是没主义的,所标的主义又不正确,结果是盲撞瞎说,闹不出什么名堂。我们总要为有主义的进行。"这说明了在毛氏看来纸上的主义"闹不出名堂"即是没主义。参见中共中央文献研究室编《毛泽东年谱(1893—1949)》(上),人民出版社、中央文献出版社,1993,第89页。那么纸上的主义如何"闹出名堂"呢?林育南指出:"我们的主义就是这些智识的结晶,我们信仰他,终身奉之而行。没有主义信仰的人,他们的知识是零碎的,是散漫的,不能结晶而成为实际行动的规范。"林根:《青年的革命修养问题》,《中国青年》第45期,1924年9月20日,第5页。

③ 《团济南地委组织问题报告之五》(1926年3月),《山东革命历史文件汇集(乙种本)(1924年—1933年)》,第37页。

有个性的"小资产阶级"擅长的就是舞文弄墨。《中国青年》虽是以文字做宣传，在最初的十几期有不少"新文化时代"的痕迹，但随着时间推移，团体日盛，它就不再囿于文字宣传，也渐渐褪去"新文化时代"的痕迹。以往常言的读此文字就让读者学习理论、认识社会科学，进而矢志于革命是一种太过理想化，也太过简单化的逻辑。《中国青年》的表面文字有一定政治动员的效果，但归根到底其政治动员的能力不在表面文字，而在文字背后的那个"传讯系统"。中共党、团中央一方面会发布直接的指示、严格的命令和清楚的通告，以建立和牢固团体，这是一套在明处的"传讯"。但只能执行指示、命令和通告的个体不是合格的"组织中人"（何况未能执行和不执行的情况在1920年代亦不鲜见），由此另一方面，在组织中一定存在一套需要规训练习的"默会秩序"来凝结团体、整齐行动。《向导》《中国青年》等中共党、团书报表面文字期期不同，但"默会秩序"的训练却是期期连续。组织中的个体一旦熟悉领会这套"默会秩序"，特别是做到自身情绪和自家情感与团体相连相通之后，则中共党、团书报里小至一词一句的微妙内涵，大至连续数期的编排苦心都会成为一种"传讯"，其让中共党、团的政治动员能够真正精准、内化与有效。

不过由中共党、团书报引领的政治动员仍然不足以完整推出一个"主义时代"。其还有另外两块重要拼图，第一块是经由中共党、团书报之推广而带来的"主义"的全国散布。在这一过程中，书报的推广如水泵一般推动主义在各地活泼泼地"流淌"，中共党、团中央，以及各区一级组织、各县一级组织、各小小支部都因此被书报勾连并活泛起来。中共党、团借助着宣传书报和书报流动的力量促成"主义"在中国的铺天盖地。不过另一方面，"主义"经由书报推广的活泼泼"流淌"又清楚映照出新的组织因中国之大和团体初兴而产生的困局。这一困局的基本形态是党、团中央出指示有时"嫌大意","任说一事,欲率土均能遵行",结果造成"不遵则违令,遵则明知无益,且或事不可能也"。困局考验着中共党、团,但也锻炼着中共党、团,其重要人物很早就意识到"中央(之)命令务须审虑各地经济状况,非必要且可能时,不宜说过于刚性的话"。[1]这句话正能窥探在"主义时代"里中共党、团何以既能审时度势,又能刚柔并济的奥秘所在。

另一块拼图是由中共党、团书报阅读带来的"主义"长效拓展机制。书报阅读的重心不仅在于具体读到什么,还在于一起"读"、长期"读"的过程中创造氛围,成就机制,形成风气,进而塑造出大批符合组织需要的个体,所谓"会场空气可以左右人,使各个人团体化"。[2]当个体符合组织需要时,他在各个地方都能成为组织的特派员。他会竭尽全力为组织做调查、搜材料;他更会无时无刻不在帮助大组织建立新的小组织,以便革命时听候调度。[3]

正是由于以上三块拼图的渐渐完整,1923—1927年,一个"主义时代"呼之欲出,也造就了中共相较其他政治力量的一个长期优势——"善于宣传"。这一优势并不因所谓大革命的失败就被人忘却。1927年6月,顾颉刚就直接对罗家伦说:"近数年来,惟共产党最会宣传,故一班有政治兴味的青年胥崇信共产主义。"[4]陈公博追忆往事时也特别指出:"(国民党)一般元老以为清党便万事皆了,对于共产党的理论和宣传是

---

[1] 代英、存统:《讨论中国社会革命及我们目前的任务——致存统》(1923年6月15日),《先驱》第23期,1923年7月15日,第3版。

[2] 《团湖南区委兼长沙地委对于第三次全国大会之意见》(1925年1月16日),《湖南革命历史文件汇集(群团文件)(1925年)》,第18页。

[3] 代英:《怎样做小学教师?——答谢瑞麒君》(1924年3月1日),《中国青年》第20期,1924年3月1日,第14页。

[4] 《顾颉刚致罗家伦》(1927年6月9日),《顾颉刚书信集》卷1,第251页。

无人过问的。"①

　　但吊诡的是中共"最会宣传"的特点在目前一些研究者笔下好像不复存在，大革命的失败似乎带走了中共的一切优长。比如有研究者指出：中共六大二次会议以后，中共中央组织扶持多个领域的左翼知识分子联盟，创建了一种新的城市革命文化，"改变了早期中国共产党在马克思主义理论，特别是科学社会主义理论和宣传匮乏的局面"。② 这不禁让人产生疑问，以 1929 年为界，城市革命文化相较之前究竟"新"在何处？中共的"最会宣传"何以在短短时间内变成"宣传匮乏"？③

　　其实中共"善于宣传"一方面意味着即时的宣传效果好，另一方面更意味着中共在长时间内宣传能力的坚韧。④ 无论是即时效果好还是长时间坚韧，党、团书报的销售数字和阅读人数固然重要，但根本驱动力仍然是新型的"组织"。大革命期间（1927 年 1 月），梁启超已直言

---

① 陈公博：《寒风集》，上海地方行政社，1945，第 271 页。

② 冯淼：《〈读书生活〉与三十年代上海城市革命文化的发展》，《文学评论》2019 年第 4 期，第 112—113 页。

③ 这是一个很值得讨论的问题。由于政治环境急趋恶劣，1927 年后中共党、团书报的文字风格和宣传方式确实有相当大的变化。此点蒙华东师范大学李里教授指教。不过所谓"新"可以理解为"有区别"，在国民党"清党"期间原来大批长期从事宣传工作，并对中国工农状况长期接触和有深刻了解的党员、团员牺牲。宣传队伍中补充了不少刚从日本、南洋归来，或原来压根不从事宣传工作的新人物。因此有区别是必然的，尤其是在对中国实际情形的了解程度上。但不宜将"新"理解为"断裂"，因为还有未牺牲的同志，更重要的是一个组织的精神和气质不会那么轻易改变。

④ 坚韧当然也表现在研究相当多的 1930 年代上海左翼宣传运动和左翼文艺运动之中，但对这些运动的影响力尤其是其在上海之外的影响力实在不宜估计过高，某种意义上正是这些运动带来了全国各地的"宣传匮乏"，而不是相反。沈从文就批评胡也频"对于长江方面事情太缺乏正确的认识了"。胡氏太相信某一方面的统计和文件记载，对于事实有误解，则一切未来预想，便全盘不可依据，"住在上海，上海能容得下他们，不过利用上海人观念来说明这个民族的欲望，所知道的那么少，想要说的问题又那么大，未免离事实太远一点"，因此一切计划将成为"租界中的儿戏"，"所谓左联文学运动也将转入空泛与公式情形中"。《沈从文全集》（13），北岳文艺出版社，2009，第 135—136 页。

"(共产党)组织力太强了,现在真是无敌于天下"。[①] 到大革命后(1936年12月),胡适则说:"他们的大本事在于有'组织',有组织则天天能起哄,哄的满城风雨。"[②] 因此"主义时代"在一定意义上就是"组织时代",这里的"主义"和"组织"都不宜看作一个名词,而应该看作一个动词。从《中国青年》的个案我们看到的是"组织"的持续推动和"主义"的血脉流动,在这推动与流动之中,中共革命成功的长程基因有待更多的破解与理解。

---

① 　梁启超:《给孩子们书》(1927年1月27日),转引自丁文江、赵丰田编《梁任公先生年谱长编(初稿)》,第595页。

② 　《致苏雪林》(1936年12月14日),季羡林主编《胡适全集》第24卷,第308页。

第八章

一个五四青年的国民革命

——以江绍原为例

北京出版社的"大家小书"系列是一套很予人启发的丛书，其中特别予人启发的应有江绍原先生的"小品"结集——《民俗与迷信》。据编者陈泳超说，"大家小书"原拟重印《发须爪——关于他们的迷信》，但编者以为"选编江绍原的小品系列更有意思"。

这无疑是一个更具备学术品位和更能撩起读者阅读兴味的决定，因为"小品以展示事项为主，每一事项视其需要给予长短不一的解说，便把道理讲明白了，而事项本身及其蕴涵的正邪之理，却依然是'活泼泼地鸢飞鱼跃的气象'"。[①] 若进一步说，正由于"小品以展示事项为主"，所以其解说就不是一次能够完全讲明白的，可以不断地深入去做，亦可不断地多方面地去做，《民俗与迷信》中收录的"胡大人还阳"系列小品就是个可以持续讨论的对象。

这批小品原发表在 1928—1929 年的《贡献》杂志上，陈泳超在《民俗与迷信》中已搜罗得基本齐备。但有两点仍可进行更多努力：一个是对小品中所列各"事项"的史源的考察，另一个是对江绍原讨论对象的厘清。在考索和厘清后，本章试图讨论的问题是：瘟疫传言如何映射出一个从五四开始养成的学术精英与国民革命这样一场政治大变动的联结。

---

① 　陈泳超：《江绍原及其礼俗迷信小品》，江绍原：《民俗与迷信》，北京出版社，2003，"序言"第 15 页。

第一节　瘟疫传言的政治化

"胡大人还阳"一事最初出现在《贡献》第 3 卷第 5 期的《应时小品——小品二一三》中，江绍原介绍了 6 月 29 日《新闻报》中提及上海最近的"怪传单"说：

> 各界注意今年的瘟疫。北京胡大人死了三日还阳说：今年人要死大半。五月初十日瘟神下界，六月人要死八分。若有不信者，身得大病，口吐鲜血而亡。倘有虚言者，男盗女娼。有仁人君子缮传一张，可保一身之灾。能传十张，可全家无灾，即有灵验。
>
> 又湖北省之人，在北京做官后，回家演说本年之灾。人要死无算，若有不信，至后请看有妖怪出世，半夜叫门，切不可答应，五月之后十一、二、三日，不可煮饭。十三日过午开火烧饭，须用破法，朱砂三分，袋在身边，可除妖怪。此日天下红雨，三六九吉利。
>
> 法租界卢家湾康悌路口福记米号郁载庭印送。此信由北京都姜堂王老太太送，板存法界八仙桥鼎新里五弄四号。[①]

除了《新闻报》的消息，6 月 25 日，江绍原在杭州已见过用铅笔抄录的类似传单，只有几字之差，是二房东太太的婆家人从浙江长安镇带来的，由此江绍原启动了他做"小品"惯用的研究方式，希望"有人赶紧调查一下，并通信告诉我"。

之后在《贡献》第 3 卷第 7 期中江绍原记录了《时事新报》（7 月

---

① 江绍原:《应时小品——小品二一三》,《贡献》第 3 卷第 5 期, 1928 年 7 月 15 日, 第 59 页。

2日）和《社会医报》第22期（7月7日）中的瘟疫传言。[1]到《贡献》第3卷第9期和第4卷第1期、第3期出版时江绍原的呼吁如过去几年一样得到了各方呼应。8月2日，周作人从北京来信，告知《语丝》第134期（1927年6月4日）上有开封人士写信给他，说有类似传单，区别在"胡大人"变成了"胡进士"。[2]也有人告诉江绍原传单有的来自梳头婆，有的发现于尼姑庵。[3]重庆的徐匀揭示了"胡大人官衔"的时髦化，因为在当地传单中说"胡大人"是农工部总务科长兼训练秘书长。[4]上海东唐家弄的周柏堂将所得传单寄给江绍原。[5]松江后冈镇的华泽之则写信来认为"胡大人"传单在他那里的流布，某药店老板"很有功"，因为要替自己店里的朱砂谋销路。[6]

　　如果说截至《贡献》第4卷第3期还多是"胡大人"传言的信息交流和依据这些信息的学术讨论，那么到《贡献》第4卷第4期，讨论就开始带有政治意味了。江绍原在当期小品开头就说："今年三月廿九日上海民国日报的《觉悟》栏中，载有陈德徵先生的《短简致江绍原先生》，蒙旁人寄了一份给我看，吓得我不敢则声。数日前叶德均先生来函，道及《觉悟》栏中署名振振的《民风丛话》，曾谭起'北京胡大人'。赵景深先生也知道丛话于我有用，便寄了一卷来。"[7]

---

[1]　江绍原：《应时小品——小品二一四》，《贡献》第3卷第7期，1928年8月5日，第44页。

[2]　江绍原：《北京胡大人与北京胡进士》，《贡献》第3卷第9期，1928年8月25日，第44页。

[3]　招勉之、江绍原：《梳头婆从后门送进的胡大人传单》、方足止：《尼姑与怪传单的事》，《贡献》第3卷第9期，1928年8月25日，第46—47页。

[4]　徐匀、江绍原：《重庆"近世瘟瘟降灾诸善请看"的传单——小品二四〇》，《贡献》第4卷第1期，1928年9月5日，第59页。

[5]　江绍原：《怪传单应送卫生大会陈列——小品二四一》，《贡献》第4卷第3期，1928年9月25日，第56页。

[6]　华泽之、江绍原：《药铺老板与怪传单——小品二四二》，《贡献》第4卷第3期，1928年9月25日，第57—58页。

[7]　江绍原：《广州也出现过"北京胡大人"——小品四〇一》，《贡献》第4卷第4期，1928年10月5日，第33页。

　　江绍原这段话提到了两篇文章，先来看第一篇陈德徵文。陈德徵在既有研究脉络中因胡适而被人关注，因为他是"人权论战"中的著名"反派"，属于"国民党御用文人"。这个概括当然大致不错，但此人其实有复杂得多的经历和思想，退一步说，即使为了更好地理解胡适，也应该更多地理解陈德徵（有待另文展开）。这里需要厘清江绍原提及的文章具体是什么？因为就我目力所及，既有的江绍原研究似乎对此并不在意。

　　江绍原和陈德徵的"交手"据上文源于《民国日报·觉悟》（以下简称《觉悟》）上陈氏的一封公开信（按，江绍原写错了信发表的时间，为3月28日，而非3月29日）。这封公开信的发表和江氏在《贡献》第2卷第3期中的一段"刺人闲话"有关，见于江绍原与徐调孚谈论"收惊、叫喜"的信：

　　　　为小儿叫魂的风俗，不但汉族有，满洲人和苗人也都有。我所看见的关于此题的一点文献，均钞出在小品中发表过，但这些条小品，先生在上海是不会知道的，因为它们都登在十五、十六两年北京出版的《国民晚报》上面（据说《国民晚报》是国民党员办的。鄙人因为向来表同情于该党的革命运动，所以那时候肯借他们的报发表小品。不料我南下之后，屡次把小品送登粤、沪、杭的党报而屡次被拒。迷信捐，他们是要抽的；迷信研究，他们是完全漠不关心的，其愚可及哉？）[1]

---

[1]　徐调孚、江绍原：《"收惊""叫喜"Etc.》，《贡献》第2卷第3期，1928年3月25日，第46页。按，当时北京的党报应为《国民新报》，在国民党二大上，郭春涛向大会报告说："日报有《国民新报》。此报创办仅数月，对'五卅'惨案、关税自主、反奉、反段等运动宣传甚力，影响于民众甚大，每日销数一万余份。此报可谓吾党在北方之唯一喉舌。"而《国民晚报》为"表同情于本党者"。中国第二历史档案馆编《中国国民党第一、二次全国代表大会会议史料》，江苏古籍出版社，1986，第247—248页。

对于这段"闲话"陈德徵提出四点向江绍原声明：

（一）先生南下，不知在何年何月何日？如果在二月一日以前，那么，上海号称党报者，只有敝小报（《民国日报》）一家，先生在二月一日以前投寄沪地党报发表的小品文字，似乎有寄给敝小报的嫌疑，虽然先生大作肯不肯借敝小报发表，还是一个绝大疑问，而敝小报则不得不声明："在二月一日以前，上海的党报没有收到江绍原先生关于'迷信研究'的巨著！"

（二）二月一日以后，上海党报除敝小报之外，又有《中央日报》，先生之巨著是否曾投寄《中央日报》，我不是《中央日报》的记者，不敢瞎说。但二月一日起直至今日，不中用的党报如敝小报者，并未接着江绍原先生关于"迷信研究"的巨著，那是我可以负责声明的。

（三）上海的党报，如《民国日报》者，对于一切有研究性质的文字向未有拒绝登载的事实，况如先生之大作，为时人所争读者，敝小报尤其欢迎刊登，怕只怕先生鄙视敝小报，不屑借敝小报发表，以损先生令誉，至于敝小报，那真是天天希望刊载先生之大作，以光篇幅呢！

（四）国民党有没有抽"迷信捐"，这关于财政部的事用不着我声明。我只要声明上海的党报是从未抽过捐，更谈不到抽迷信捐。

如果说上海党报对于"迷信研究"完全漠不关心，我要负责向江先生声明：上海《民国日报》的当局从未存过这样的心思。①

---

① 陈德徵：《短简致江绍原先生》，《民国日报·觉悟》1928年3月28日，第2版。

　　结合江绍原的"闲话"与陈德徵的声明看，有以下问题可以讨论：
第一，江绍原有没有向粤、沪、杭的《民国日报》《中央日报》投过稿？
如果投过稿，结果如何？这些是事实问题，需要通过史料发掘来验证。
据目前所见材料，江绍原自云向广州《民国日报》投过稿，被拒。[①]不
过，1928年7月前后，江绍原的小品曾发表在上海出版的国民党刊物
《革命评论》之上。[②]到1930年，他是杭州《民国日报》的《民俗周刊》
主持者。[③]第二，江绍原对"革命行动"在何种意义上表同情，如何表
同情亦需要进一步梳理。第三，江绍原"南下"后发生了什么导致他对
"党报""迷信捐"等的恶感，这些都非能简单回答之事，需要做更深入
分析。

　　再来看第二篇署名"振振"的文章。"振振"是张振之的笔名，他
亦属于"国民党御用文人"，"人权论战"中有驳斥胡适的文章面世，因
此也属于一个若无胡适，就不配拥有姓名之人（他的经历、言论其实颇
多有趣之处，另考）。张氏被江绍原提及的文章发表在《觉悟》（1928
年9月15日）上。在复述了传单的内容后，张文提供了关于"胡大人
还阳"传言发酵的更多细节，同时也为后面两人的交锋提供了一个基本
框架，值得稍多录于此：

　　　　……这是今年五月间，流行于两湖方面的妖言。当时，公安局
　　方面之布告取缔这种妖言：

　　　　"为布告事：照得妖言惑众，为宵小不二法门；而禁邪辟谣，

①　江绍原：《小品》（144），《语丝》第155期，1927年11月19日，第7—11页。广州《民
　　国日报》此时之所以拒江绍原的稿大概和鲁迅有些关系。

②　江绍原：《小品》（212），《革命评论》第9期，1928年，第33—35页。

③　王文宝序，王文宝、江小蕙编《江绍原民俗学论集》，上海文艺出版社，1998，第2页。

乃本局唯一责任。比年以来，政局变迁，共匪肆虐，群盗如毛，棘地荆天，已演成恐怖时代，而地方一般流氓地痞，动辄利用时机造谣生事。核其用意，不使人人自危不止。言念及此，殊堪痛恨！

近由本局接得传单一纸，预言本年瘟灾，一则曰某日将有瘟神下界，再则曰某日将有妖怪出世。假鬼语以惑人，借迷信以欺世。当此青天白日之下，岂容若辈鬼蜮，施其伎俩？近查鄂西一带，神匪猖獗，非若辈潜伏武汉散布邪说，乘间思逞；即系共匪另换手段，别有用意。亟应严切查禁，以安人心。除分令所属严拿散发此项传单人，以便根究外，为此布告，仰各商民人等，一律知悉。倘敢为其所惑，自相惊扰，代发传单者，即以抗命论！切切此布！"

关于这一个妖言惑众的传单，自然暗地散发得不少，所以这传单的内容也变成大同小异……

不久，这个谣言又传到广州市了，如香港《华字日报》六月二十二日所载：

"妖言惑众，本干法禁；而今日广州市之一般社会，尤其是妇女界，则竟为妖言所包围，不可究诘。在此科学昌明时代，尚有此怪象，诚足令人惊异！在最近广州市中，有几种神话印刷品，最为流行，而以所谓'刘伯温救劫碑'一类为尤多。文中谎言，无非借兵灾疠疫，死人若干；及如何如何可以祈祷免祸以惑人，末则劝人代为出资，广事宣传，可祛咒难之一片荒诞语。

查传布神话者，最先原为一湖北人，嗣为武汉公安局严厉查禁，遂展传而流传于广州。至其中有无另具作用，虽未可知，而一般无知愚民则已受其催眠；驯至家家户户，香花膜拜，竞相出资，代为印刷宣传。故近日市内时见少年妇女，沿街派送该项神话印刷品，俨与宣传员无异。而一般投机印务局，遂借为谋利机会，预先制定待沽，每千售银二三元不等，靡不利市三倍。而广州、佛山、江门、肇庆、梧州一带，瞬息都遍。在此妖言濒漫中，其怪象亦有足述者。如：公安局毗连之南朝街，竟有神棍在此搭棚供奉观音，镇魇灾祸，招聚无知妇女，不分昼夜，烧香膜拜，哄闹异常。

又同时市北之三元里，亦演迎神怪剧，由该乡民团局，派出武装团兵数十名，携枪实弹，至英德帽峰山迎一木偶回乡供奉；因而哄动市中男女，千百成群，前往参神求财，怪象百出。同时又喧传惠爱路城隍庙内，有神遗下锦匣在该庙内，无论何人，不得开视；因之亦喧动无数男女，前往该庙参观锦匣，但结果仍是虚无乌有。而神话流行，人心浮动，其愚诚可哂！”

读这个妖言，有几点值得注意：

一、妖言的出发点的“北京”……

二、妖言的流布是由“北京”一直到广州。中国的交通实在太不便利，而这个妖言的搭客，直捷地从北京为起点，依着京汉线而至两湖，靠着尚未告成的粤汉线而直达中国极南的广州市：这条妖言的路线简直贯通了中国的南北。

三、妖言的宣传中，渗进“演说”“传单”这一类新式方法；而且用连环式的宣传法……

至于这个谣〔妖〕言的作用，这是很可以了然的。因为五六月间的北京是胡匪治下的北京，一切的反动势力都集中于“北京”，像“张天师”这般人是“张大元帅”的高等顾问，这个妖言，也许是他们所玩的法宝。当时，京津路战云弥漫，妖气自然敌不过杀气，所以从比较平静而荒僻的京汉线流窜到广东了。[1]

---

[1]　振振：《民风丛话（五）》，《民国日报·觉悟》1928 年 9 月 15 日，第 2 版。

对张振之的分析，江绍原表示对于"京津路……妖气自然敌不过杀气"一句，不敢轻易相信，同时认为"师帅二张"为该传单散布的主动者，需要更多证据确认。江氏又注意到张振之所用材料大多取自汉口、长沙、成都、广州各处的报纸，而北方及津浦沿线各省的报纸，一次也不曾用过。由此江氏质疑："他是读过北方各省的报纸而不曾在上面发见北京胡大人传单的踪迹呢，还是并没看北方报而随便断定此传单是搭京汉车，而不是从津浦路南下的呢？"①

11月23日、24日张振之在《觉悟》作长文反驳江绍原，其中特别对"胡大人"传言的政治作用做说明：

　　我以为这个传单的政治作用的意义是非常显然的，至于"师帅主动"是假定中的假定，用不着深究。传单之含有政治作用有几点可以看出：

　　一、传单上辟头二字就是"北京"，北京是一切反动势力的根据地，而尤其是政治上反动势力之根据地，在湖北方面替胡大人做宣传员的也是"北京做官回家"的"官"，这岂不是很值得我们注意吗？

　　二、胡大人的"胡"字亦堪研究，因为胡字本为汉人对北方夷狄之总称，在民族革命的时候，汉人尝指满人为胡……我想这一个"胡大人"一定是满清仁兄大人，自从打烂了龙廷宝座，暗底里运动复辟而化身的一个精灵，至少是带有复辟臭味的人，以此为号召的工具，不然何苦这样大规模的宣传呢？退一步说，就是"胡大人"与"满清仁兄大人"无干，但是妖言之所以能惑众，是由于人民生活之失保障与政治之失安定，说不定反动份子利用宣传此种妖

————————————

① 江绍原：《广州也出现过"北京胡大人"——小品四〇一》，《贡献》第4卷第4期，1928年10月5日，第34页。

言以有所企图,岂不是对于政治更有关系呢? 至于说到张大帅与妖言的关系,并非全无根据,因为妖言流布的时候张作霖还没有炸死,说个笑话,就是张作霖炸死了,他的诸葛亮式的锦囊计依然可以实行,亦无妨于妖言之流布呵! [①]

对于张振之的反驳,《贡献》第 5 卷第 1 期上江绍原的回应是:

我的见解,不幸和振振先生的不很同。在南京、汉口、广州或任何地方始创的谣言,便不能"劈头二字就是北京"吗? 当人民生活失了保障,政治失了安定,而且又有旁种苦难逼来时而发生的谣言,便不能四方八面的传布开去,恍似背后有个抱有政治作用的主动者吗?"反动分子利用宣传此种谣言以有所企图"的可能,我是承认的,但利用与始创究竟有别,所以胡大人传单究竟是否在北京的某种人物造出来摇惑人心的,我(认为)仍为待研究之点。

总之,我以为与其见了胡大人传单便只知道慨叹北京的腐败和疑心师帅二张或其他反动分子的阴谋,远不如仔细访问这传单在各省各地出现的时日、channel,影响等等。唯有这种访问调查所得到的材料,能使我们多少看出那传单的来历、意义和政治上各种"反动"分子对于此事应负几分责任。[②]

同期《贡献》上又有叶德均从淮安来信,说在家中废物堆里找出一块木板,正是关于胡进士传单的木刻板子,希望来沪时将木板

① 振:《为"胡大人"答江先生》(续),《民国日报·觉悟》1928 年 11 月 24 日,第 1—2 版。
② 江绍原:《关于胡大人传单的讨论》,《贡献》第 5 卷第 1 期,1929 年 1 月 25 日,第 72—73 页。

送给江绍原。对于叶氏的好意，江绍原的答语里更是充满了政治的"明喻"：

> 承允许把那块版片送给我，照理应该说一声感何如之！因为这宗我所谓"文化垃圾"，我此刻的确很想收藏点。不过呢，现在正有人疑心那北京胡大人传单若不是张学良委员的老子会同张天师所"玩的法宝"，便是和他们二位一样有"反动"臭味的人们散布出来的。那么，我收受了胡进士传单版片之后，倘若有个把冤家对头……向革命机关给我一告发，说我是张委员的封翁从阴间派来的捣乱分子，既然有版为证，试问那时我怎能狡辩呢？刑讯我可受不了，招了又得吃卫生丸，与种种文化垃圾，永远分首。到了地府，不奉张元帅、胡进士、胡大人那批人为君、为师、为官，就不免被他们当作共党，绑出去再杀一回；倘若乖乖的投降了他们呢，郭松龄、杨宇霆、徐志摩的情人林长民，以及黄花岗七十二烈士们，难道肯让我逍遥自在？①

　　一面担心吃阴间张元帅的"卫生丸"，一面又顾及"烈士们"，显然"胡大人"传言的"政治化"不仅反映着社会的动荡不安，大概也反映着江绍原内心的考量。江氏"谨严与游戏混合"的独特文字推开了一扇窗户，让我们去思考他这样一个从五四开始养成的"学术精英"在国民革命时期的心理变动与思想蜕嬗。②

---

① 江绍原：《七八年前的反动刊物：北京胡进士传单》，《贡献》第5卷第1期，1929年1月25日，第75页。

② 周作人：《发须爪序》，江绍原：《发须爪——关于它们的风俗》，上海文艺出版社，1987，第4页。

第二节　国民革命与五四精英

从后设的眼光看江绍原，其出身、留学经历和归国后的发展无疑都属于学术精英阶层，可视作中国建设"学术社会"的中坚分子。他们当然在各方面和由高小生、中学生、师范生构成的边缘知识青年有所不同。但种种"不同"不应该让我们忽视其实在革命大变局下这批人的心情也是纷乱的，有着诸多不满意和不满足。不过他们的纷乱、不满意和不满足却不宜用一种二元对立的方式来处理，如激进革命与渐进改革、自由主义与集权政府或个人主义与党化政治。

江绍原的心理变动与思想嬗蜕是一个从五四时期就已开始的复杂过程，这个复杂过程中包含有两组彼此交织、互起作用的矛盾：一个是高远革命理想与现实政治展开的矛盾，另一个是宏大学术事业与个人实际生活的矛盾。前一对矛盾属于思想史，后一对矛盾表现于生活史。

从高远革命理想与现实政治展开的矛盾看，江绍原是典型的五四青年、新潮社的重要成员、"火烧赵家楼"的主力。因此同傅斯年等人相似，在李大钊等老师辈和俄国革命胜利消息的影响下，他们"自然而然地对革命怀有如玫瑰般的憧憬"。在他们看来俄国革命就应该代替强调个人主义和自由主义的法国革命。[①]

更值得注意的是，和傅斯年相比，在江绍原的思想中世界主义的倾向或许更为持久强烈，同时受胡适点滴改革理念的影响没那么大。这个

---

① 王汎森：《傅斯年：中国近代历史与政治中的个体生命》，生活·读书·新知三联书店，2012，第 51 页。如果对于革命的态度是一个光谱的话，新潮社中顾颉刚是一极，傅斯年、江绍原则是另一极。但即使是顾颉刚，也很认同张东荪说的"社会主义的问题不在理由，而在实施"。参见《顾颉刚书信集》卷 1，第 56—58 页。

特点决定了：

第一，江绍原思考问题一直基本以世界、人类为单位，在以比较宗教学为专攻后更是如此。1924 年，即 1919 年过去 5 年后，他仍强调说："除开我自己之外，我总要爱一件旁的东西。爱国既然没我的份儿，我就爱人类、爱世界。批评我不爱国的人，莫忘记我的国是世界的一部分啊。"[1]

江绍原所言他所爱的那个"世界"不是一个一般意义上的世界，而是一个经过"社会大革命"之后有"美与真理"的世界。这从他对泰戈尔的理解中能得到证明："泰氏诚然以诗人自居，但是他所谓诗人不是歌功颂德的无聊人，不是唱歌逗笑的人鸟儿，不是教训人的道德家，而是人们的一个伴侣，用他的诗歌感动人的心，使人们在家庭、国家、社会、职业之中，处处勇猛无畏，处处得到自由与欢喜，处处亲证世界究竟不是恶的、苦的，处处看见美与真理是真实的。"[2]

正是基于这种五四青年范围无所不包、希望变化世界的"大革命"的憧憬，同时而起的国家主义革命也好，民族主义革命也罢，对江绍原来说都是"小"革命，不彻底的革命，甚至可能压根就称不上"革命"。[3]

第二，若要为这无所不包、变化世界中的"大革命"找一个模板，江绍原依然认为是俄国革命。因为"它所解放出来的人的权力是不曾有过先例的"，"它的重要不仅是在俄国本身，而是有关于全世界的"，所

---

[1]　绍原：《反对帝国主义者的梦和我的梦》（续），《晨报副刊》1924 年 9 月 25 日，第 3 版。

[2]　江绍原：《一个研究宗教史的人对于泰戈尔该怎样想呢》，《晨报副刊》1924 年 7 月 2 日，第 2 版。

[3]　鲁迅即言："凡是至今还未灭亡的民族，还都天天在努力革命，虽然往往不过是小革命。"《革命时代的文学》，鲁迅：《而已集》，人民文学出版社，1976，第 16 页。

以江氏对俄国革命会有持续性的认同。①1925 年 10 月，江绍原在给徐志摩的公开信中就直接说"中国人如不先扑灭自己的黄色帝国主义（或云黄龙帝国主义），便没有道德的权利去打倒什么白色的，赤色的帝国主义"。②到 1928 年 9 月也就是前述的"胡大人"传言发酵的同时，江绍原在他的"小品"中直接地比较起了孙中山与列宁、中国革命和俄国革命：

> 还有几句我久已想说的话……为什么俄国有关于列宁的神话和民间故事，而中国没有关于中山的？为什么列宁在俄国民众心目中成为好友、豪杰、救主，而中山于中国民众始终是个"总理"、"总统"、"革命的党头儿"？为什么列宁墓有无数的人去朝拜，而中山墓还没造好就发生了摄取童男女魂灵的谣言？
>
> 你固然可以说中国人是个朴实而并不特别富于想象力的民族，说国民党对于民众的宣传工夫还没做到家，说中国民众的智识太低和太迷信。但这些都是极肤浅，几乎可说是搪塞的话。真正的理由是：
>
> 列宁和中山不是一样的伟人；
>
> 中国革命和俄国革命不是一样的革命。③

那么中俄两场革命究竟在何处"不一样"呢？1929 年 8 月，江绍

---

①　徐志摩译《杜威论革命》（游俄印象之一），《新月》第 2 卷第 1 号，1929 年 3 月 10 日。

②　江绍原：《来信》，《晨报副刊》1925 年 10 月 22 日，第 47 页。当然在信后他会特别表白说自己从来没拿过苏联的津贴，也没吃过苏联的酒饭。"苏俄大使馆开馆时，诚然送了请帖给我，而且请帖上仿佛印有'略备茶点'的字样，但是，我姓江名绍原，仿佛知道这里面有迷魂药，可没去吃。"

③　江绍原：《中山墓与列宁墓》，《民俗与迷信》，第 87—88 页。在当时更多人其实认为"继续列宁的事业，有做列宁第二的资格者"是孙中山。YT：《列宁和孙先生》，《新黎里》第 19 期，1924 年 2 月 16 日，第 3 版。

原在他翻译的小说《新俄大学生日记》中给出了一些答案：

> （新俄）的青年大学生——它将来的主人翁、主人婆——之生活思想，信仰感情，必尤其该受我们的注意……新俄的国内现状和国际地位无论怎样，旁国人对于新俄的态度也无论如何，它总算是近代第一个企图建设社会主义的社会和创造一种新典型的文明的大国家。我个人对于社会主义倾心已久，所以我对于这个国家的大学生——将来接下去建设社会主义的人——之一切方面，自然是极其关心……为欲供给其他相信社会主义的中国苦青年一本叙述实情和奋兴精神的好书，我便在百忙中腾出将近两个月的功夫把它译出了。信仰和我不同的人如果肯读它，当然也可以得到不少的见识和愉快……《大学生日记》不但给你许多单独的（关于苏俄各种人物的）不可磨灭的印象，而且可以给你一个整的不可磨灭的印象：这便是受过主义的薰陶的新俄无产者青年之处境虽劣，而具有饱满的奋斗精神。"我的精力却是有出路的，科学——社会主义——奋斗"（一月廿九日）。"我愿望我能够继续这奋斗——不过仇敌要是个更厉害的才好。但是何必担心思——更厉害的仇敌一定还有的是呢"（一月三十日）。"我止不住自己一个人低声说道：前进啊，俄罗斯，前进啊！"（一月三十一日）。忝为同球（地球）、同路（社会主义之路）人，与有荣焉！①

---

① 江绍原：《重译者序》，欧格涅夫：《新俄大学生日记》，江绍原译，春潮书局，1929，第2—4页。1929年10月，江绍原专门将这本书题赠给鲁迅。易人：《鲁迅搜购的马克思主义文艺理论书籍简介》，北京鲁迅博物馆鲁迅研究室编著《鲁迅研究资料》（24），中国文联出版公司，1991，第53页。

江绍原的话说明，在学术之外，其政治思想的激烈程度。这种社会主义思想里既有共产主义，又有无政府主义，亦有虚无主义，是一种期盼"以非常规的方式从根本上改变既存状态"的革命憧憬。[1] 它因鄙视三民主义的改造力而不见容于国民党，因立足世界、人类而隔绝于中国青年党，又因江氏自己的阶级身份和严酷的政治形势而疏离于中国共产党与无政府主义团体。[2] 所以，1927—1929 年现实政治的展开一定是让江氏感到冰冷、痛苦且格格不入的。学术是否能让江氏感到一些暖意呢？答案也并非那么确定。

江绍原回国后的几年间，在旁人看来可谓一帆风顺。他既拥有美国博士学位和北京大学教职，又得到鲁迅、周作人、胡适等名人的助力和支持，在舆论界声名鹊起，是《语丝》和《晨报副刊》的重要作者。按照叶圣陶的说法，"江绍原君一年来的工作，见于北京出版的几种刊物，我想注意的人一定不少。他从线装书里、从稗官野史里，也从当世人的互相告语里，研究各个新鲜有味的题目"。[3]

但江氏自己却未必如此认为。1925 年 1 月他在给周作人的信中即说："我从前很自命不凡，如今才知道自己并没什么用处。"[4] 差不多同时在《京报副刊》征求青年必读书的活动中也交了"白卷"，他给主办方的回复颇直白："我不相信现在有哪十部左右的书能给中国青年'最低限度的必需智识'。你们所能征求到的，不过是一些'海内外名流硕彦及中学

---

[1] 罗志田:《近代读书人的思想世界与治学取向》，北京大学出版社，2009，第 107 页。

[2] 以下这段话说明了江绍原与中共革命沟通的可能性。"这几天我又在梦想: 天下稍太平后，应该立个无产阶级党。先生对于此等事有兴趣否？阶级之有，无法否认，只有同阶级中人联合起来才能济事，而国民党决不属无产阶级。"《江绍原致周作人》(1928 年 3 月 16 日)，张挺、江小蕙笺注《周作人早年佚简笺注》，四川文艺出版社，1992，第 344 页。

[3] 秉丞:《江绍原君的工作》，《文学周报》第 4 卷，上海书店，1928，第 108 页。

[4] 《江绍原致周作人》(1925 年 1 月 29 日)，张挺、江小蕙笺注《周作人早年佚简笺注》，第 321 页。

大学教员'爱读书的书目而已。"① 这大概和 1925 年 2 月江氏离开北大的心境有关，但亦可见旁人的观感与自我认知之间常有不小的落差。②

同时江绍原在舆论界的持续"高光"也带来了"木秀于林，风必摧之"的效应，他开始面对"海上青年"的笔端挑衅，潘汉年就直接在《幻洲》中点了江氏的名：

> 我希望它（《语丝》）恢复最初的胎儿气，少登一些江某，刘某的无聊文字！江绍原是始终弄不好的，除非把根本的劣根性取消。什么发、血、裤子、帽子……这类过去的野蛮风俗，没有"考据"追究的必要，与现代人的生活，与未来社会的文明，无论如何发生不出什么影响！即使你毕尽研究宗教学之力，凑成一部洋洋乎大著，也不过等于康有为的《大同书》！至于要凑起整万满千的字数，印一个单行本来骗几个钱呢，我倒也不反对他，钱，谁都要的。好在岂明先生也肯替他大做其鸟序，难道还怕北新老板不肯付印吗？假如要在《语丝》上按期发表，似乎不伦，徒然污辱《语丝》的本来面目！（这里要补说几句，最初几期也曾有江与周的礼部文件，研究女裤的心理，但是那时候的文章是有力的，不是无聊的胡诌！自从在《晨报副刊》发表了发、血……之类的文字就每况愈下，到他与晨附绝了缘，拼命的在《语丝》上发表的更属无聊而发臭！）③

---

① 涤寰：《青年必读书的疑问》，王世家编《青年必读书 一九二五年〈京报副刊〉"二大征求"资料汇编》，河南大学出版社，2006，第 216 页。（原载 1925 年 2 月 26 日《京报副刊》）与江绍原一样交白卷的有俞平伯。

② 江绍原：《江绍原启事》，《北京大学日刊》第 1626 期，1925 年 2 月 19 日。

③ 潘汉年：《从语丝讲到江绍原与刘博士》，《幻洲》第 1 卷第 6 期下部，1926 年，第 285—286 页。

对"海上青年"的挑衅, 江绍原显然是在意的, 否则他就不会在《吐沫》一文的按语中特别说: "前闻《幻洲》上有人喝我的倒彩: 江某人下野以来, 文章无复有生气了。但愿此信刊布后, 我能挽回我几分'文名', 庶几乎捧我者也肯不害臊的说道: 江某人下野以来, 文章愈加虎虎有生气了。"①

以上还只是一个五四青年偶然的自我否定和青年之间的文字争胜, 时间进入 1927 年后, 江绍原开始面对非常实际的生活困境。此年 4 月, 江绍原到广州中山大学任教, 担任"英文系主任"。② 大概是因为此行由鲁迅介绍, 江氏被人认为"鲁迅派"。③ 尴尬的是, 江绍原又与同在中大的傅斯年、鲁迅的死敌顾颉刚为北大同学、新潮社社友, 如此则他作为"鲁迅派"就又非敲定, 而是"预防"。据鲁迅说: "他之被谥为'鲁迅派', 我早有所闻, 其实他们是知道他并不是的。所以用此流言者, 乃激将法, 防其入于'鲁迅派'也。"④

之后, 江绍原曾因鲁迅离开中大而思"同去", 但终究未去。9 月末又一学年开始, 江氏感到愈加不如意。因为江绍原心系的是做"迷信研究", 但在中大他必须任课12小时, 其中一半又必须是英文系的课程, 以至他在给周作人的信中抱怨说: "他们老不使我能专心作自己的研究, 并教我自己愿教的书, 如何是好。汪敬熙、顾吉冈都能自由, 而我总是

---

① 江绍原:《吐沫》, 王文宝、江小蕙编《江绍原民俗学论集》, 第 89 页 [原载《语丝》第 122、123 期 (1927 年 3 月 12 日、19 日)]。

② 《江绍原致周作人》(1927 年 4 月 5 日), 张挺、江小蕙笺注《周作人早年佚简笺注》, 第 335 页。

③ 《鲁迅致章廷谦》(1927 年 6 月 12 日),《鲁迅全集》第 12 卷, 人民文学出版社, 2005, 第 37 页。

④ 《鲁迅致章廷谦》(1927 年 6 月 23 日),《鲁迅全集》第 12 卷, 第 40 页。

受支配，尤令我不平。"① 终于到 10 月，江绍原顾虑辞职不准，于 21 日不辞而别，离粤返杭，招致当时中大主持人朱家骅的异常不满。

在杭州的江绍原失去了大学教职，一时间入别校又无望；虽然一定程度上有被聘为南京大学院编译的可能，但也一时无下文。同时在浙江人士的眼里，他从"鲁迅派"变为了"北大派"，这意味着江氏需要面对"北大的光荣"已过去的情势，处于旧官僚与新官僚的夹缝当中，因为"彼辈暗中有打倒北大派的口号"。②

在无工作、少奥援的情况下，从 1927 年底开始，江绍原基本靠卖文为生，这段岁月对他来说一面是革命进程的延续，一面是每一个具体日子不好过的延续。1927 年 12 月，江氏在一篇文章中直接说："我要替自己登一个广告：我国人关于出天花及种痘的迷信，近来我搜辑了一些，无论什么定期出版品，如果先肯寄一笔钱来让我吃碗饱饭，我可以将积存的材料组织成一篇长文章送去发表。"③ 大致同时，鲁迅给江氏的信也说明了他生活的不如意：

> 先生所研究的宗教学，恐怕暂时要变成聊以自娱的东西。无论"打倒宗教"或"扶起宗教"时，都没有别人会研究。然则不得已，只好弄弄文学书。待收得版税时，本也缓不济急，不过除此以外，另外也没有好办法。现在是专要人的性命的时候，倘想平平稳稳地吃一口饭，真是困难极了。④

---

① 《江绍原致周作人》（1927 年 9 月 27 日），张挺、江小蕙笺注《周作人早年佚简笺注》，第 340 页。

② 《江绍原致周作人》（1927 年 8 月 26 日），张挺、江小蕙笺注《周作人早年佚简笺注》，第 338 页。

③ 江绍原译《古埃及的内外科医学》，《贡献》第 1 卷第 3 期，1927 年 12 月 25 日，第 5 页。

④ 《鲁迅致江绍原》（1927 年 11 月 20 日），《鲁迅全集》第 12 卷，第 90—91 页。

这种情况大致持续到了 1929 年秋季江绍原当上了教育部"特约编辑员", 又重回到北大任教。① 其间的不如意在当年 5 月鲁迅给许广平的信中可以看得明白: "绍原的信, 吞吞吐吐, 其意思盖想他的译稿, 由我为之设法出售, 或给北新, 或登《奔流》, 而又要装腔作势, 不肯自己开口。"②

此时鲁迅笔下的江绍原虽可能因为二人的微妙关系而有些"失真", 但大致不远。"吞吞吐吐"植根于江氏卖文的境遇, 反映于他闪烁的文字, 悄然改变的是其人生的态度和思想的走向。革命的时期终将会过去, 江绍原亦是个"如此固执的人"。③ 到 1930 年初, 在江氏的执着坚持下, 他期盼的宏大学术事业出现了转机:

　　诸位先生必可以立刻看出, 我的这件工作需要什么助力和设备。我需要各种科学家及迷信研究者时常通信予以切实的指教。我并需要本国的各种典籍俗书和风俗品物, 科学界的新旧书报, 以及近代东西洋人类学、民族学、民俗学、宗教学……等等方面的刊物。所以让我在这里第一, 恳切请求各方面的学者不断的赐以教言。第二, 征求一个大学或其他学术机关之表同情于此种工作并能慨然与以研究便利者。述迷信, 谈科学的通信, 我一律竭诚欢迎; 较大的地方的大学或研究机关如能每年指定国币三千乃至四千元为图书及风俗品物的购买费, 我愿前去承允其事, 用大部的精力驻校工作, 求于三四年内编成一部大的、分类的、解释的中国迷信通

---

①　江绍原:《给蒋、蔡、陈、张四先生的一封公开信》,《北大日刊》第 2435 期, 1930 年 6 月 13 日, 第 2 版。

②　《鲁迅致许广平》(1929 年 5 月 25 日),《鲁迅全集》第 12 卷, 第 174 页。

③　《江绍原致周作人》(1927 年 12 月 8 日), 张挺、江小蕙笺注《周作人早年佚简笺注》, 第 341 页。

览，备中等学校的生徒、教师以及其他的人用为研究迷信的文库。这部迷信通览当然也是一部破除迷信通览，通俗的科学知识大纲和合理生活指南。[1]

不过学术的曙光并不代表着一切都会恢复。至少在江绍原身上，五四青年的光彩是黯淡了，一个追寻主义之人对真革命的憧憬渐渐也无迹可寻了，留下的是一个"民俗学家"江绍原（当然也有"历史学家"傅斯年、"大学校长"罗家伦）。也是在 1930 年初，鲁迅写下了一段和江绍原相关的"并非闲话"，其既成了一种预言，又无比真实：

> 语丝派的人，先前确曾和黑暗战斗，但他们自己一有地位，本身又便变成黑暗了，一声不响，专用小玩意，来抖抖的把守饭碗。绍原于上月寄我两张《大公报》副刊，其中是一篇《美国批评家薛尔曼评传》，说他后来思想转变，与友为敌，终于掉在海里淹死了。这也是现今北平式的小玩意，的确只改了一个 P 字。[2]

---

① 江绍原：《致科学家、教育家的信》（1930 年 2 月 2 日），氏著《中国礼俗迷信》，王文宝整理，渤海湾出版公司，1989，第 259—260 页。

② 《鲁迅致章廷谦》（1930 年 2 月 22 日），《鲁迅全集》第 12 卷，第 223 页。

参考文献

一　文献资料

（一）近代报刊

《安徽》《北京大学廿五周年纪念刊》《北京大学日刊》《北京高师教育丛刊》《不忍》《晨报》《晨报副刊》《创造周报》《大中华杂志》《东方杂志》《独立青年》《读书杂志》《法政杂志》《改造》《革命评论》《贡献》《孤军》《国民公报》《河南》《弘毅月刊》《洪水》《沪江年刊》《幻洲》《江苏省立第三师范学校校友会月刊》《教育潮》《教育与人生》《教育杂志》《解放与改造》《京报副刊》《经世报》《昆明教育月刊》《留美学生季报》《论语》《每周评论》《民锋》《民国日报·妇女评论》《民国日报·觉悟》《民心周报》《前锋》《清华学报》《清华周刊》《少年世界》

《少年中国》《社会党月刊》《社会世界》《申报》《生活日报》《生路》《圣教杂志》《师范教育》《时报》《时事新报·社会主义研究》《时事新报·文学旬刊》《时事新报·学灯》《史地学报》《史学论丛》《松江评论》《苏中校刊》《文学周报》《文艺杂志》《文哲学报》《无锡评论》《无锡新报·思潮月刊》《无锡新闻》《武进教育汇编》《先驱》《现代评论》《湘君》《向导》《小学教育月刊》《新潮》《新江西》《新教育》《新黎里》《新青年》《新学报》《新学识》《新月》《星期评论》《醒狮周报》《学衡》《学生杂志》《亚洲学术杂志》《语丝》《长沙大公报增刊·青年教育》《长夜》《中国青年》《中华教育界》《中华新报》《中学生》《最小》

（二）其他文献

A.B. 巴库林:《中国大革命武汉时期见闻录：1925—1927 年中国大革命札记》，郑厚安、刘功勋、刘佐汉译，中国社会科学出版社，1985。

埃德加·斯诺:《西行漫记》，董乐山译，解放军文艺出版社，2002。

艾芜:《艾芜全集》，四川文艺出版社，2014。

巴人:《旅广手记》，人民文学出版社，1981。

坂井洋史整理《陈范予日记》，学林出版社，1997。

鲍昌、邱文治:《鲁迅年谱》，天津人民出版社，1979。

北京大学等主编《文学运动史料选》，上海教育出版社，1979。

北京大学潜社编《史学论丛》第 1 册，1934。

曹伯言整理《胡适日记全集》，台北：联经出版事业股份有限公司，2004。

常连霆主编，中共山东省委党史研究室、山东省中共党史学会编

《山东党史资料文库》第 2 卷，山东人民出版社，2015。

陈电飞：《潜龙读书表》，温州美本印刷公司代印，1924。

陈刚：《人民司法开拓者：梁柏台传》，中共党史出版社，2012。

陈公博：《寒风集》，上海地方行政社，1945。

陈铁健编《中国近代思想家文库·瞿秋白卷》，中国人民大学出版社，2014。

戴季陶：《国民革命与中国国民党》，季陶办事处出版，1925。

戴渭清、吕云彪：《新文学研究法》，大东书局，1920。

邓中夏：《邓中夏全集》，人民出版社，2014。

丁文江、赵丰田编《梁启超年谱长编》，上海人民出版社，1983。

傅宏星编《国学文选类纂》，华中师范大学出版社，2013。

傅学文编《邵力子文集》，中华书局，1985。

葛懋春、蒋俊、李兴芝编《无政府主义思想资料选》，北京大学出版社，1984。

管庭芬撰，虞坤林整理《澄溪日记》（外三种），中华书局，2013。

管文蔚：《管文蔚回忆录》，人民出版社，1985。

耿云志：《胡适年谱》，四川人民出版社，1989。

耿云志主编《胡适遗稿及秘藏书信》，黄山书社，1994。

顾颉刚：《顾颉刚书信集》，中华书局，2011。

国家图书馆善本部编《赵凤昌藏札》，国家图书馆出版社，2009。

郭范仑科著，王伊维译，瞿秋白校订《新社会观》，平民书社，1925。

郭沫若：《橄榄》，上海创造社，1927。

郭沫若：《水平线下·盲肠炎》，创造社，1928。

郭沫若：《学生时代》，人民文学出版社，1979。

郭沫若：《郭沫若全集·文学编》，人民文学出版社，1992。

韩复智编《钱穆先生学术年谱》，中央编译出版社，2012。

何炳棣：《读史阅世六十年》，广西师范大学出版社，2009。

河上肇：《河上肇自传》，储元熹译，商务印书馆，1963。

何中孚：《民谣集》，泰东图书局，1929。

湖南图书馆编《湖南近现代藏书家题跋选》，岳麓书社，2011。

胡怀琛编《尝试集批评与讨论》，泰东图书局，1922。

胡绳：《胡绳全书》第1、7卷，人民出版社，1998、2003。

胡适著，周质平编《胡适英文文存》，外语教学与研究出版社，2012。

胡宗刚：《胡先骕先生年谱长编》，江西教育出版社，2008。

黄德海：《读书·读人·读物：金克木编年录》，作家出版社，2022。

季羡林主编《胡适全集》，安徽教育出版社，2003。

贾丰臻：《中国理学史》，上海古籍出版社，2014。

江绍原：《发须爪——关于它们的风俗》，上海文艺出版社，1987。

江绍原：《民俗与迷信》，北京出版社，2003。

江绍原：《中国礼俗迷信》，渤海湾出版社，1989。

江苏省立第二师范学校编《江苏省立第二师范学校十周纪念录》，1915。

加润国选注《仁学：谭嗣同集》，辽宁人民出版社，1994。

姜琦：《中国国民道德概论》，丙辰学社发行，1917。

金克木：《游学生涯》，东方出版中心，2008。

金性尧著，金文男编《星屋杂忆》，上海辞书出版社，2008。

金毓黻：《静晤室日记》，辽沈书社，1993。

康有为撰，姜义华、张荣华编校《康有为全集》，中国人民大学出版社，2007。

考茨基：《资本论解说》，戴季陶译，民智书局出版，1927。

李长之：《李长之文集》，河北教育出版社，2006。

李光谟、李宁编《李济学术随笔》，上海人民出版社，2008。

李继华、冯铁金、周芳编注《李大钊轶文辑注与研究》，线装书局，2013。

李霁野：《李霁野文集》，百花文艺出版社，2004。

李维永编《李健吾文集·文论卷》，北岳文艺出版社，2016。

李向东、包岐峰、苏醒等标点《徐兆玮日记》，黄山书社，2013。

李永圻、张耕华编撰《吕思勉先生年谱长编》，上海古籍出版社，2012。

黎锦熙：《国语运动史纲》，商务印书馆，1934。

黎显衡：《萧楚女》，广东人民出版社，1982。

梁启超：《清代学术概论》，商务印书馆，1930。

梁启超：《要籍解题及其读法》，清华周刊丛书社，1925。

梁启超著，汤志钧、汤仁泽编《梁启超全集》，中国人民大学出版社，2018。

林代昭、潘国华编《马克思主义在中国——从影响的传入到传播》，清华大学出版社，1983。

林甘泉、蔡震主编《郭沫若年谱长编（1892—1978年）》，中国社会科学出版社，2017。

林育南：《林育南文集》，人民出版社，2014。

刘半农著，文明国编《刘半农自述》，安徽文艺出版社，2014。

刘桂秋：《无锡国专编年事辑》，中国大百科全书出版社，2011。

刘梦溪主编《中国现代学术经典——陈寅恪卷》，河北教育出版社，2002。

刘绍宽：《厚庄日记》，未刊打印稿，温州图书馆藏。

刘万能编著《张昆弟年谱（1894—1932）》，湖南人民出版社，2015。

刘增人、冯光廉编《叶圣陶研究资料》，北京十月文艺出版社，1988。

刘贞晦、茅盾：《中国文学变迁史》，新文化书社，1921。

柳无忌：《柳无忌散文选——古稀话旧》，中国友谊出版公司，1984。

柳诒徵：《中国文化史》，吉林人民出版社，2021。

柳曾符、柳佳编《劬堂学记》，上海书店出版社，2002。

龙游县地方志编纂委员会办公室整理《余绍宋日记》，中华书局，2012。

鲁迅：《而已集》，人民文学出版社，1976。

鲁迅：《鲁迅全集》，人民文学出版社，2005。

鲁迅、景宋：《两地书·原信：鲁迅与许广平往来书信集》，中国青年出版社，2005。

鲁迅博物馆藏《周作人日记》，大象出版社，1996。

吕思勉：《吕思勉全集·论学丛稿》，上海古籍出版社，2016。

吕思勉：《吕著中国通史》，华东师范大学出版社，2005。

吕云彪、戴渭清、陆友白：《白话文做法》，新文化书社，1920。

茅盾：《茅盾全集》，黄山书社，2014。

毛泽东：《毛泽东文集》，人民出版社，1993。

毛子水著，傅国涌主编，钱阳薇编《毛子水文存》，华龄出版社，

2011。

　　倪墨炎:《现代文坛内外》,汉语大辞典出版社,1998。

　　欧格涅夫:《新俄大学生日记》,江绍原译,春潮书局,1929。

　　欧阳哲生编《傅斯年全集》,湖南教育出版社,2003。

　　欧阳哲生编《傅斯年文集》,中华书局,2017。

　　欧阳哲生编《胡适文集》,北京大学出版社,1998。

　　钱基博著,傅宏星主编,郭璋校订《现代中国文学史》,华中师范大学出版社,2011。

　　钱基博著,傅宏星主编,傅宏星校订《精忠柏石室教育文选》,华中师范大学出版社,2014。

　　钱基博著,傅宏星主编,龚琼芳校订《序跋合编》,华中师范大学出版社,2014。

　　钱江春等:《弥洒社创作集》,商务印书馆,1924。

　　钱穆:《八十忆双亲·师友杂忆》,生活·读书·新知三联书店,2005。

　　钱穆:《国史大纲》,商务印书馆,2013。

　　钱穆:《国学概论》,商务印书馆,1936。

　　钱穆:《论语要略》,商务印书馆,1925。

　　钱穆:《钱宾四先生全集》,台北:联经出版事业股份有限公司,1998。

　　钱穆:《学龠》,九州出版社,2010。

　　钱穆编《松江朱怀天先生遗稿》,无锡县立第四高等小学校校友会印行,1921。

　　瞿秋白:《多余的话》,江西教育出版社,2009。

　　瞿秋白:《瞿秋白文集·政治理论编》,人民出版社,2013。

璩鑫圭、童富勇、张守智编《中国近代教育史资料汇编·实业教育师范教育》，上海教育出版社，1994。

全国政协文史资料委员会办公室编《五四运动亲历记》，中国文史出版社，1999。

任建树等编《陈独秀著作选》，上海人民出版社，1993。

荣县政协文史学习委员会、荣县档案馆编印《荣县文史资料》第15辑，1999。

商金林撰著《叶圣陶年谱长编》，人民教育出版社，2004。

商金林：《叶圣陶全传》，人民教育出版社，2014。

上海市中共党史学会编《俞秀松文集》，中共党史出版社，2012。

沈从文：《沈从文全集》，北岳文艺出版社，2009。

沈建中编撰《施蛰存先生编年事录》，上海古籍出版社，2013。

沈云龙主编《近代中国史料丛刊续编第九十六辑：狄君武先生遗稿》，台北：文海出版社，1965。

舒新城：《舒新城教育丛稿》，中华书局，1925。

舒新城：《蜀游心影》，开明书店，1929。

舒新城著，文明国编《舒新城自述》，安徽文艺出版社，2013。

苏州市地方志编纂委员会办公室、苏州市档案局编印《苏州史志资料选辑》，1984。

唐钺、朱经农、高觉敷主编《教育大辞书》，商务印书馆，1930。

王汎森、潘光哲、吴政上主编《傅斯年遗札》，台北"中央研究院"历史语言研究所，2011。

王火：《长沙购书记——关于"长沙文化书社"的资料》，《历史研究》1957年第10期。

王健英：《中国共产党组织史大事纪实》，广东人民出版社，2003。

王理孚撰，张禹、陈盛奖编注《王理孚集》，上海社会科学院出版社，2006。

王世栋：《新文学评论》，新文化书社，1920。

王世家编《青年必读书 一九二五年〈京报副刊〉"二大征求"资料汇编》，河南大学出版社，2006。

王文宝、江小蕙编《江绍原民俗学论集》，上海文艺出版社，1998。

王瑶：《中国新文学史稿》，上海文艺出版社，1982。

汪家熔校注《蒋维乔日记》，商务印书馆，2019。

汪佩伟编《中国近代思想家文库·江亢虎卷》，中国人民大学出版社，2015。

《汪寿华日记·求知录》，《近代史研究》1983年第1期。

韦韬、陈小曼编《茅盾杂文集》，生活·读书·新知三联书店，1996。

温州市图书馆编，张钧孙点校《张棡日记》，中华书局，2019。

吴芳吉著，傅宏星编校《吴芳吉全集》，华东师范大学出版社，2014。

吴学昭编《吴宓书信集》，生活·读书·新知三联书店，2011。

吴宓著，吴学昭整理《吴宓自编年谱》，生活·读书·新知三联书店，1995。

武衡、谈天民、戴永增主编《徐特立文存》，广东教育出版社，1995。

吴学昭整理注释《吴宓日记续编》，生活·读书·新知三联书店，2006。

夏衍：《懒寻旧梦录》，生活·读书·新知三联书店，1985。

向导周报社编辑《论北伐》，上海书店，1926。

谢觉哉:《谢觉哉日记》,人民出版社,1984。

徐迟:《我的文学生涯》,百花文艺出版社,2006。

徐懋庸:《徐懋庸选集》,四川人民出版社,1983。

徐兆玮:《虹隐楼诗文集》,华东师范大学出版社,2015。

徐铸成:《报海旧闻（修订版）》,生活·读书·新知三联书店,2010。

杨昌济著,王兴国编注《杨昌济集》,湖南教育出版社,2008。

杨琥编《历史记忆与历史解释:民国时期名人谈五四（1919—1949）》,福建教育出版社,2011。

杨琥编《中国近代思想家文库·李大钊卷》,中国人民大学出版社,2014。

杨天石主编《钱玄同日记（整理本）》,北京大学出版社,2014。

杨天石、王学庄编《南社史长编》,中国人民大学出版社,1995。

杨贤江:《杨贤江全集》,河南教育出版社,1995。

叶至善、叶至美、叶至诚编《叶圣陶集》,江苏教育出版社,1987。

易人:《鲁迅搜购的马克思主义文艺理论书籍简介》,北京鲁迅博物馆鲁迅研究室编《鲁迅研究资料》（24）,中国文联出版公司,1991。

《俞秀松传》,浙江人民出版社,2012。

章开沅主编,唐文权、桑兵编《戴季陶集》,华中师范大学出版社,1990。

张国焘:《我的回忆》,现代史料编刊社,1980。

张静庐辑注《中国现代出版史料》,上海书店出版社,2011。

张九如:《白话短篇写实小说》,新文化书社,1926。

张明观:《柳亚子史料札记三集》,上海人民出版社,2017。

张彭春:《张彭春清华日记（一九二五）》,香港:开源书局,2020。

张朋园、陈三井、陈存恭、林泉访问，陈三井、陈存恭纪录《郭廷以先生访问纪录》，台北："中央研究院"近代史研究所，1987。

张若英编《中国新文学运动史资料》，光明书局，1934。

张挺、江小蕙笺注《周作人早年佚简笺注》，四川文艺出版社，1992。

张闻天选集传记组、张闻天故居、北京大学图书馆编《张闻天早期文集》，中共党史出版社，2010。

张旭、车树昇编著《林纾年谱长编（1852—1924）》，福建教育出版社，2014。

章士钊：《章士钊全集》，文汇出版社，2000。

赵德馨主编《张之洞全集》，武汉出版社，2008。

曾朴：《孽海花》，真善美书店，1928。

查晓英编《中国近代思想家文库·常乃惪卷》，中国人民大学出版社，2015。

浙江省文史研究馆编《张宗祥文集》，上海古籍出版社，2013。

政协江苏省委员会文史资料委员会编印《江苏文史资料》第129辑，2000。

政协江西省委员会文史资料研究委员会编印《江西文史资料选辑·五四运动在江西》，1989。

政协无锡市委员会文史资料委员会编《无锡文史资料》第29辑，1994。

政协无锡市文史资料委员会、无锡市地方志办公室、无锡市文物管理委员会编印《无锡历史名人传》第5辑，1991。

郑振铎：《郑振铎自述》，安徽文艺出版社，2013。

中共江苏省委党史资料征集委员会、江苏省革命斗争史编纂委员会编印《1919—1937 江苏革命斗争史纪略》（征求意见稿），1982 年。

中共上海市委党史研究室、中共松江县委党史研究室编《侯绍裘文集》，上海远东出版社，1995。

中共一大会址纪念馆、《红旗飘飘》编辑部编《红旗飘飘：社会主义青年团诞生七十周年专辑》，中国青年出版社，1990。

中共浙江新昌县委党史办公室编《梁柏台》，当代中国出版社，1994。

中共中央党史和文献研究院、中央档案馆编《中国共产党重要文献汇编》，人民出版社，2022。

中共中央党史研究室第一研究部译《联共（布）、共产国际与中国国民革命运动（1920—1925）》，北京图书馆出版社，1997。

中共中央马克思、恩格斯、列宁、斯大林著作编译局研究室编《五四时期期刊介绍》，生活·读书·新知三联书店，1959。

中共中央文献研究室编《毛泽东年谱（1893—1949）》，中央文献出版社，2002。

中共中央文献研究室编《毛泽东书信选集》，中央文献出版社，2003。

中共中央文献研究室、中共湖南省委《毛泽东早期文稿》编辑组编《毛泽东早期文稿（1912.6—1920.11）》，湖南人民出版社，1990。

中共中央文献研究室、中央档案馆编《建党以来重要文献选编（1921—1949）》，中央文献出版社，2011。

中共中央组织部、中共中央党史研究室、中央档案馆编《中国共产党组织史资料》，中共党史出版社，2000。

中国蔡元培研究会编《蔡元培全集》，浙江教育出版社，1998。

中国第二历史档案馆编《北洋政府档案》，中国档案出版社，2010。

中国第二历史档案馆编《中国国民党第一、二次全国代表大会会议史料》，江苏古籍出版社，1986。

中国革命博物馆整理《吴虞日记》，四川人民出版社，1986。

中国革命博物馆、湖南省博物馆编《新民学会资料》，人民出版社，1980。

中国革命博物馆、上海人民出版社编《磨剑室文录》，上海人民出版社，1993。

中国科学院历史研究所第三所编《近代史资料》第 2 期，科学出版社，1955。

中国科学院历史研究所第三所编《五四运动回忆录》，中华书局，1959。

中国社会科学院近代史研究所编，杜春和、耿来金整理《白坚武日记》，江苏古籍出版社，1992。

中国社会科学院近代史研究所中华民国史组编《胡适来往书信选》，中华书局，1979。

中国社会科学院青少年研究所、青运史研究室编印《青运史资料与研究》第 3 集，1983。

中国新民主主义青年团中央委员会办公厅编印《中国青年运动历史资料》，1957。

中华梅氏文化研究会编《梅光迪文存》，华中师范大学出版社，2011。

中央档案馆编《中共中央文件选集》，中共中央党校出版社，1989—1991。

中央档案馆编《中国共产党八十年珍贵档案》，中国档案出版社，2011。

中央档案馆、河北省档案馆编《河北革命历史文件汇集（甲种本）第 1 册（1922 年 3 月—1926 年 7 月）》，1997。

中央档案馆、河南省档案馆编《河南革命历史文件汇集（群团文件）（1923 年—1926 年）》，1983。

中央档案馆、湖北省档案馆编《湖北革命历史文件汇集（群团文件）（1922 年—1924 年）》，1983。

中央档案馆、湖北省档案馆编《湖北革命历史文件汇集（群团文件）（1925 年—1926 年）》，1983。

中央档案馆、湖南省档案馆编《湖南革命历史文件汇集（群团文件）（1919 年—1924 年）》，1983。

中央档案馆、湖南省档案馆编《湖南革命历史文件汇集（群团文件）（1925 年）》，1984。

中央档案馆、江西省档案馆编《江西革命历史文件汇集（1923 年—1926 年）》，1986。

中央档案馆、山东省档案馆编《山东革命历史文件汇集（乙种本）（1924 年—1933 年）》，1996。

中央档案馆、山东省档案馆编《山东革命历史文件汇集（甲种本）第 2 集（1926 年 1 月—1928 年），1995。

中央档案馆、四川省档案馆编《四川革命历史文件汇集（群团文件）（1922 年—1925 年）》，1986。

中央档案馆、四川省档案馆编《四川革命历史文件汇集（群团文件）（1926 年—1932 年）》，1987。

中央档案馆、上海市档案馆编《上海革命历史文件汇集（南京、无锡、苏州、丹阳、徐州）（1925 年—1927 年）》，1988。

中央档案馆、浙江省档案馆编《浙江革命历史文件汇集（群团文件）（1922 年—1926 年）》，1985。

　　钟碧荣、孙彩霞编《民国人物碑传集》，四川人民出版社，1997。

　　钟叔河编订《周作人散文全集》，广西师范大学出版社，2009。

　　周策纵《周策纵文集》，香港商务印书馆，2010。

　　周惠斌、郭焰整理《农隐庐文钞》，上海社会科学院出版社，2015。

　　周骏富辑《明代传记丛刊》，台北：明文书局，1991。

　　周予同著，朱维铮编校《经学和经学史》，上海人民出版社，2012。

　　周作人著，止庵校订《知堂回想录》，河北教育出版社，2002。

　　朱麟公编《国语问题讨论集》，中国书局，1921。

　　朱麟公等：《白话文轨范》，大东书局，1920。

　　朱乔森编《朱自清全集》，江苏教育出版社，1988。

　　朱希祖：《朱希祖日记》，中华书局，2012。

二　相关论著

（一）中文论著（含译著）

1. 著作

　　阿里夫·德里克：《中国革命中的无政府主义》，孙宜学译，广西师范大学出版社，2006。

　　安德鲁·阿伯特：《过程社会学》，周忆粟译，北京师范大学出版社，2022。

　　伯纳尔：《1907 年以前中国的社会主义思潮》，丘权政、符致兴译，福建人民出版社，1985。

陈平原:《中国大学十讲》,复旦大学出版社,2002。

陈文新主编《中国文学编年史(现代卷)》,湖南人民出版社,2006。

陈以爱:《动员的力量:上海学潮的起源》,台北:民国历史文化学社,2021。

陈勇:《钱穆传(1895—1990)》,人民出版社,2001。

程凯:《革命的张力:"大革命"前后新文学知识分子的历史处境与思想探求》,北京大学出版社,2014。

"从五四运动到人民共和国成立"课题组:《胡绳论"从五四运动到人民共和国成立"》,社会科学文献出版社,2001。

邓尔麟:《钱穆与七房桥世界》,蓝桦译,社会科学文献出版社,1995。

高波:《追寻新共和——张东荪早期思想与活动研究(1886—1932)》,生活·读书·新知三联书店,2018。

高林:《皇帝圆舞曲:从启蒙到日落的欧洲》,东方出版社,2019。

郭齐勇、汪学群:《钱穆评传》,百花洲文艺出版社,1995。

黄永年:《学苑与书林》,上海书店出版社,2006。

昆丁·斯金纳著,萧高彦编《政治价值的系谱》,台北:联经出版事业股份有限公司,2014。

李木妙:《国史大师钱穆教授生平及其著述》,香港:新亚研究所,1994。

李泽厚:《中国近代思想史论》,人民出版社,1979。

黎澍:《再思集》,中国社会科学出版社,1985。

刘海峰编《二十世纪科举研究论文选编》,武汉大学出版社,2009。

刘巍:《中国学术之近代命运》,北京师范大学出版社,2013。

罗伯特·达恩顿著，叶桐、顾杭译《启蒙运动的生意：〈百科全书〉出版史（1775—1800）》，三联书店，2005。

罗志田：《道出于二：过渡时代的新旧之争》，北京师范大学出版社，2014。

罗志田：《近代读书人的思想世界与治学取向》，北京大学出版社，2009。

罗志田：《近代中国史学论述》，北京师范大学出版社，2015。

罗志田：《近代中国史学十论》，复旦大学出版社，2003。

罗志田：《权势转移：近代中国的思想与社会》（修订版），北京师范大学出版社，2014。

罗志田：《中国的近代：大国的历史转身》，商务印书馆，2019。

吕芳上：《革命之再起：中国国民党改组前对新思潮的回应（1914—1924）》，台北："中央研究院"近代史研究所专刊，1989。

石川祯浩：《中国共产党成立史》，袁广泉译，中国社会科学出版社，2006。

王德威：《现当代文学新论：义理·伦理·地理》，生活·读书·新知三联书店，2014。

王汎森：《傅斯年：中国近代历史与政治中的个体生命》，生活·读书·新知三联书店，2012。

王汎森：《近代中国的史家与史学》，复旦大学出版社，2010。

王汎森：《思想是生活的一种方式：中国近代思想史的再思考》，北京大学出版社，2018。

王汎森：《执拗的低音：一些历史思考方式的反思》，生活·读书·新知三联书店，2019。

王汎森：《中国近代思想与学术的系谱》，台北：联经出版事业股份有限公司，2003。

王鹏程：《〈中国青年〉周刊研究（1923—1927）》，人民出版社，2013。

王奇生：《党员、党权与党争：1924—1949年国民党的组织形态》，华文出版社，2010。

汪熙、魏斐德主编《中国现代化问题——一个多方位的历史探索》，复旦大学出版社，1994。

汪学群：《钱穆学术思想评传》，北京图书馆出版社，1998。

吴滔：《清代江南市镇与农村关系的空间透视——以苏州地区为中心》，上海古籍出版社，2010。

夏济安：《黑暗的闸门：中国左翼文学运动研究》，香港中文大学出版社，2016。

许纪霖：《大时代中的知识人》（增订本），中华书局，2012。

许纪霖、宋宏编《现代中国思想的核心观念》，上海人民出版社，2011。

杨国强：《晚清的士人与世相》，生活·读书·新知三联书店，2008。

杨念群：《五四的另一面："社会"观念的形成与新型组织的诞生》，上海人民出版社，2019。

余英时：《钱穆与现代中国学术》，广西师范大学出版社，2006。

余英时：《现代危机与思想人物》，生活·读书·新知三联书店，2005。

周阳山主编《五四与中国》，台北：时报文化出版事业有限公司，1979。

朱成甲：《李大钊早期思想与近代中国》，河北人民出版社，1989。

2. 研究论文

曹震：《钱穆对梁启超〈群书概要〉的抄袭与发明》，《书屋》2006年第 12 期。

陈旭麓：《关于中国近代史线索的思考》，《历史研究》1988 年第 3 期。

陈子善：《关于胡适早年日记手稿》，《文汇报》2015 年 8 月 7 日，文汇学人版。

傅宏星：《对钱穆〈师友杂忆〉一则重要记述的补正——兼及朱怀天生平事迹考辨》，《湖南工程学院学报》2012 年第 4 期。

耿春亮：《〈晨报副刊〉与马克思主义在中国的传播（1918 — 1926）》，博士学位论文，清华大学，2015。

韩进：《胡适〈藏晖室札记〉誊清稿本述略》，《文献》2018 年第 6 期。

华志健：《正确的抗议策略是从哪里来的？——上海学生运动传统之演变》，赵小建译，《上海研究论丛》第 4 辑，上海社会科学院出版社，1989。

黄彦：《中国社会党述评》，陈绛主编《近代中国》第 14 辑，上海社会科学院出版社，2004。

季剑青：《地方精英、学生与新文化的再生产——以"五四"前后的山东为例》，《现代中国文化与文学》2009 年第 2 期。

贾小叶：《"新党"抑或"逆党"——论戊戌时期"康党"指涉的流变》，《近代史研究》2015 年第 3 期。

姜涛：《革命动员中的文学和青年——从 1920 年代〈中国青年〉的文学批判谈起》，《中国现代文学研究丛刊》2009 年第 4 期。

李斌：《河上肇早期学说、苏俄道路与郭沫若的思想转变》，《文学评论》2017 年第 6 期。

李孝迁:《印象与真相:柳诒徵史学新论——从新发现〈史学研究法〉未刊讲义说起》,《史林》2017 年第 4 期。

林分份《知识者"爱智之道"的背后——一九三〇、四〇年代周作人对儒家的论述》,《文学评论》2013 年第 2 期。

刘昶:《革命的普罗米修斯:民国时期的乡村教师》,黄宗智主编《中国乡村研究》第 6 辑,福建教育出版社,2008。

刘桂生:《辛亥革命时期李大钊政论试析》,《清华大学学报》,1986 年第 1 期。

刘桂生、钱逊:《马克思主义在中国"早期传播"问题辨析》,《人民日报》1983 年 5 月 25 日,第 5 版。

刘禾:《跨语际实践:文学,民族文化与被译介的现代性(中国,1900—1937)》,宋伟杰等译,生活·读书·新知三联书店,2008。

刘庆霖:《民国时期河上肇的论著在中国的译介及译书版本之比较研究》,第八届北京大学史学论坛论文,2012 年 3 月。

刘雨亭:《阅读与革命:二十世纪二十年代中共马克思主义著作经典化的发生》,《中共党史研究》2019 年第 10 期。

陆思麟:《钱穆早年治学考(1912—1930)》,杨国荣主编《思想与文化》第 16 辑,华东师范大学出版社,2015。

罗岗:《历史中的学衡》,《二十一世纪》(香港)总第 22 期,1995 年 4 月号。

罗志田:《与改良相通的近代中国"大革命"》,《社会科学研究》2013 年第 5 期。

M.M. 戈鲁布科夫著,陈思红译《路开始的地方——1920 年代文学中的革命观(亚·勃洛克、米·布尔加科夫、弗·马雅可夫斯基)》,《中国俄语教学》第 37 卷第 4 期,2018 年 10 月。

牛力：《倔强的少数——西洋文学系与学衡派在东南大学的聚散》，《民国研究》总第 35 辑，2019 年春季号，社会科学文献出版社。

欧阳山：《光明的探索》，《人民文学》1979 年第 2 期。

瞿骏：《新文化的"到手"与"入心"》，《文汇报·文汇学人》2016 年 8 月 12 日。

瞿骏：《入城又回乡——清末民初江南读书人社会流动的再考察》，《华东师范大学学报》2014 年第 5 期。

瞿骏：《再思"学衡"》，《读书》2020 年第 5 期。

商金林：《叶圣陶在甪直的教育改革——纪念叶圣陶到甪直执教 100 周年》，《教育史研究》2017 年第 2 辑。

沈楚：《茅盾发起组织桐乡青年社》，《茅盾研究：第七届年会论文集》，新华出版社，2003。

王德威：《没有五四，何来晚清？》，《南方文坛》2019 年第 1 期。

王鸿泰《迷路的诗——明代士人的习诗情缘与人生选择》，《中央研究院近代史研究所集刊》（台北）第 50 期，2005 年 12 月。

王奇生：《高山滚石——20 世纪中国革命的连续与递进》，王奇生主编《新史学》第 7 卷，中华书局，2013。

夏丽丽采访《田安谈选本文化与唐宋文学研究》，《澎湃新闻·上海书评》2019 年 2 月 17 日。

小谷一郎：《郭沫若与 1920 年代中国的"国家主义""孤军派"——论郭沫若"革命文学"论的提倡、广东之行、参加北伐的背景及其意义》，徐志伟、张永峰编《"左翼文学"研究读本》，广西师范大学出版社，2017。

谢亮：《历史记忆的建构及其被误读——康有为"虚君共和"思想与"丁巳复辟"辩》，《宁夏大学学报》2006 年第 4 期。

谢振贤:《思想界的边缘人——早年钱穆治学的心路历程（1895—1939）》，硕士学位论文，新竹清华大学历史研究所，1999。

许纪霖:《五四新文化运动中"旧派中的新派"》，《华东师范大学学报》2019年第1期。

许纪霖:《绅士、名士、斗士与流氓——知识人的内战与"文化惯习"的冲突（1924—1926）》，《华东师范大学学报》2021年第2期。

徐佳贵:《湖畔风云：经亨颐与浙江五四新文化运动（上）》，《杭州师范大学学报》2019年第2期。

徐佳贵:《湖畔风云：经亨颐与浙江五四新文化运动（下）》，《杭州师范大学学报》2019年第3期。

徐佳贵:《"五四"与"新文化"如何地方化——以民初温州地方知识人及刊物为视角》，《近代史研究》2018年第6期。

薛相峰:《青年群体的革命动员——1927年前后的〈中国青年〉周刊研究》，硕士学位论文，安徽大学，2017年。

杨国强:《论新文化运动中的个人主义（上）》，《探索与争鸣》2016年第8期。

叶兆言:《阅读吴宓》，《收获》2000年第2期。

应星:《"地方革命历史文件汇集"的收集与利用：点滴体会》，《中共党史研究》2018年第11期。

袁一丹:《"另起"的"新文化运动"》，《中国现代文学研究丛刊》2009年第3期。

袁一丹:《"书房一角"：周作人阅读史初探》，《现代中文学刊》2018年第6期。

於梅舫:《心学"乌托邦"：钱穆〈国学概论〉之理路与志趣发微》，《中山大学学报》2020年第3期。

张宝明:《"社员"之间: 怎一个"同"字了得?》,《读书》2022 年第 3 期。

张朋:《"人身上的血脉": 大革命时期中共党报发行网络》,《新闻与传播研究》2020 年第 4 期。

周树立:《早期〈中国青年〉研究(1923—1927)》,博士学位论文,华中师范大学,2010 年。

周月峰《五四后"新文化运动"一词的流行与早期含义演变》,《近代史研究》2017 年第 1 期。

朱成甲:《关于马克思主义早期传播研究述评》,中共"一大"会址纪念馆、上海革命历史博物馆筹备处编《上海革命史资料与研究》第 8 辑,上海古籍出版社,2008。

庄鹏:《创办初期的〈中国青年〉研究(1923—1927)》,硕士学位论文,华中师范大学,2010 年。

(二)英文论著

Joseph Esherick and Jeffrey Wasserstrom, " Acting Out Democracy: Political Theater in Modern China," *Journal of Asian Studies* No.4 (1990): 835–865.

Maurice Agulhon, *The Republic in the Village: The People of the Var from the French Revolution to the Second Republic*, trans. by Janet Lloyd (Cambridge: Cambridge University Press, 1982).

图书在版编目(CIP)数据

大风起兮：地方视野和政治变迁中的"五四"：
1911—1927 / 瞿骏著. -- 北京：社会科学文献出版社，
2024.10（2025.3重印）
（鸣沙）
ISBN 978-7-5228-2626-4

Ⅰ.①大… Ⅱ.①瞿… Ⅲ.①五四运动－研究 Ⅳ.
①K261.107

中国国家版本馆CIP数据核字（2024）第060255号

· 鸣沙 ·

大风起兮：地方视野和政治变迁中的"五四"（1911—1927）

著　　　者 / 瞿　骏

出 版 人 / 冀祥德
组稿编辑 / 李丽丽
责任编辑 / 石　岩
责任印制 / 王京美

出　　　版 / 社会科学文献出版社·历史学分社（010）59367256
　　　　　　地址：北京市北三环中路甲29号院华龙大厦　邮编：100029
　　　　　　网址：www.ssap.com.cn
发　　　行 / 社会科学文献出版社（010）59367028
印　　　装 / 北京盛通印刷股份有限公司

规　　　格 / 开　本：787mm×1092mm　1/16
　　　　　　印　张：24.25　字　数：305千字
版　　　次 / 2024年10月第1版　2025年3月第2次印刷
书　　　号 / ISBN 978-7-5228-2626-4
定　　　价 / 89.00元

读者服务电话：4008918866

▲▲ 版权所有　翻印必究